平台经济

创新、治理与繁荣

黄益平　主编

北京大学平台经济创新与治理
　　　课题组　著

中信出版集团｜北京

图书在版编目（CIP）数据

平台经济：创新、治理与繁荣 / 北京大学平台经济创新与治理课题组著；黄益平主编. -- 北京：中信出版社，2022.7
ISBN 978-7-5217-4375-3

Ⅰ.①平… Ⅱ.①北…②黄… Ⅲ.①网络经济－研究－中国 Ⅳ.① F492.3

中国版本图书馆 CIP 数据核字（2022）第 077883 号

平台经济——创新、治理与繁荣
著者：北京大学平台经济创新与治理课题组
主编：黄益平
出版发行：中信出版集团股份有限公司
（北京市朝阳区惠新东街甲 4 号富盛大厦 2 座 邮编 100029）
承印者：宝蕾元仁浩（天津）印刷有限公司

开本：787mm×1092mm 1/16 印张：31 字数：423 千字
版次：2022 年 7 月第 1 版 印次：2022 年 7 月第 1 次印刷
书号：ISBN 978-7-5217-4375-3
定价：89.00 元

版权所有·侵权必究
如有印刷、装订问题，本公司负责调换。
服务热线：400-600-8099
投稿邮箱：author@citicpub.com

目 录

序 / V

第一章 重塑平台经济：走向有序发展与共同富裕

我国平台经济的兴起 / 006

平台企业的经济效应 / 011

数字平台的新挑战 / 020

平台监管与反垄断执法 / 030

主要结论与政策建议 / 042

第二章 数字经济对中国经济增长的影响

数字经济的概念及其影响 / 055

中国数字经济发展：非系统、多角度的观察与问题 / 064

用于增长分析的基础数据、ICT 特征行业分组、时间分期 / 071

中国数字经济发展：一个系统的描述性统计观察 / 076

中国数字经济发展与全要素生产率 / 096

政策建议 / 107

第三章 平台经济与平台企业的中美比较

数字时代的大国平台 / 115

中美平台经济和平台企业的发展概况 / 116

中美平台经济的可竞争性对比 / 127
中美平台企业的科技实力对比 / 138
平台经济展望和政策建议 / 141

第四章　平台经济对劳动力市场和收入分配的影响

平台经济发展对就业的影响 / 148
平台经济下的劳资关系与劳动者权益问题 / 156
平台经济崛起对收入分配的影响 / 164
政策建议 / 172

第五章　平台经济和国家治理

政府治理 / 180
社会治理 / 185
价值观念 / 191
监管策略 / 194
政策建议 / 196

第六章　数字金融平台的创新发展与监管

中国数字金融平台的发展和特点 / 202
中国数字金融平台的积极作用：支持实体经济发展 / 207
数字金融平台的风险和问题 / 215
数字金融平台的监管和政策建议 / 221

第七章 数字经济治理：国际政治经济学视角

数字经济的地缘政治 / 233
国际数字贸易规则 / 238
发达国家的新一轮平台治理 / 246
中国数字经济治理的国际维度 / 253

第八章 平台的经济学分析

关于平台的经济学理论 / 261
数字平台运行中的问题 / 275
数字平台反垄断与规制中的几个问题 / 283
政策建议 / 300

第九章 平台经济中的数据治理

数据生产要素的治理 / 305
算法治理 / 311
个人信息保护和数据安全 / 323
数据治理的综合政策建议 / 331

第十章 平台创新治理的数据与算法维度

数字时代平台经济的创新发展与法律挑战 / 337
平台经济中数据的法律治理 / 345

平台经济中算法的法律治理 / 354
方案与对策 / 362

第十一章 平台的挑战与失焦的监管

平台现行的多维度、多部门监管现状 / 373
平台反垄断的执法现状和焦点 / 391
平台对监管与反垄断二分的挑战 / 400
结论与建议 / 405

第十二章 平台的反垄断挑战

平台的竞争特点 / 413
反垄断法下的平台竞争 / 418
平台领域的合并控制 / 435
结论与建议 / 442

第十三章 回应型监管和未来数字经济法的框架

域外平台监管模式汇总 / 447
平台监管权力的横向和纵向配置 / 458
回应型监管、反垄断和数字经济法 / 469
结论与建议 / 483

序

北京大学国家发展研究院（以下简称"国发院"）既是中国经济学教学和研究的一所重镇，也是国内一个重要的智库。国发院的学术研究坚持对中国有用、对理论有所贡献的价值取向，坚持做以问题为导向的研究。相应地，国发院的智库研究建立在学术研究的基础之上，深挖政策问题背后的经济逻辑，为公众和政策制定者提供全面和深入的研究成果。

国发院的智库工作有三个层面的内容。第一个层面是教师和研究员个人基于自己的研究在公众媒体和政策界发声。国发院能够成为全国乃至世界范围内的一个重要智库，得益于国发院前身——中国经济研究中心的老一代学者对现实问题的关注。他们从20世纪80年代初就开始参与中国改革的讨论和方案设计，养成了做问题导向研究的学风。这种学风在国发院薪火相传，成为每一代学者追循的学术道路。第二个层面是学院接受各级政府的委托研究项目。国发院是首批国家高端智库试点单位之一，每年接受中央单位委托的研究项目，其中许多成果被决策部门采纳。第三个层面是学院组织的大型报告。学院在 2018 年决定每年或每隔一年选择一两个重点课题，召集学院的教师和研究员以及一些外聘专家进行集体研究，目的是在一些重大现实问题上发出国发院的声音。2018 年确定的题目是与世界上最大的智库美国布鲁金斯学会合作，研究我国实现第二个百年目标的机遇和挑战，项目成果最终以《中国 2049》为名出版了中英文专著，在国内外产生了广泛的影响。第二个项目仍然与布鲁金斯学会合作，研究中国的数字金融，项目成果《中国的数字金融革命》的中英文版本也已经出版。第三个项目研究平台经济的创新与治理问题，其成果就是读者手中的这本书。

平台经济是过去 20 年里发展起来的新经济形态。经过 20 年的发展，它已经成为和每个人的日常生活息息相关的现实存在，也极大地促进了我国的技术进步。在日常生活层面，平台企业为普通人提供了巨大的生活便利，过去不敢想象的事情现在已然成为人们生活中的日常操作。另一方面，各类平台也为大众创业、万众创新提供了巨大的舞台，成为民众就业，以及企业，特别是中小微企业拓展市场的重要载体。在技术层面，平台经济极大地促进了我国人工智能技术的发展，让我国在人工智能方面成为与美国和日本并驾齐驱的世界三强之一。毫不夸张地说，没有平台经济就没有今天的中国经济。

然而，平台经济的扩张也带来许多挑战。首先，凭借巨大的规模经济和范围经济，平台经济极大地改变了中国零售服务业和金融业的市场结构，传统零售服务企业和金融机构受到巨大的挑战。与此相关的一个问题是如何看待平台企业的规模和定价行为。如何确定一个平台企业是否实施了垄断行为？过去以消费者福利为基准的认定办法是否不再适用？规模是否可以成为识别垄断的唯一凭据？其次，平台经济的核心竞争力之一是算法，而算法的广泛应用对劳工标准、政治伦理乃至社会习俗都提出了严峻的挑战。如何看待"困在算法里的外卖小哥"？消费者在多大程度上可以接受算法的推荐？算法是否侵害了个人隐私和私人空间？最后，社交媒体是平台经济的主要组成部分，它在很大程度上替代了传统媒体，成为普通民众最为重要的新闻获取渠道和社交空间。社交媒体是价值中立的平台吗？社交媒体对用户的推送是否把用户困在了一个狭小的世界里？社交媒体是否应该对极端言论进行管控？这些问题困扰着每个国家的大众和监管部门。

自2020年以来，我国监管部门出台了一系列对平台经济实施强监管的文件，社会上对平台经济的争论也达到一个新的高度。在这个背景下，本书的出现恰逢其时。黄益平老师领导的研究团队以严谨的学术态度，为公众和决策者提供了一项高水平的智库成果。本书呈现的一些结论值得各方关注。比如，研究团队发现，我国的平台经济领域确实存在不规范的市场行为，但对一些特定行为（如排他性协议和差异化定价）需要做具体分析；另外，平台经济领域的竞争非常激烈，许多市场不规范行为可以通过增强可竞争性得到化解。研究团队还认为，强监管已经带来负面效果，主管部门应该及时纠正监管执行过程中出现的偏差。

平台经济是少数我国企业能够与美国企业同台竞争的领域，但近两年来我国的平台企业出现了落后的趋势。平台经济对各国都提出了挑战，欧美都在探讨对平台企业的新的监管政策，但在平台经济特性尚不明朗的情况下，各国在出台新政方面都比较谨慎。顺应世界潮流，维护我国在平台经济领域的优势，是我国监管政策的应有之义。

本书对平台经济和监管给出了一个平衡而深入的研究报告，体现了国发院的治学态度和价值取向。国发院的治学一向不唯上、不跟风，以学术的态度认识世界，并由此提出改造世界的主张。作为高校的智库，国发院的政策研究能够超脱部门利益和部分民众的压力，以全社会的福祉为圭臬分析问题并提出解决方案。本书再次呈现了这样的气质。

  本书的研究团队已经就报告内容做了 12 场线上分享活动，总计吸引了 1 700 多万观众在线收看，影响遍及全国。相信本书出版之后会继续产生影响，推进我国社会和监管部门更加理性地看待平台经济。在此，我向黄益平老师领导的团队表示祝贺！

北京大学国家发展研究院院长

姚洋

2022 年 1 月 29 日

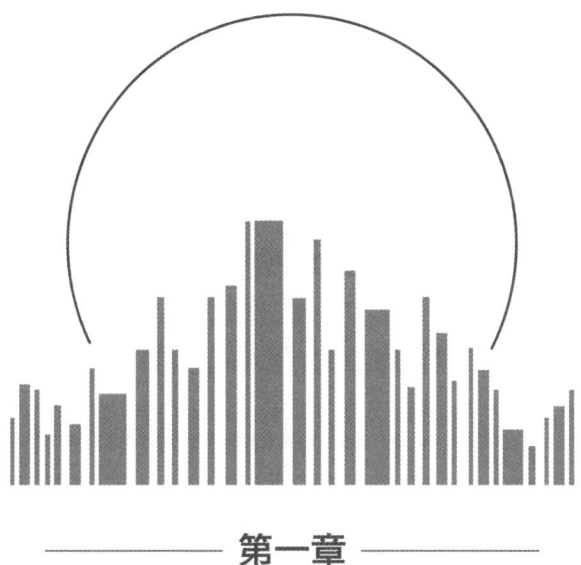

第一章

重塑平台经济：
走向有序发展与共同富裕[①]

---

① 本章内容为国发院课题组撰写的"平台经济创新与治理"课题综合报告，作者为黄益平、邓峰、沈艳、汪浩。

平台经济是指依托云、网、端等网络基础设施，并利用人工智能、大数据分析、区块链等数字技术工具撮合交易、传输内容、管理流程的新经济模式。这种新的业务形态是随着以数字技术为核心的第四次工业革命的步伐形成发展的，是经济数字化、智能化的重要体现。早期的平台企业大多是在20世纪90年代后期建立的，但这个领域一直保持着很强的生机，生长、更替都很活跃，部分头部平台的发展历史并不长。值得指出的是，在前三次工业革命期间，我国的技术应用都是显著滞后的，但在第四次工业革命期间，我国的数字经济产业一直紧随领先国家往前赶，平台经济的发展就是一个例证，我国一些头部平台在国际上的排名也是非常靠前的。

我国平台经济快速发展，既是技术进步的产物，也是产业结构演变的体现，更是市场化改革的重大成就。几乎所有成规模的平台都是民营企业，它们在短短的20年间，从白手起家到叱咤风云，给中国经济带来了许多翻天覆地的改变。像购物、买机票、订酒店、约车、会谈、教学、观影等过去需要来回跑的事情，现在都可以轻松地在移动终端上搞定。这些新业务不但帮助节省时间，覆盖大量过去无法触达的客户，还可以提升运营效率。许多原先在线下没能做成的事情，在线上实现了，在线上开店、办公司的门槛要比线下低很多，同时线上还提供了很多灵活就业的机会。在一些平台上，企业不但可以把产品精准地营销给潜在客户，甚至可以根据消费者的偏好定制产品。

平台经济在2021年迎来了"强监管"政策的元年。2020年12月召开的中共中央政治局会议和中央经济工作会议均明确提出要"强化反垄断和防止资本无序扩张"，吹响了"强监管"政策动员号。2021年，中共中央办公厅、国务院办公厅印发《建设高标准市场体系行动方案》，中央政法工作会议提出"加强反垄断和反不正当竞争执法司法"，国务院反垄断委员会制定发布《国务院反垄断委员会关于平台经济领域的反垄断指南》，国家市场监督管理总局陆续发布《禁止网络不正当竞争行为规定（公开征求意见稿）》等文件，人社部等八部门也联合印发了《关于维护新就业形态劳动者劳动保障权益的指导意见》。决策部门"重塑平台经济"的政策意图一目了然。

"强监管"政策的起因很清楚。平台经济在取得巨大成绩的同时，也出现了不少问题。数字技术的一些基本特性，比如长尾效应，决定了平台经济较高的集中度，一些平台就可能利用其强大的市场势力实施反竞争的商业策略，排他性协议和差异化定价等做法引发了广泛的争议，部分"零工"就业条件较差和财富过度集中等现象也受到了普遍的关注。但加强平台经济治理的目的并非要整垮平台企业，而是要通过完善规则、矫正行为，"强化反垄断和防止资本无序扩张"，更好地发挥其正面、积极因素的作用，实现平台经济健康、有序发展。正如习近平总书记所提出的，"要坚持促进发展和监管规范两手抓、两手都要硬，在发展中规范、在规范中发展"[①]。

但事实上，目前"强监管"式的"规范"已经给平台经济的发展带来了不小的冲击。自2021年初以来，许多平台企业都在裁员，从业人员的职业自豪感显著减弱，投资者信心也明显下降，平台经济的融资规模持续收缩，一些平台企业创始人纷纷选择退居二线甚至直接退休，我国平台企业在全球市场的相对地位也有所下滑。客观地说，在加强治理时，平台的经营活动信心转弱，这很正常，但不能让这些短期的震荡演变成长期的趋势。相信当前的这些问题是执行中的一些偏误导致的，并非政策的初衷。这就要求我们对"强监管"的一些不

---

① 习近平.把握数字经济发展趋势和规律 推动我国数字经济健康发展（在中共中央政治局第三十四次集体学习时的讲话）.人民日报，2021-10-20（01）.

恰当做法进行纠偏。我国平台企业经过多年的努力才建立起一点有限的相对优势，如果因治理措施而丧失活力，将会是一件令人扼腕的事情。

本书对我国的平台经济发展与监管政策做一个评估，并在此基础上提出一些政策建议。具体来说，将聚焦如下五个问题：第一，从全球市场看，当前我国平台经济发展处在什么水平？特别值得关注的是助力我国平台经济发展的那些主要因素。第二，平台经济的发展究竟给我国的经济带来了什么益处？平台企业影响经济增长、普惠金融和经济稳定的效果与机制特别值得深入探究。第三，平台经济在发展过程中带来了哪些新的挑战？平台在治理功能、创新能力、收入分配、数据分析和竞争行为等方面都是既有机会也有挑战，好处很明显，矛盾也很突出。第四，应该如何看待平台经济的反垄断执法？平台经济的特性可能与传统的反垄断政策框架特别是市场份额和分拆手段等并不匹配。第五，我国应该建立一个什么样的平台监管与反垄断执法体系？政策应该为平台经济健康发展创造良好的环境。

我们得出了如下几个值得重视的结论：一是虽然我国的平台企业规模做得非常大，但大多并不拥有技术优势，国际业务收入占比也非常低，所以只有持续创新，才有可能保持持续的竞争力；二是平台经济正在从多个方面改造经济模式与生活方式，提升经济发展的质量，对经济增长、普惠金融和经济稳定的贡献尤其突出；三是我国的平台经济领域确实有不少不规范的行为，因此有必要加强监管规范，但对一些所谓的不正当行为，如排他性协议和差异化定价，需要具体情况具体分析，不宜采取"一刀切"的做法；四是范围经济的特性有可能调和充分竞争与规模经济之间的矛盾，不能简单地认为"大就是问题"，目前我国平台经济领域的竞争程度还比较高，政策的重点应该是增强可竞争性；五是"强监管"的初衷是实现"在规范中发展"，但运动式监管与监管竞争在短期内对平台经济的活力与信心都造成了不小的冲击，应尽快纠正一些执行中的偏误，尤其要避免对"资本无序扩张"做扩大化的解读，支持平台经济持续、健康发展。

本章将具体介绍我国平台经济发展的过程、当前的水平，以及促成发展的几个重要因素；在介绍平台经济的一些基本特性之后，分析其对经济增长、普惠金融和经济稳定的影响；提出平台企业在治理、创新、收入分配、数据分析和竞争行为等方面面临的一些新挑战；回顾美国反垄断政策思路演变，反思我国当前的平台监管与反垄断执法；最后总结关于平台经济的主要结论并提出相应的政策建议。

我国平台经济的兴起

"数字经济"的概念是唐·泰普斯科特（Don Tapscott）在其畅销书《数据时代的经济学：对网络智能时代机遇和风险的再思考》中首先提出的。作者后来在一系列著作中预测了数字经济的12个特点，即知识驱动、数字化、虚拟化、分子化、集成互联、去中介、通信汇流、创新、产销合一、即时性、全球化和冲突性。不同国家或国际组织对"数字经济"的范畴有不同界定，国务院在2021年12月发布的《"十四五"数字经济发展规划》中提供了一个定义，即"数字经济是继农业经济、工业经济之后的主要经济形态，是以数据资源为关键要素，以现代信息网络为主要载体，以信息通信技术融合应用、全要素数字化转型为重要推动力，促进公平与效率更加统一的新经济形态"。

平台经济是数字经济的一种特殊形态，通常具有颠覆式创新、多边市场、跨界竞争及线上线下能力整合等特征。国务院办公厅《关于促进平台经济规范健康发展的指导意见》（2019）指出，"互联网平台经济是生产力新的组织方式，是经济发展新动能，对优化资源配置、促进跨界融通发展和大众创业万众创新、推动产业升级、拓展消费市场尤其是增加就业，都有重要作用"。

平台经济并不是一种全新的业务形态，在传统经济中，平台企业也很常见，例如百货大楼、农贸市场、出租车公司以及学校。本书讨论的平台是运用诸如互联网、人工智能、大数据、云计算等技术的数字平台，它们虽然与传统平台有许多相似之处，但差异也显而易见。数字平台通过创新技术产品、业务流程与商业模式，突破传统平台面临的地域、时间、交易规模、信息沟通等方面的约束，获得全新的规模、内涵、效率和影响力。

平台经济包括电商、网络约车、文娱、社交、搜索、数字金融、工具、门户、共享、服务、物流等业务类型。按功能看，可以将平台划分为交易促成型和内容传输型两类。交易促成型平台旨在传递交易信息，促成交易达成，又可细分为电商平台、支付平台、网约车平台和外卖平台等；内容传输型平台则传输新闻、观点、通信、娱乐、金融、科学技术等信息，促进内容分享，如社交平台、短视频平台等。

中国一些早期的平台企业是从20世纪90年代末开始孕育的。1998年，搜狐创始人张朝阳入选《时代》杂志评选的"全球数字精英50人"。1999年，马云创办了全球企业间（B2B）电子商务品牌1688.com。2003年6月，非典疫情刚刚结束，马云就推出了电商平台淘宝；2004年1月，刘强东的京东多媒体网站也正式上线。过去二十几年，平台经济的发展过程大致可以分为如下六个阶段（见图1-1）：

- 1994—1997年：探索阶段
- 1998—2007年：平台起步
- 2008—2015年：爆发式增长
- 2016—2019年：竞争加剧
- 2020年：新冠疫情冲击
- 2021年至今：全面治理

探索阶段	平台起步	爆发式增长	竞争加剧	疫情冲击	全面治理
（1994—1997年）	（1998—2007年）	（2008—2015年）	（2016—2019年）	（2020年）	（2021年至今）

京东多媒体（2004年）
蚂蚁集团（支付宝）（2004年）
淘宝网（2003年）
百度（2000年）
阿里巴巴（1999年）　　　阿里本地生活（口碑）（2015年）
腾讯（1998年）　　　　　拼多多（2015年）
新浪（1998年）　　　　　字节跳动（2012年）
网易（1997年）　　　　　滴滴打车（2012年）
搜狐（爱特信）（1996年）陆金所（2011年）
瀛海威（1995年）　　　　微信（2011年）
接入互联网（1994年）　　美团（2010年）

1990　　1995　　2000　　2005　　2010　　2015　　2020（年）

图1-1　中国平台经济发展历程

2020年，中国经济遭受百年不遇的新冠疫情的冲击，对经济活动造成重大影响，但同时也加速了平台经济的创新与发展。在疫苗获准使用之前，隔离和封城是控制疫情传播的唯一有效手段，线下的旅行与交流受到了限制，但平台经济活动却充分发挥了其不需要很多接触就能完成交易的优势，不仅在疫情期间持续支持生活与生产活动，还催生了许多新的线上活动。学校将课堂移到了线上，很多机构、组织的会议与讨论也转到了线上，等等。甚至可以说，疫情的发生反而变成了数字经济、平台经济进一步活跃的重要促成因素。以BAT（百度、阿里巴巴和腾讯）为例，三家企业的总利润在2020年一季度显著减少之后迅速反弹，四季度利润同比增长约100%。它们的市值也从2019年的280亿美元增长到2020年的480亿美元。

到目前为止，我国的平台经济主要集中在消费互联网，特别是社交、电商、网约车、搜索、外卖等（详见第三章）。未来这些平台经济还可以在纵向和横向两个维度继续大步发展，尤其是在学习、医疗、文化、传媒、家居、穿戴、交通等领域。比如，一些电商平台一方面进入批发、零售领域，直接参与线下经营，另一方面又推动智能制造，将无数制造企业纳入平台的生态系统，直接对接消费者。未来的平台经济可能会实现线上线下的高度融合。更重要的是，随着5G带动高通量、低延时的万物互联落地，产业互联网的发展可能成为未来新的热点，相信也会催生许多新型平台企业。

全球平台经济主要有三大市场——美国、中国与其他地区，但由于其他地区基本上也由美国的四大平台企业GAFA（谷歌、亚马逊、脸书和苹果）主导，所以到目前为止全球平台经济实际只有两大主力，最大的发达经济体美国和最大的发展中经济体中国。根据工信部的数据，2019年中国数字经济规模达到35.8万亿元，占GDP（国内生产总值）的36.2%。到2025年，这个比例有可能达到50%。[①] 2019年，全球市场价值超过100亿美元的数字平台企业总共有74家，美国和中国分别有35家和30家。按市值或者估值看，美国数字平台的总价值达6.65万亿美元，占全球总量的74.1%；中国数字平台总价值为2.02万亿美元，占全球总量的22.5%。但近期尤其是自2020年起，这个格局已经在逐步发生变化，不但中美之间的差距有扩大的趋势，欧洲的一些平台企业也在快速成长。

投资界还有一个"独角兽公司"的概念，一般指成立不超过10年、估值超过10亿美元的新兴企业。独角兽公司并不特指科技公司，但绝大多数独角兽公司都是平台企业，它们通常具有市场潜力巨大、商业模式难以复制等特点。2020年初，在全球独角兽公司的前10名中，中美各占5席，中国的独角兽包括蚂蚁集团（金融服务）、字节跳动（消费互联网）、滴滴出行（消费互联网）、陆金所（金融服

---

① 江小涓.《新京报》贝壳财经夏季峰会"数字经济：通往未来之路"上的演讲，2021-08-05.

务)和阿里本地生活(餐饮)。值得关注的是,从 2017 年到 2021 年,中国公司在全球独角兽公司总数中的比重逐年下降,分别为 45.%、37.2%、17.4%、12.3% 和 9.6%。

目前中国的平台企业能在全球市场占据一席之地,是一个了不起的成就。这首先归功于数字平台的创办者、经营者、投资者与参与者,没有他们的远见、创新与付出,中国不可能有如此众多在国际上立得起来的平台企业。虽然 2021 年中国的人均 GDP 已经超过 12 000 美元,离世界银行设定的高收入经济体门槛只有一步之遥,但与众多的发达经济体相比,中国在经济、技术发展水平方面依然有巨大的差距,其在平台经济领域的成功也是后来居上、弯道超车的结果。从宏观层面看,有四个因素对中国平台经济的崛起发挥了重要作用。

第一,良好的创新环境与数字基础设施。一方面,政府与企业持续、大规模地建设信息与通信系统,推动 3G、4G 和 5G 移动通信技术的落地,大幅提高互联网和智能手机的渗透率,为平台经济的发展创造了有利的硬件条件。另一方面,各级政府特别是杭州、深圳等地的政府,主动支持平台企业的建立与发展,为平台经济的发展创造了有利的软环境。

第二,巨大的人口与市场规模。中国不仅是一个人口大国,同时还拥有发达的通信基础设施和庞大的互联网群体,网民人数从 2010 年的 5.6 亿增加到 2020 年的 9.9 亿。巨大的市场规模为业务创新提供了良好的条件,同时,数字技术与数字平台的一些基本优势,比如规模经济、范围经济等,也能得到极大的发挥。

第三,较弱的个人权益保护。客观地说,我国过去对于平台经济领域的权益保护和数据治理相对滞后,出现了一定程度的"野蛮生长"现象。从积极的方面看,以大数据收集、整理、分析为基础的创新活动十分活跃。从消极的角度看,侵犯隐私、滥用数据的现象十分普遍,甚至造成了重大风险事件。所以现在政府开始采取措施,加强平台经济的治理，这是十分必要的。

第四，与国际市场相对分隔。在平台经济领域，中国市场与国际市场基本上是分隔的，进入国内市场的国际平台企业非常少，业务规模也微不足道。同样，除了字节跳动，中国平台企业鲜少有大规模开拓海外市场的，即便有，基本上也是作为战略投资者，很少有把海内外业务真正融为一体的。

总之，中国在过去约 20 年间成功地建立起一批可以与国际领先平台比肩的企业，对一个发展中国家而言，这是一个十分了不起的成就。与此同时，我国平台经济的发展也面临不少严峻的挑战。首先，平台经济领域已经出现了非常多的问题，比如以"二选一"为代表的反竞争行为和以大数据杀熟为代表的算法歧视、算法黑箱等，这些问题若不能及时得到解决，必然会影响平台经济的可持续发展（详见第八章、第九章）。其次，绝大部分中国的平台企业都没有参与国际竞争的经历，过去内外市场的分隔为它们的发展创造了一个"温室"，但这个"温室"环境终究不可能长期持续（详见第七章）。最后，与国际领先平台相比，国内的平台企业并不具备明显的技术优势，将来一旦内外两个市场相互开放，国内这些平台是否具有国际竞争力还很难预料。以中美各自最大的 10 家准独角兽公司为例，中国除了 3 家以技术驱动以外，其余 7 家均以商业驱动，而美国则是 7 家以技术驱动、3 家以商业驱动。

平台企业的经济效应

数字平台的基本特性

平台经济既是第四次工业革命的产物，也是伴随中国经济进入新发展阶段而形成的。从 1978 年前以农业为主，到改革开放前期工业崛起，再到 2012 年以后服务业后来居上，中国经济经历了重要的结构变迁。平台经济的崛起，主要得益于过去十几年间数字技术突飞猛进的发展。除了互联网技术的快速发展，从 2007 年 1 月 9 日乔布斯宣布推出第一代苹果智能手机，到 3G 以及 4G 移动通信技术的普及，高效、快速的移动互联成为可能。继前三次工业革命推动产业的机械化、电器化和自动化之后，第四次工业革命正在助力产业智能化。

数字技术使平台经济拥有了一些突出的运行特征，从而使经济与市场的运行方式发生了部分改变。其中有一些特性，如网络外部性和多边市场等，在传统平台也存在，只是在数字平台变得更加突出。有一些特性如规模经济和范围经济等，则在数字平台表现得相对独特（详见第八章）。

规模经济意味着较高的产量对应较低的平均成本，因此大企业的生产效率往往较高，竞争力也较强。科技平台往往具有所谓的长尾效应，它是指那些原来不受重视的销量小但种类多的产品或服务由于总量巨大，累积起来的总收益超过主流产品的现象。与长尾效应相对应的是帕累托法则，即 80% 的企业业绩来自 20% 的产品。平台企业形成长尾效应的一个技术原因是，在平台建立以后，扩大业务规模的边际成本几乎为零。这样，提供剩下的 80% 的产品或者覆盖剩下的 80% 的客户不仅可行，而且有利可图。2021 年二季度，微信的月活跃用户达到了 12.25 亿人，抖音的日活跃用户超过了 6.8 亿人，京东的活跃用户也有 5.5 亿人，规模效应显著。

范围经济则是指同时生产多种产品的总成本低于分别生产各个产品的成本之和。因此，特定范围的多产品企业比单一产品企业效率更高，这实际上也是规模效应在横向产品、服务或市场层面的反映。其基本原理是，一旦一项业务建立起来，有了客户与数据，跨界经营就变得相对容易。范围经济现象在中国的平台经济领域非常普遍，比如腾讯在社交媒体微信的基础上开办了新型互联网银行微众银行。阿里巴巴在电商平台淘宝和移动支付平台支付宝的基础上开发了覆盖餐饮、超市、便利店、外卖、商圈、机场、美容美发、电影院等场景的阿里本地生活。

网络外部性相当于需求端的规模经济，即消费者越多，人均使用价值越高。也就是说，网络用户数量的增长，可能会带动用户总所得效用的几何级增长。网络外部性可以分为直接外部性和间接外部性，前者指消费相同产品的用户数量增加所导致的产品价值的增加，后者则是随着产品使用者数量的增加，该产品的互补品数量增多、价格降低而产生的产品价值增加。网络外部性在现实生活中可以非常直观地被感受到，就是一个平台（比如淘宝或者美团）的用户越多，产品或服务的质量就可能越好，种类可能越丰富。

双（多）边市场是指互相提供网络收益的独立用户群体的经济网络或平台。平台通过适当从各方收取费用，使双（多）边保留在平台上，而且一组参与者加入平台的收益取决于加入该平台的另一组参与者的数量。因此，平台对一方的定价需要考虑对另一方的外部影响。一个典型的例子是电商平台，卖家越多，买家就越容易找到想要的产品，反之买家越多，卖家也越容易将自己的独特产品销售出去。因此，平台服务对买卖双方的价值是相互促进的，平台的定价通常也包括分别面向买方和卖方的两个价格。

最后，大数据分析是平台经济的一个关键性元素，"数据是数字经济的石油"，没有数据也就不会有平台经济。所谓的大数据，具有五个方面的特征，即数据量大、速度快、类型多、价值性和真实性。不过在平台经济中，大数据通常是指平台特有的庞大的数据体系。大数据分析可以支持需求预测、风险缓冲、精准营销及改善客户体验，比如，字节跳动利用算法为用户推送个性化的内容，滴滴出行对乘客实行差异化定价，以及微众银行和网商银行等形成的大数据信用风险评估模型，等等（详见第六章）。

这些数字平台的基本特性有可能导致经济的运行特点甚至规律发生改变，具体可以概括为"三升三降"。

- 扩大规模：长尾效应放大规模经济、范围经济。
- 提高效率：5G、大数据、人工智能与云计算加快运行速度。
- 改善体验：低时延、高效率的个性化服务。
- 降低成本：包括搜寻、复制、运输、追踪和验证等成本。
- 控制风险：主要手段是实时监测、交叉验证、大数据分析。
- 减少接触：无接触交易。

经济增长与生产率

平台经济已经触达经济的方方面面，深刻地改变着生产与生活方式。老百姓几乎每天都能感受到平台经济带来的"生活便利"，购物、点餐、约车、订酒店，都可以在线上完成，既减少了时间投入，往往还能节省成本。平台大幅降低了交易成本，显著提升市场的"撮合效率"，既可以实现精准营销，还能为消费群体"定制"。平台经济也为大量的创新、创业与就业"降低门槛"，在线上办一个企业、开一家门店、找一个兼职，成本远低于线下，而且时间相对灵活，因而具有很强的"普惠特性"。

不过，评估经济效应的第一个障碍是如何准确地测算数字经济或平台经济。[1] 首先，如何界定数字经济？虽然数字经济的定义相对清晰，但统计界定并不容易，不但传统产业与数字经济的融合程度日益加深，数字经济的业态也日新月异。这个问题在行业和产品层面也都

---

[1] 许宪春，张美慧，张钟文. 数字化转型与经济社会统计的挑战和创新. 统计研究，2021（1）：15-26.

存在。其次，如何估计数据的价值？作为一种新的生产要素，数据的价值要体现在生产、收入、消费和投资等领域，但现在的问题是数据确权、定价、交易等缺乏被广泛接受的市场机制或治理框架。最后，如何获得调查数据？统计部门传统的做法是依靠企业与住户调查数据，但这样的做法可能会遗漏许多线上的经济活动。因此，数字经济和平台经济的发展也迫切呼唤经济统计方法的创新。

本书用于评估数字经济增长效应的基础数据来自基于哈佛大学乔根森教授提出的"理论-方法-数据-测算"一致原则建立的中国经济分行业生产率数据库，并按与数字经济的相关性将数据库中的37个行业分成9个行业组：（1）ICT（信息与通信技术）生产行业；（2）ICT集约使用制造业；（3）ICT集约使用服务业；（4）非ICT集约使用制造业；（5）非ICT集约使用服务业；（6）农业；（7）建筑业；（8）采掘业；（9）非市场服务业。需要指出的是，这个数据库并没有准确的数字经济分类。本研究将前三组产业笼统地视为数字经济部门，其中第三组可能最接近平台经济部门（详见第二章）。

2001—2018年，数字经济部门是我国经济增长最重要的贡献者。2012—2018年，这个部门对GDP增长的贡献达到了74.4%。不过，近20年间，对经济增长最大的贡献来自资本投入，劳动投入的贡献已经很小。更值得关注的是，全球金融危机以来，TFP（全要素生产率）对经济增长的贡献几乎微不足道甚至为负。[1]数字经济部门对经济增长的重要性不断上升，TFP对经济增长的贡献却持续减弱，初看起来这两者似乎是互相矛盾的，那是不是因为数字经济部门的生产率比较低呢？

从行业组的数据看，全球金融危机以后，ICT生产行业和ICT集

---

[1] 需要说明的是，本研究得出的GDP与TFP增长的估计值可能与其他研究的结论有一定的差异，这是因为本研究运用的乔根森方法考虑了行业和要素的异质性，而且在估计实际产出时采用了价格双平减方法和Törnqvist加总方法。

约使用服务业对 TFP 的贡献确实有所下降，ICT 集约使用制造业的贡献还在上升。但在过去近 20 年间，数字经济部门仍然是 TFP 增长最重要的贡献者，拖后腿的是非市场服务业（行政管理、教育、卫生和社会福利等）。不过，数字经济部门所贡献的 TFP 增长持续减少，这个趋势值得重视。究竟是因为技术应用进入了平台期，还是因为市场结构发生了变化？还有一个重要的发现，即在 2012—2018 年，劳动力配置对 TFP 增长的贡献是正的，但资本配置的贡献却是负的。这说明，虽然劳动力市场仍然存在诸如户口和社保等的制度性扭曲，但劳动力市场的资源配置功能是正常的，资本市场却没有同样的配置功能，这就凸显了进一步推进金融改革的迫切性。

总之，数字经济部门对我国的宏观经济具有非常重要的意义，它既是 GDP 增长的主要贡献者，也是 TFP 增长最主要的来源。但近 20 年来数字经济部门贡献的 TFP 增长在不断减少，这个趋势值得关注。因为数字经济的健康发展，对于我国实现可持续的经济增长具有十分重要的意义。

数字普惠金融

除了电商、网约车、外卖、社交等，我国还有一个做得比较突出的平台经济领域，就是数字金融，即利用数字技术创新金融产品、业务流程和商业模式（详见第六章）。在"十三五"期间，我国的普惠金融发展取得了突破性的进展，而突破主要就发生在数字金融领域。为普惠金融的客户即低收入人群、中小微企业和农村经济主体提供金融服务很难，主要反映在"获客难"和"风控难"两个方面。普惠金融客户的特点是数量大、规模小、不确定性高、地域分散，触达的成本很高。另外，这些客户往往也缺乏可以支持信用风险评估的基本资质，比如财务数据或者抵押资产。所以说，发展普惠金融几乎是一个世界性的难题。

但平台经济的兴起为突破这个难关提供了可能性。长尾效应意味着平台可以快速、"低成本"地触达海量的用户，实现规模经济。平台就可以为这些用户提供包括移动支付在内的金融与非金融服务。在使用这些服务的时候，用户就会留下很多数字足迹，这些数字足迹累积起来构成大数据，既可以帮助平台对用户进行实时监测，还可以支持大数据信用风险评估，并在此基础上发放贷款。因此，平台为一些过去很难实现的金融服务提供了可能的解决方案。

根据北京大学数字普惠金融指数，在2011年，全国只有沿海几个城市的数字普惠金融做得相对比较好，大部分地区基本上是数字普惠金融空白地带。到2020年，虽然沿海一些城市的数字普惠金融依然领先全国，但其他地区已经在快速地追赶，地区之间的差异在明显缩小。这其实正是好的普惠金融应该有的样子。建立在以云、网、端为基础的数字技术之上的数字金融，使得任何一个国人，只要有智能手机、移动信号，不管身处何处，都能享受差不多的数字金融服务。[1]

到目前为止，我国最为普及的数字金融业务是移动支付，依托于科技平台和大数据的大科技信贷在全球也居于领先地位。另外，线上投资和数字保险业务也达到了一定的规模。不过目前数字普惠金融正处于一个重要的转型期。第一，数字金融可能从野蛮生长走向有序发展。过去诸如P2P（互联网金融点对点借贷平台）等业务模式没有受到良好的监管，造成了不少风险，现在要对所有的数字金融交易做到监管全覆盖。第二，过去数字金融创新的主力是科技公司，现在正逐步变成持牌金融机构，这也是"监管全覆盖"的要求。当然，一部分符合资质的科技公司也可能会获得金融牌照。第三，过去的数字金融

---

[1] 郭峰, 王靖一, 王芳, 等. 测度中国数字普惠金融发展：指数编制与空间特征. 经济学（季刊）, 2020, 19(4): 1401-1418.

业务主要依托于消费互联网,随着高通量、低时延的5G技术全面落地,万物互联成为可能,依托于产业互联网、物联网的金融业务发展可能会进入快车道。

经济与金融稳定

过去20年间,我国生产价格指数(PPI)的波动性一直比较大,但消费价格指数(CPI)却在2013年之后稳定性突然提高了许多(见图1-2),而平台经济发展很可能就是导致这个结构性变化的主要原因。2013年之前,电商的销售额在社会零售总额中的比重一直比较低,之后这一比重开始大幅上升。当然,电商的发展是与物流、快递的发展同步的,而这就极大地提升了全国各地区市场之间的融合程度,从而降低了CPI的波动性。但PPI的统计对象则包括石油、钢铁、煤炭等大宗商品和投资品,其波动性受国际市场的影响,因此,在2013年之后并没有发生类似于CPI那样的变化。[①] 即便如此,全球金融危机以来,我国PPI的省际差异也已经明显下降。

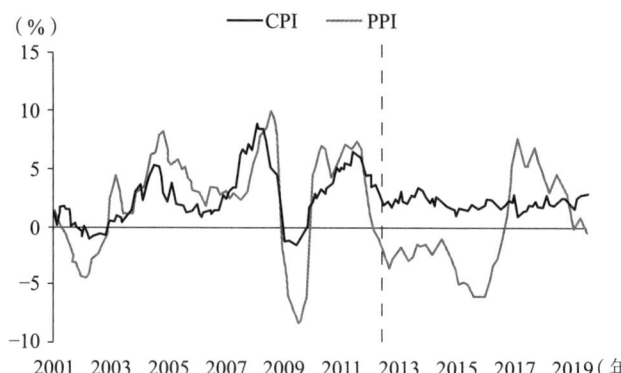

图1-2 我国价格指数的变化(2001—2020年)

资料来源:陈歆昱等(2021)。

---

① 陈歆昱,黄益平,邱晗. 电商市场是否会促进价格水平的稳定?来自纯牛奶商品的实证证据. 北京大学数字金融研究中心论文,2021.

综合以上证据，可以得出一个初步结论，即平台经济的发展提高了通货膨胀率的稳定性。如果这个结论成立，那么它就有可能会对宏观经济格局甚至宏观经济政策的制定产生重大的影响。

已有的研究还发现，数字金融中的大科技信贷以数据替代抵押，很可能会弱化金融加速器中资产价格渠道的作用。金融加速器的概念是美联储前主席伯南克与其合作者在 20 年前提出来的，他们发现，银行的中小企业贷款大多以房地产做抵押，这样就在房价与信贷之间形成了一个正向反馈机制，即房价越高，信贷越宽松，反过来又推动房价的进一步上升。当然，房价下跌时也会形成加速器机制。但大科技信贷主要依靠大数据信用风险评估模型而不是抵押品做信贷决策，相当于取消了信贷与房价之间的加速器机制，这样就有可能提高金融体系的稳定性。这个假说得到了实证数据的支持，抵押贷款与房价之间存在显著的弹性系数（0.58），而大科技信贷与房价之间就不存在这样的关系（见图 1-3）。①

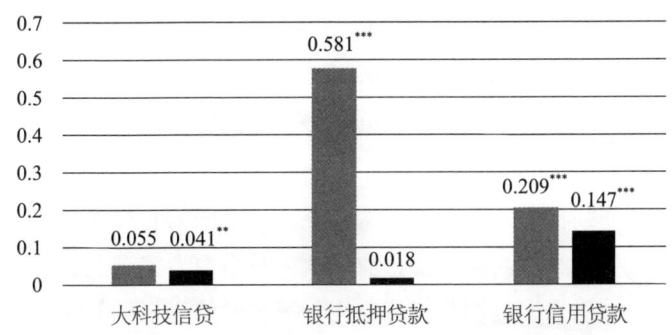

图 1-3　信贷与房价及 GDP 之间的弹性系数

注：弹性系数表示如果房价（或 GDP）提高 1 个百分点，相应的信贷增加或减少几个百分点。*** 和 ** 分别表示统计分析结果在 1% 和 5% 的水平上显著。

资料来源：Gambacorta 等（2020）。

---

① Leonardo Gambacorta, Yiping Huang, Zhenhua Li, Han Qiu and Shu Chen, "Data vs Collateral", BIS Working Paper #881, Bank for International Settlements, Basel, 2021.

数字平台的新挑战

平台经济的效应也有两面性,它既可能提高效率、改善服务,也可能遏制竞争、降低福利。近年来,公众对平台企业的抱怨确实不少,诸如反竞争行为、大数据滥用、歧视性定价等已经成为非常普遍的现象。如何扬长避短,更好地发挥平台经济在促进经济增长、改善人民生活方面的积极作用,对政府、对平台来说都是一个值得深入研究的课题。

治理功能

在一个传统经济中,企业、市场与政府分别发挥经营、交易与调控的功能。但平台企业打破了上述三者之间的分工边界,它既是经营主体,又是交易场所,同时还发挥一定的调控作用。平台兼具经营、交易和调控功能可能导致的一个问题是平台既做裁判员,又当运动员,实行"自我优待"的做法,包括以平台利润为目标做导流、搜索,这样就会破坏市场秩序,造成不公平竞争,损害消费者利益。当然,这种突破边界的现象并不是第一次出现,传统经济中百货公司和农贸市场的经营主体也有类似的功能,只是因为它们都是在线下经营,规模相对有限。而平台企业动辄涉及数百万家企业、十几亿个人用户,再加上大数据分析的应用,很容易放大平台上的一些潜在矛盾。

这里讨论的平台经济治理包含两个层面的内容:一是平台治理;二是公共治理,包括政府治理。前者关注平台如何处理平台与用户以及用户之间的关系,而后者则涉及平台在社会治理中的作用。

平台作为企业要接受政府的调控,但平台也要发挥一定的调控功能。一方面,平台可以发挥辅助政府治理的积极作用,包括参与电子政务、数字政府、城市大脑、金融信息等公共服务平台的建设（详见第五章）。比如在新冠疫情期间，电信部门提供数据验证"健康码""行程码"，为控制病毒传播和重启经济活动做出了重要贡献。移动支付工具支持一些地方政府发放消费券，起到了直达消费者、稳定老百姓生活的作用。这些都是平台支持社会治理的成功案例。另一方面，平台和政府在发挥调控功能方面如何分工、配合，确实是一个比较敏感的问题。比如，假如电商出售假冒伪劣产品，这个问题的治理责任主要在平台还是在政府？再比如，假如约车平台上出租车司机与乘客发生纠纷，一般的理解是应该由平台设法解决，但如果纠纷的一方对平台的处理方案有异议，能否以既定的程序要求政府部门介入？

但其实最为敏感的还是平台企业在社会治理中扮演的角色，尤其是涉及政治与意识形态话题时，相信这也是监管部门关注"资本无序扩张"的主要指向。在国外已经有平台干政的先例，比如利用脸书数据影响总统大选，推特禁言时任美国总统特朗普也属史无前例。这些风险都值得密切关注。不过课题组认为，我国在防范这类问题方面有制度性的优势，采取管理措施的障碍也相对小一些，因此不太可能造成大的风险。当然，平台经济时代信息传播速度非常快，也容易造成"信息茧房"，而且数据算法很容易助长民意的极端化。

总之，平台治理的目标应该是公平、公正、透明。平台企业既然已经突破了一般企业的范畴，就应该主动承担一些社会责任，做负责任的平台企业。在平台治理的过程中，既要限制平台过度"谋私利"，又要保障平台合作者之间的公平竞争，同时还要保护消费者利益。政府也应尽可能清晰地为平台指明作用空间与规则，该由政府做的，要主动作为，该让平台承担的，也要明确目标、规则与后果。当然，平台经济是一个新生事物，政府与平台在治理方面的分工也会是动态的，最好的做法是保持日常性沟通与交流，根据新的情况灵活调整双方的功能，实现平台经济的有序发展。

创新能力

平台企业几乎无一例外都是创新型企业。当然，创新能力差异也很大。那些成功的平台企业在不到 20 年的时间里白手起家，没有创新能力，不可能取得这么大的成就。以支付宝为例，2010 年每秒钟可以处理 300 笔交易，2019 年"双十一"期间，其分布式数据库每秒处理交易达到 6 100 万次。没有如此惊人的进步，移动支付不可能成为老百姓随时随地都可以使用的方便可靠的支付工具。中国在全球区块链专利中的地位也非常重要，截至 2021 年 8 月，中国企业占全球区块链专利申请数的 63.5%，第二名美国占 15.4%。中国排在前面的企业有阿里巴巴（支付宝）、腾讯科技、平安科技、深圳壹账通、中国联通、北京瑞策科技和杭州复杂美科技。

与此同时，平台还有支持平台上企业创新发展的"类孵化器"作用。对于平台上的一些企业、商店，平台也会提供辅导与支持，这与创投、私募基金的做法类似，扶持线上企业的发展。差别在于平台通常不在企业占股，所提供的支持也不一定是"一对一"设计的方案，更多的是普惠性服务，比如提供培训课程或者线上工具。如果企业的业务做起来了，平台一样可以通过流水、分成的增加等获益。一些电商平台提供中介服务，直接对接消费者与生产者，支持产业带的形成与发展，帮助生产者根据市场需要提升产品质量。这些都有利于经济创新。

但数字经济部门对 TFP 增长的贡献确实呈现了一个下降的趋势。在 2001—2007 年、2007—2012 年和 2012—2018 年，数字经济部门对 TFP 年增长率的贡献分别为 2.5、1.31 和 0.71 个百分点（分别约占同期 GDP 增速的 23%、16% 和 13%）。考虑到数字经济部门在经济中的比重在稳步上升，其对生产率贡献的下降确实令人担忧。其中，ICT 集约使用服务业与平台经济的相关度最高，但这个行业在上述三个时期对 TFP 增长的贡献分别为 1.17、-0.13 和 -0.64 个百分点（详见第二章）。

上述测算结果提出一个很严肃的问题：平台经济的创新步伐是否在最近 10 年显著放缓了？更重要的是，如何才能保证这个行业保持持续创新的能力，推动我国生产率的稳步提升？

造成平台经济创新活动放缓的可能性因素很多。一家平台的用户从 1 人提高到 10 亿人，这显然是一个革命性的创新过程。但在平台达到基本的规模之后，创新的压力与空间也许就会减小。如果平台真的拥有了很强的市场势力，创新的动力也可能减弱。许多大型平台企业都有非常活跃的创投机构，利用充裕的现金流，投资甚至直接并购一些初创型企业，有些被并购的企业在母公司的支持下快速拓展业务，还有一些则直接被"冷藏"，以减少母公司的潜在竞争对手。后一类通常被称为"猎杀式并购"，显然是不利于创新活动的（详见第八章）。平台经济还有一个十分常见的业务扩张模式，就是"烧钱模式"，通过大量的补贴迅速做大市场。有的做成了，比如滴滴出行、美团，有的则失败了，比如摩拜。这类业务模式的技术含量相对低一些。

总之，如何保持持续的创新能力，是当前平台经济发展面临的一个重大挑战。方便生活当然很重要，但归根结底，一个经济只有通过持续的技术进步和生产率提升，才能实现长期增长。

收入分配

平台经济对收入分配的影响也具有很强的两面性（详见第四章）。一方面，平台本身的包容性和普惠性都很突出，所以应该有利于促进收入、财富与机会的平等。第一，几家大平台的用户动辄几亿，说明平台经济所提供的低成本产品与服务真正惠及了普罗大众。第二，由于平台企业降低了创新创业的门槛，有利于一大批小微企业与个体户的生存与发展。某电商平台提出"让天下没有难做的生意"的初衷，也是为了降低做生意的门槛。微信支付和支付宝利用二维码支付支持的线下商店、企业多达1亿，几乎覆盖了所有的小微企业和个体户。第三，平台企业还提供了无数灵活就业的机会，既有诸如翻译、咨询、编程和直播带货等，也有诸如网约车、外卖、维修、代驾等。据估计，2019年，阿里巴巴平台直接或间接创造的就业岗位总数超过了5 000万。同年，全国的外卖员总数突破了700万人。① 这些岗位不仅规模巨大，许多岗位的门槛也比较低，工作时间比较灵活，成为正规就业的重要补充。

另一方面，平台经济的发展也产生了不少不利于收入分配的变化。其一，平台企业在创造了许多新的就业岗位的同时，也造成了许多原有就业机会的消失，比较集中的是线下商店的雇员。穿梭在城市街道的众多外卖员中，既有年纪小、文化低的农村青年，也有不少曾经的白领、店员、小企业主以及课外辅导老师，可能还有很多受到平台经济冲击后尚未找到合适新工作的失业人员。对这批人来说，无论是否找到新的工作，无论收入是否上涨，他们总体上可能感觉工作与生活的质量下降了。当然，我们相信平台经济所创造的新就业总数远远超过传统行业消失的就业总数，但经济创新与发展所带来的就业市场的结构性调整，不仅可能影响收入分配，还有可能加剧社会矛盾。

其二，平台虽然创造了许多就业机会，但也形成了许多新的问题。比如，平台就业人员特别是外卖员的抱怨，包括工作环境恶劣、工作节奏受算法控制、在劳动收入上缺乏与平台谈判的能力以及没有很好地被保险与保障覆盖。平台经济中的灵活就业打破了传统的"劳动二分法框架"：要么是雇佣关系，那就签订劳动合同，适用于《劳

---

① 中国产业研究院. 2020—2025年中国餐饮行业深度发展研究与"十四五"企业投资战略规划报告. 中研普华，2020.

动法》；要么是劳务关系，那就签订劳务合同，适用于《民法》（详见第四章）。这种新型的灵活就业形态还缺乏成熟的政策框架，有可能对劳动者造成不利影响。灵活就业者与平台之间的关系不对等，如果平台利用其强大的市场势力确定劳动价格，就有可能损害劳动者的权益。另外，灵活就业者往往也无法享受好的社会保障。

其三，与上述两条有关，平台的长尾效应也有可能导致收入与财富的过度集中。一家平台同时服务数亿用户，其边际成本非常低，这样才能够形成规模经济与范围经济，但也很容易造成财富过度集中的现象。看中美两国的富豪排行榜，平台企业的创始人、投资人甚至经营者往往都会排在前面。这样的财富集中，有多少是个人禀赋与努力决定的？又有多少是技术因素带来的？不管哪个渠道发挥主要作用，收入分配不平等肯定不利于社会和谐，也不利于平台企业的可持续发展。

还有一个因素目前尚未发挥作用，但将来可能会产生巨大影响，就是数据收入的分配与数字税的征收。中央提出将数据作为新的生产要素，如果将它与劳动力、资本和土地一起写入生产函数，可能会改变经济增长的方式，比如劳动力与资本积累只能通过渐进的过程实现。但数据要素的积累有可能走快车道，为发展中国家的经济发展提供弯道超车的机会。如果数据可以产生经济回报，并且政府对平台经济活动征收数字税，那么收入分配的格局一定会发生大的改变，只是目前还很难预测改变的方向与程度。

数据分析

数据的重要性可以从流行的说法"数据就是新的石油"得到印证。不过，曾担任亚马逊机器学习团队负责人的尼尔·劳伦斯认为"数据就是新的煤炭"的说法更加贴切，因为第一次工业革命时的蒸汽机对那些拥有大量煤炭的人更有用。没有数据，也就不会有平台经济。党的十九届四中全会首次提出将数据作为生产要素参与收益分配，这是一次重大的理论创新，标志着数据从技术要素中独立出来成为单独的生产要素。

数据分析的功效已经在平台经济领域得到充分展示：约车平台可以以最低的成本、最短的时间匹配出租车与乘客；外卖平台可以保证外卖员以最快的速度将多份食物从餐馆送到点餐人手中；短视频平台可以随时将体现个人偏好的短视频推送到相关的移动终端；数字金融平台可以通过分析用户的网购、社交等数字足迹，提供信贷服务，控制信用风险。除此之外，数据分析还可以帮助优化城市交通管理、识别新冠病毒的密接人群，甚至追踪犯罪分子。总之，数据分析可以帮助平台企业提高运行效率，改变业务模式，增强个性化服务（详见第九章）。

但目前离数据成为生产要素还有很远的距离。第一，需要明确数据的权属关系，包括所有权与使用权。但与传统生产要素不同，对数据做清晰的所有权、使用权界定非常困难。数据本身具有私人、平台和公共三重属性。目前各平台应用的主要是"特有"数据，而非严格意义上的大数据，形成大数据的关键是打破孤岛、实现共享。与传统要素相比，数据要素在配置中的优点是可以重复使用，缺点也是可以重复使用。一套数据谁都可以使用，不具有稀缺性，但又涉及复杂的利益博弈，给交易和定价造成困难，反过来会影响数据的收集与分析（详见第十章）。

过去我国没有形成一套完善的数据治理框架，平台企业收集、使用数据的自由度比较大，好处是各种利用大数据分析的创新活动非常活跃，坏处是侵犯个人权益、破坏竞争秩序等现象非常普遍。概括起来，数据分析方面存在如下三大类问题。第一，个人隐私与权利没有得到必要的保护。平台企业及其他平台服务提供商肆意扒取其他网站的数据、收集手机用户的个人信息,甚至未经许可私自开启手机麦克风、偷听谈话,这些都属于违法行为。2021年8月全国人大通过了《中华人民共和国个人信息保护法》,相信我国在个人数据保护方面会发生巨大的改变。但当前一个更大的挑战是如何在保护必要的个人权利的同时,继续在数据的积累和分析之间取得好的平衡。过去的无序现象固然需要改变,但如果采取十分严厉的保护措施导致数字经济(包括平台经济)萎缩,也不是理想的结果。

第二,数据作为生产要素进行配置,尚需要完整的政策框架支持。目前所谓的大数据,基本上是几家大平台企业自有的数据,但即便是这样有限的"大数据",也已经发挥了非常大的作用。那么数据究竟是分散在不同的平台企业好,还是集中起来好?如果数据集中的可行性不高,那就得考虑有效共享的问题。事实上,一些静态的数据比如税收、房租、水电费等,只要本人授权,共享相对比较容易,使用起来也简单。而一些动态的数据如购物、社交、搜索数据等,本来就是非标准信息,本人也不见得完全了解信息的内容,共享、使用的难度就很高。其实,目前已经有成熟技术可以在保护隐私的前提下支持数据的共享与使用,比如联邦算法等。但更大的挑战是政策层面的:比如确权,数据究竟归谁;比如定价,如何评估数据的价值;等等。

第三,算法的运用也需要一套能被各方接受的规则。应该说,大数据算法其实是平台经济生产力的一个重要源泉。有了好的算法,才有可能精准营销、控制风险、改善用户体验。数字金融中的大科技信贷就是利用大数据和算法进行信用风险评估,为缺乏财务数据和抵押资产的企业与个人发放贷款。但数据算法也有不少问题,遭受最大诟病的是算法黑箱(不透明的算法目标、意图和责任)和算法歧视(利用算法自动实现差别对待)。一个客观问题是,虽然大数据可以帮助平台降低信息不对称的程度,从而更好地优化流程、匹配交易、控制风险,但对平台参与者,包括电商、出租车司机、外卖员和消费者来说,信息不对称的程度可能反而提高了。这样一来,平台对用户实行千人千面的定价策略,很容易引发消费者关于歧视性定价的猜测,而这极可能是因为算法黑箱,也可能是因为算法歧视,或者两者兼而有之。

最近几年,政府相关部门正在抓紧完善数据治理的政策,这是对过去几乎放任自流现象的纠正,但构建数据治理政策框架的努力可能才刚刚开始。最大的挑战是如何建立一个务实的框架,既能保护权益,又能发挥效率,走极端不是好的选择。不保护数据,容易造成一片混乱;保护过度,则有可能扼杀创新活动。

不规范行为

在平台经济治理的过程中,出现最多的一个名词是"垄断"。这在直观上非常容易理解,成功的平台基本上都是超大规模的企业,再加上平台企业的网络效应、规模经济和范围经济等特性,平台企业较容易形成很强的市场势力并滥用这个势力获取超额利润。不过,如果仔细推敲,可以发现公众对平台企业抱怨更多的是不规范的市场行为,而不一定是严格意义上的垄断行为。

关于什么是垄断,特别是如何判断平台经济中的垄断,下文将展开专门的讨论,这里关注的主要是不规范的市场行为。之所以有必要区分垄断行为与不规范行为,是因为公众容易混淆两者之间的关系,虽然它们的定义泾渭分明。举个例子,农贸市场里的一个肉贩"挂羊头卖狗肉",以次充好,牟取暴利,这种行为是商业欺诈,是需要规范的行为,但并不是垄断行为。如果一个肉贩利用其市场优势地位,"打击"较弱小的竞争对手,例如要求农贸市场不给其他肉贩提供摊位,同时大幅提高销售价格,那就是垄断行为。

有两种平台经济治理的思路，第一种思路是专注治理头部平台的行为，中小平台的行为规范化则会水到渠成，第二种思路是同时关注大、中、小平台的行为。在 2021 年 10 月 24 日于上海举行的外滩金融峰会"数字经济与金融科技：效率、稳定与公平"分会上，哈佛大学的贾森·弗曼（Jason Furman）教授赞成第一种思路，而北京大学的黄益平教授则支持第二种思路。中美学者观点不同，很可能反映了两国平台市场成熟度的差异。平台经济中的不规范行为可以有多种起源：一是垄断导致的反竞争行为，二是数字技术的运用为不规范行为创造了新的空间，三是纯粹的欺诈行为。在美国，因为市场监管框架相对成熟，对于后面两类行为有日常性的应对机制，所以政策重点放在了对头部平台的反垄断上。而在中国，平台经济治理刚刚开始，不规范的行为还比较普遍，所以规范市场行为需要对大、中、小平台全面铺开。在现阶段，规范市场行为的紧迫性甚至可能超过反垄断。

"大数据杀熟"不仅仅是一种差别定价行为，也常常是一种不规范行为（详见第九章）。其实，根据不同的情形实行"动态定价"是一个常见的商业策略。这个策略既可能合理，也可能不合理。比如，一个乘客在同一条路上通过网约车平台叫车，但几次的价格都不一样。如果一次用车是在平常时间，另一次是在交通高峰期，那么高峰期费用高一点，似乎也正常。但高出部分究竟是否合理，可能需要看计算加价的规则。显然，这里既要看产生价差的原因，又要看价差的程度，两者综合起来才能判断是否合理。困难在于，用车的乘客自己很难判断网约车平台的加价是否合理，因而需要引入外部判断机制，可以是监管部门，也可以是第三方独立机构。平台还经常在消费者不知情的情况下实施这种"动态定价"，消费者只能在事后了解被收取较高的价格，这样就会产生非常不好的体验。如果消费者提前知道平台的定价策略，那么可能会做出不同的消费选择。

总之，当前我国平台经济市场尚未成熟，如何规范所有平台的行为,实现有序发展,是一个重大挑战,可以通过建立和完善平台经济的监管框架来实现。但基于平台经济的许多特性,对平台行为的判断也应该基于认真的经济学分析,这样才能判断出哪些行为符合市场规律,哪些是反市场的,需要予以规范与纠正,从而实现平台经济的健康、有序发展。

平台监管与反垄断执法

2021年2月7日,《国务院反垄断委员会关于平台经济领域的反垄断指南》发布,这是我国第一份关于平台经济反垄断政策的完整框架。4月10日,国家市场监管总局对阿里巴巴的"二选一"行为做出处罚,这是我国平台经济领域的第一张反垄断罚单。11月18日,国家反垄断局正式挂牌,标志着我国反垄断政策特别是平台经济领域的反垄断政策走入全新的阶段。但在平台经济领域如何判定垄断行为?什么是好的平台经济领域反垄断措施?目前对这些尚未形成完全一致的看法,值得进一步探讨(详见第十二章)。

美国反垄断政策思路的演变

美国的反垄断政策起步于1890年制定的《谢尔曼法》。在南北战争之后19世纪的最后30年,即马克·吐温所称的"镀金时代",随着自由市场的高速发展,美国出现了洛克菲勒、卡内基和摩根等诸多寡头。与此同时,贫富差距也显著扩大。美国民众对大企业(托拉斯)的反感情绪日益高涨,民粹主义盛行。因此,《谢尔曼法》明确指出,联合共谋是违法的,企图支配市场就是犯罪。在20世纪初的"进步时期"(20世纪初到一战时期),美国监管部门试图区别"好的"与"坏的"托拉斯,但在实际经济生活中,区分企业以反竞争为目的的策略和以改进生产率为目的的策略十分困难。

1911年，大法官布兰迪斯指出："第一，一个公司如果太大，可能已经不是最有效率的生产和分配模式；第二，无论公司是否超过了最优规模，对那些向往自由的人而言，（太大的）公司可能都是无法容忍的。"①布兰迪斯主义的重要性在于，一是它反对的不仅仅是垄断，而是庞大；二是它的出发点不仅仅是经济视角。同年，依据《谢尔曼法》，标准石油被认定为垄断公司，当时它在美国国内石油市场的份额已经高达90%，因而被分拆为34家地区性石油公司。据说当时西奥多·罗斯福总统也给了洛克菲勒另一个选项，就是将标准石油变为一个接受政府管理的公司，但显然洛克菲勒没有接受。

随后，美国反垄断的法律框架进一步完善，在1914年发布了《克莱顿法》和《联邦贸易委员会法》，这两部法律与《谢尔曼法》一起构成了美国反垄断的基本法。《克莱顿法》对兼并做了一些明确的规定，主要是确定了一个所谓的"早期原则"，即只要有形成垄断的可能性，就可以被认定为违法。

在过去很长的一段时期，消费者福利成为判定是否存在垄断的一个重要标准，而反映消费者福利的一个重要指标是价格，即是否存在超高价格形成垄断利润。因此，现有的反垄断调查似乎对巨型互联网公司的兴起和这些公司明显的垄断或者反竞争行为无能为力。许多平台企业不仅没有提高消费者价格，反而压低价格甚至提供免费服务。但平台经济的多边市场与网络效应等特性表明，为用户提供免费的（社交、搜索、音乐等）服务并不一定意味着"免费"，也并不一定意味着这些平台企业不拥有垄断地位。在商业实践中，补贴多边市场中的用户端以扩大市场规模，恰恰是平台经常采取的提高营业收入甚至

---

① 郭凯. 反垄断不只有经济视角——一篇读书笔记. 中国金融四十人论坛公众号，2021-05-15.

形成市场势力的重要策略。

消费者福利标准无法有效判断平台经济领域的垄断现象，直接推动了布兰迪斯主义在美国的重生。预示新布兰迪斯主义将对美国反垄断政策产生影响的，是两个标志性事件：一是哥伦比亚大学法学院教授吴修铭于 2021 年 3 月 5 日被拜登总统延揽入美国国家经济委员会，成为技术与竞争策略总统特别助理；二是哥伦比亚大学法学院副教授莉娜·可汗于 2021 年 6 月 15 日被拜登总统任命为联邦贸易委员会（FTC）主席。两人均为新布兰迪斯主义的代表性人物，莉娜·可汗的代表作是其学生时代的论文《亚马逊的反垄断悖论》("Amazon's Antitrust Paradox")，吴修铭的代表作则是《大企业的诅咒》(*The Curse of Bigness: Antitrust in the New Gilded Age*)。

两个人均主张放弃"消费者福利"这个标准。莉娜·可汗认真地研究了亚马逊案例，认为亚马逊作为线上平台有"球员兼裁判"的利益冲突问题，她还发现亚马逊不仅采用掠夺性定价与垂直整合策略，而且这两者与亚马逊如何获得市场垄断力息息相关。她因此主张不能以传统狭隘的竞争结果理解科技巨头平台，而必须考虑到企业结构与市场的动态竞争过程。吴修铭也主张抛弃以消费者福利衡量反托拉斯法的做法，应该由法院评估目标行为是促进竞争还是压抑甚至摧毁竞争，重点在于对竞争过程的保护，而非价值的最大化，因而应该以反垄断法分拆科技巨头。

简单的"消费者福利"是否已经不再适用于判断平台经济领域的垄断？这个问题其实值得进一步讨论。在平台经济领域，如果继续简单地因为看到平台降低了消费者价格而判定不存在垄断，那么这个做法可能不再合适。因为在平台经济中，消费者的付出是多方面的，包括扩大平台市场和提供用户数据等。这就意味着"免费"服务很可能并不是免费的。特别值得关注的是，平台企业可能会通过交叉补贴做大市场甚至改变市场结构，最终形成强大的市场势力。但这并不意味着必须抛弃"消费者福利"的分析框架，需要改变的可能是适合平台经济的分析方法，因为在平台经济中，成本和福利的计算都变得更为复杂。美国到底会怎么做，是否真的会像吴修铭建议的那样，由法院判定分拆科技巨头，我们只能拭目以待。

另外，纵观美国100多年的反垄断历史，可以发现反垄断政策的活跃往往与三个事件同步发生：经济增长持续减速、行业集中度大幅提高和收入分配恶化。

显然，在这样的经济大环境里，公众对大公司的喜好程度会显著下降。紧随"镀金时代"之后，大公司越来越大，贫富差距明显加大，经济增速一旦回落，各种社会、经济矛盾就变得非常突出。现在美国的经济大环境与120年前有许多惊人的相似之处，刚刚经历了全球化时期所谓的"新镀金时代"，亚马逊、谷歌、苹果、脸书等科技巨头在美国经济甚至全球经济中的主导性越来越强，收入分配的矛盾也非常突出。与此同时，2008年金融危机以来，美国经济的趋势增长水平降低了1个百分点以上。上述三个方面的变化，对于理解近期我国公众对大公司态度的变化以及监管部门政策的收紧，也应有帮助。

可竞争性

国内学术界对平台经济反垄断问题也有不少讨论，有两种比较鲜明且有代表性的观点。第一种观点认为平台经济反垄断是大势所趋，因为平台经济具有规模效应、长尾效应，会产生网络效应和财富效应，并容易形成赢者通吃和大到不能倒的局面，所以垄断行为很难避免。[①] 另一种则认为所谓的垄断行为，恰恰是企业参与市场竞争的

---

① 刘英.坚持平台经济反垄断.中国纪检监察报，2021-03-11（07）.

重要表现,生产出与竞争对手不同的产品,以质量或信誉保持客户忠诚度,这样的问题可以通过市场解决。①我们对上述两种观点都不太赞同。平台经济的基本特性容易造成行业较高的集中度,但规模大并不一定意味着存在垄断。另外,在数据与算法成为重要的进入门槛之后,纯粹意义上的市场竞争并不一定能彻底消除垄断行为。我国的《反垄断法》明确了四类垄断行为,即经营者达成垄断协议、滥用市场支配地位、经营者集中,以及滥用行政权力排除、限制竞争。除了最后的行政性垄断,前面三类都需要具体问题具体分析,但要防范或者消除的是滥用市场支配地位的行为,让市场机制恢复有效运行。

美国反垄断政策思路的演变,给我国的政策讨论提供了重要启示。但我国是不是要跟随这套所谓的新布兰迪斯主义的主张,特别是接受"大就是问题"的视角?本书的回答是"不应该"。过去近20年间,美国的四家头部机构GAFA各自主导的领域一直比较稳定。因此,也许有一些理由相信美国的这些巨头已经在各自的领域形成了较强的市场势力,取得了一定的垄断地位。相比之下,中国平台经济领域的状态则更加活跃、动态,头部机构数量较多,变化也大。除了传统的三大机构BAT,京东、拼多多、美团、滴滴出行、字节跳动等也很活跃,而且发展很快。可见,中美平台经济可能处在不同的发展阶段,美国相对成熟,接近长期均衡状态,而中国则更加动态,一定程度上还处在探索发展方向阶段。另外,从平台规模来看,中美的差距非常大,近年来还有扩大的趋势,一个平台放在国内市场看,规模非常大,但如果放到国际市场看,可能就不那么突出了。这是其一。(详见第三章)

其二,简单的"大就是问题"的理念与平台经济甚至第四次工业革命的特点背道而驰。传统经济学理论认为,市场势力越大,企业

---

① 张维迎.经济学的垄断概念是错误的,反的是真竞争.经济观察报,2013-12-09.

的价格就越高,"无谓损失"或福利净损失就越大。但平台经济最重要的特性之一是长尾效应、规模经济,平台企业要做好,必须做大规模,才有可能提高效率、降低成本、改善回报。如果规模不够大,平台可能很难生存。这样就形成一个矛盾:平台企业要么做不起来,一旦做大,就很可能被反垄断、被分拆,那么平台经济就永远都无法发展。莉娜·可汗对"消费者福利"标准有所批评,值得借鉴。虽然低价或者免费的产品与服务在短期内对消费者是有利的,但如果这个商业策略的目的是做大规模,改变市场结构,最终获取垄断地位,那么从长期看,对消费者是不利的。所以,关键还是要看是否存在形成垄断的倾向。

其三,平台经济的范围经济特性也许可以让充分竞争与规模经济在一定程度上实现共存。不喜欢大的企业规模或者高的市场份额,主要还是担心造成"赢者通吃"的局面。但这是传统经济的理念,比如在电力行业或者钢铁行业。平台经济领域存在很强的范围经济,即平台企业一旦在一个行业做大,很容易实施跨行业竞争。国内市场上这样的例子很多,比如抖音做外卖、微信做搜索、美团做金融。这就意味着做大并不一定能够独霸市场。在 2013 年,阿里巴巴的淘宝和天猫在全国电商市场的份额达到 92%,到 2020 年,这个份额降到了 42%。除了原有的竞争对手京东的市场份额翻了一番,还涌现了一批新的电商,如拼多多、微信小程序、抖音电商等,而这些新电商大多是借助已有平台跨行业进入。可见,虽然阿里巴巴在 2013 年占据的市场份额非常大,但它显然并不拥有垄断地位。

因此,判断平台经济领域垄断的标准,既不应该是过于简单化的"消费者福利"度量,更不应该是单纯的"平台规模"指标。而"可竞争性"可能是一个值得重视的经济概念。1981 年 12 月普林斯顿大学教授威廉·鲍莫尔在美国经济学会年会上做了题为"可竞争市场:产业结构理论的一次革命"的发言,正式提出可竞争市场理论(又称可竞争性理论)。可竞争市场的一个基本假设是,企业进入和退出市场或产业是完全自由的,相对于现有企业,潜在的进入者在生产环节、产品质量和成本等方面不存在劣势。这样,即便行业只是由一家或少数几家企业组成,由于担心局外竞争者的进入,在位企业也会维持反映生产成本的价格并保持高效率的生产,以获取平均利润,而不是制定垄断性高价。换句话说,只要满足具有"可竞争性"这一条件,即使规模很大的平台也不会轻易形成垄断。需要特别指出的是,可竞争性的关键因素是潜在竞争者进入的沉没成本,不仅仅指营业牌照。同时,较强的可竞争性也不必然导致较高的竞争程度,但可以阻止在位竞争者实施垄断行为(详见第八章)。

"可竞争性"可能并不适合构建判定垄断的量化指标,却是一个有价值的指导监管与反垄断政策的经济学概念。用"可竞争性"的分析框架来讨论我国平台经济领域的反垄断问题,至少可以提供两个方面的启示。

一是与美国相比,我国平台经济领域的竞争程度似乎要高一些(见表1-1)。在美国,四家头部平台长期主导一些行业,确实需要担心垄断的问题。为什么美国平台企业跨行业经营的现象相对少一些?一种解释是美国较为严厉的监管限制,另一种解释是数据与人工智能

表 1-1 中国的头部平台在不同行业的业务分布

	百度	阿里巴巴	腾讯	字节跳动
搜索/浏览/新闻	√	√	√	√
电商购物		√	√	√
在线视频/短视频	√	√	√	√
快递/外卖		√	√	
旅行	√	√	√	
教育/社交/游戏	√	√	√	√

的应用提高了平台经济不同行业的进入门槛，还有一种解释是"心照不宣的合谋"，最后一种解释也可能是较低的"可竞争性"条件。比较而言，目前我国平台经济的跨行业竞争现象十分普遍，竞争程度较高。因此，反垄断的迫切性可能并没有美国那么突出。

二是平台经济领域的反垄断政策应关注行业"可竞争性"条件的改善。目前我国平台经济领域的竞争总体上比较充分，但并不意味着反垄断政策不重要。如果反垄断的目的是维持正常的竞争秩序，保护消费者利益，那么，关键的手段应该是减少潜在进入企业的沉没成本，降低进入与退出的门槛，而不是分拆。如果用户人数是重要门槛，也许可以考虑在不同平台之间实现联通，就像电信网络，只要有手机，能联网，就可以联系到所有人，而不取决于用户加入的电信系统的大小。如果数据是主要成本，也许可以考虑允许用户携带数据或者数据在不同平台之间实现某种形式的共享。当然，这些措施不可能彻底消除那些大平台的相对优势，也不应该无视头部平台在做了大量投资以后获取一定回报的正当要求。采取政策措施保障一定程度"可竞争性"条件的目的是防范出现垄断行为，而不是盲目地追求平台之间的绝对平等。

我国的平台经济领域还有一个现象值得关注。一方面，平台企业积极利用范围经济的优势，使得充分竞争与规模经济在一定程度上实现共存，保证了大多数行业较高的竞争程度。另一方面，几乎所有在细分行业能够排得上号的平台，都与几家头部平台有直接或间接的关系。比如：在电商领域，拼多多和京东都与腾讯有关；在视频领域，有与百度有关的爱奇艺、与阿里巴巴有关的优酷和与腾讯有关的腾讯视频。也就是说，几乎在每一个细分领域，都是几家头部平台的代表在相互竞争。这种状况对于市场的"可竞争性"意味着什么，值得进一步分析与观察。起码有一个问题需要思考，就是如何防备少数几家头部平台在许多细分行业实行共谋。目前看来，这个矛盾还不突出，但这肯定是监管部门需要关注的一个问题。

对我国"强监管"政策的反思

我国现行监管和反垄断制度作为经济法的组成部分，具有三个突出的特点。一是延续了19世纪60年代由美国确立并随着二战胜利而被各国普遍采用的方式，对涉及公共领域的问题实行经济监管，对涉及私人领域的问题采用反垄断，并且监管权限主要以产业链条进行划分。当然，我国在沿袭这一框架的基础上，也融入了一些自己的特色。二是我国从计划经济走向社会主义市场经济，在转轨过程中很多监管不断放松，多种监管模式层叠式存在，比如既有产业监管（交通运输部、工信部、人民银行等），又有重大投资监管（发改委）和一般市场监管（市场监督管理总局）。三是从2004年施行《行政许可法》以后，行政法强调控权、"放管服"，带有很强的行政色彩，和经济法中要求的经济监管、注重市场、注重效果还存在一定的差距。但是平台的网络外部性、双边或者多边市场、跨界经营等模糊了公私界限、产业划分以及经济/社会的划分，从而对现有的监管体系构成了挑战和冲突（详见第十一章）。

2021年以来实行的"强监管"的核心是"加强反垄断执法，防止资本无序扩张"。其中，加强反垄断执法是非常清晰的，而防止资本无序扩张则并不一定限于反垄断，涵盖的范围相对广泛。自2021年中以来，监管部门针对平台经济中的大型科技公司加强了执法，增加了处罚。反垄断举措应该是在《反垄断法》框架下的执法，需要符合法律对执法目标、机制和责任的规定。但从目前的情况看，各个监管机关存在明显的"监管竞争"现象，而且都在"反垄断"的名义下采取各种措施，无论是监管部门还是反垄断机构都在积极地采取行动，从行政立法到执法，从行政处罚到进驻企业整顿，还有很多联合执法行动。

以反垄断为目标的高调监管借用了经济监管的名义，实际上采取的却是各种行政监管手段。这种不对称的局面造成了2021年的行政监管仍然主要是对原来的市场准入、行为要求和退出方面的标准进行调整，以往不断提高市场准入门槛、限制企业行为而忽略退出机制造成的弊端也持续存在。从理论上来说，一些监管部门总是以"公平竞争""消费者权利保护"等作为目标，但其监管实践往往忽略了市场本身的作用，也忽略了对经济学一般原理的运用。这可能是因为行政监管主要关心市场准入的升降、损益，而不关心监管效果或者市场状态，特别是市场竞争动态。其中一个典型的例子是七部门联合约谈网约车平台，根据媒体的报道，会议对网约车平台提出了一些要求，主要是"合规"要求，但会议采用的主题是"公平竞争"。当时的实际背景是滴滴出行因为赴美上市违反信息安全要求而受到监管，而其他网约车平台在滴滴App下架的情况下，采用了与滴滴很多年前扩张市场类似的方法去抢夺市场。在合规的情况下，竞争环境发生了变化，所有人都有权参与竞争，但这么明显地对滴滴出行的竞争对手主张合规之外的"公平竞争"，会造成名义上维护公平竞争，但实际上却维护甚至强化现有市场结构的效果。另一个例子是基于消费者权利，召开"屏蔽网址链接问题行政指导会"，要求平台实现所谓的"互联互通"，但这种多一个操作步骤的动作并不属于法律上消费者权利的范围，会议也没有要求其他企业之间实现"互联互通"。实际上，要求高科技平台的头部公司互联互通，最大的可能是增强现有市场领先者的优势，反而形成垄断的固化，而不是反垄断。

反垄断的具体执法必须经过对市场结构、行为和效果的考察，关注竞争状态的恢复。当然，实际上是否能够达成这些效果，需要事后评估，目前国家反垄断局也在开展这项工作。比如对腾讯的处罚，直接要求其解除独家音乐版权协议，恢复市场竞争状态，这是一个很好的例子。

对平台经济行为一定要做深入细致的分析，而不能简单地搞一刀切式的判断。比如说,通常的看法是,"二选一"就是排他的垄断行为,因为不允许合作伙伴或者企业跟竞争对手做交易。市场监管总局也在 2021 年对阿里巴巴之前的"二选一"行为做了处罚。不过,正如《国务院反垄断委员会关于平台经济领域的反垄断指南》所指出的,判断"二选一"是不是垄断行为,还要具体看其理由是否合理。纯粹利用特有的市场势力排除竞争对手,当然是垄断行为;但如果签约一方确实对业务有较大的投入,比如一个新产品或者新业务的区域性代理需要投入很多的财力、物力、精力去开拓市场,提升产品的接受度,要求签订一段时期的排他性代理协议也是合情合理的。这跟保护知识产权的道理非常类似。

世界各国公认的反垄断法基本目标,在优先顺序上,依次是:(1)保护市场机制;(2)保障消费者福利,尤其是长期福利;(3)促进创新和技术过程;(4)保护个别企业不受压迫;(5)促进市场主体的平等,包括扶持小企业。最后这一个是有争议的,美国在历史上偶尔采用,欧盟竞争法受到自由秩序经济学理论(欧洲奥地利学派)的影响,认为中小企业越多,市场就越健康,所以反垄断执法比美国更为严格。中国的《反垄断法》更接近欧盟,但是在平台经济领域,尤其由于大型高科技平台公司的发展,中国和美国成为全球两强,这与欧盟的经济模式和市场结构并不相同(详见第十二章)。

需要指出的是,反垄断法中的正式表述是消费者利益,并没有直接采用福利经济学中"消费者福利"的表达,但实际上反垄断法的分析框架就是以追求消费者福利为理论标准的。我国各监管部门在 2021 年实行"强监管",纷纷用维护"公平竞争""消费者权利"的名义,不仅不受市场分析的约束,而且越过了保护市场机制的目标。以消费者权利为目标的监管,不仅仅包括产业监管,也包括了《消费者权益保护法》《电子商务法》《反不正当竞争法》,甚至《价格法》的监管方式。但在"强监管"中,有些监管部门所追求的目标扩大了消费者权利的外延。2021年的实践和我国这个领域的法律既有实践一样，存在着两种话语体系：一种是以市场效率和经济学分析为出发点，注重竞争效果的反垄断法框架；一种是以保护个别企业或者扩大消费者权利范围为目的的不对等限制的公平竞争执法模式。

因此，在下一步的监管之中，应当区分经济监管和反垄断两种不同性质的市场调控方式。两者的目标、手段存在着根本性的差异，应让反垄断的权力归于反垄断执法部门，不应当用"公平竞争"替代"反垄断"，用行政监管去替代反垄断执法。同时，应当在立法中将监管和反垄断的关系做出明确的界定。各国对此采用了不同的模式。无论哪一种模式，都需要在大型科技平台、数字经济的时代重新构造这种关系和各自的管辖权。但是目前我国的《反垄断法》已经拥有了"行政垄断"的调控权力（针对具体的监管行为），即将修订的法律之中还加入了"公平竞争审查"（针对监管文件的内容）的权力，如果将来再加上"营商环境评估"（针对政府整体法律系统的评估）的执法权力，那么我国有望形成世界上最为强大的反垄断制度，至少在制度与规则上是如此。当然，目前国家反垄断局的权力虽然在2021年得到了加强，也扩展到了三个司并挂牌，但仍然有待于更大的职权提升，实现在法律制度上被赋予权力。

至于反垄断法框架内的面向平台经济的调整，国家反垄断部门制定了相关指南，但该指南仅仅是一个非正式的官方文件，过于强调平台经济、大型科技平台企业的特殊性。现在公众中流行的一些被认为是平台经济特有的竞争特点，实际上都颇有值得推敲之处。对"二选一""大数据杀熟"等所谓的特有行为进行认真考察就会发现，实际上用传统的反垄断法框架就能分析和执法。理查德·波斯纳法官很早就指出，新经济并不构成对反垄断法框架的挑战。平台带来的挑战更多是建立在经济测量、成本收益分析、市场界定之上的，这些本来就是反垄断法持续面对的问题，并不会因为平台的出现而发生根本性的动摇。度量问题实际上是一个信息和情报收集问题，而非理论问题。而随着近年来产业组织理论和反垄断经济学的发展，传统经济分析和市场-产业组织理论框架下已经发展出较为成熟的具有可操作性的分析方法。

在数字经济时代，面向大型科技平台企业，我国 2021 年的"强监管"出现了重复监管、监管竞争、运动式执法和联合执法等现象，但是对行政监管的依赖并没有改变。就监管的任务而言，未来"防止资本无序扩张"的目标也不仅仅是反垄断部门的，更多是监管部门的职责。同时，与"防止资本无序扩张"相对应的应当是"推动有序增长"，而这就意味着监管升级的内在需要。针对平台经济的好的监管，应当是法治下的监管，也应当是"回应型监管"，对结果负责，更好地利用各种市场、中间层机制，更快对企业行为的边界做出反馈，利用常规化执法引导企业的有序增长。同时，针对未来产业划分给监管权力划分带来的挑战，建议将"数字经济法"的制定提上日程，尽管许多具体的问题在快速演化的数字经济面前未必能很快形成很强的共识和理论基础，但这样的立法规划可以将大型科技平台监管中的具体问题纳入公开讨论（详见第十三章）。

主要结论与政策建议

几点主要结论

一、我国的平台经济规模名列全球第二，但技术优势不突出，国际化程度较低，而且近年还出现了明显的下滑趋势。我国平台经济的发展，主要得益于四个重要的条件，即较为有利的政策与硬件环境、庞大的国内市场、较低的个人权益保护意识，以及与国际市场相对分隔。与美国的同行相比，无论是规模还是技术，我国的平台经济都存在较大的差距，而且近年差距还有所扩大，数字经济部门对TFP增长的贡献也出现了减弱的趋势。平台经济发展相对转弱，既有平台企业的原因，也有政策层面的因素。因此，增强平台经济的创新能力已经成为十分迫切的任务。唯有如此，我国的平台企业将来才有可能从容应对国际竞争。

二、平台经济发展既提升了服务的普惠性，又降低了创新、创业的门槛，有力地支持了创新活动和经济增长。长尾效应、网络效应、规模经济和范围经济等特性使平台可以覆盖海量的用户并快速提供个性化的产品与服务。平台还大大降低了创业的门槛，大量原先无法在线下创业的人士在线上开办了企业与商店。同时平台还在一定程度上发挥孵化器的功能，提供融资、辅导、撮合等服务，支持线上企业的成长。目前数字经济部门的增加值占GDP之比已经超过1/3，对GDP增长的贡献已经接近3/4。

三、平台企业在创造数以亿计的灵活就业机会的同时，也冲击了一些原有的工作岗位，许多"零工"劳动者还缺乏完善的福利体系保障。平台经济使得许多工作发生了从线下到线上、从固定到灵活、从单一到多元的转变，"零工"的比例大幅上升，改变了劳动力市场的格局。由于门槛降低、工作时间灵活，"零工"劳动者获得了新的就业机会与收入。但其中一部分劳动者的工作条件不好、福利保障缺乏，劳动者与平台之间不对等，平台特性容易导致收入与财富过度集中，这些可能对收入分配产生不利的影响。

四、平台经济有助于提升国家治理能力，但同时平台身兼经营、撮合和调控的功能，有发生利益冲突的潜在风险。平台经济在帮助改善国家治理方面发挥了积极的作用，许多地方的电子政务、数字政府、城市大脑等做得有声有色，新冠肺炎疫情期间开发的"健康码""行程码"为控制疫情传播、保障生产生活发挥了关键性作用，而且我国在保证平台发挥积极的社会功能方面有体制性优势。但如何做到平台本身治理功能的公平、公正,特别是在导流、搜索等活动中避免因"运动员兼裁判员"等产生利益冲突,有待进一步探索,需要建立有效的平台企业行为规范,同时让平台承担更多的社会责任。

五、由于具有网络效应和规模经济等特性,平台经济天然具有较高的集中度,但"大就是问题"的简单化思维不一定适用于平台经济领域。由于存在范围经济,平台经济领域有可能在规模经济与充分竞争之间实现调和。关键是要降低潜在竞争者的进入门槛,保证可竞争性。另外,我国具有大市场优势,在多数领域可以容纳多个平台"同台竞技"。总体看来,目前我国平台经济领域的竞争程度还比较高。如果将传统产业依靠司法程序规范行为、以分拆方式进行反垄断等做法机械地套用到平台经济领域,可能会有问题。

六、数字技术不一定会改变应用于平台经济监管与反垄断执法的分析框架,但一些计算方法可能会变得更加复杂。在传统产业反垄断,通常以价格水平来衡量消费者福利或权益。在平台经济中,因为存在交叉补贴和掠夺性定价等做法,简单地看价格水平不一定靠谱。因此,衡量消费者福利,需要更为全面地考虑消费者的付出与收益,包括消费者对平台贡献的时间、数据、市场规模等。同样,签订一些排他性协议,既可能是垄断行为,也可能是正常的商业安排,关键看签约一方有没有对产品的营销、品牌的影响和市场的扩大投入相应的资源,是否单纯为了排挤竞争对手。

七、大数据分析是平台经济发展的原动力,但也引发了算法歧视、算法黑箱等问题,构建数据治理框架仍然任重道远。数据分析可以帮助平台企业提高运行效率,改变业务模式,增强个性化服务,但数据所引发的问题也层出不穷,擅自收集、分析数据的侵权行为和"大数据杀熟"现象十分普遍。大数据在为平台降低信息不对称程度的同时,可能反而提高了其他平台使用者的信息不对称程度。数据成为新的生产要素,将给经济发展模式带来颠覆性改变,但如何确权、交易和定价，目前还没有切实可行的解决方案。

八、"强监管"政策已经给我国平台经济发展造成了一些不利影响，如果不能及时纠正，可能会违背"在发展中规范、在规范中发展"的初衷。治理政策的初衷很好，但执行中的偏差也不少，缺乏对治理效果特别是市场竞争程度的关注，监管政策缺乏统筹协调，各监管部门在短期内竞相出台"强监管"措施，而且以调整准入门槛、征收罚款等行政性手段为主，要么不出手，要么出重拳。被监管对象只能被动接受处罚决定，缺乏必要的申诉渠道。这些在客观上会加大经营环境的不确定性，影响投资者信心，不利于平台经济的健康发展。

九、我国平台经济的国际化程度非常低，参与构建数字经济国际规则的努力刚刚开始。到目前为止，中外平台经济市场基本上是分隔的。但国际社会已经在努力构建数字经济的国际规则，美国对"数字贸易"规则的诉求包括数据跨境自由流动、非属地化限制、取消数字灌水和知识产权保护，而欧盟则主张数据跨境自由流动、消费者隐私保护、反垄断和征收数字税。我国尚未清楚地提出主张，但已经申请加入新加坡、新西兰和智利于 2020 年 6 月签署的《数字经济伙伴关系协定》（DEPA），也签署了应对经济数字化税收挑战的"双支柱"方案。

对平台经济治理的建议

一、加速我国经济特别是金融业的市场化改革进程，为平台经济创新与发展创造更为有利的政策与市场环境。一批民营平台企业在短短几年间从初创企业成长为全球大公司，是我国市场化改革成果的最佳体现。平台经济的进一步发展同样需要良好的政策环境，尤其是在当前不规范行为频发和平台经济发展放缓的情况下。除了完善平台经济的治理体系，政府也应进一步加大市场化改革的力度。如何保障包括平台企业在内的民营企业在资源配置与市场竞争中的平等地位，已经成为关系我国经济增长可持续性的头等大事。最近10年我国的TFP下降，其中劳动力在行业间配置的贡献为正，但资金在行业间配置的贡献为负，说明金融部门已经成为拖累经济效率提升的重要制约，金融资源配置与风险定价等方面的金融市场化改革已经迫在眉睫。

二、完善数字经济领域的法律体系，将制定数字经济法提上议事日程，为平台经济治理提供系统性的法律依据。我国已经颁布了不少与数字经济治理有关的法律法规，包括《消费者权益保护法》《电子商务法》《反不正当竞争法》《反垄断法》《网络安全法》《数据安全法》和《个人信息保护法》等。建议全国人大尽快推动制定一部能够覆盖所有数字经济领域的数字经济法，改善各已有法律之间的衔接，同时明确必要的法律界限，特别要阐释一些数字经济领域的重要概念，明确界定"资本无序扩张"的含义，避免一些行政部门根据自己的意愿在经济领域做扩大化的解读。将来，数字经济法可以作为数字经济领域的基本法，统领平台经济治理实践。

三、平台经济治理应以保障充分竞争、支持创新、保护消费者权益为目标。保障充分竞争的目的是维持市场的有效运行，以市场效率为导向，让市场参与者能自由、充分地参与竞争。创新是平台经济持续保持活力的基本前提，我国平台经济发展的成绩主要体现在市场规模而不是技术优势，最近平台经济的生产率转弱，很可能是因为创新活力有所下降。另外，中外平台经济市场分隔的局面可能只是一个阶段性现象，只有保持强劲的创新能力，我国的平台企业才有可能持续健康地发展，未来也才有可能从容地应对国际竞争。消费者权益是经济活动的终极目的，归根结底，平台经济的价值也要体现在能够满足人民群众不断增长的对美好生活的需要。

四、改善平台经济治理政策的协调，短期内尽量明晰机构分工、增强政策统筹，长期可考虑建立综合性平台经济治理机构。我国的平台经济监管，既有行业监管部门，比如交通运输部、人民银行和工信部，又有一般性的监管部门，如市场监管总局。它们既管理市场秩序，又负责反垄断执法，还制定数据治理规则。但各机构之间的分工不是很清晰，也缺乏有效的协调，容易造成监管竞争的局面。首先可以考虑在国务院层面设立一个协调机制，既要消除监管空白，也要防止重复施政，同时控制新政的节奏，尽量争取平稳过渡。平台经济的范围经济特性意味着传统的行业监管体系不一定有效。从长远看，还是应该考虑建立综合性平台经济治理机构，这样才能全面地评估综合性平台的行为与效果。

五、平台经济监管和反垄断执法最好能分开，同时尽量采取日常性、回应型、适应平台经济特性的监管方式。平台经济监管关注的是维持市场秩序，反垄断执法看重的是恢复市场效率。当前应特别重视监管的作用，增强市场的有效性和可竞争性。运动式监管的冲击过大，效果也不好。平台经济本来就是一个新生事物，监管部门与平台企业应该保持日常性沟通，这样才能及时发现问题、化解问题。也可以采取"监管沙盒"的做法，在有监管的前提下测试新的产品与服务。同时，在采取监管措施的时候，也要给予被监管对象申诉、说明的机会。最后，在平台经济领域，许多平台之间有千丝万缕的投资与业务关系，出现了集团化、产融结合等新现象，因此有必要研究制定与限制、规范企业集团相关的监管制度和政策。

六、建议成立数据治理委员会，创新性地制定、协调数据政策，同时推行算法审计，不要简单地套用传统要素的治理思路。基于数据作为准公共品的非竞争性和部分排他性等特征，先确权、再交易的传统方法不再适用。建议成立一个高规格、跨部门、政企结合的数据治理委员会，统筹数据政策。包括：制定数据生产要素的交易范围、算法治理、个人信息保护与数据安全等方面的指南；执行数据牌照的申请、审核、发放、限制使用和吊销;推动算法审计;协调个人信息保护和数据安全方面的工作;设定争端解决与协调机制;等等。建议算法审计以要求相关企业报告输入输出和进行结果评估为重点。报告输入输出是指要求平台对不同利益相关方明确报告算法训练、算法评估及算法选择中用到的数据来源和质量,算法预测或优化目标,算法使用的技术,算法运行效果,等等。结果评估则可包含对是否歧视、有效性、透明度、安全性和可获得性等的评估。算法治理的目标是既要加强算法的可解释性,同时也要推动平台公布相关规则,减少信息不对称性。

七、建立适应平台经济的劳动者权益保障体系,成立平台行业协会和零工工会,从市场、政策、平台三个层面助力国家的共同富裕政策。在平台经济领域,技术进步带来了劳资关系的变化,但现行的劳动者权益保护体系已不能适应新的变化,应该考虑将保险保障和劳动关系解绑,完善劳动者权益保障体系。建议成立平台行业协会和零工工会,以多元治理缓解社会矛盾,同时建立相应的政策与社会机制,帮助在平台经济发展中利益受损的群体。充分发挥有效市场的一次分配、税收政策的二次分配,以及平台社会责任和公益活动的三次分配作用,平台经济也可以助力共同富裕政策。

八、建立并完善数字经济税收体系,先行在国内试行已经达成国际共识的数字税"双支柱"方案。平台经济是一个新兴的经济领域,一些经济活动没有被纳入正规的统计体系,征税的难度也比较大。最近税务部门已经加大了对平台企业、网络直播等的偷漏税行为的处罚力度,平等纳税是所有经济主体的责任。建议尽快推动数字税"双支柱"方案在国内平台经济领域的实施,这既能让税收分配更加合理,同时也能促进与国际接轨。比如,目前平台企业的税收集中在注册地缴纳,但平台企业的经济活动实际上是在全国开展的,当前的做法对于非注册地并不公平,会加大地区经济发展不平等的程度,也不利于实现共同富裕。可以参照"双支柱"方案,根据各地平台经济活动的水平分配超大平台的税收收入,同时确定最低实际税率水平,避免各地恶性争夺平台企业总部。

九、积极参与国际数字贸易规则的制定,推动我国经济实现更高水平的开放,同时也为平台企业融入国际市场创造条件。数字经济领域的开放应该是我国高水平开放政策的重要组成部分。目前美国与欧盟分别提出了对数字贸易规则的诉求,除了数据跨境自由流动这一共同要求,它们的重点也各不相同。作为平台经济大国,我国表达了尽快制定规则的立场,但尚未提出清晰的诉求。建议政府在制定国内治理政策的同时,明确提出关于跨境数据流动、知识产权、消费者隐私、属地限制、垄断和数字税等的主张,积极加入《全面与进步跨太平洋伙伴关系协定》(CPTPP)、《数字经济伙伴关系协定》等多边协定,尽可能与数字技术较发达的欧美国家接轨,避免被排除在新规则制定过程之外。与此同时,可以基于上述主张推动数字贸易,特别是与"一带一路"国家之间的数字贸易,边实践,边完善规则,辅助我国平台经济的平稳开放。

十、在制定与执行平台经济治理政策的过程中,要高度重视经济学分析的作用。平台经济拥有许多独有的特性,但这些不一定会改变政策规则,只是一些经济指标的度量和成本收益的分析会变得更加复杂,因而需要借助严谨的经济学分析。高市场份额是否意味着垄断权力、"二选一"与差异化定价是不是反竞争行为等问题也需要在深入分析的基础上得到回答。如果平台单纯滥用其市场势力,采取"二选一"的做法排挤竞争对手,监管部门就可以予以纠正;但如果排除性协议是基于平台在扶持品牌、开拓市场方面所做的大量投入,那就应该被视为合理要求。同样,平台利用充裕的现金流投资大量的初创企业,如果是为了支持创新活动,就是合理的,如果是为了消灭潜在竞争对手的"猎杀式并购",那就是不合理的。鼓励平台经济中的竞争不能采用传统思维，简单地将平台拆分或禁止平台扩张不是科学的规制方式。应探索在保持平台规模的前提下，实现平台之间的充分竞争，包括降低市场准入门槛、提高市场可竞争性、推动平台开放等。

第二章

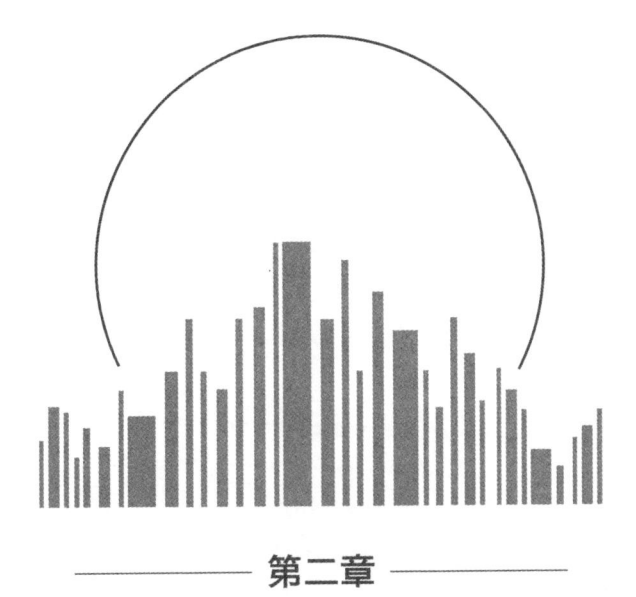

数字经济对中国经济增长的影响[①]

---

① 本章作者为伍晓鹰、余昌华。

人类已经进入了一个数字经济的时代，整个生活正在被数字技术迅速、革命性地改变。中国通过融入世界市场，迅速建立起以成熟技术为基础的完整制造体系，同时，中国的"数字平台"也在很多领域捷足先登，正在将复杂的经济、社会和政治活动通过大数据连接起来，对生产、消费以及生活产生重大的影响，也提出了新问题。从宏观的、长期增长的视角来看，一个最重要的问题就是数字经济对经济增长的影响。

经济得以持续增长的一个根本因素就是效率。和所有技术创新一样，数字技术的出现和迅速发展都源自市场竞争对效率的追求。从这个意义上说，数字经济再一次有力地说明了维护自由竞争市场经济制度的必要性。数字经济引起的真正冲击并不是人工智能、大数据等可以替代所有人类工作，而是数字技术进步的"摩尔速度"或"超摩尔速度"，以及按照摩尔定律假定不变但事实上飞速下降的"技术价格"，如芯片和以芯片为核心的 ICT 设备的价格。正是这两个因素共同作用产生的极大的不确定性，迫使投资者努力在难以预测的更便宜却更有效率的设备出现之前，实现其现有投资的利润最大化，因此不断强化和深化市场竞争。不仅技术领先行业的技术扩散方向和扩散速度难以预测，这些行业与技术落后行业之间的相对价格变化也难以预测。数字技术进步导致的市场不确定性越大，行业间在技术、效率、成本上的差异也就越大，因此越需要资源更快、更自由地流动。正是这种竞争性的资源配置和再配置通过"创造性破坏"成就了创新，成就了数字技术。认识数字经济条件下市场机制的重要性对于增长因素解析工作很重要，因为在准确测算投入的前提下（这是理论所要求的，也是我们的方法所追求的），全要素生产率的波动可以反映一个经济体（特别是发展中经济体）中影响资源配置的制度条件的变化，这种变化影响数字经济的外溢或正外部性。

"数字经济"这一名词在20世纪90年代初期由日本学者提出，唐·泰普斯科特于1995年正式将数字经济和互联网联系起来，之后数字经济逐步进入了公众与决策部门的视野。作为数字经济的核心部门，ICT在20世纪80年代就被广泛关注。随着ICT的进步、互联网的兴起与蓬勃发展，进而到人工智能的异军突起，数字经济的内涵不断扩大，从早期传统的ICT产品生产与服务，到今天蓬勃发展的数字生态，数字科技的发展正在推动社会各行各业发生巨大的变化，甚至是颠覆性的改变。

中国的数字经济在过去20年经历了快速的发展，数字经济在国民经济中发挥着越来越重要的作用。数字科技和数字生产要素的广泛使用促进了以新产业、新业态、新商业模式为核心内容的"三新"经济活动的蓬勃发展。截至2020年底，中国的"三新"经济增加值约占GDP的17%，"三新"经济活动主要集中在工业和服务业，尤其是服务业（见图2-1）。

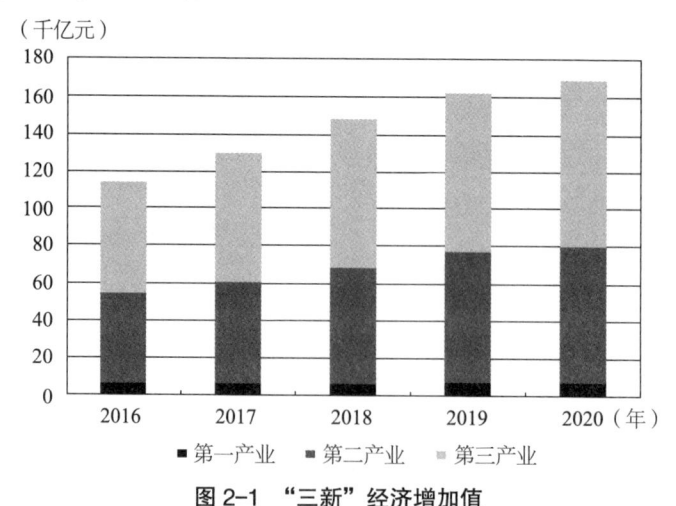

图2-1 "三新"经济增加值

数据来源：CEIC中国经济数据库。

如何系统性地衡量数字经济对中国经济增长的贡献，尤其是对中国加入世界贸易组织（WTO）后至今 20 年经济增长的贡献？数字经济的发展是否促进了中国全要素生产率的提升？回答这些问题需要有一个系统性的经济增长核算分析框架，同时需要界定和度量数字经济的内涵。本章将从数字经济的相关概念出发，在一个可以系统整合行业经济活动的总量生产函数框架内，通过要素的投入、产出、效率以及其他相关指标的变化，分析自加入世界贸易组织以来 ICT 发展对中国经济增长的影响，同时探索性地提出这些变化成因假说，并进一步分析数字经济对经济增长可能的影响渠道，为"平台经济创新与治理"课题提供一个宏观经济背景。

　　本章的内容安排如下：第一节简要分析数字科技对经济活动影响的潜在渠道，并简单回顾相关研究；第二节根据数据简要描述中国数字经济发展状况；第三节简要阐述本章所使用的基础数据，根据 ICT 特征进行的行业分组与时间分期；第四节系统地描述中国数字经济发展的特征；第五节基于系统整合行业经济活动的总量生产函数框架，深入分析过去 20 年数字经济发展对中国经济增长和全要素生产率的贡献；最后一节提出相关政策建议。

数字经济的概念及其影响

　　根据 20 国集团的定义，数字经济通常指以数字作为生产要素或者借助于数字要素的经济行为。[①] 国家统计局 2021 年 5 月发布的《数字经济及其核心产业统计分类（2021）》将数字经济定义为"以数据资源作为关键生产要素、以现代信息网络作为重要载体、以信息通信技术

---

① OECD, "A Roadmap toward a Common Framework for Measuring the Digital Economy", Report for the G20 Digital Economy Task Force, 2020, https://www.oecd.org/sti/roadmap-toward-a-common-framework-for-measuring-the-digital-economy.pdf.

的有效使用作为效率提升和经济结构优化的重要推动力的一系列经济活动"。数字经济囊括了所有使用数字要素的经济活动参与者，包括生产者、消费者以及政府部门。数字经济的度量分为四个逐步扩大的层次：核心度量、狭义度量、广义度量以及数字社会。数字经济的核心度量仅仅考虑数字内容的生产、ICT产品与服务。数字经济的狭义度量不仅包含核心度量的经济行为，而且增加了以数字作为生产要素的企业经济活动。数字经济的广义度量则进一步将借助于数字要素的经济活动也纳入其中。数字经济更一般性的定义——数字社会则包括所有与数字化相关的活动，比如数字化互动与行为、数字化投递等等。

通信技术和信息网络的广泛应用使"数字平台"每天都会产生海量的数据。这些原始数据自身可能是杂乱无章的，并不能够直接产生经济价值。数字或者数据资源要成为一种关键性的生产要素，需要经过系统的数据收集、存储、传输、处理与分析。"数据金字塔"的最底层是原始数据的收集，比如数字平台记录用户浏览过的网页、各类应用程序后台记录的用户访问与使用产品和服务等各类数字足迹、各类平台记录的各类交易信息等等。基于原始数据可以初步分析4W——哪些用户（who）在什么时间（when）、什么地点（where）浏览/购买/使用哪些产品（what），从而建立一些有用的信息。基于这些数据信息，进一步分析用户行为，回答第五个W——为什么（why），形成关于这些信息的相关知识，比如什么特征的用户在什么时间对哪些产品价格更敏感等。"数据金字塔"最顶端是高水平知识和解决问题的能力，或者称为智慧，比如数字平台如何设定最优产品价格、最优广告投放方式，企业如何根据数据资源决定最优生产与经营决策，等等。

数字经济涉及数字科技的投资与使用，有可能促进经济增长和全要素生产率的提高。数字经济影响实体经济的途径有哪些呢？一般而言，数字经济在降低搜寻成本、复制成本、运输成本、追踪成本和验证成本等方面起到了重要作用，从而促进了经济增长和生产率的提高。搜寻成本通常是指交易双方寻找交易对象的成本，比如电子商务的兴起降低了买家寻找卖家以及卖家寻找客户的成本，以大数据为基础的深度分析与云计算提升了企业产品精准服务定位。复制成本是指数字信息容易被复制、被广泛传播，比如社交平台发布的信息在一些场景下很容易被广泛传播。较低的复制成本也有利于知识的广泛传播，促进社会人力资本的提升和生产技术的快速扩散。数字经济也会降低运输成本，比如ICT的使用，降低了交通、仓储、批发、零售、通信、邮政等行业的运营成本，提升了行业生产效率，使万物互联成为可能。数字科技的发展使得经济、社会活动留下的数字足迹追踪成为可能，比如物流追踪、第三方支付、大数据信贷、产品精准定价和广告精准投放等。当追踪成本降低时，企业面临的交易成本、交易风险有可能下降，从而使企业可以更好地规划生产经营活动，提升企业生产经营效率。数字科技的发展也降低了验证成本。身份验证成本降低使信用在交易中发挥重要作用，降低了交易风险和成本，比如金融科技催生的数字支付广泛使用使匿名交易效率显著提升，从而提升了金融市场的效率。

  需要指出的是，数字科技影响经济社会活动的途径可能是多重的，这些渠道有可能相互影响、相互作用。本章将简要梳理现有数字经济的相关研究，分析数字经济对经济增长和经济发展的影响。

  数字经济的核心是ICT的发展及其带来的影响。现有研究发现，中国信息化进程对拉动经济增长有促进作用，互联网促进了中国经济高质量发展，这些促进作用存在着空间溢出效应。[1] ICT对经济增长的影响可以分为替代效应和渗透效应。[2] 替代效应指由技术进步导致

---

[1] 徐瑾.地区信息化对经济增长的影响分析.统计研究，2010，27（5）：74-80；杨慧梅，江璐.数字经济、空间效应与全要素生产率.统计研究，2021，38（4）：3-15.

[2] 蔡跃洲，张钧南.信息通信技术对中国经济增长的替代效应与渗透效应.经济研究，2015，50（12）：100-114.

ICT 产品价格下降，实现 ICT 资本对其他资本的替代，进而直接支撑经济增长；渗透效应指 ICT 作为通用目的技术渗透和应用于各产业部门，提高其全要素生产率，进而间接促进经济增长。信息化对中国经济增长的贡献主要体现为 ICT 资本深化以及 ICT 制造业的全要素生产率改进。[①] ICT 和互联网的发展刺激创业，推动技术进步，降低企业搜寻成本，减少信息不对称程度，优化资源配置并提升生产率，全方位激发了企业、产业、工业的生产、运营与销售活力。[②]

从微观层面来看，ICT 对企业的微观活动有着重要影响。在创新方面，董祺指出 ICT 投入对企业规模、利润和创新成果增长存在显著的正向影响，但和研发投入之间存在负的交互效应而非协同效应，认为 ICT 领军企业在资源统筹管理利用方面的能力仍有不足。[③] 在人力资本方面，邵文波和盛丹发现信息化会导致劳动收入占比普遍下降，开放市场竞争则可缓解企业就业吸纳能力的下降。[④] 何小钢等指

[①] 孙琳琳，郑海涛，任若恩. 信息化对中国经济增长的贡献：行业面板数据的经验证据. 世界经济，2012，35（2）：3-25；郭美晨，杜传忠. ICT 提升中国经济增长质量的机理与效应分析. 统计研究，2019，36（3）：3-16.

[②] 赵涛，张智，梁上坤. 数字经济、创业活跃度与高质量发展——来自中国城市的经验证据. 管理世界，2020，36（10）：65-76；王文涛，曹丹丹. 互联网资本与民营经济高质量发展：基于企业创新驱动路径视角. 统计研究，2020，37（3）：72-84；郭家堂，骆品亮. 互联网对中国全要素生产率有促进作用吗？. 管理世界，2016（10）：34-49；刘刚，张泠然，梁晗，等. 互联网创业的信息分享机制研究——一个整合网络众筹与社交数据的双阶段模型. 管理世界，2021，37（2）：107-125，9；吴非，胡慧芷，林慧妍，等. 企业数字化转型与资本市场表现——来自股票流动性的经验证据. 管理世界，2021，37（7）：130-144，10；许家云. 互联网如何影响工业结构升级？——基于互联网商用的自然实验. 统计研究，2019，36（12）：55-67.

[③] 董祺. 中国企业信息化创新之路有多远？——基于电子信息企业面板数据的实证研究. 管理世界，2013，29（7）：123-129，171.

[④] 邵文波，盛丹. 信息化与中国企业就业吸纳下降之谜. 经济研究，2017，52（6）：120-136.

出，高技能劳动力能有效匹配ICT应用带来的生产方式与组织结构变革，而长期雇员则提升了企业对ICT应用导致的生产柔性与分工深化的适应能力，进一步强化了ICT生产率，两类员工之间的互补效应在市场化程度更高的地区、程序化任务密度更大以及技术密集型行业呈现出显著增强的特征，并且规模越大的企业互补效应越强。①在能源方面，樊茂清等发现ICT资本投入有效降低了中国大部分部门的能源强度②，张三峰和魏下海对此做出进一步解释：企业应用ICT会通过促进企业技术、机器设备的更新和提升生产制造的柔性，引致技术进步和结构优化，进而降低企业能源强度。③

数字经济中的数字通信可能会影响数字和实物商品的国际贸易。研究表明，国际通信成本降低推动了通过互联网渠道进行的实物商品贸易。④互联网和信息化发展促进了中国的出口增长。李坤望等称信息化是比较优势新的来源，提升信息基础设施会改善一国出口绩效，信息化密度大的企业具有更高的出口倾向。⑤刘瑶和丁妍则指出中国ICT产品的出口增长正在从低质量低价格的"数量拉动"向高质量高价格的"价格拉动"转变，数量增长和价格提升并重。⑥从信息角度来看，赵瑞丽等指出，互联网深化带来的信息溢出效应会修正企业对

---

① 何小钢，梁权熙，王善骝.信息技术、劳动力结构与企业生产率——破解"信息技术生产率悖论"之谜.管理世界，2019，35（9）：65-80.
② 樊茂清，郑海涛，孙琳琳，等，能源价格、技术变化和信息化投资对部门能源强度的影响.世界经济，2012，35（5）：22-45.
③ 张三峰，魏下海.信息与通信技术是否降低了企业能源消耗——来自中国制造业企业调查数据的证据.中国工业经济，2019（2）：155-173.
④ Caroline L. Freund, Diana Weinhold, "The Effect of the Internet on International Trade", Journal of International Economics, 2004, 62(1): 171-189.
⑤ 李坤望，邵文波，王永进.信息化密度、信息基础设施与企业出口绩效——基于企业异质性的理论与实证分析.管理世界，2015，31（4）：52-65.
⑥ 刘瑶，丁妍.中国ICT产品的出口增长是否实现了以质取胜——基于三元分解及引力模型的实证研究.中国工业经济，2015（1）：52-64.

国际市场不确定性的预期,提高对目的国市场成本冲击的估计精度,进而提高出口参与度和出口稳定性。① 刘海洋等则认为互联网使间接出口变为直接出口,促使企业摆脱贸易中介,因此提高了出口规模和出口利润。② 从创新角度看,沈国兵和袁征宇指出,互联网促使企业提升创新能力,进而增加企业出口。③ 另一方面,加强创新保护会激励企业提高中间投入品质量,促进企业出口产品质量的提升,而互联网化引致的产品管理能力提高能加强创新保护,从而提升企业出口产品质量。④ 戴美虹则发现互联网还会通过促使企业内的资源重置进而促进出口企业创新。⑤ 此外,互联网也将通过贸易可变成本、进口价格及其离散度影响企业进口绩效。⑥

数字经济在城乡之间的发展不平衡,可能影响城乡之间经济利益的重新分配。有学者指出,数字通信可以替代或补充城市的很多功能。⑦ 总体而言,现有研究表明数字技术和数据的最大受益者是大城市。相比于农村地区而言,城市受益的机制主要取决于集聚效应,特别是当地劳动力市场的技术人才储备。研究发现,城市中的企业和大公司互联网使用率更高,但与城市或大公司的相关优势是相互替代

---

① 赵瑞丽,谭用,崔凯雯.互联网深化、信息不确定性与企业出口平稳性.统计研究,2021, 38(7): 32-46.

② 刘海洋,高璐,林令涛.互联网、企业出口模式变革及其影响.经济学(季刊),2020, 19(1): 261-280.

③ 沈国兵,袁征宇.企业互联网化对中国企业创新及出口的影响.经济研究,2020, 55(1): 33-48.

④ 沈国兵,袁征宇.互联网化、创新保护与中国企业出口产品质量提升.世界经济,2020, 43(11): 127-151.

⑤ 戴美虹.互联网技术与出口企业创新活动——基于企业内资源重置视角.统计研究,2019, 36(11): 62-75.

⑥ 谭用,孙浦阳,胡雪波,等.互联网、信息外溢与进口绩效:理论分析与经验研究.世界经济,2019, 42(12): 77-98.

⑦ Jess Gaspar, Edward L. Glaeser, "Information Technology and the Future of Cities", *Journal of Urban Economics*, 1998, 43(1): 136-156.

的。也有一些证据则表明互联网的使用已经为部分群体和农村地区带来一些好处。比如，互联网可能会减少对特定任务、工作的需求，从而增加"远程办公"的需求，并减少就近办公的需求。同时，基础性的互联网技术已经（也许不成比例地）使农村和偏远城市受益。[1] 总的来说，有两种力量在起作用：集聚效应意味着城市不成比例地受益；然而，低成本通信可以使更多农村地区的企业与个人参与经济活动，"淘宝村"的兴起就是一个例子。数字经济的宏观影响取决于这些不同机制之间的平衡。一般来说，技术越难使用，聚集效应就越有可能占主导地位。万广华和张琰指出，常规的城市化决定因素不能解释城市化加速现象，而作为信息技术代理变量的互联网使用率可以解释大部分的城市化加速现象。[2]

当然，关于ICT对经济增长的贡献，学者们还有一些争议。经测算，中国ICT资本仅集中于金融业，通信设备、计算机及其他电子设备制造业，信息传输、软件和信息技术服务业以及建筑业等少数几个行业，且制造业ICT资本服务物量指数自2004年后呈下降趋势，进一步证实ICT对经济增长的贡献局限于点而尚未形成面。[3] 谢莉娟等对此现象做出解释：ICT投资对提升全要素生产率确有积极作用，并且主要通过促进技术效率的提升来实现，但只有互联网普及率达到一定程度该作用才能显现；同时，在高互联网普及率下，ICT投资对技术进步存在抑制作用，在全要素生产率层面将表现为ICT投资促

---

[1] Chris Forman, Avi Goldfarb, Shane Greenstein, "How Did Location Affect Adoption of the Commercial Internet? Global Village vs. Urban Leadership", *Journal of Urban Economics*, 2005, 58(3): 389–420.

[2] 万广华，张琰. 信息与城市化——基于跨国数据的实证研究. 经济学（季刊），2021，21（2）：465-492.

[3] 王亚菲，王春云. 中国行业层面信息与通信技术资本服务核算. 统计研究，2017，34（12）：24-36.

进作用的消失。① 从国际层面来看，跨国研究发现，这种 ICT 的发展可能会不成比例地使英语国家受益。② 互联网可能促进了数字服务贸易，从而导致某些工作离岸外包。③ 随着互联网的发展，距离在贸易中的作用有可能下降。④ 其他一些学者则探讨了互联网的间接影响，他们认为互联网阻碍了国际贸易。从监管方面来看，信息监管技术的进步有效压缩了企业的逃税空间，推高了企业的实际税负，在一定程度上削弱了当前减税政策的红利；但另一方面，政府税收增加，为未来降低企业名义税率，进一步优化税收政策提供了空间。⑤

部分研究文献对互联网和高质量发展之间的正向关联持保留态度。从社会福利角度看，许恒等指出，数字经济对经济的影响存在阶

---

① 谢莉娟，陈锦然，王诗桴. ICT 投资、互联网普及和全要素生产率. 统计研究，2020, 37（9）: 56–67.

② Estrella Gomez-Herrera, Bertin Martens, Geomina Turlea, "The Drivers and Impediments for Cross-border e-Commerce in the EU", *Information Economics and Policy*, 2014, 28: 83–96.

③ Bernardo S. Blum, Avi Goldfarb, "Does the Internet Defy the Law of Gravity?", *Journal of International Economics*, 2006, 70(2): 384–405; Georgios Alaveras, Bertin Martens, "International Trade in Online Services", Joint Research Centre Working Paper on Digital Economy(2015-08), 2015; Andreas Lendle, Marcelo Olarreaga, Simon Schropp, Pierre-Louis Vézina. "There Goes Gravity: eBay and the Death of Distance", *Economic Journal*, 2016, 126(591): 406–441; Prasanna Tambe, Lorin M. Hitt. "Now IT's Personal: Offshoring and the Shifting Skill Composition of the U.S. Information Technology Workforce", *Management Science*, 2012, 58(4): 678–695.

④ Caroline L. Freund, Diana Weinhold, "The Effect of the Internet on International Trade", *Journal of International Economics*, 2004, 62(1): 171–189; George R. G. Clarke, "Has the Internet Increased Exports for Firms from Low and Middle-Income Countries?", *Information Economics and Policy*, 2008, 20(1): 16–37; Xiang Hui, "Facilitating Inclusive Global Trade: Evidence from a Field Experiment." *Management Science*, 2020, 66(4):1737–1755.

⑤ 张克中，欧阳洁，李文健. 缘何"减税难降负"：信息技术、征税能力与企业逃税. 经济研究，2020, 55（3）: 116–132.

段异质性，初期可对传统经济产生技术溢出效应，同时二者相互竞争，有利于提升社会总福利，但当传统经济被挤出市场之后，数字经济由于其网络效应和接近于零的边际成本，将获得持续稳定的垄断地位。① 张永林则认为，在垄断市场结构下，大数据将成为企业进行一级价格歧视的利器，从而损害消费者总福利②，王世强等的研究也支持"大数据杀熟"的歧视性定价将损害社会福利的结论。③

从宏观层面而言，衡量数字经济对经济增长和全要素生产率的影响仍然面临很大挑战。有学者列出了衡量数字经济影响的几个预期挑战，包括服务业产出的计算、数字科技支出的计算、相关价格平减指数的计算等。④ 其中一项关键挑战与无形资产有关，即无形资产在很多情况下与有形的资本、劳动、中间投入要素的数据混合在一起，分解难度很大。⑤ 初步尝试表明，依据中国官方统计数据对无形资产进行测算面临很大的挑战。⑥

更一般地，衡量数字经济对社会福利的影响将会面临更大的挑战。数字经济的兴起伴随着诸多"免费"数字产品的出现，比如搜索

---

① 许恒，张一林，曹雨佳. 数字经济、技术溢出与动态竞合政策. 管理世界，2020，36（11）：63-79.

② 张永林. 互联网、信息元与屏幕化市场——现代网络经济理论模型和应用. 经济研究，2016，51（9）：147-161.

③ 王世强，陈逸豪，叶光亮. 数字经济中企业歧视性定价与质量竞争. 经济研究，2020，55（12）：115-131.

④ John Haltiwanger, Ron S. Jarmin, "Measuring the Digital Economy", in *Understanding the Digital Economy: Data, Tools, and Research*, edited by Erik Brynjolfsson and Brian Kahin, Cambridge and London: MIT Press, 2000: 13–33.

⑤ Carol A. Corrado, Charles R. Hulten, "How Do You Measure a 'Technological Revolution'?", *American Economic Review*, 2010, 100(2): 99–104.

⑥ Janet X. Hao, Harry X. Wu, "China's Investment in Intangible Assets by Industry: A Preliminary Estimation in an Extended Sources-of-Growth Framework", RIETI Discussion Papers, 21-E-029, 2021.

引擎、电子邮件、电子地图、视频、电子商务、社交媒介、音乐、即时通信、云图书馆、云音乐会、云展览等等。免费数字产品的出现提高了消费者福利，但是这些免费产品的价值没有被纳入现有国民收入核算体系（有学者曾估算企业获得数字产品收益的2.2%，而消费者则获得97.8%[①]），因此，未来需要一种更好的方式来衡量"数字GDP"和社会总福利。

中国数字经济发展：非系统、多角度的观察与问题

中国的数字经济在过去一段时间有了长足的发展。越来越多的企业和居民使用ICT相关产品与服务。对企业而言，ICT的发展与行业渗透有可能帮助企业降低运营成本、采用更新的生产工艺来提高生产效率。本节将从相关角度描述性地分析中国数字经济的发展。

数字经济的发展包含很多维度，其中企业和家户部门的信息化程度是数字经济快速发展的一个重要基础。图2-2显示，中国企业中，每百人使用计算机台数在2013年已达到20台，并在过去几年中持续快速增加，2019年已达到每百人使用32台计算机。一半以上企业拥有自己的企业网站，随着时间的推移，每百家企业拥有的网站数量有所下降，这是因为随着社交平台"公众号"的普及，越来越多的企业，尤其是小微企业，借助企业公众号获客并服务客户。

随着中国经济结构的进一步转型与升级，居民消费越来越成为经济增长的重要引擎。与发达经济体相比，中国居民消费对总产出的贡献还相对较低，如何刺激居民消费成为经济发展的一个重要课题。在

[①] William D. Nordhaus, "Schumpeterian Profits in the American Economy: Theory and Measurement," NBER Working Papers 10433, 2004.

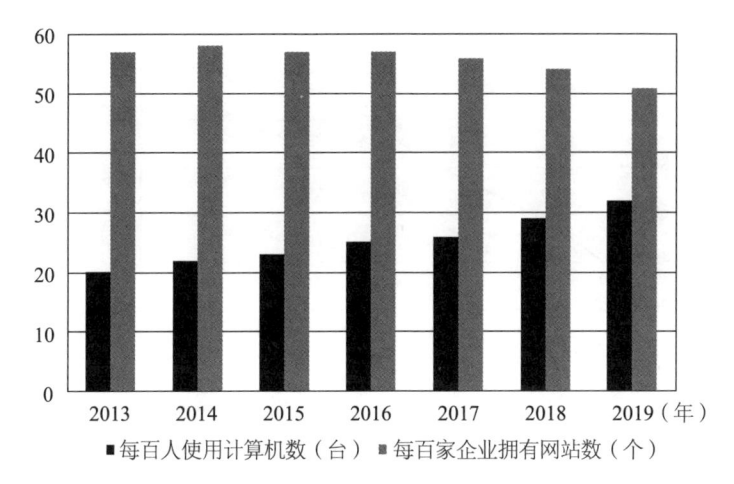

图 2-2 中国企业信息化程度

数据来源：国家统计局。

数字经济发展过程中，越来越多的数字经济活动深入居民日常生活，各种平台经济的兴起服务了人们日常的衣、食、住、行、就医、教育等方方面面的活动。在这个过程中，中国宽带业务的普及、移动通信和智能手机的快速发展起着非常重要的作用。图 2-3 显示，2002 年中国每百人中只有 34 部电话（包括移动电话和固定电话），其中 16 部为移动电话，每百人中也仅有 4.6 人使用互联网宽带。经过近 20 年的发展，中国居民移动电话和互联网宽带普及率直线上升，截至 2020 年底，中国人均使用移动电话达到 1.14 部，互联网宽带使用率超过 70%。图 2-4 比较了中国与日本、韩国以及 OECD 成员国的互联网宽带使用率。数据显示，中国自 2006 年以来，互联网宽带普及率快速上升，逐步缩小了与发达经济体的差距。中国互联网宽带普及率与发达经济体仍然有一定的差距，这可能与中国区域经济发展不平衡、城乡发展不平衡有关。

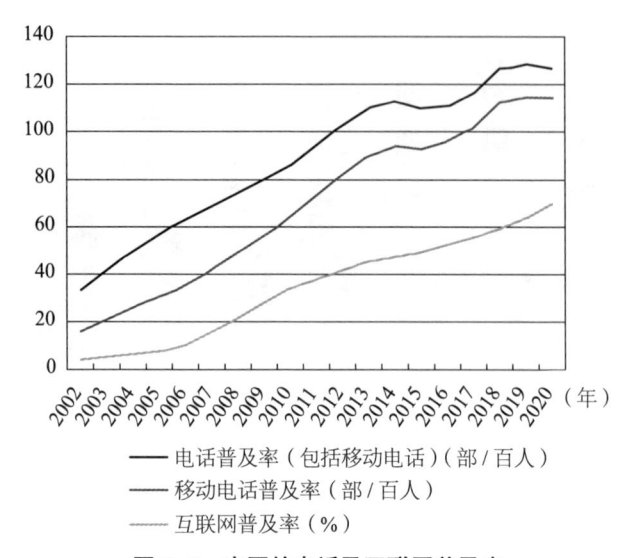

图 2-3 中国的电话及互联网普及率

数据来源：国家统计局。

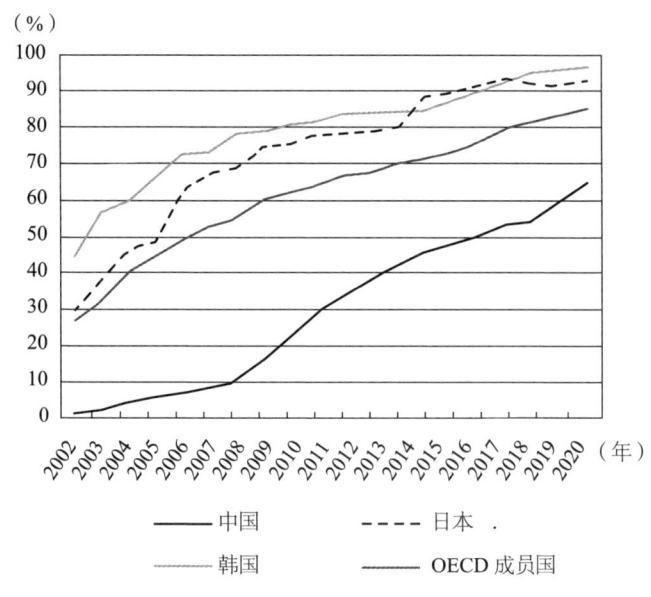

图 2-4 各国互联网普及率比较

数据来源：世界银行世界发展指标（World Development Indicators）。

软件行业是数字经济发展的重要技术支撑。图 2-5 报告了过去 10 年中国软件行业的收入增长率。数据显示，中国企业软件业务收入、软件产品收入和信息技术服务收入一直保持着高增长态势。在 2011 年前后，这些软件行业收入增长率超过了 25%，尽管随后有所下降，但是相比于整体经济增长水平而言仍然保持着很高的增长率。

图 2-5　中国软件业收入增长率

数据来源：国家统计局。

电子商务是数字经济发展的重要表现形式。图 2-6 展示了中国电子商务销售额的增长，这一数字从 2013 年的 5.67 万亿元逐步上升到 2019 年的 16.93 万亿元，年均增长率超过了 20%。电子商务的增长反映了产品和服务流通速度与广度的增加。图 2-7 显示了中国快递行业的年增长率。过去 10 多年间，中国快递业务的年平均增速接近 40%，其中 2011—2016 年的平均增速超过 50%，这 6 年快递业务的超高速增长与中国数字平台的快速崛起密切相关。数字平台具有规模经济与范围经济特征，能够在集中投资下短时间内实现规模快速扩张。与此同时，线上交易与线下投递效率的提升需要一个遍布全国、运营畅通的物流网络。数据显示，2011—2016年也是我国物流行业高速发展的时期。

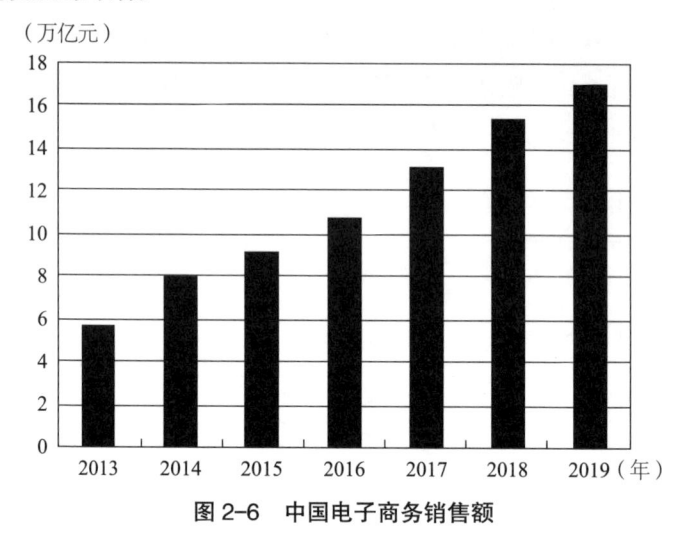

图 2-6　中国电子商务销售额

数据来源：国家统计局。

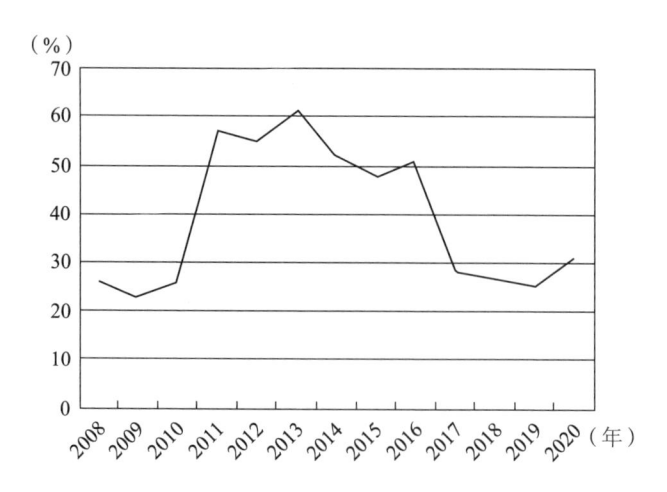

图 2-7　中国快递业务增长率

数据来源：国家统计局。

电子商务和快递业务的发展一方面促进了城市内的商品流通，另一方面也推动了商品在不同城市、城乡之间的流通。这些发展打破了产品与服务市场的地域分割，降低了产品与服务在区域间流通的成本。电子商务和快递行业的迅速发展也降低了生产要素跨区域流通成本。当生产要素价格发生变化，抑或市场需求发生变化时，生产要素会流动到价格更高的城市和区域，企业则会将产品销售到价格更高的市场。从城市间和区域间产品价格的变化来看，数字经济的发展使得这些价格的变化越来越趋向一致。

图 2-8 显示了商品零售价格通胀在 36 个城市间的同步程度，图 2-9 展示了居民消费价格通胀的省际同步程度。这两幅图显示，省际

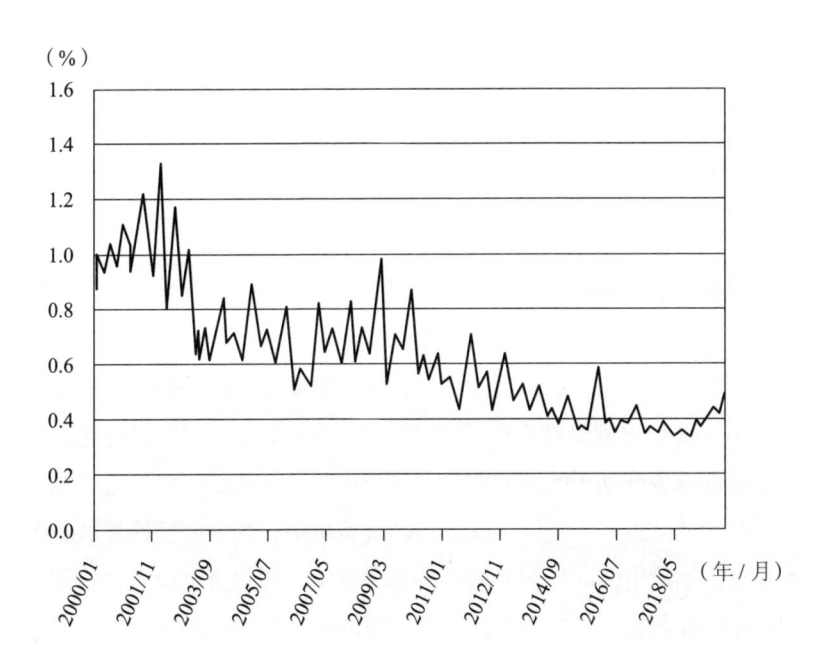

图 2-8　商品零售价格通胀在 36 个城市间的标准差（三个月移动平均）

注：标准差越小说明价格变化越同步。

数据来源：CEIC 中国经济数据库。

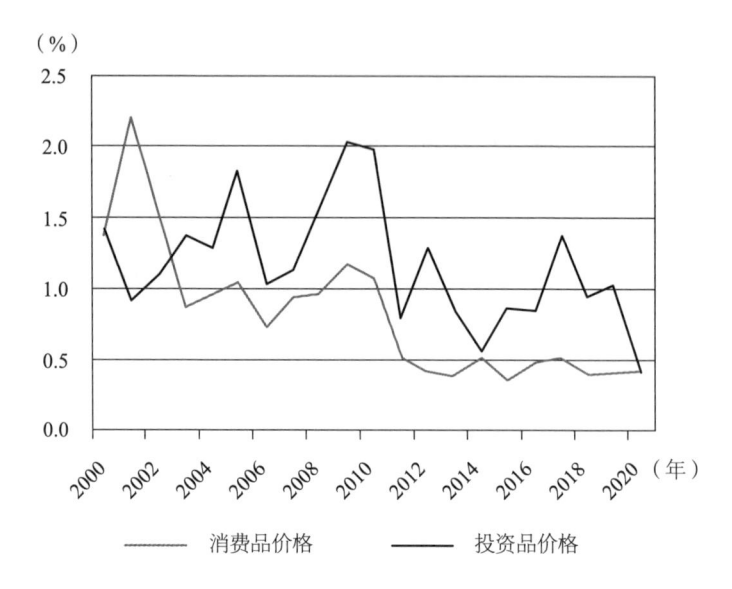

图 2-9　消费品价格和投资品价格通胀的省际标准差

注：标准差越小说明价格变化越同步。
数据来源：CEIC 中国经济数据库。

居民消费价格和城际商品零售价格的趋同调整有两次比较大的变化：第一次是 2001 年中国加入世界贸易组织后，国内经济体制改革促进了国内要素市场与产品市场的统一，进而推动了区域间价格变化的趋同；第二次变化则是在 2011 年之后，中国电子商务和快递行业的蓬勃发展进一步推动了区域间要素市场与产品市场的统一，促进了物价水平在区域间进一步趋同。除了居民消费价格，数字经济的发展也推动了投资品价格的区域间趋同。图 2-9 显示，固定资产投资价格通胀的省际标准差也在不断缩小。需要注意的是，与消费品不同，投资品价格变化受到区域产业结构的影响，由于不同区域的产业结构不尽相同，投资品价格变化在不同区域存在一些差异，但是总体而言，2011 年后省际投资品价格调整更趋一致。

用于增长分析的基础数据、ICT 特征行业分组、时间分期

我们非系统性地观察了中国数字经济发展的一些表现。一方面，我们看到在过去 10 年左右的时间里，数字科技在企业的生产和商务活动以及居民生活中的应用越来越广泛；另一方面，通过一些价格指标，我们也看到城市间和区域间的商品市场出现了越来越明显的同步化。但是，我们并不清楚反映数字经济发展的这些现象对中国经济增长，特别是其效率表现，是否已经产生了明显的影响。为了回答这个问题，我们需要进行严格的增长因素解析。更具体地说，我们需要一个扩展的、可以整合行业生产率账户的宏观经济学增长分析框架，从而分析 ICT 如何在不同生产领域、以不同方式和程度参与经济活动，最终对中国经济增长产生影响。

要想更准确地观察和分析 ICT 对中国经济增长的影响，我们需要离开前文非系统性、依据 ICT 的间接或替代性指标进行的观察，转向在宏观经济生产函数框架内对 ICT 相关经济活动进行系统性统计观察（虽然仍然是描述性的），然后在这个基础上进行 ICT 视角的增长核算分析。要实现这两个目的，我们首先需要建立与宏观经济核算框架契合的行业层面的基础数据，以支持系统的统计观察。然后再根据生产率理论使行业层面的主要投入和产出指标测算达到增长核算分析的要求。

基础数据：中国 KLEMS 数据

在基础数据上，我们使用了伍晓鹰研究团队按照 KLEMS 原则建

立的"中国经济分行业生产率数据库"（CIP/China KLEMS）[①]，特别包括了该团队初步建立的尚未进入数据库中的分行业 IT 和 CT 设备估计。

所谓 KLEMS（K，资本；L，劳动；E，能源；M，材料；S，服务）原则是指在生产率理论指导下构建满足生产函数分析需要的主要投入变量。[②] 应当提及的是，虽然描述性统计观察所使用的基础数据尚未涉及复杂的异质要素类型同质化及各种加总问题，但是在行业层面上数据仍然满足如下逻辑条件：（1）当年名义增加值和中间投入之和等于名义总产值；（2）劳动与资本的名义报酬之和等于名义增加值；（3）生产者价格矩阵对应名义总产值矩阵；（4）以工作小时计算的劳动自然数量账户对应投入-产出账户；（5）增加值最终使用的固定资本形成与固定资产投资契合，并影响净资本存量账户变动。

关于 CIP/China KLEMS 数据库必要的说明是，该数据库的基本原则是整理但并不改变官方的基础统计数据。数据整理旨在解决包括

[①] 该数据库初创于日本独立行政法人经济产业研究所（RIETI）和一桥大学共同资助并支持的 China Industrial Productivity 数据库项目，简称 CIP 数据库。因为遵循 KLEMS 原则，并加入以哈佛大学为基地的 World KLEMS Initiative，亦称为 China KLEMS 数据库。关于该数据库的数据构建，可参见伍晓鹰及合作者的相关研究，如投入产出表时间序列构建、产出与中间投入价格问题、劳动投入测算及关于资本投入测算的问题等：Harry X. Wu, Keiko Ito, "Reconstruction of China's National Output and Income Accounts and Supply-Use and Input-Output Accounts in Time Series", RIETI Discussion Papers, 15-E-004, 2015; Harry X. Wu, Zhan Li, "Reassessing China's GDP Growth Performance: An Exploration of The Underestimated Price Effect", RIETI Discussion Papers, 21-E-018, 2021; Harry X. Wu, Ximing Yue, George G. Zhang, "Constructing Annual Employment and Compensation Matrices and Measuring Labor Input in China", RIETI Discussion Papers, 15-E-005, 2015.

[②] 参见玛丽·奥马奥尼关于欧盟 KLEMS 数据库的构建：Mary O'Mahony, Marcel P. Timmer, "Output, Input and Productivity Measures at the Industry Level: The EU KLEMS Database", *The Economic Journal*, 2009, 119(538): F374–F403.

概念、覆盖、分类等方面的一致性问题，以及使用官方其他数据以填补数据空白和修复断裂。然而，不改变官方数据并不意味着结果与官方一致。事实上，由于依据理论而不是遵循"官方统计惯例"处理测算问题，我们的结果在一些方面与官方并不一致，其中特别体现在对实际 GDP 增长速度的估计上。在必要时，我们提供了使用旨在解决投入和产出价格波动不一致问题的"价格双平减方法"以及用解决"替代偏差"[①] 问题的 Törnqvist 加总方法得出的不同估计结果，将其与官方增长率进行了比较，分析了原因，也提出了恰当的解读方法。

行业分类与 ICT 特征分组，以及预期增长和效率表现

该数据库通过 37 个行业分类体系对中国经济实现了全覆盖。这个分类与欧盟、美国和日本的 KLEMS 数据库行业分类相契合，也接近国际行业分类标准中的两位数标准。特别是它基本上遵循了中国工业部门的行业分类标准，只是为了满足较长时间序列的需要而合并了其中一些行业，同时也因同样原因合并了第三产业中的一些服务业。为了突出数字经济的观察视角，以分解和理解 ICT 相关行业的特征和影响，有必要将 CIP 数据库中的全部 37 个行业根据其 ICT 相关性进行进一步分组。在反复测算的基础上，我们最后选择以 ICT 资本投入占全部资本投入的比重（即 ICT 资本集约度）为分组标准，将 37 个行业分成数字经济相关或非相关的 9 个组。在 ICT 密切相关行业中，首先是"ICT 生产行业"作为一组，包括 ICT 硬件（设备和零部件）、软件的制造业，然后是"ICT 集约使用制造业"和"ICT 集约使用服务业"两组，再就是"非 ICT 集约使用制造业"和"非 ICT

---

① 替代偏差即将事实上不断变化的部门的产出结构固定在一个人为给定的"基期"上，导致对"基期"以后经历价格上升、权重下降的部门产出增长的高估，同时对情况相反部门增长的低估。

集约使用服务业"两组。此外，我们将农业、建筑业和采掘业单列。最后，按照国际统计惯例，我们将以提供公共服务为主的政府、教育和卫生三个部门归入"非市场服务业"组。（详细分组见本章附录）

根据文献中已有的观察和研究[①]，我们对各组的增长和效率或TFP表现有一个大致的预期。考虑到ICT进步的速度，以及由此导致的ICT设备价格下降的速度，也考虑到中国经济目前发展阶段中不同行业的权重，我们的预期是，不管是否集约使用ICT设备，制造业仍然是对增长和效率贡献最大的部门，特别是"ICT生产部门"和"ICT集约使用制造业"这两个组会有更好的表现。至于ICT设备的使用在服务业中的表现，我们既要考虑ICT提升劳动生产率的可能性，也要考虑服务业劳动生产率上升较慢甚至停滞的可能性，即所谓的"鲍莫尔病"。特别是"ICT集约使用服务业"一组包括了两个由国家垄断的服务业，即交通、仓储服务业和金融、保险服务业，也包括了由国家垄断或主要受到国家政策和资源配置影响的技术、科研服务业，我们不能排除国家垄断服务业可能对整体效率造成的损害。

时间分期，以及预期增长和效率表现

考虑到我们的研究对象，特别是考虑到数字经济开始明显影响中国经济的时间，当然也考虑到影响中国宏观经济表现的重大冲击

[①] Kyoji Fukao, Tsutomu Miyagawa, Hak K. Pyo, Keun H. Rhee, "Estimates of Multifactor Productivity, ICT Contributions and Resource Reallocation Effects in Japan and Korea", RIETI Discussion Papers, 09-E-021, 2009; Bart van Ark, Johanna Melka, Nanno Mulder, Marcel Timmer, Gerard Ypma, "ICT Investment and Growth Accounts for the European Union, 1980–2000", Final Report on ICT and Growth Accounting for the DG Economics and Finance of the European Commission, Brussels, 2002; Harry X. Wu, David T. Liang, "Accounting for the Role of Information and Communication Technology in China's Productivity Growth", RIETI Discussion Papers, 17-E-111, 2017.

或事件，我们将观察和分析聚焦在中国 2001 年加入世界贸易组织至 2018 年这个时期。为此，我们将 CIP 数据库中所有相关指标都更新至 2018 年。

为了更好地解读本章的统计观察和增长核算结果，从而提出更有意义的政策评价和建议，有必要考虑能够较好反映政府经济政策变化和外部市场冲击对中国宏观经济影响的时间分期，特别要考虑这些因素在不同分期可能对数字经济产生的影响。我们的整个时间轴是中国加入世界贸易组织之后迄今近 20 年的时间，我们将这个时期一分为三。

首先是加入世界贸易组织后 2001—2007 年的"黄金期"，它不仅是中国经济充分发挥其比较优势融入世界经济最快的时期，也是地方政府的增长竞争为这样的发展助力的时期——复杂的制度效果。中国从成熟技术的中低端顺利地加入了全球 ICT 产业链，并且实现了迅速扩张。可以预计，这个时期的 ICT 生产和 ICT 集约使用行业，特别是制造业，对中国经济的增长和效率改善做出了相当重要的贡献。

这个"黄金期"因 2008 年全球金融危机的爆发而结束。我们将危机后划分为两个时期，即 2008—2012 年的"危机后早期"和 2013—2018 年的"危机后晚期"。早期主要以政府在危机下保增长，通过史无前例的对基础设施项目的巨额投资加强对资源配置的干预为特征。晚期以 2013 年国务院要求用行政手段化解严重的产能过剩开始，再以 2015 年起推行的一系列供给侧改革措施贯穿至今。这些政策和措施在不同时期、不同程度上压缩了以市场出清、供需平衡为目标的市场自发调整的空间，对资源配置产生了巨大且复杂的影响，提高了非政府政策选择企业，特别是中小企业的交易成本。在宏观经济层面上，增长和效率表现完全可能是政策创造的"市场空间"和市场出清压力导致的效率改善共同作用的结果。但是在行业和企业层面，这两个因素的影响是极不平衡的。我们的预期是，与国家垄断为主的 ICT 集约使用服务业比较，ICT 生产和 ICT 集约使用制造业受到的冲击要小得多，而制造业的一般表现也会优于其他部门。

中国数字经济发展：一个系统的描述性统计观察

在这一节，我们利用整理、更新过的 CIP 数据库探索性地讨论在宏观上可以统计描述中国数字经济发展的几个重要指标。正如前面所介绍的，CIP 数据库可以在一个宏观经济生产函数框架内整合行业生产率账户，这样的描述性统计观察具有系统性和逻辑性。它与下一节的增长核算分析或增长因素解析使用同样的数据，也在逻辑上保持了与后者的契合。我们以 ICT 的视角，从投入和产出主要指标的动态变化开始，首先观察这些指标所反映的 ICT 集约部门与非 ICT 集约部门的产业结构变化，特别是产出和生产要素在部门间的配置及其变化；然后进一步观察 ICT 集约部门与非 ICT 集约部门的资本深化与劳动生产率的关系及其变化；最后观察 ICT 集约部门与非 ICT 集约部门的平均劳动成本与劳动生产率的关系及其变化。在观察中，我们只是探索性、假说式地提出问题的成因，将分析性的工作留待下一节进行。

产出增长与结构变化

表 2-1、表 2-2 以数字经济的视角展示中国自加入世界贸易组织以来的 GDP 增长与结构变化。首先必须面对的问题就是官方的增长率估计是否准确，是否应该考虑文献中提出的基于某些物量指标的替

代估计。①CIP 数据库构建的基本原则是接受官方的基础数据，但是我们不能回避官方传统的增长率估计方法可能带来的扭曲。具体地说，在价格平减时，官方通常采用单平减方法，就是假定行业的产出价格变动与投入价格变动是完全一致的。一般而言，这种方法不仅不适用于结构变化很快且制度不健全的发展中国家，也忽视了过往 20 多年 ICT 设备价格持续且迅速下降所引起的 ICT 集约部门的产出价格水平长期低于投入价格水平的现象。这种方法可能因此造成了对 ICT 部门实际增长的低估以及对其他非 ICT 部门实际增长的高估。从理解数字经济增长对中国经济增长贡献的角度看，我们觉得非常有必要揭示这个差异。而且，这样做也有助于推动这个问题得到更公开和深入的讨论。

我们采用的 GDP 增长率估计方法与生产率理论是一致的。其原则有二：一是在行业层面上应该同时考虑投入和产出的价格变动；二是在行业加总时避免使用基于不变价格计算的行业增加值加总而产生替代偏差。为此，我们利用投入产出矩阵对每个行业的名义投入和产出分别进行了价格平减，得到了分行业的增长指数。在此基础上，我们使用 Törnqvist 加总方法，通过行业在整体经济中的名义成本权重对行业增长指数进行加总。

表 2-1 报告了整个观察时期及各分期的整体 GDP 增长率和以 ICT 特征分组的各个经济部门的 GDP 增长率。表中有官方的估计结果，就是可以通过国家统计局年度统计报告和定期的国民经济核算账户数据得出的结果，以及我们采用同样的官方基础数据，但是使

---

① 这个问题在文献中有大量的讨论，见：Harry X. Wu, "How Fast Has Chinese Industry Grown?—The Upward Bias Hypothesis Revisited", *China Economic Journal*, 2013, 6 (2-3): 80–102; Harry X. Wu, Zhan Li, "Reassessing China's GDP Growth Performance: an Exploration of the Underestimated Price Effect", RIETI Discussion Papers, 21-E-018, 2021。

表 2-1　中国经济增长率：数字经济视角

单位：%

	2001—2007 年		2007—2012 年		2012—2018 年		2001—2018 年	
	官方	本研究	官方	本研究	官方	本研究	官方	本研究
整体经济	11.8	10.7	10.5	8.1	7.4	5.3	9.9	8.0
ICT 生产行业	19.3	24.0	15.2	19.7	12.7	15.1	15.7	19.6
ICT 集约使用制造业	14.6	16.8	12.3	15.9	7.5	7.4	11.4	13.2
ICT 集约使用服务业	14.1	13.3	13.0	12.3	8.4	8.0	11.7	11.1
非 ICT 集约使用制造业	13.5	16.9	10.0	11.7	6.7	6.7	10.0	11.8
非 ICT 集约使用服务业	13.1	12.5	7.6	6.3	6.2	3.6	9.0	7.5
农业	4.3	3.0	5.2	3.5	3.3	3.0	4.2	3.1
采掘业	5.9	−0.3	6.2	2.4	0.4	1.9	4.0	1.3
建筑业	13.0	10.8	12.3	1.2	6.8	3.1	10.6	5.2
非市场服务业	−0.1	−11.4	−3.3	−14.8	0.4	−6.7	−0.9	−10.7

资料来源：官方数据来自国家统计局；本研究数据由作者计算，数据出处及构建方法见本章第三节。

用不同的价格平减和行业加总方法所得出的结果。让我们先观察因平减方法的不同而出现的部门增长表现差异。显然，与官方的价格单平减方法比较，我们用价格双平减方法计算出的 ICT 相关部门的实际增长率要快得多。其中 ICT 生产行业的 GDP 在整个时期的年平均增长率竟然比官方数据高出约 25%，而 ICT 集约使用制造业部门也快了约 16%。我们还发现非 ICT 集约使用制造业也因为我们的方法而显示出更快的增长率，比官方数据高出 18%。这些与官方估计大相径庭的结果和我们的预期是一致的。因 ICT 进步所导致的 ICT 设备价格的迅速下降，不仅促使 ICT 生产和集约使用部门进一步扩张,也促使追求成本最小化的其他部门,特别是技术进步较服务业更快的一般制造业部门更多地使用 ICT 设备。这就是说,即使产出价格普遍下降,ICT 相关部门产出价格下降的速度也会更快,与其投入价格变动会更加不一致。同理,在 ICT 部门迅速发展的情况下,忽视 ICT 发展对投入和产出价格的不同影响也会在很大程度上扭曲其他部门的实际增长表现,正如表 2-1 显示的,农业、建筑业和其他服务业,特别是非市场服务业的 GDP 增长率在采用价格双平减方法后被大幅度下调了。这有力地支持了在 GDP 增长率估计上应采用价格双平减的方法。

表 2-2 中国经济各部门增加值占名义 GDP 的比重:数字经济视角

单位:%

	2001 年	2007 年	2012 年	2018 年
ICT 生产行业	5.0	5.0	4.7	5.7
ICT 集约使用制造业	15.7	17.0	16.0	14.8
ICT 集约使用服务业	20.1	21.2	23.7	25.8
非 ICT 集约使用制造业	16.7	16.7	15.6	14.2
非 ICT 集约使用服务业	9.8	10.5	10.4	12.2
农业	14.3	10.6	9.7	7.5
采掘业	4.7	5.0	4.6	2.6
建筑业	5.4	5.7	6.8	6.9
非市场服务业	8.5	8.3	8.5	10.4

注:本章表格中的数据均根据原始数据经过复杂计算得出,由于四舍五入,分项(次级项)数据加总不必然等于 100(上级项)。

资料来源:作者计算,数据出处及构建方法见本章第三节。

表 2-2 是从数字经济视角观察的中国经济名义产出结构的变化。因为产出结构的变化既源自供给方要素相对成本的变化,也源自需求方产品市场相对价格的变化,我们不应该像有些研究那样错误地基于某个固定价格计算产出结构,而应该基于名义产出结构。我们观察

到，除去相对特殊的农业、采掘业、建筑业和非市场服务业，三个 ICT 相关部门在结构上不仅表现为最大的部门，也是相对扩张最快的部门，其增加值占名义 GDP 的比重从 2001 年的 40.8% 增加到 2018 年的 46.3%。这就是说，在过去的 20 年中，数字经济对中国整体经济增长的重要性一直在持续上升。这也预示了在产出价格下降，投入价格基本上居高不下的情况下，数字经济部门完全可能有着超乎寻常的生产率表现，我们在下一节的增长核算分析中再来讨论。

表 2-2 分析了数字经济不同行业在国民经济中的贡献率，体现了我国经济结构的变化。从生产法的角度核算 GDP，GDP 等于各行业创造的增加值之和。从表中可见，ICT 生产和集约使用部门是扩张最快的部门，其增加值之和占名义 GDP 的比重从加入世界贸易组织后的 40.8% 增加到最近时期的 46.3%。与此同时，农业增加值的比重从 14.3% 降至 7.5%，而非 ICT 集约使用制造业和服务业增加值的比重维持在 26% 左右，剩下的采掘业、建筑业和非市场服务业增加值的比重整体维持在 19% 左右。ICT 生产与使用部门的快速增长可能反映了我国的要素禀赋特征。加入世界贸易组织后，中国利用劳动力优势——既有劳动力数量，又有劳动力质量的优势，通过外商直接投资与引进中低技术含量的半导体标准零部件和设备生产，迅速融入全球半导体生产链。企业通过边干边学的方式不断升级产品，逐步占领全球低中端半导体制造业市场。与此同时，促进了中国经济结构的转型。应该注意的是，政府通过诸如设立开发区这样的手段对高新技术产业进行扶持在一定程度上也促进了 ICT 生产和使用部门的快速增长。我们更关心的是，这种"扶持"是否有利于经济效率的提升。

要素增长与结构变化

现在，我们以数字经济的视角，从生产要素投入的侧面观察中国经济增长和结构变化。首先，让我们通过表2-3观察中国数字与非数字经济部门的就业增长情况。从整个时期来看，ICT生产行业就业增长最快，年平均增长率达到4.28%，远高于其他制造业，甚至服务业。从各个时期来看，ICT生产行业就业增长最快的时期是中国加入世界贸易组织之后的"黄金期"。我们看到，在危机后早期，除"保增长"政策引致的建筑业就业快速增长外，这个部门以及ICT集约使用制造业和服务业的就业增长也是很强劲的。在危机后晚期，旨在调整产业结构的供给侧改革通过优先支持国家选择的部门，增加了劳动密集型部门的成本，制造业就业增长与危机后早期相比急剧下降，迫使更多的劳动力转向服务业。然而，就是在这种情况下，ICT生产行业的就业仍然出人意料地表现出强劲的增长势头。

表2-3 中国就业人数年平均增长率：数字经济视角

单位：%

	2001—2007年	2007—2012年	2012—2018年	2001—2018年
整体经济	0.63	0.37	0.11	0.37
ICT生产行业	8.06	3.66	1.13	4.28
ICT集约使用制造业	3.65	3.15	−0.98	1.85
ICT集约使用服务业	2.66	2.79	4.13	3.22
非ICT集约使用制造业	4.30	1.41	−2.97	0.84
非ICT集约使用服务业	3.82	2.13	4.19	3.45
农业	−2.39	−3.53	−3.89	−3.25
采掘业	1.06	−0.46	−8.43	−2.83
建筑业	0.80	6.19	2.03	2.79
非市场服务业	3.57	2.69	3.81	3.40

资料来源：作者计算，数据出处及构建方法见本章第三节。

根据表 2-4 对中国劳动就业结构变化趋势的观察，我们觉得尽管这个变化与经济发展中一般的结构变化趋势大致一致，但是近期工业部门就业比重的下降似乎有些过快，越来越多从农业转出的劳动力不是转向工业而是服务业。如下文将讨论的，劳动成本上升应该是背后的主要推手。然而，这种情况在受到数字经济影响的部门并不明显。数据显示，ICT 生产和集约使用部门的就业人数占比从 2001 年的 17.1% 上升到 2018 年的 26.2%。非 ICT 集约使用部门就业人数占比则从 15.3% 上升至 20.8%。农业劳动力占比在此期间下降了约 23 个百分点。如果以具体创造就业的能力估算一下，依据以官方就业数据重建的 KLEMS 就业数据（即表 2-3、表 2-4 中使用的基础数据），在 2001—2018 年间，新就业增加了约 4 700 万，同时农业约释放了 1 亿 5 600 万岗位。这样，除去建筑业、采掘业和非市场经济部门（即政府、卫生、教育）对就业的吸收，ICT 生产和集约使用部门

表 2-4　中国各行业就业人数占比：数字经济视角

单位：%

	2001 年	2007 年	2012 年	2018 年
ICT 生产行业	1.2	1.8	2.2	2.3
ICT 集约使用制造业	5.4	6.4	7.3	6.9
ICT 集约使用服务业	10.5	11.9	13.4	17.0
非 ICT 集约使用制造业	8.2	10.2	10.7	8.9
非 ICT 集约使用服务业	7.1	8.6	9.4	11.9
农业	50.0	41.7	34.2	26.8
采掘业	1.6	1.6	1.5	0.9
建筑业	6.5	6.5	8.7	9.7
非市场服务业	9.5	11.3	12.6	15.7

资料来源：作者计算，数据出处及构建方法见本章第三节。

吸收了约7 800万，非ICT集约使用部门吸收了约4 900万。还应该特别注意的是，从三个时期来看，ICT生产和集约使用部门在每个时期都可以保持大致2 500万的就业增加。相比之下，非ICT集约使用部门每个时期的就业增量持续下降，从加入世界贸易组织后的3 000万降至危机后早期的1 300万，进而降至危机后晚期的约700万。这个情况说明，ICT生产和集约使用部门在目前的条件下还可能保持提供就业的能力。从这个意义上说，促进ICT经济发展的政策应该会有较强的增加就业效果。我们会在最后的政策讨论中再回到这个问题。

现在，我们再通过表2-5、表2-6从数字经济视角观察中国经济净资本存量增长和结构的变化情况。表2-5报告了中国经济部门净资本存量的增长情况。自加入世界贸易组织以来，中国经济整体上经历了一个资本高速积累的阶段，净资本存量年平均增速高达约13.5%，而整体经济GDP的年平均增长率才达到8.0%（官方估计9.9%，见表2-1）。分时期看，在加入世界贸易组织后的"黄金期"，ICT生产行业、ICT集约使用制造业的净资本存量增长速度超过了整体经济净资本存量的平均增长速度。在这个时期，ICT集约使用服务业刚刚起步。因为其中的主要行业，如交通、金融、科研等等，基本上由国有企业垄断，所以，在得到明确和有力的政策支持，尤其是相应的资源倾斜之前，其投资速度相对较慢。这个时期净资本存量增长最快的反而是公共服务部门和主要房地产部门（在非ICT服务业部门占主要比重）。金融危机后的五年（2008—2012年）是净资本存量增速最快的时期，年平均增速高达15.5%。这显然主要与政府应对金融危机的高强度财政刺激政策有关。由于资源配置受到强大的政策压力和由此产生的扭曲，更多依靠市场竞争的ICT生产行业不得不承受交易成本的上升。

表 2-5 中国净资本存量年均增长率：数字经济视角

单位：%

	2001—2007 年	2007—2012 年	2012—2018 年	2001—2018 年
整体经济	14.70	15.47	10.63	13.47
ICT 生产行业	15.46	8.63	13.00	12.55
ICT 集约使用制造业	16.40	16.20	0.66	10.53
ICT 集约使用服务业	12.81	17.58	17.09	15.71
非 ICT 集约使用制造业	10.34	12.43	3.35	8.42
非 ICT 集约使用服务业	18.09	15.90	10.76	14.82
农业	12.40	22.09	20.15	17.91
采掘业	8.30	10.89	12.01	10.36
建筑业	15.35	19.38	10.17	14.65
非市场服务业	25.28	21.54	19.21	22.01

资料来源：作者计算，数据出处及构建方法见本章第三节。

这个情况在危机后晚期得到一定程度的调整。ICT 生产部门的净资本存量在这个时期重返超过整体经济平均增长率的快速增长轨道（年平均增长率达到了 13.0%，相对前期的 8.63%）。然而，对于 ICT 集约使用制造业来说，危机后早晚两个时期的变化恰恰相反。早期增长仍然强劲，这与当时制造业的一般趋势相仿，受惠于"保增长"的政策。但是，晚期却出现了巨大的逆转，增长几近于零（增长率为 0.66%，相对于早期的 16.2%）。深究起来，这里应该既有制造业普遍存在的严重产能过剩因素的影响，也有政策转向导致的对资源配置干预减少的影响——政策的"保增长"取向式微。转型中的制造业越来越需要独立面对市场竞争的压力，尤其是以生产率增长克服成本上升的压力。正如我们在随后的观察和分析中将看到的，这也是 ICT 集约使用制造业所面对的严峻挑战。

在表 2-6 中,我们报告了不同部门净资本存量于四个时间点在整体经济中的占比,这些时间点定义了我们的时间分期。此表反映了我国净资本存量的结构变化。从 ICT 相关部门观察,ICT 生产与 ICT 集约使用部门的净资本存量占整体经济的比重不但没有上升,反而略有下降,从 2001 年的大约 30% 降至 2018 年的 28.7%。其中,与 2007 年的最高点相比,ICT 生产行业的净资本存量比重下降并不大。这和这个行业已经具有相当高的资本深化水平有关(见后文的讨论)。最明显的现象是 ICT 集约使用制造业从 2012 年到 2018 年的净资本存量下降幅度高达 40% 以上,尽管这种下降几乎完全被 ICT 集约使用服务业的资本占比上升弥补了。观察比较非 ICT 部门的变化,我们还是持前面提出的观点:一方面,ICT 集约使用制造业净资本存量占比的下降现象同整个制造业严重的产能过剩以及成本不断上升有关(下文在观察单位产出劳动成本时还会继续讨论这个问题),这可能正

表 2-6 中国各行业净资本存量占比:数字经济视角

单位:%

	2001 年	2007 年	2012 年	2018 年
ICT 生产行业	4.9	5.1	3.8	4.3
ICT 集约使用制造业	14.1	15.4	15.9	9.0
ICT 集约使用服务业	11.1	10.0	11.0	15.4
非 ICT 集约使用制造业	27.3	21.6	18.9	12.6
非 ICT 集约使用服务业	25.7	30.6	31.2	31.5
农业	2.7	2.4	3.2	5.2
采掘业	8.9	6.3	5.2	5.6
建筑业	0.8	0.8	1.0	1.0
非市场服务业	4.5	7.7	9.9	15.5

资料来源:作者计算,数据出处及构建方法见本章第三节。

在迫使中国经济过早地开始"去工业化"过程;另一方面,ICT集约使用服务业净资本存量占比的上升也与制造业向服务业转型的趋势有关。值得注意的是,由于国有企业在ICT集约使用服务业中占主导地位,这个趋势得到了强化,其结果可能会进一步伤害这个部门的效率表现。

劳动生产率与资本深化的关系

在这一部分,我们观察两个应该一起讨论的重要指标,即劳动生产率和资本深化水平。任何有意义的增长讨论都不能只看前者而忽视后者。前者是每个劳动者的平均实际产出水平(见表2-7),后者是每个劳动者的实际净资本存量水平(见表2-8)。毋庸置疑,随着经济的增长,也就是收入的增长,这两个指标都会不断上升。因为前者是后者的函数,我们应该关注的不是两者各自的变动,而是它们的相对变动所反映的效率问题。更具体地说,我们关注劳动生产率增长的速度是不是可以充分反映资本深化的速度。一个简单却十分重要的经济学问题是,如果前者慢于后者,就意味着效率损失。在充分竞争的市场条件下,这种情况不会长期存在,因为资本收入下降会导致投资减少,从而促使资源根据要素成本的相对变化进行重新配置。但是,如果存在允许政府直接干预的制度条件,政府"保增长"的努力会错误地刺激投资,特别是对被政府错误选择的部门和企业进行投资,致使资源错配、结构扭曲的情况恶化(如长期困扰中国经济的严重产能过剩问题),导致效率的进一步降低。

如果产出过度依赖资本存量的增长,人均产出或劳动生产率的增长肯定也会过度依赖资本深化,两者的关系密不可分。那么,如果人均资本存量的增长带来越来越少的产出,我们就有理由怀疑这种关系是否"健康"。借助两个简单指标,我们可以进行这样的"健康诊

表2-7 各行业劳动生产率及其变化：数字经济视角

	劳动者平均产出（元，2000年固定价格）				年平均增长率（%）			
	2001年	2007年	2012年	2018年	2001—2007年	2007—2012年	2012—2018年	2001—2018年
整体经济	15 176	28 567	46 241	70 531	11.1	10.1	7.3	9.5
ICT生产行业	65 312	118 400	200 321	383 395	10.4	11.1	11.4	11.0
ICT集约使用制造业	45 946	83 938	128 532	210 507	10.6	8.9	8.6	9.4
ICT集约使用服务业	28 413	53 434	85 728	109 157	11.1	9.9	4.1	8.2
非ICT集约使用制造业	31 139	51 571	77 437	137 204	8.8	8.5	10.0	9.1
非ICT集约使用服务业	20 769	34 791	45 202	50 735	9.0	5.4	1.9	5.4
农业	4 263	6 327	9 740	15 011	6.8	9.0	7.5	7.7
采掘业	47 155	62 459	86 480	150 487	4.8	6.7	9.7	7.1
建筑业	12 630	25 103	33 183	43 604	12.1	5.7	4.7	7.6
非市场服务业	12 792	10 284	7 599	6 229	-3.6	-5.9	-3.3	-4.1

资料来源：作者计算，数据出处及构建方法见本章第三节。

表 2-8 各行业资本深化水平及其变化：数字经济视角

	劳动者平均净资本存量（元，2000 年固定价格）				年平均增长率（%）			
	2001 年	2007 年	2012 年	2018 年	2001—2007 年	2007—2012 年	2012—2018 年	2001—2018 年
整体经济	31 001	67 971	136 933	249 296	14.0	15.0	10.5	13.0
ICT 生产行业	127 219	189 316	239 290	465 517	6.8	4.8	11.7	7.9
ICT 集约使用制造业	81 701	163 866	297 241	328 140	12.3	12.6	1.7	8.5
ICT 集约使用服务业	32 565	57 341	112 277	227 007	9.9	14.4	12.4	12.1
非 ICT 集约使用制造业	103 219	144 624	242 159	353 611	5.8	10.9	6.5	7.5
非 ICT 集约使用服务业	111 731	242 048	455 731	657 764	13.8	13.5	6.3	11.0
农业	1 675	3 905	12 677	48 382	15.1	26.6	25.0	21.9
采掘业	175 258	265 523	455 637	1 526 455	7.2	11.4	22.3	13.6
建筑业	3 854	8 658	15 549	24 654	14.4	12.4	8.0	11.5
非市场服务业	14 746	46 200	107 297	246 029	21.0	18.4	14.8	18.0

资料来源：作者计算，数据出处及构建方法见本章第三节。

断"。第一个指标是资本产出比（K/Y），反映资本依赖程度，也就是获得单位实际产出所需要的实际资本存量，相当于资本深化水平除以劳动生产率。这个指标越高，表明一个经济体需要使用越多的资本生产一个单位的实际产出（增加值）（见表2-9）。另一个指标是劳动生产率增长和资本深化速度之间的相对变化，目的是观察前者是否可以超过后者，或者说，看生产一个单位的实际产出所需要使用的资本存量是否在下降。

首先，从整体经济看，以2000年固定价格计算的2018年的劳动生产率大约达到了7万元，资本深化水平达到了约25万元，由此计算，中国经济的资本依赖程度，即资本产出比达到了3.53。也就是说，每个劳动者生产一单位的实际产出，需要使用3.53个单位的净资本存量所能提供的服务。我们可以大致参照主要发达经济体在20世纪90年代初时该指标的水平。按照麦迪森的估计，1992年美国的资本产出比为2.4，在发达经济体中该指标最高的日本也只达到了3.0。虽然这样的比较并不是很严谨，但仍然具有参考价值。因为资本产出比的变化并不是线性的，与经济发展阶段相关。它在工业化初期时较低，完成工业化-城市化时最高，然后随着向服务业转型而下降。再观察整个时期两者的增长速度，资本深化水平的年平均增长率达到了13.0%，远超过劳动生产率9.5%的增速，致使资本依赖程度以年均3.3%的速度上升。这似乎表明中国经济还处在重工业化阶段，与前面观察到的资源配置上的"去工业化"现象并不一致。所以，资本依赖程度的上升更有可能反映了整体经济不断恶化的低效率问题（见本章下一节的分析）。

从数字经济的视角观察不同部门的情况，表2-7显示ICT生产行业在整个经济中保持了最高的劳动生产率水平（2018年时，为整体经济平均水平的5.4倍）和最快的劳动生产率增长速度（为整体经济、整个时期年平均增长率的1.16倍），ICT集约使用制造业紧随其后。

表 2-9 各行业资本依赖程度及其变化：数字经济视角

	资本产出比				年平均增长率（%）		
	2001年	2007年	2012年	2018年	2001—2007年	2007—2012年	2012—2018年	2001—2018年
整体经济	2.04	2.38	2.96	3.53	2.6	4.5	3.0	3.3
ICT生产行业	1.95	1.60	1.19	1.21	-3.2	-5.7	0.3	-2.7
ICT集约使用制造业	1.78	1.95	2.31	1.56	1.6	3.4	-6.4	-0.8
ICT集约使用服务业	1.15	1.07	1.31	2.08	-1.1	4.1	8.0	3.6
非ICT集约使用制造业	3.31	2.80	3.13	2.58	-2.7	2.2	-3.2	-1.5
非ICT集约使用服务业	5.38	6.96	10.08	12.96	4.4	7.7	4.3	5.3
农业	0.39	0.62	1.30	3.22	7.8	16.1	16.3	13.2
采掘业	3.72	4.25	5.27	10.14	2.3	4.4	11.5	6.1
建筑业	0.31	0.34	0.47	0.57	2.1	6.3	3.2	3.7
非市场服务业	1.15	4.49	14.12	39.50	25.4	25.7	18.7	23.1

资料来源：作者计算，数据出处及构建方法见本章第三节。

然而，如表 2-8 所显示的，这些部门并不是资本深化水平最高以及深化速度最快的部门。如表 2-9 所示，除了仍然在相当程度上依赖劳动密集技术的建筑业以外，ICT 生产和集约使用部门的资本产出比是最低的。在 2018 年，ICT 生产行业的资本产出比只有 1.21，大约仅相当于全国平均水平的 1/3；另外两个 ICT 相关部门的这个指标也很低，其中 ICT 集约使用制造业为 1.56，ICT 集约使用服务业为 2.08。与整个经济呈现的趋势相反，ICT 生产行业和集约使用制造业的资本产出比一直在下降而不是上升。这不仅与前文有关 ICT 发展对价格影响的讨论一致，同时也预示了 ICT 部门的效率可能远高于其他部门。

资本产出比高于全国平均水平的部门是主要受到房地产服务业影响的非 ICT 集约使用服务业、采掘业，以及迅速扩张的公共部门，即非市场服务业。这三个部门的资本产出比分别从 2001 年的 5.38、3.72 和 1.15 上升到 2018 年的 12.96、10.14 和 39.50 这样的超高水平。农业和非市场服务业有着最快的资本深化速度，这一方面与这两大部门具有较低的初始资本存量有关，另一方面，对资本产出比已经高达 39.50 的非市场服务业来说，不计效率的过度投资可能是一个重要的原因。

单位产出劳动成本水平及变化

正如前文讨论的，我们不能只看劳动生产率而忽视资本深化水平。现在，我们提出另外一个重要问题，而且是一个从长期看关乎经济转型的重要问题，即不能只看劳动生产率而忽视平均劳动成本的变化。这是因为，只有可以不断克服劳动成本上升的劳动生产率增长才是经济长期增长的基础。为了这个目的，我们借助一个国际竞争力研究上的指标，单位产出劳动成本（unit labor cost，ULC），即生产一个单位的实际产出（增加值）所需要支付的名义劳动成本（包括工资在内的全部劳动报酬），相当于用平均（名义）劳动报酬除以（实际）劳动生产率。由于我们仅比较中国经济内部不同部门以及不同时期的 ULC，所以我们不必考虑这种方法通常所需要的购买力平价转换问题。理论上，从短期看，劳动力市场的灵活程度决定了劳动力的供求，进而决定了劳动力成本可以在多大程度上随市场的变化而调整，从而使企业在劳动生产率不变的情况下保持竞争力。从长期看，只有通过效率改善和技术进步实现的劳动生产率上升，才可以克服劳动成本上升的压力，实现持续的经济增长。这是当前中国经济转型面临的最大挑战。

首先，表 2-10 给出了中国整体经济以及基于 ICT 视角的不同部门平均劳动成本水平及其变化。然后，通过表 2-7 报告的各个部门的劳动生产率水平对其进行调整，得出表 2-11 的单位实际产出名义劳动成本及其年平均增长率。所以，ULC 就等于劳动生产率调整后的劳动成本。简单地观察一下表 2-10，2018 年时 ICT 生产行业的平均名义劳动成本水平最高，相当于整体经济平均水平的 2.4 倍，首次超过了采掘业，其最近一期（2012—2018 年）的劳动成本增长速度也是各部门中最快的，与其以往两期的表现大相径庭。自中国加入世界贸易组织之后到全球金融危机前，这个部门的劳动成本上升速度几乎是最慢的，仅次于非 ICT 集约使用服务业部门。考虑到这个部门劳动生产率增长的优秀表现，同时与其他部门进行比较，有助于我们理解中国经济的竞争力以及潜在的增长动力。

从 ULC 这个指标看，如表 2-11 所显示的，中国加入世界贸易组织到全球金融危机前这个时期是中国经济增长的唯一一个"黄金期"，它不但是整体经济劳动生产率增长最快的时期（年平均增长 11.1%），也是 ULC 上升最慢的时期（年平均上升 0.6%），几乎实现了 ULC 零增长。其中很多部门，特别是三个 ICT 相关部门出现了罕见的 ULC 负增长（其中 ICT 生产行业年平均增长率达到-3.4%，ICT 集约使用制造业年平均增长率达到-2.2%，ICT 集约使用服务业为-3.9%），以

表 2-10　各行业名义劳动报酬水平及其变化：数字经济视角

	劳动者平均名义报酬（元）				年平均增长率（%）		
	2001 年	2007 年	2012 年	2018 年	2001—2007 年	2007—2012 年	2012—2018 年	2001—2018 年
整体经济	7 557	14 746	34 029	60 342	11.8	18.2	10.0	13.0
ICT 生产行业	19 378	28 301	67 758	143 437	6.5	19.1	13.3	12.5
ICT 集约使用制造业	17 933	28 709	57 696	87 165	8.2	15.0	7.1	9.7
ICT 集约使用服务业	11 869	17 575	45 565	94 918	6.8	21.0	13.0	13.0
非 ICT 集约使用制造业	11 381	19 365	38 032	73 557	9.3	14.5	11.6	11.6
非 ICT 集约使用服务业	7 790	9 675	27 329	42 182	3.7	23.1	7.5	10.4
农业	3 563	8 219	18 220	29 364	14.9	17.3	8.3	13.2
采掘业	19 780	39 516	84 161	113 381	12.2	16.3	5.1	10.8
建筑业	7 745	15 955	33 980	51 386	12.8	16.3	7.1	11.8
非市场服务业	10 854	21 233	40 584	60 801	11.8	13.8	7.0	10.7

资料来源：作者计算，数据出处及构建方法见本章第三节。

表 2-11 各行业单位实际产出名义劳动成本水平及其变化：数字经济视角

	单位产出名义劳动成本				年平均增长率（%）		
	2001年	2007年	2012年	2018年	2001—2007年	2007—2012年	2012—2018年	2001—2018年
整体经济	0.50	0.52	0.74	0.86	0.6	7.4	2.5	3.2
ICT生产行业	0.30	0.24	0.34	0.37	-3.5	7.2	1.7	1.4
ICT集约使用制造业	0.39	0.34	0.45	0.41	-2.2	5.6	-1.3	0.3
ICT集约使用服务业	0.42	0.33	0.53	0.87	-3.9	10.1	8.6	4.4
非ICT集约使用制造业	0.37	0.38	0.49	0.54	0.5	5.5	1.5	2.3
非ICT集约使用服务业	0.38	0.28	0.60	0.83	-4.9	16.8	5.5	4.8
农业	0.84	1.30	1.87	1.96	7.6	7.6	0.7	5.1
采掘业	0.42	0.63	0.97	0.75	7.1	9.0	-4.2	3.5
建筑业	0.61	0.64	1.02	1.18	0.6	10.0	2.4	3.9
非市场服务业	0.85	2.06	5.34	9.76	16.0	20.9	10.6	15.5

资料来源：作者计算，数据出处及构建方法见本章第二节。

至于我们可以将这个时期称为中国经济的"ULC 黄金期"。其大背景是加入世界贸易组织后中国制造业部门的整体 ULC 骤然下降。这个"低成本冲击"也许可以在相当程度上解释为什么中国经济能够在一个极短的时间内成为"世界工厂"。①

然而，2008 年的全球金融危机使中国经济的"ULC 黄金期"戛然而止了。危机后早期，虽然整体经济的劳动生产率仍然可以实现年平均 10.1% 的增长，可是平均劳动成本却以年均 18.2% 的速度增长，导致 ULC 以高达 7.4% 的年均速度攀升。如果没有这样系统剖析，也许人们很难意识到中国经济当时突然面临了一个冰火两重天的成本环境。这是一个需要深入思考的问题，它与我们针对中国加入世界贸易组织后突然出现的几乎零成本增长现象所提出的问题在性质上是一样的。②尽管受到危机的影响，在行业层面，制造业的平均 ULC 增幅还是低于整体经济约 20%，中国制造业仍然表现出低成本特点，这同时体现在 ICT 集约使用制造业和非 ICT 集约使用制造业，而 ICT 生产行业的 ULC 上升速度很快，与整体经济的平均水平大致

---

① 加入世界贸易组织后平均劳动成本上升速度骤然放缓，以及部门之间平均劳动成本变动上的巨大差异，也提出了极具挑战性的新问题，即上述变化也许并不完全是市场竞争的结果，其背后可能与政府对不同经济部门选择性的制度安排有关，包括影响不同部门的政策措施以及相应的补贴。参见：伍晓鹰.中国经济改革四十年增长和全要素生产率表现的制度解读——兼论"十四五"时期提升全要素生产率的关键路径和政策举措, 国发院智库报告初稿（内部）, 2021; Harry X. Wu, "In Quest of Institutional Interpretation of TFP Change—The Case of China", *Man and the Economy*, 2019, 6(2): 1–22.

② 这个发现和危机后关于劳动成本上升的各种报道，特别是因劳工短缺造成的低技能劳动成本上升的报道大体一致。这也许可以在相当程度上解释，危机后，特别是最近几年来中国大量的劳动密集型工业向海外尤其是东南亚的转移。虽然深究危机后平均劳动成本上升的原因超出了本项目的研究范围，但是可以认为，过于宽松的宏观经济环境，如史无前例的应对危机的扩张性财政政策、过快的货币供给等等，在相当程度上难辞其咎。

相当。如果深入观察，推动整体经济 ULC 上升的部门主要是那些明显受惠于"保增长"政策的部门，特别是建筑业（基础设施建设、房地产开发等等）和服务业。

表 2-11 也显示，危机后晚期整体经济的 ULC 增长速度明显放缓了。主要原因是政府直接干预的力度减小增加了市场自身调整的空间，促进了劳动生产率的上升以及劳动成本的下降。从总体上看，制造业仍然是成本下降的主要因素，其中 ICT 生产行业的 ULC 上升速度相比前期大大放缓了，特别值得注意的是，ICT 集约使用制造业的 ULC 又一次出现了下降。但是，服务业，不管是市场还是非市场服务业，仍然是推动这个时期成本上升的主要部门。

中国数字经济发展与全要素生产率

我们从数字经济的视角，简单观察了不同经济部门的基础指标，指出了一些主要问题，特别是整体经济资本依赖程度上升（其他因素不变，资本回报率下降）和单位产出劳动成本上升的问题，同时也假说式地提出了这些问题可能的成因。然而，在行业/部门层面，我们观察到 ICT 生产和集约使用部门有着截然不同的表现。在实现了最快的劳动生产率增长的同时，这些部门的劳动成本上升得最慢，对资本投入增长的依赖性也最低，这可能预示着它们在产出增长和效率改善上为整体经济做出了重要的贡献。为了确定这一点，我们需要一个更严谨的实证分析。在这一节，我们在一个基于乔根森 APPF 方法扩展的、可以整合行业生产率账户的新古典经济学经济增长核算框架[①]内，采用 Törnqvist 指数方法首先解析 ICT 集约和非

[①] Dale W. Jorgenson, "Information Technology and the U.S. Economy," *American Economic Review*, 2001, 91(1): 1-32.

ICT集约部门以及不同要素投入对加入世界贸易组织以来中国经济增长的贡献,然后进一步解析各个部门对整体经济TFP增长的贡献和部门之间要素重新配置对TFP增长的影响。①

应该强调的是,增长解析的目的是追溯增长的根源。尽管这种方法的性质只是分解各个初级要素的贡献(排除了非初级要素的重复计算),但是,在本质上它是一种生产率,也就是效率分析。在正常情况下,一个经济体不能长期接受其产出增长的速度慢于其投入增长的速度,也就是说,不存在生产率的绝对下降。这个简单的经济学逻辑告诉我们,如果没有制度障碍,生产率零增长应该是一个经济体正常情况下增长表现的底线。这也就是说,在严格地测算了初级要素投入变化和实际产出变化之后,TFP的变化可以反映该经济体是否处在一个制度改善抑或制度恶化的过程中。

中国整体经济增长动态与劳动生产率函数

为了给行业/部门分析提供一个背景,我们首先从一个一般的、非ICT的视角解析中国整体经济增长。我们从观察投入和产出各个指标的动态表现开始,然后再解析劳动生产率增长,旨在深入考察资

---

① 这个增长核算方法的细节及在中国和发展中经济体上的实证分析应用,请见伍晓鹰有关论文:Harry X. Wu, "On China's Strategic Move for A New Stage of Development—A Productivity Perspective", in D. W. Jorgenson, K. Fukao, M. P. Timmer, eds, *The World Economy—Growth or Stagnation?*, Cambridge, UK: Cambridge University Press, 2016; Harry X. Wu, "Sustainability of China's Growth Model: A Productivity Perspective", *China & World Economy*, 2016, 24(5): 42-70; Harry X.Wu, "Losing Steam?——An Industry Origin Analysis of China's Productivity Slowdown", Chapter 8 in Barbara Fraumeni (ed.), *Measuring Economic Growth and Productivity: Foundations, KLEMS Production Models, and Extensions*, Academic Press, 2019; Harry X. Wu, "In Quest of Institutional Interpretation of TFP Change—The Case of China", *Man and the Economy*, 2019, 6(2): 1-22。

本深化对中国整体经济增长的作用。

图 2-10 展示了 2001—2018 年间中国整体经济的 GDP、资本投入、劳动投入和 TFP 的年增长率。为了更直观地显示资本和劳动这两个初级要素自身的增长动态，我们没有对图中的要素投入增长率做任何权重调整。该图清楚地展示了最近 20 年中国经济增长的几个特点。首先，危机后 GDP 增速陡然下降，除去危机早期政策的影响，危机后的平均年增长率在 5% 左右；然而，考虑到危机后"保增长"政策强大的资源动员效果，这个增长率并没有反映中国经济的潜在增长率，后者非常可能为 4%~5%，而不是 5% 或以上。其次，资本投入的力度在 2008—2009 年政府反危机政策效果式微后呈加速下滑的趋势。再者，平均来看，危机后的劳动投入不再支持增长，所谓的"人口红利"已经彻底消失了（参见表 2-12）。最后，在中国加入世界贸易组织后的"黄金期"，TFP 似乎重复了"东亚模式"在相似发展阶段的良好表现，但并没有持续，危机后一直处在负值区。不仅如此，它还与资本投入呈明显相反的趋势，反映了过度资本投入对效率的反作用。

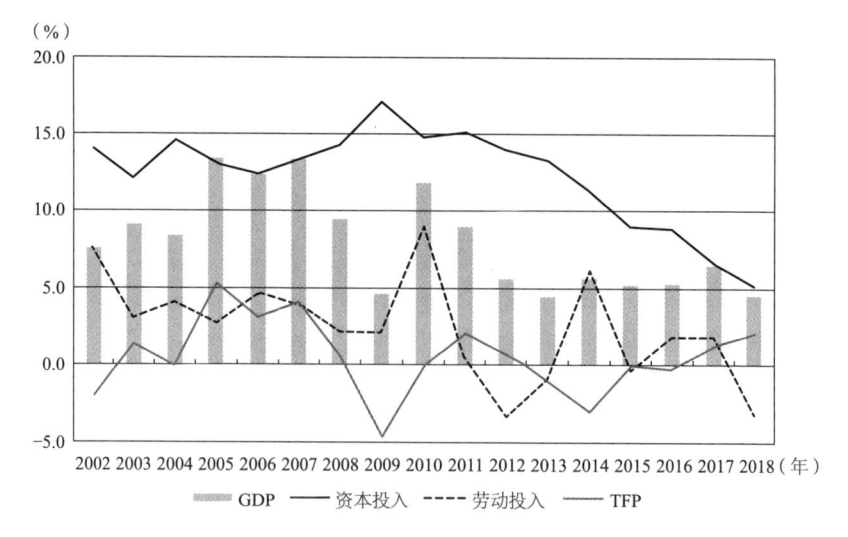

图 2-10　中国整体经济的 GDP、资本投入、劳动投入和 TFP 年增长率

资料来源：作者计算（见后文表 2-13），数据出处及构建方法见本章第三节。

如果将劳动作为唯一投入要素，图2-10的GDP增长率是劳动数量增长和劳动生产率增长的共同结果。劳动数量通常就是劳动者的自然数量。但是考虑到不同行业和不同时期平均劳动者的工作时长因收入、技术和制度因素而不同，严格的经济学分析需要使用劳动小时数，而不是劳动者的自然人数作为分析指标。将劳动数量增长从GDP增长中分离出来有助于观察长期增长中人口因素的变化。

表2-12显示，整个考察期平均来看，中国经济增长完全来自劳动生产率的提高，并不存在所谓"人口红利"的作用。但如果从分期结果来看，劳动小时增长在2001—2007年的"黄金期"对整体增长有相当显著的贡献，在10.73%的整体增长率中占比高达16.5%，这并不是由于自然人数的增长而是人均劳动时间的延长。危机后劳动小时的贡献由正转负，主要是因为中低技能劳动投入的绝对下降，而高技能劳动的上升未能弥补这个损失（参见后文表2-13展示的结果）。

表2-12 解析中国劳动生产率增长的主要因素

	2001—2007年	2007—2012年	2012—2018年	2001—2018年
整体经济GDP增长率（%）	10.73	8.14	5.28	8.04
劳动生产率和工作小时的贡献（百分点）				
劳动生产率（产出/小时）	8.96	10.29	5.77	8.22
劳动小时	1.77	-2.15	-0.49	-0.18
要素对劳动生产率的贡献（百分点）				
劳动生产率（产出/小时）增长	8.96	10.29	5.77	8.22
• 资本深化	6.53	9.10	5.41	6.89
• 劳动质量	0.46	1.47	0.55	0.79
• TFP	1.97	-0.29	-0.19	0.54

资料来源：作者计算，数据出处及构建方法见本章第三节。

从总量生产函数来看,劳动生产率的增长又可以分解为资本深化即单位劳动小时使用的资本存量的变化,劳动质量的变化,以及 TFP 的变化。表 2-12 显示,资本深化在劳动生产率增长中一直占主导地位,而且尽管劳动生产率的增长速度在减慢,资本深化对劳动生产率增长的贡献比重仍然在不断上升,从加入世界贸易组织后"黄金期"的 73% 上升至危机后早期的 89%,然后再上升至危机后晚期的 94%,说明增长越来越依赖资本投入。表 2-12 也显示,除了危机后早期明显的劳动质量改善,整个时期平均来看,这个因素对增长的贡献并不明显,对劳动生产率增长的贡献还不到 10%。危机以后,劳动质量的改善不足以弥补劳动小时数量的绝对下降。

行业 / 部门及初级要素对 GDP 增长的贡献

表 2-13 报告了中国经济不同行业 / 部门和不同要素对整体经济增长的贡献,并且从中分解出了 TFP 的贡献。首先,让我们关注该表中不同行业 / 部门对总增长的贡献。如上一节一开始讨论的,对于我们所考察的 2001—2018 年整个时期来说,按照正确的方法测算,整体经济年平均增长率约为 8%,其中 ICT 生产和集约使用部门做出了最重要贡献,高达 70%,完全符合我们基于统计观察的预期。此外,农业、采掘业、建筑业及非 ICT 集约部门贡献了 42%,然而以公共服务为主的非市场服务业部门却损失了 11%。分期来看,ICT 生产和集约使用部门对整体增长的贡献持续上升,从危机前的逾 60% 升至危机后早期的近 80%,整个危机后 10 年稳定在约 75%。可以毫不夸张地说,ICT 生产与集约使用部门是过去 20 年中国经济增长的主要引擎。它的强劲增长不仅支撑了后危机时代的增长,也弥补了其他部门,特别是公共服务部门(非市场服务部门)因过度扩张带来的效率损失(即总成本增长超过增加值增长)。

表 2-13　行业/部门、要素及 TFP 对中国 GDP 增长的贡献：数字经济视角

	2001—2007 年	2007—2012 年	2012—2018 年	2001—2018 年
GDP 增长率（%）	10.73	8.14	5.28	8.04
部门贡献（百分点）				
ICT 生产行业	1.22	0.95	0.79	0.99
ICT 集约使用制造业	2.76	2.63	1.13	2.15
ICT 集约使用服务业	2.71	2.74	2.01	2.47
非 ICT 集约使用制造业	2.82	1.83	0.98	1.88
非 ICT 集约使用服务业	1.23	0.66	0.40	0.77
农业	0.38	0.35	0.25	0.33
采掘业	-0.01	0.14	0.10	0.07
建筑业	0.60	0.08	0.21	0.31
非市场服务业	-0.98	-1.25	-0.57	-0.92
要素贡献（百分点）				
资本投入	7.44	7.93	5.17	6.79
·生产性建筑	1.80	2.45	2.35	2.18
·IT 设备	0.34	0.17	0.00	0.17
·CT 设备	0.36	0.16	0.15	0.22
·非 ICT 设备	4.05	4.25	2.14	3.43
·住宅	0.89	0.91	0.53	0.77
劳动投入	1.31	0.49	0.29	0.71
·低技能	0.45	-0.90	-0.56	-0.30
·中技能	0.68	-0.46	0.21	0.17
·高技能	0.19	1.86	0.65	0.84
TFP	1.97	-0.29	-0.19	0.54

资料来源：作者计算，数据出处及构建方法见本章第三节。

表 2-13 还报告了初级要素，即资本和劳动的投入对中国经济整体增长的贡献。得益于更新的 CIP/China KLEMS 数据库，我们可以将资本投入细分为生产性建筑、IT 设备、CT 设备、非 ICT 设备以及住宅五类资产，同时也可以将劳动投入分为低、中、高技能三种类型。经济增长中不能够由这些不同类型资本和劳动投入增长解释的部分就是作为 TFP 增长的部分。结果显示，就整个时期而言，资本投入对整体经济增长的贡献高达 84%，劳动投入的贡献为 9%，而 TFP 的贡献只有 7%。这个结果再次肯定了前面提出的假说，即中国经济增长主要依赖资本投入的增长，而这样的增长并没有伴随明显的效率改善。从趋势上看，这种依赖性在不断上升，资本投入对整体经济增长的贡献从加入世界贸易组织后的不到 70%，提高到后危机时期的逾 95%，显然与危机后政府过分依赖以铁路、公路和其他基础设施建设为代表的"保增长"政策密切相关。与此同时，TFP 进入了负增长。

进一步对资产和劳动类型的解析更有助于我们理解这个变化。从劳动投入看，金融危机以来劳动投入增长迅速放缓的背后，是较低成本的中低技能劳动力投入的绝对减少和较高成本的高技能劳动力投入的迅速上升，这解释了就业结构从制造业向服务业的转变。劳动力短缺和成本的提高一方面迫使劳动密集型行业转移至其他低劳动成本的国家，另一方面也刺激企业选择以资本替代劳动的技术，促使中国经济过早地进入了一个"去工业化"的过程。不同类型资本增长贡献的变化看起来也支持这个"去工业化"的判断。尽管 ICT 生产和集约使用部门对产出增长有重要贡献，但是 ICT 设备在资本投入贡献中的比重不但没有增加，反而有一定减少。与此同时，非 ICT 设备占资本投入贡献的比重显著下降，从中国加入世界贸易组织后的"黄金期"直到危机后早期的近 55%，陡然降至危机后晚期的约 40%。然而，（包含所有非住宅结构、设施的）生产性建筑占资本投入贡献的比重却从加入世界贸易组织后的 25% 升至危机后早期的约 30%，然后又跃升至危机后晚期的 45%，反映了"保增长"政策的投资效果。

所以，中国经济对投资的依赖是以效率的持续下降为代价的，而且发生在一个失去人口红利的时代，因此无法得到劳动力增长的支撑。在这样一种令人悲观的经济变化中，数字经济部门的相对作用日益彰显，因此，如何保持其增长引擎的地位的确在考验最高决策层的智慧。

行业/部门效率改善及行业间要素重新配置对 TFP 增长的贡献

在解析行业/部门对中国整体经济 TFP 增长的贡献之前，有必要从数字经济的视角观察主要行业/部门各自生产率的长期表现。图 2-11 展示了以 2001 年为初始年的三个时点的 TFP 增长指数。

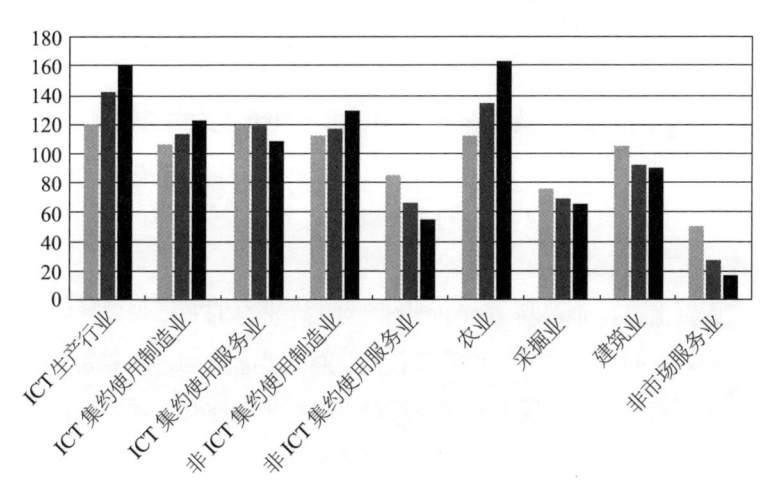

图 2-11 中国经济各行业/部门的 TFP 增长指数：数字经济视角

注：假定 2001 年的 TFP 增长指数为 100。
资料来源：作者计算，数据出处及构建方法见本章第三节。

显然，ICT 生产行业在中国加入世界贸易组织后的"黄金期"和危机后早期都实现了最快的 TFP 增长，在危机后晚期其 TFP 增长速度也仅次于农业，后者因机会成本不断上升而持续地释放资源，改善了生产率。此外，ICT 集约使用和非 ICT 集约使用制造业部门之所以在过去的 20 年里能够维持一定且相似的 TFP 增长速度，是因为二者共同拥有的中国制造的成本优势起了重要作用。虽然 ICT 集约使用服务业的 TFP 在"黄金期"增速很高，与 ICT 生产行业的表现相当，但是在危机后的表现令人失望，这显然与政府干预和垄断这个部门的国有企业的低效率密切相关。最后，非 ICT 集约使用服务业、采掘业和非市场服务业的 TFP 表现也一直乏善可陈。

行业自身的生产率变化通过行业间的投入产出关系，以及资源在不同行业之间的重新配置，影响着整体经济的 TFP 表现。表 2-14 中行业 / 部门的 TFP 贡献部分显示，在整个考察期间，中国经济的 TFP 年平均增速为 0.54%。通过 Törnqvist 指数方法加权，得到行业 / 部门加总贡献 0.33 个百分点，其中 ICT 生产行业贡献 0.52 个百分点，ICT 集约使用制造业贡献 0.85 个百分点，ICT 集约使用服务业贡献 0.15 个百分点。在其他行业中，非 ICT 集约使用制造业贡献最大，达到了 0.95 个百分点，但是非市场服务业和非 ICT 集约使用服务业给整体经济造成了严重的 TFP 损失，其贡献分别为 -1.61 个百分点和 -0.67 个百分点。

逻辑上，行业 / 部门之间如此巨大且持续的 TFP 增长差异反映了增长和效率的严重脱节，也意味着行业间的要素流动，即要素的配置与重新配置在相当程度上并没有遵循市场竞争的原则。理论上，在没有市场或要素成本扭曲的情况下，TFP 零增长意味着资本有正常的回报率，TFP 正增长意味着有超额利润，但是 TFP 负增长意味着资本回报率低于正常水平。TFP 损失可能在受到市场短期冲击时出现，但是不应该长期持续，否则就不符合经济学逻辑。可以肯定地说，政府

表 2-14 行业/部门及行业间要素重新配置对中国 TFP 增长的贡献：数字经济视角

	2001—2007 年	2007—2012 年	2012—2018 年	2001—2018 年
整体经济 TFP 增长率（%）	1.97	-0.29	-0.19	0.54
行业/部门对 TFP 的贡献（百分点）				
行业/部门贡献	1.53	-1.06	0.29	0.33
• ICT 生产行业	0.57	0.62	0.38	0.52
• ICT 集约使用制造业	0.76	0.82	0.97	0.85
• ICT 集约使用服务业	1.17	-0.13	-0.64	0.15
• 非 ICT 集约使用制造业	1.24	0.54	1.01	0.95
• 非 ICT 集约使用服务业	-0.49	-0.88	-0.67	-0.67
• 农业	0.40	0.61	0.47	0.48
• 采掘业	-0.43	-0.19	0.03	-0.19
• 建筑业	0.18	-0.58	-0.15	-0.16
• 非市场服务业	-1.87	-1.87	-1.12	-1.61
行业间要素重新配置对 TFP 的贡献（百分点）				
资本重新配置	-0.23	0.36	-0.60	-0.19
劳动重新配置	0.67	0.42	0.12	0.40

资料来源：作者计算，数据出处及构建方法见本章第三节。

对资源配置的干预严重地降低了效率。正如本章一开始就强调的，这尤其违背数字经济时代对市场自由竞争机制的要求。而且，在增长的意义上，政府不得不为这种干预付出更大的代价。

表 2-14 还估计了资本和劳动因素重新配置对整体经济 TFP 增长

的影响。结果显示，就整个考察时期而言，劳动重新配置为整体经济TFP 0.54%的年均增速贡献了0.40个百分点，而资本重新配置的贡献则为-0.19个百分点，出现了严重的资本错配。分期观察，劳动重新配置的贡献是不断下降的，从"黄金期"的0.67个百分点下降到近些年的0.12个百分点。理论上，这一方面反映了劳动力市场的灵活程度已经很高，另一方面表明部门间的大规模劳动力转移已基本完成。相比之下，资本重新配置的表现令人担忧。"黄金期"并没有扭转资本错配（为TFP的增长贡献-0.23个百分点），这主要与地方政府旨在尽早收获"WTO红利"的增长竞赛加剧有关。这一趋势在金融危机后早期得到纠正（资本重新配置为TFP的增长贡献0.36个百分点），主要与中央政府强力干预资本配置，促使投资转向长期短缺的基础设施有关。[①] 然而，这种资本配置政策导向的持续最终必然会面对效率下降的问题。根据我们的计算，这已经反映在危机后晚期资本重新配置对TFP增长的负效果上了（贡献-0.60个百分点），甚至比"黄金期"的情况更严重。

根据表2-14我们绘制了两个初级要素重新配置对整体经济TFP增长影响的指数曲线图（图2-12）。这个指数的建立基于要素对经济活动的服务而不是要素存量的变化，完全与我们估计的行业/部门的增长和效率表现契合。这个方法以2001年为初始年，即给定初始年的要素配置状态，目的主要是观察初始年以后不同要素的重新配置对整体经济效率影响的趋势。

---

① 这个估计是资源重新配置的净效果，除了补偿基础设施建设的短板导致的正效果，也包括行政性"重新配置"或"关停并转"所引起的效率下降问题，如政府以"环境保护"、"产能过剩"以及"低端经济"等为理由强行进行的结构调整，再通过各级政府的过度解读导致的层层加码，严重影响了资本配置效率。

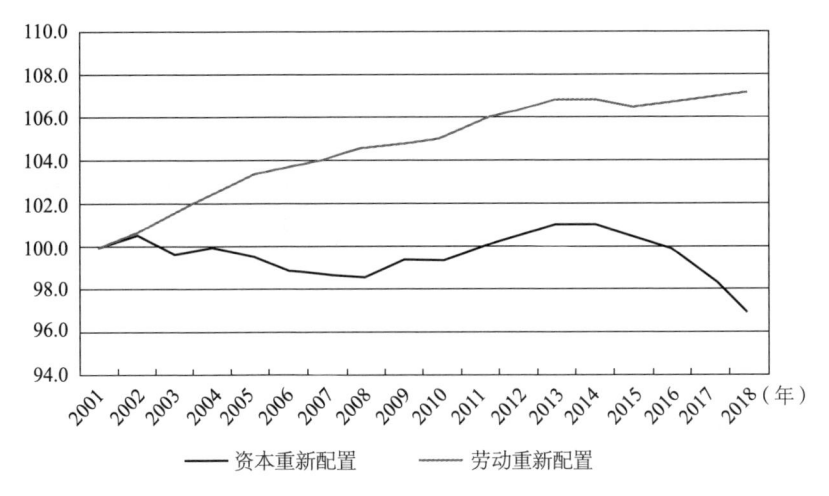

图 2-12　行业 / 部门间要素重新配置影响 TFP 增长指数

注：假设 2001 年的指数为 100。
资料来源：根据表 2-14 计算。

总体而言，2015 年前的整个时期资本错配是一般趋势，并没有因为经济改革得到明显改善。全球金融危机后中央政府推行的"保增长"政策遏制了导致制造业产能过剩的增长竞赛，在一定程度上纠正了资本错配的影响，但是 2015 年供给侧改革后资本错配的情况再次恶化。劳动重新配置对整体经济 TFP 增长的贡献是正向的。如果只看要素重新配置的净效果，其完全得益于灵活的劳动力市场，尤其是其中没有自由的集体议价权利的劳动力市场。如果仅从要素重新配置的角度看，我们完全可以说劳动重新配置效率的持续改善支付了整体经济资本错配的成本。

政策建议

不管以什么方法测算，改革开放以来的中国经济都经历了超高速的增长,对于一个拥有十几亿人口,而且到改革开放前夕人均 GDP 年平均增长率仅仅为 1.3% 的大国来说,这都是令人瞩目的成绩。然而,通过一个基于严谨的增长理论框架的实证分析解析不同行业、不同生产要素以及全要素生产率对中国整体经济增长的贡献,既是理解这个增长过程的必要前提,也是理解当前中国经济转型面临的主要困难的关键。更重要的是,在中国经济通过加入世界贸易组织融入世界市场的 20 年中,以 ICT 的迅速发展为基础的数字经济对中国经济增长发挥了重要作用,所以这种实证分析应该也必须有一个数字经济的视角,这就是我们在本章所做的工作。

本章在一个整合了行业生产率账户的总量生产函数框架中,分析了自加入世界贸易组织以来中国经济增长的驱动因素,特别是从数字经济的视角解析了不同行业/部门对整体经济增长和全要素生产率的贡献。对整体经济来说,从生产要素驱动的角度观察,在过去的 20 年中,增长持续放缓的中国经济越来越依赖投资驱动。尽管数字经济部门已经成为增长的最大贡献者,投资的主体仍然是非 ICT 设备、生产性建筑设施和房地产。劳动投入对经济增长的贡献已经不复存在,劳动质量的提升仍然远不足以弥补劳动数量的绝对下降,而且这个趋势已经很难改变。反映制度建设对宏观经济效率影响的全要素生产率,在中国加入世界贸易组织后短暂的"黄金期"中做出了相当于当年东亚经济体在相似发展阶段的重要贡献,但是在全球金融危机之后一直表现为负增长,资本错配是其中的重要因素。

通过分解行业/部门的作用,我们肯定了数字经济相关行业在促进中国经济增长和全要素生产率的提升上举足轻重的地位。从统计观察上看,数字经济部门是中国经济中增长最快的部门,其中制造业成分的增长减缓了中国经济因成本上升过快而过早出现的"去工业化"过程。以单位实际产出计算,数字经济部门对资本增长的依赖最小,从这个意义上说,其迅速增长也减缓了整体经济资本回报率的下降。再者，数字经济部门也是劳动生产率上升最快的部门，因此大致可以克服劳动成本持续上升的压力。系统的解析结果进一步肯定了这样的统计观察，显示数字经济部门的确是过去 20 年中国经济增长和生产率改善最主要的贡献者，在其他部门效率持续下降，资本严重错配的情况下，支撑了中国经济。而且，严重的资本错配不仅说明了高投资增长的行业没有与高 TFP 增长的行业相匹配，也说明了数字技术的溢出或正外部性受阻，使整体经济难以充分收获"数字经济红利"。

正如我们一开始所指出的，数字技术乃至数字经济的出现，都是技术进步与自由竞争的市场机制紧密互动的结果，因此，基于健全相关法治、完善市场竞争机制的改革是使"数字经济红利"最大化的政策之本。这样做也可以惠及非数字经济，给整个经济带来活力。在具体政策措施上，应该致力于将资源配置交给市场竞争，通过降低交易成本，减少要素特别是资本流动的障碍，提升资源配置效率。最高决策层应该对选择性的"数字经济"项目和投资采取更加审慎的态度，减少"竞赛意识"，增强"效率意识"，尽可能留给市场更大的空间。更重要的是，在鼓励市场创新的同时，允许市场发挥其惩罚功能。对资源错配的惩罚是市场提供的改善资源配置效率的最好学习机会。在国际上，政府应该主动地、有担当地推动旨在完善市场、技术交流、贸易、投资的各种国际规则的制定，这样有利于国际资本市场促进中国数字行业的技术升级。必须清醒地认识到，只有决心深入经济改革以完善市场机制，资本市场才可能为中国数字经济的发展融资。相反，任何借助数字技术限制自由选择，甚至恢复计划经济的企图，都只能抑制经济增长。

附录

表 2-15　数字经济视角的行业分组

CIP行业编码	ICT分组编码	行业分组	分组标准	行业特征/性质	行业
21	1	ICT生产行业	在国民行业中负责生产ICT硬件设备和提供软件服务的制造业与服务业	投资品Ⅱ/消费品	电子及通信技术设备制造业
22	1	ICT生产行业		投资品Ⅱ	仪器、仪表及办公设备制造业
30	1	ICT生产行业		国家垄断市场服务业	通信、邮政服务业
12	2	ICT集约使用制造业	ICT集约使用行业的定义为ICT资本投入占其总资本投入的比重高于该指标全体行业中位数的行业。然后，再根据行业性质确定其统计分类上的制造业或服务业归属	消费品	造纸、印刷、出版业
14	2	ICT集约使用制造业		重制造业材料	基础化学品制造业
17	2	ICT集约使用制造业		重制造业材料	黑色、有色金属冶炼、压延业
19	2	ICT集约使用制造业		投资品Ⅰ	通用、专业设备制造业
20	2	ICT集约使用制造业		投资品Ⅰ	电气设备制造业
23	2	ICT集约使用制造业		投资品Ⅰ/消费品	汽车及其他交通工具制造业
24	2	ICT集约使用制造业		消费品	其他制造业
27	3	ICT集约使用服务业		其他市场服务业	批发、零售服务业
29	3	ICT集约使用服务业		国家垄断市场服务业	交通、仓储服务业
31	3	ICT集约使用服务业		国家垄断市场服务业	金融、保险服务业
33	3	ICT集约使用服务业		其他市场服务业	工商、租赁、技术、科研服务业

（续表）

CIP行业编码	ICT分组编码	行业分组	分组标准	行业特征/性质	行业
6	4	非ICT集约使用制造业	根据同样的ICT使用集约度标准，将ICT资本投入占总资本投入的比重低于该指标全体行业中位数的行业定义为非ICT集约使用行业。然后，再根据行业性质确定其统计分类上的制造业或服务业归属	消费品	食品加工制造业
7	4	非ICT集约使用制造业		消费品	烟草加工制造业
8	4	非ICT集约使用制造业		轻制造业材料	纺织业
9	4	非ICT集约使用制造业		消费品	服装及其他纺织品加工制造业
10	4	非ICT集约使用制造业		消费品	皮革及皮革制品加工制造业
11	4	非ICT集约使用制造业		轻制造业材料	木材加工、家具、木结构制造业
13	4	非ICT集约使用制造业		能源	炼油及煤制品业
15	4	非ICT集约使用制造业		轻制造业材料	橡胶、塑料制品制造业
16	4	非ICT集约使用制造业		重制造业材料	建筑材料业
18	4	非ICT集约使用制造业		投资品I	金属制品业（排除压延）
25	4	非ICT集约使用制造业		能源	公用业/电力、煤气、自来水、蒸汽
28	5	非ICT集约使用服务业		其他市场服务业	旅店、餐饮服务业
32	5	非ICT集约使用服务业		其他市场服务业	房地产服务业
37	5	非ICT集约使用服务业		其他市场服务业	其他服务业
1	6	广义农业		农业	农业（农、林、牧、渔）

（续表）

CIP行业编码	ICT分组编码	行业分组	分组标准	行业特征/性质	行业
2	7	采掘业	依据行业特征/性质合并	能源	煤炭采掘业
3	7	采掘业		能源	石油天然气开采业
4	7	采掘业		重制造业材料	金属矿采掘业
5	7	采掘业		重制造业材料	非金属矿采掘业
26	8	建筑业		建筑业	建筑业
34	9	非市场服务业	依据行业特征/性质合并	非市场服务业	国家公共行政管理及国防
35	9	非市场服务业		非市场服务业	教育服务业
36	9	非市场服务业		非市场服务业	卫生服务业、社会福利业

资料来源：David T. Liang, Harry X. Wu, Kyoji Fukao, "Estimation of China's Investment in ICT Assets and Accumulated ICT Capital Stock", IDE Discussion Paper, No. 833, 2022.

第三章

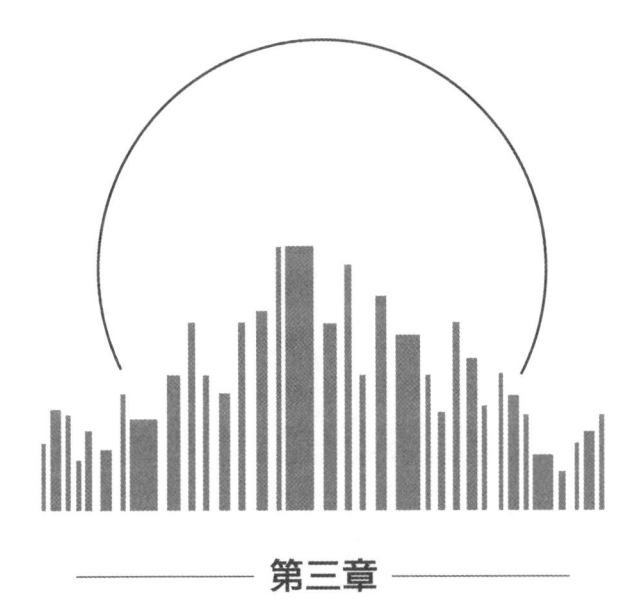

平台经济
与平台企业的中美比较[①]

[①] 本章作者为胡佳胤,感谢刘佳慧的助研工作。

数字时代的大国平台

大的经济体才能诞生大的科技平台企业。作为世界前两大经济体,中国和美国诞生了以腾讯、阿里巴巴、字节跳动和苹果、谷歌、亚马逊、脸书为代表的大科技平台企业。平台经济和平台企业覆盖了人们工作生活的方方面面,已经成为举足轻重的数字经济入口。监管部门也紧跟步伐,采取了一系列面向互联网平台的监管举措。平台企业反垄断在中美市场监管政策议程中都占据热点位置,对平台企业的分级分类监管措施也正在拟订中。在国际竞争环境之下,互联网平台企业是经济发展的重要力量,代表了一个国家在国际竞争中的水平。平台经济和平台企业如何进一步规范健康地发展,是监管部门正在认真思考的问题。

本章基于数据分析来刻画平台在经济社会中扮演的重要角色,试图厘清中美平台经济和平台企业发展的基本事实,从国际比较的视野来思考平台经济的创新和监管。主要结论有三:第一,平台经济和平台企业影响着人们日常生活工作的方方面面,不仅是数字经济发展举足轻重的市场驱动力,还掌握着海量的用户、数据、应用场景等资源,平台的健康发展不能缺少政府监管的政策规范;第二,我国平台企业跨界经营现象普遍,业务范围重叠较多,市场的可竞争性较强,反垄断监管政策要用动态发展的眼光来分析市场结构和潜在竞争压力;第三,与美国相比,我国平台企业的科技创新实力较弱,业务扩张和赢利模式较为粗放,监管要引导平台增加科研创新投入配合国家战略布局,同时要抑制资本无序扩张,让平台经济和平台企业更好地服务于数字经济发展和民生福祉改善的大局。

中美平台经济和平台企业的发展概况

数字时代下的平台经济

数字时代的平台经济,核心是互联网和移动互联网平台的发展,以及相关双边乃至多边的市场交易和经济活动。平台本身并不是新鲜事物,经济学理论里很早就有对网络效应、双边市场①等平台相关要素的分析。实践中的平台经济则更加古老:从以物易物的集市到发布和浏览资讯的广告栏,都是商品、信息和资源的集散地。而在数字时代,平台经济由线下的实体场所转移到线上的互联网和移动互联网空间,由本地的局部市场扩张到全国乃至全球的全局市场,由集中的交易时段转变为灵活分散的全天候无限制时间,由有限的货架拓展到海量的长尾。平台经济因而有了更新颖丰富的内涵,也给监管者和研究者带来了前所未有的挑战和机遇。

数字科技是平台经济迅猛发展的推动力,平台的范围和能量在数字时代变得空前强大。数字技术打破了时间和地理距离的限制,提高了线上和线下交易的撮合效率,降低了经济活动的成本。互联网、大数据、人工智能、云计算等数字技术让平台的规模和范围迅速扩大了。大数据时代带来的数据量积累以及算法演进让平台经济达到了前所未有的广度和深度。机器学习和人工智能等技术降低了一对一个性化定制服务的门槛,使平台可以提供一站式个性化解决方案,有助于更好地服务普惠客群或长尾客群。

数字经济是全球经济发展的前沿趋势,中国和美国是数字经济的引领者。国家互联网信息办公室发布的《数字中国发展报告

---

① 双边市场理论并不是专门针对"新经济",在一些传统的网络市场中也适用。但是由于这个理论提出时间较短,同时数字平台的双边性或多边性较为显著,因此人们经常将双边市场理论与新经济联系起来。

(2020年)》指出,我国数字经济总量跃居世界第二,成为引领全球数字经济创新的重要策源地。工信部数据显示,我国数字经济规模从"十三五"初期的11万亿元,增长到2019年的35.8万亿元,占GDP比重达36.2%,2020年数字经济核心产业增加值占GDP比重为7.8%。根据中国信息通信研究院《中国数字经济发展白皮书(2020年)》,2019年数字经济对经济增长的贡献率为67.7%,成为驱动我国经济发展的核心力量。对比美国来看,2019年美国数字经济的规模对GDP的贡献值占到了9.6%。[1]数字经济是中美这世界前两大经济体的发展大势和共性。

我国高度重视数字经济的发展,将数字经济视为"十四五"时期经济社会发展的重要推动力。在顶层设计方面,"十四五"规划纲要将"加快数字化发展 建设数字中国"单独成篇,并首次提出"数字经济核心产业增加值占GDP比重"这一新经济指标,明确要求其由2020年的7.8%提升至10%。纲要指出,要"充分发挥海量数据和丰富应用场景优势,促进数字技术与实体经济深度融合,赋能传统产业转型升级,催生新产业新业态新模式,壮大经济发展新引擎"。"加快数字化发展,打造数字经济新优势"也被写入了2021年的中央政府工作报告。从国家战略层面来看,发展数字经济是推动经济社会转型升级、培育经济增长新动能和构筑国际竞争新优势的重要途径。

平台经济的兴盛适应了数字经济的发展趋势,同时数字平台对推动数字经济发展可以起到积极支持作用。围绕数字经济发展,"十四五"规划纲要圈定了七大数字经济重点产业(云计算、大数据、物联网、工业互联网、区块链、人工智能、虚拟现实和增强现实)和十大数字化应用场景(智能交通、智慧能源、智能制造、智慧农业及水利、智慧教育、智慧医疗、智慧文旅、智慧社区、智慧家居、智慧政务)。这

---

[1] U.S. Bureau of Economic Analysis, https://www.bea.gov/data/special-topics/digital-economy.

些数字产业的发展和数字化应用场景的实现离不开大企业、大平台等市场力量的资源整合。例如，"十四五"规划纲要提出要"培育新型消费，发展信息消费、数字消费、绿色消费，鼓励定制、体验、智能、时尚消费等新模式新业态发展"。电商平台能触及数亿消费者，拥有海量消费数据，不仅能够便利线上交易，还可以洞悉消费趋势，在扶持中小商家、培育本土品牌方面具有独特优势。再有，"十四五"规划纲要中提到"加快建立储备充足、反应迅速、抗冲击能力强的应急物流体系"。在疫情中，诸如京东自营等电商自建物流体系充分发挥了仓储和配送的优势，将商业运作转化成了非常时期的后备资源。

同时，数字科技也是一把双刃剑，可以利民，亦可害民。这把剑如果不受监督地被少数平台企业掌控，那么在企业利润和公众利益出现分化的时候，平台企业将会无所顾忌地选择前者。现实生活中，"大数据杀熟"（参见第九章）、用户隐私和国家安全数据泄露、平台治理问题（参见第五章、第七章）、算法对劳动者价值的压榨（参见第四章）、流量为王时代中小商户的生存困境等问题也变得越来越普遍和严重。如何不被数字平台利用、奴役、剥削，是每位消费者、劳动者、经营者关心的话题；如何防止数字平台滥用市场势力损害社会福利，是摆在监管者案头的重点任务；如何引导平台企业运用数字技术服务国家重大战略需求，是新时代发展数字经济的重要课题。

平台企业已经成为市场监管的重点对象。例如，美国2019年启动数字市场竞争情况的调查，并于2020年7月29日举办了针对四大科技平台的国会听证会。数年间，反垄断专家们针对大型科技公司立过案，涉及问题并购、掠夺性定价、竞品抄袭等行为。虽然这四大公司各有不同，但是听证会展示了它们的相同之处，反垄断委员会尤其关注每个公司如何控制市场分配、调查新兴公司以及如何利用自己在市场中所处的主导地位来恶意竞争。在我国，2020年12月16日召开的中央经济工作会议把强化反垄断和防止资本无序扩张作为2021

年八项重点工作任务之一,强调反垄断是完善社会主义市场经济体制、推动高质量发展的内在要求。国家市场监管总局反垄断局则在2020年11月10日发布了《关于平台经济领域的反垄断指南(征求意见稿)》。2021年2月7日,《国务院反垄断委员会关于平台经济领域的反垄断指南》正式发布。2020年12月24日,市场监管总局根据举报,依法对阿里巴巴集团控股有限公司实施"二选一"等涉嫌垄断行为立案调查。2021年4月26日,市场监管总局根据举报,依法对美团实施"二选一"等涉嫌垄断行为立案调查。

要防止数字平台在服务市场的过程中给自营项目提供不正当的竞争优势。比如,亚马逊和苹果在美国国会听证会上都被指控使用电商或应用商店平台上中小商家和开发者的数据信息,运用平台的信息优势和渠道优势开展不正当竞争,挤占平台商家的盈利和生存空间,甚至剽窃创意、打压创新,等等。亚马逊还被质疑通过云服务(AWS)获取其他企业的机密信息来打造竞争产品,亚马逊一名前程序员公开称他和团队通过AWS识别快速发展的企业从而打造出竞争产品瞄准其客户。"一花独放不是春,百花齐放春满园",数字经济要有多层次的平台体系才能构建可持续的生态环境。相对于平台而言,广大中小商家的力量分散、议价能力弱、平台依赖性强,因此难以通过"用脚投票"的市场纪律约束平台行为。监管需要明确公平竞争的商业规则,为广大中小市场主体发声,引导大平台企业发挥行业引领作用,避免出现"大树底下不长草""一将功成万骨枯"的局面。

要密切关注互联网平台企业对线下中小商户生存空间的冲击。以社区买菜为例,2021年3月3日,市场监管总局对五家社区团购企业不正当价格行为做出行政处罚。市场监管总局在答记者问中指出,近年来,互联网经济在我国国民经济和社会中的地位显著提升,成为推动经济发展的重要引擎、改善民生的重要抓手,在应对疫情冲击、提升购物体验、改善供应链结构等方面发挥了积极作用。但随着各大互联网平台企业大举进入社区团购市场，秩序不规范、操作不合法等问题也日益显现。互联网平台企业利用资金、流量优势进军社区团购，以低于成本的价格争夺市场，会给小商贩、社区便利店等线下社区经济模式造成冲击，带来明显负效应。社区团购提供的产品和服务以"米袋子""菜篮子"为主，这些基本民生商品价格上涨，容易引发经济社会动荡。由此可见，加强对社区团购市场等民生行业领域的监管，是落实中央经济工作会议"防止资本无序扩张"明确要求的有力措施，也是平衡线上线下经济发展、兼顾效率与公平的重要举措。

中美平台经济的行业分布

数字经济创造了一批新的行业，也带来了传统行业的升级。互联网和数字经济在农林牧渔业（智慧农业），制造业（智能制造、柔性制造、工业互联网、产业链数字化转型、智慧家居），批发和零售业（新零售、新型消费、数字消费、绿色消费、中国品牌创建、跨境电商），交通运输、仓储和邮政业（现代物流体系、智慧物流、无接触交易），金融行业（数字金融），居民服务、修理和其他服务业（智慧教育、智慧医疗、智慧文旅、智慧社区、线上线下融合）等行业都扮演着举足轻重的角色。即使在看似与数字经济和科技平台相距较远的行业①，大数据、人工智能、物联网等数字技术也有着诸如智能交通、智慧能源、智慧政务等丰富的应用场景。

2021年10月29日，国家市场监督管理总局公布的《互联网平台分类分级指南（征求意见稿）》提出，对平台进行分类考虑的是平台的连接属性和主要功能。互联网平台把人和不同对象即商品、服

---

① 例如采矿业，电力、热力、燃气及水生产和供应业，建筑业，科学研究和技术服务业，水利、环境和公共设施管理业，卫生和社会工作，公共管理、社会保障和社会组织，国际组织等公共事业和自然资源行业。

第三章　平台经济与平台企业的中美比较

务、人群、信息、资金、算力对接在一起，从而可以划分为网络销售、生活服务、社交娱乐、信息资讯、金融服务和计算应用六类平台（见图3-1）。可以看出，绝大部分的平台类型都与C端（消费者）的个人工作生活密切相关。

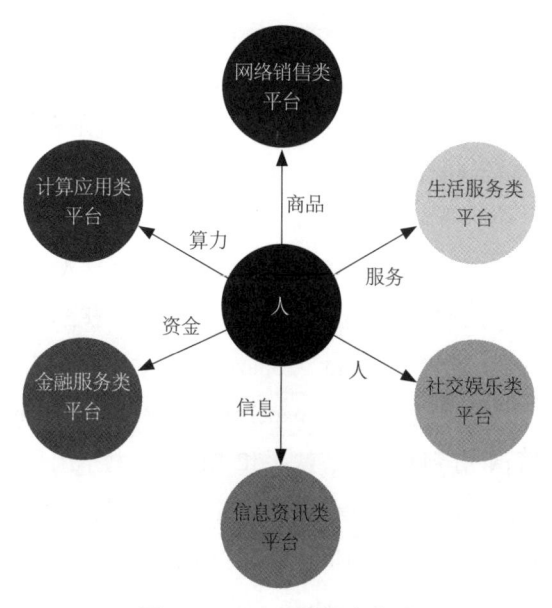

图 3-1　六大平台业务类型

我们将中美对比的重点行业范围定位在与个人用户密切相关的C端领域，包括衣食住行（电子商务、快递/外卖/即时物流、出行/酒旅、地图、本地服务）、通信社交（通信软件、社交、约会）、信息获取（搜索引擎/浏览器、新闻资讯、出版、自媒体、网络广告）、娱乐休闲（在线视频/短视频、MCN运营平台、音乐、游戏）、自我提升（在线教育、问答网站、运动健身）等，对应着监管指南中的网络销售类平台、生活服务类平台、社交娱乐类平台、信息资讯类平台。数据来源方面，中国的搜索引擎和浏览器的市场份额数据来自StatCounter统计，其他行业的市场份额数据来自各大证券研究所发布的行业分析报告。美国的 social media（社交媒体）、browser（浏览器）、search engine（搜索引擎）、operating system（操作系统）、mobile vendor（移动供应商）这五个类别的市场份额数据来自 StatCounter，其他类别则依据 App Annie 发布的各类别 App 实时排行榜。

中美两国在与个人用户相关的行业都发展出了较大的数字平台。搜索引擎行业分别有百度和谷歌，通信行业分别有微信、QQ 和 WhatsApp、Facebook Messenger，电商购物行业分别有淘宝、天猫、京东、拼多多和亚马逊、eBay（易贝），金融支付行业分别有支付宝、微信支付和 PayPal（贝宝）、Apple Pay（苹果支付）、Amazon Pay（亚马逊支付），视频行业分别有腾讯视频、爱奇艺、优酷、哔哩哔哩和网飞、YouTube（油管）、Hulu、Amazon Prime，社交媒体行业分别有微博、微信和推特、脸书、Snapchat（色拉布）、Instagram（照片墙），短视频行业分别有抖音、快手和 TikTok，共享出行行业分别有滴滴出行和优步、Lyft（来福车），外卖行业分别有美团外卖、饿了么和 GrubHub、DoorDash、Uber Eats，酒旅行业分别有携程、飞猪和 Booking.com（缤客）、Expedia、爱彼迎，等等。

不难看出，平台经济的相关行业几乎全面覆盖了人们日常生活的方方面面，对个体融入数字生活拥有举足轻重的影响力。比如，搜索引擎是互联网时代我们获取信息的入口，通信社交在日常生活中的使用频率非常之高，还有电商、移动支付、外卖、打车、酒旅票务、媒体资讯、视频、短视频等等。平台经济和平台企业的发展是大势所趋，经济体越大，能够给平台提供的市场发展空间也就越大。中美在这些行业里面不约而同地都发展出了非常大的平台企业，反映出平台经济在中美都是蓬勃发展的，这也让数字平台对个体的生活工作产生了前所未有的影响力。

究其原因，是数字技术让平台的触角范围达到了前所未有的广度和深度。平台起的是连接作用，在一个双边乃至多边的市场里，把需求和供给双方连接起来。罗歇（Rochet）和梯若尔（Tirole）在《双边市场中的平台竞争》（Platform Competition in Two-Sided Markets, 2003）中指出，在诸如软件、媒体门户、支付系统和互联网等行业中，平台想要成功，必须要得到市场中供需双方的支持。数字技术打破了时空限制，拓展了平台服务长尾客群的能力；数据的积累让平台可以理解现实、把握趋势、洞悉变革，增强平台参与者的使用黏性；数字技术、数据积累、用户流量让平台业务从单一市场迅速延伸到多个相关市场，形成合力，进一步强化和巩固平台的市场势力。

从经济学角度理解，那些搜寻成本高、迭代速度快、不确定性比较高的行业尤其需要平台的作用。例如，打车平台连接着乘客和司机，招聘平台连接着求职者和雇主，媒体资讯平台连接着用户和信息，视频娱乐平台连接着观众、粉丝等内容消费者和博主、主播等内容创作者，电商外卖平台连接着消费者、商家和快递员，社交平台连接起了人与人之间的社交关系网络。这些行业在用户端、需求端有广大的个人用户，在供给端则有非常多中小企业商家和个体经营者。如果想要触及这些分散的供给、分散的需求，用以往传统的方式来做需要相当大的成本。这也是为什么在非数字时代或者非数字平台，诸如集市或者人才招聘市场等传统的双边市场，往往局限在当地。然而在数字时代，市场的范围可以扩大到全国甚至全球。

从动态的角度来看，数字平台可以更好地对接高频但多元化的需求，以及不稳定、灵活性较大的供给。以打车为例，乘客即便可以与司机直接联络，但仍然难以掌握哪些车辆在某个特定时间点会出现在哪个位置，因此也无法确认自己的即时出行需求能否得到及时的响应和满足。所以这是一个对供给灵活性要求较高的市场，并且是不稳定的、实时演变的。而在数字平台上，平台整合大量车辆的位置、行驶和载客信息，个人打车者可以很快看到自己周围有哪些可用车辆，不需要自己跟司机一一打电话联系，也不需要站在路口等待随机车流中的空车。以此类推，对于其他一些高频、多元化的需求（比如买菜购物等）和动态演变的供给（比如生鲜蔬菜肉蛋的供应等），数字平台能在对接供需关系中发挥巨大的作用。广大的个人用户的需求端跟数以万计甚至数以亿计的个体经营者和中小企业得以有序对接起来，极大地节约了经济活动的成本，提高了经济运行的效率。

另一方面，如果数字平台背离了初心，在占据市场主导地位后通过各种不当方式从用户和商户两端攫取剩余福利，甚至不惜增加供需双方的交易成本，迫使用户和商家满足平台自身利益的话，那么数字平台扮演的就不是降低交易成本、提高经济效率的积极角色，而成了与传统垄断企业无异的阻碍市场活动的消极力量。这时候，数字技术赋予平台的能力将会变成平台企业增强市场势力、打压（潜在）竞争者、鱼肉消费者的利剑。监管政策必须积极作为，明确底线，摸清情况，主动应对，确保数字平台在经济生活中提供更多正面价值。

中美平台企业的市值规模

我们有多依赖平台？手机里的 App 就是一个很直观的体现：比如以微信为代表的通信社交平台，以支付宝和微信支付为代表的移动支付平台，以淘宝、天猫、京东、拼多多为代表的电商平台，以美团、58同城为代表的本地生活服务平台，以百度为代表的搜索平台，以今日头条为代表的新闻资讯平台，以抖音、快手为代表的短视频平台，以腾讯视频、爱奇艺、优酷、哔哩哔哩为代表的视频平台，以微博、小红书为代表的社交媒体平台，以智联招聘、前程无忧为代表的求职应聘平台，以知乎为代表的问答平台，还有在线教育、在线医疗和许多垂直细分领域的 App，背后都是互联网平台的身影。

平台企业已成为数字时代的企业巨头。全球市值最高的前十大公司中，平台企业占据半壁江山。《福布斯》杂志2019年发布的全球数字经济100强榜单中，苹果公司名列第1位，Alphabet（谷歌母公司）是第4位，亚马逊是第6位，脸书是第10位。新冠疫情之下，数字经济的重要性凸显，因此大科技公司和平台企业的规模也得到了进一步扩大。亚马逊运营着全美最大的在线商城，攫取了70%的在线销售额，以及强大的云计算和电影制作业务；苹果是一家智能手机提供商巨头，仅在美国就拥有亿级用户，除了硬件和应用，苹果还拥有金融、媒体和游戏业务；脸书是全世界最大的社交媒体提供商，虽然收到过破纪录的罚单，但仍然有着巨额盈利，单是2020年一年就超过180亿美元；谷歌是全世界最大的搜索引擎，在搜索领域占据90%以上的市场份额，掌控着数字广告市场的关键技术，拥有十亿级用户和包括浏览器、智能手机、数字地图在内的六大产品。

中国平台企业的综合实力和国际竞争力得到了广泛认可。2019年全球数字经济100强榜单中，中国的阿里巴巴（第11位）、腾讯（第15位）、京东（第45位）、百度（第50位）等互联网公司都有上榜。中国互联网协会《中国互联网企业综合实力研究报告（2020年）》发布的百强名单里，阿里巴巴、腾讯、美团、百度、京东位列前五。普华永道2021年3月发布的全球市值100强公司榜单中，腾讯和阿里巴巴分别名列第7位和第9位。在CB Insights 2020年8月发布的全球最有价值独角兽名单中，字节跳动以1 400亿美元的估值名列第1位，估值远超排在第2位的SpaceX（1 000亿美元）。

我国监管部门已在对平台企业进行界定分类，并将对大平台企业强化监管措施。国家市场监管总局在2021年10月29日发布的《互联网平台分类分级指南（征求意见稿）》中拟规定，超级平台指同时具备"四超"条件的平台：超大用户规模（在中国的上年度年活跃用户不低于5亿）、超广业务种类（核心业务至少涉及两类平台业务）、超高经济体量（上年底市值或估值不低于1万亿元）和超强限制能力

（具有超强的限制商户接触消费者或用户的能力）的平台。

根据上年底市值（估值）不低于1万亿元的定义，阿里巴巴、腾讯、字节跳动、美团、拼多多等企业都将被纳入超级平台的监管。腾讯和阿里巴巴是中国当之无愧的平台巨头：腾讯截至2020年底的市值为6 997.8亿美元（约合人民币4.48万亿元），阿里巴巴市值为6 483.2亿美元（约合人民币4.15万亿元）。字节跳动在2020年底的估值为1 800亿美元（约合人民币1.15万亿元），到2021年4月的估值更是暴涨到4 000亿美元（约合人民币2.56万亿元）以上。美团于2018年9月20日在港交所上市，截至2020年底的市值为2 231.4亿美元，约合人民币1.43万亿元。拼多多于2018年7月26日在美国纳斯达克上市，截至2020年底市值为2 178亿美元，约合人民币1.4万亿元。

京东、百度、滴滴都是在各自领域举足轻重的平台企业，虽然没有进入1万亿元市值的门槛，但它们对我们日常生活的影响并不弱。京东集团于2014年5月22日在美国纳斯达克挂牌上市，又于2020年6月18日在港交所挂牌上市，截至2020年底市值为1 373亿美元，约合人民币8 790亿元。百度2005年8月5日在美国纳斯达克交易所上市，又于2021年3月23日在港交所二次上市。以2020年底的股价计算，百度的市值为737.5亿美元，约合人民币4 722亿元。滴滴出行于美国时间2021年6月30日在纽交所上市，开盘后市值一度超过5 000亿元，但在监管重拳出击后，市值暴跌，截至2021年11月5日的市值为397亿美元，约合人民币2 544亿元。

尽管百度和滴滴等企业的市值并没有达到超级平台的标准，但从市场影响力角度来看，它们仍然占据非常重要的地位。百度在中国搜索引擎领域占据绝对优势地位，其业务对标美国的谷歌。较低的市值反映的主要是公司自身定位和运营与市场预期的差异，而不是对其垄断地位的否定。搜索引擎是重要的信息门户入口，已经成为互联网时代的基础设施。值得注意的是，作为曾经的中国互联网三巨头BAT

之一，百度在市值和消费互联网布局上已经被阿里巴巴、腾讯甩在身后。按照港股市值计算，百度的市值只有腾讯的大约1/9，阿里巴巴的大约1/7。但百度在人工智能（AI）、自动驾驶等新兴技术上投入较多，品牌定位也变为"有互联网基础的AI公司"。李彦宏称，百度的大部分营收最终将来自搜索和广告以外的领域。滴滴在出行领域同样占有绝大部分的市场份额，对人们的日常出行和城市交通有着举足轻重的影响，并不逊于美团在本地生活方面的地位，其重要性不应该因为公司本身市值较低而被忽视。

超级平台与大型平台在市值上有将近10倍的差异，但征求意见稿中对其监管要求一致。把监管范围放在市值1 000亿元以上的平台，就涉及了更多的企业，如果分级监管，是否应该对超级平台和大型平台的监管政策进行更细化的分类？一方面是要落实平台在双边市场中连接供给与需求双方的责任，保护这个平台上商家的权益、消费者的权益、劳动者的权益，同时还要权衡这会不会给平台企业造成负担，从而影响这个平台的进一步发展以及阻碍创新的情况出现。一刀切的监管政策不适合带有赢者通吃性质且动态演进迅速的平台经济。迁就大型平台的政策注定比较松，难以管住头部超级平台，实现政策目标；而以管住超级平台为目标的监管政策又会给垄断势力远低于超级平台的大型平台带来合规负担。平台分级表明监管部门已经意识到了不同平台企业的差异化发展，那么监管政策就同样应该分级，让分级真正发挥效力。

中美平台经济的可竞争性对比

可竞争性理论

经济学中对于双边市场、网络效应、市场结构和反垄断政策有诸多理论和实证讨论（参见第八章）。我们尤其关注对可竞争市场和可竞争性的相关分析。可竞争市场由美国经济学家鲍莫尔及其合作者提出。鲍莫尔在1981年12月的美国经济学会年会演讲中总结概括了他和合作者对可竞争市场的研究。这篇演讲发表在1982年的《美国经济评论》（American Economic Review）期刊上。同年，《可竞争市场和产业结构理论》（Contestable Markets and the Theory of Industry Structure）一书出版，引发了学术界和政策界的大量讨论。

根据鲍莫尔等人的理论，可竞争市场的一个重要特点在于，市场的进入和退出是完全自由和零成本的，来自潜在（很可能也是无法提前预判的）竞争对手的挑战压力，会约束市场中既有企业的定价行为。因此哪怕这个市场上暂时呈现出垄断或寡头的市场结构，其定价也仍然遵循社会最优的边际成本定价规则。

鲍莫尔和合作者认识到，可竞争市场与经济学中经典定义的完全竞争市场类似，在现实生活中非常罕见，但仍然对理解市场结构和反垄断政策有重要意义。监管部门和反垄断政策应该重点关注降低市场的进入和退出成本，而非当前的企业数量。公共部门负责基础设施的投资，或者保障行业基础设施对所有企业开放，是维系市场可竞争性的重要条件。在数字时代的今天，这一条件变得不再遥远。在轻资产模式盛行的互联网时代，用户数据是最主要的资源，而与数据收集、存储、调用、分析和应用相关的投入在各行各业都可以普遍转化使用。比如，以用户搜索为切入点的平台公司，可以便捷地进入电商外卖、本地生活等其他消费市场。而智能手机的普及、电信基础设施的广泛覆盖，则让互联网行业的进入退出门槛变得相当低。尤其是在互联网巨头之间，进入彼此的市场领地非常容易。跨界竞争的普遍性将会让头部平台企业面临较大的竞争压力，从而在一定程度上让市场均衡向社会福利最优的结果靠近。

随着行业和技术的不断迭代更新，可能十年前的巨头到现在已经不再具备领先地位。强监管态势、监管政策和行政处罚的密集出台、企业业绩是否受到新的监管环境影响、投资者对于业务未来发展的预期，这些都可能对股价造成冲击。对比 2021 年初和年末的企业市值和估值，可以看到腾讯、阿里巴巴、美团等的市值有较大跳水，这些公司的市值都对监管政策有较大的反应。当然有一些企业可能从监管态势中获得利好，比如据业界投资新闻报道，字节跳动的估值增加了，京东的市值也有所上升。每一次监管政策的出台，每一次行业发展的变化，都有可能会在平台企业内部造成一次分化。今天的巨头，明天未必还会占据市场领先地位。在现实生活中，哪怕是已经在电商领域占据了非常大市场份额的淘宝，仍然面临不少竞争压力，比如来自拼多多、京东、微信小程序和抖音、快手等短视频电商的竞争。所以对整个行业而言，即便目前从静态的眼光来看，某一家平台或者某一个品牌占据了较大的市场优势地位，但它能否持续性地保持这种优势地位，市场的可竞争性到底有多少，仍然是一个值得研究和讨论的问题。因此监管的主要着眼点要放在这些平台企业是否有不正当竞争行为，而不是它们本身占据了多大的市场份额或者平台本身的规模发展到了多大。

平台企业的跨界竞争

从企业的角度来考虑，平台的类型正在变得越来越难以划分。许多平台从某一行业起家，逐渐开展跨界经营，形成了一个全品类的平台。通信社交、电商支付、搜索导航、本地生活以及媒体和短视频，是跟人们日常生活最为相关的五大行业领域，同时也出现了五大科技巨头：通信社交领域是微信；电商和支付以淘宝、支付宝为代表；搜索导航里百度占有绝对的市场领先地位；本地生活这一领域是美团；媒体和短视频行业的字节跳动，拥有抖音、今日头条等一系列品牌。

这些平台为广大用户和商家提供了参与数字经济的便利条件，成为数字时代非常重要的流量入口。

中国的头部平台企业呈现出一种"大而全"的状态。对于这些互联网巨头而言，占据一个领域的流量入口优势，然后将业务拓展到全行业领域，已经成为一个非常普遍的现象。比如微信从通信社交领域起步，逐渐整合了支付（微信支付）、搜索（微信"搜一搜"功能）、电商（微信小程序）、资讯媒体（微信公众号）、本地生活（九宫格里的打车、生活缴费等等）、媒体短视频（微信视频号）等。同样，以电商和支付起家的淘宝与支付宝在直播、社交、本地生活等领域也进行了全方位的覆盖。哪怕是在人们印象中以搜索导航为主要业务的百度，其App下滑到二楼也会看到与本地生活服务相关的一系列推荐，包括外卖、购物、打车等等。所以对于这些互联网巨头而言，占据一个领域的流量入口优势，然后将业务拓展到全行业领域，已经成为一个非常普遍的现象。

在数字时代，平台有非常强大的数据和用户黏性积累的优势。用户数据的积累可以让平台更加了解用户，以及思考如何为用户提供全方位服务，或是从用户手中攫取消费者剩余。这也不难解释为什么平台企业特别重视能够给它们带来流量积累和数据积累的业务，而不仅仅着眼于某一项业务是否能在短期内带来财务上的收益。

相比之下，美国的四家头部平台各自主导的领域一直比较稳定。我们可以通过跟国内的大科技公司对比来得到一个更加直观的感受。与百度相比，谷歌比较集中打造自己在搜索引擎上的优势地位，并没有进行本地生活服务类的业务扩张。亚马逊虽然在电商领域占主导地位，但并没有像阿里巴巴一样进行全领域的布局，也没有发展出类似支付宝的金融支付工具。脸书和苹果也有同样的特点，它们集中在自己的领域内占据相对的优势地位，而没有拓展到外卖、出行等其他领域。这背后的原因可能是美国的反垄断法存在时间比较长，判例法会限制平台企业进行进一步的扩张，因为之前已经对反垄断进行了相当多的裁决（参见第十章至第十三章）。同时，对用户隐私的保护和对数据收集的限制，也让平台企业进行数据积累和用户画像的能力相对减弱，从而难以将主营业务的优势拓展到个人消费者常用的其他领域。

当然，平台企业的发展处于一个非常快速迭代更新的状态。现在这些大的美国平台公司也开始学习中国的平台企业，开始进行比较广泛的业务领域扩张。像脸书在疫情之后，2020年开始上线电商业务，免费给商家或者个人用户提供一个创建自己商店的机会。亚马逊推出Amazon Pay，实际上是对支付领域的扩张。这背后是一个动态演进的过程。

在美国国会听证会上，面对关于市场力量的考问，FAAG四家科技公司分别从不同角度否认自己拥有绝对的市场力量。苹果公司CEO库克从市场份额的角度为自己辩护。他指出苹果"远不可能是消费者唯一的选择"，其在各业务领域的市场份额并不是最高的，比如：在手机品牌领域，全球市场份额最高的是三星，华为也是强劲对手；而在操作系统中，安卓和Windows的市场份额稳居第一和第二位，高于苹果的iOS。亚马逊和谷歌在各自业务领域的市场份额都具有压倒性优势，于是两家公司的CEO采取扩大市场范围的策略来为自己辩护。由于反垄断中的市场份额是在一定的市场范围内计算，因此只要把与自己相关的市场说得足够大，相应的市场份额就会缩小。基于此，亚马逊CEO贝佐斯强调线上零售不应该被当作特殊的市场，线上和线下零售应当属于同一市场，称线下零售巨头沃尔玛是其强劲竞争对手。谷歌公司CEO皮查伊则称众多社交媒体产品也具备搜索引擎的功能，因此搜索引擎和社交媒体、智能音箱等处于同一竞争市场。脸书的CEO扎克伯格将回答重点放在了市场的动态竞争上。虽然其市场份额很高，但社交媒体市场高度开放，随时有新的对手进入，并强调了TikTok等对手的威胁。

因此平台监管重点要关注可竞争性。各个行业领域都会有许多品牌，而这个品牌背后都代表着几大平台企业的竞争。监管思路更多是看企业是否在利用市场的优势地位进行不正当竞争，进行一些行为类监管，鼓励创新活力以及中小初创企业的发展。这时候跨界竞争的普遍性带来的可能是让更多初创企业有非常好的加入大平台发展的机会。同时，如果大型平台进行的跨界投资越来越多，一些初创企业可能不得不选择接受某一家大型平台的投资，像阿里系、腾讯系以及美团、滴滴等都会存在一些内部的投资派系。这对于初创企业的发展以及整个经济活动的创新是好是坏，需要更细致的研究才能给出答案。但总而言之，我们关注的还是如何激发经济体的创新活力。监管的本质目标是保障市场的竞争性和活力。

案例：美国国会听证会对 FAAG 垄断行为的质询

由于四家公司主营的业务领域不同，因此被质询到的垄断行为也各不相同。

苹果 CEO 库克被问及的问题主要有两个：一是苹果公司是否存在利用应用商店 App Store 打压竞争对手，为自家软件创造竞争优势的行为，议员称"苹果一手掌握着 App 的生杀大权，只有他们可以决定应用可否上架 App Store 并被用户下载，审查流程对于开发者来说是个黑箱"；二是如何解释"苹果税"（即用户在购买 App 时需要向苹果支付 30% 的费用）。

对于第一个问题，库克称"我们注重隐私安全和 App 的品质，审查规则平等适用于每一个人"，随后把话题转向苹果做出的贡献，"App Store 从最初的 500 个 App 发展到今天的 170 万个 App，其中只有 60 多个是苹果自家的，苹果作为守门人，所做的是把门越开越大，为更多开发者提供服务"。对于第二个问题，库克答道，收取佣金是为了更好地服务开发者，提供更好的用户体验。至于为何抽成比例这么高,他并未正面回答。

谷歌被质询的主要问题有:一是谷歌是否存在收集用户数据来获利或者操控搜索结果来影响政治的行为;二是是否利用其搜索平台的主导优势有意将竞争对手排除,并举例称 2010 年谷歌窃取 Yelp 的餐馆点评数据,从而为自己的本地商业搜索业务引流,若 Yelp 不同意则威胁将其从搜索列表中删除;三是与中国市场的关联。

对于第一个问题,皮查伊称谷歌收集用户数据是为了给用户提供更好的使用体验,而非其他目的。谷歌的工作"不涉及党派利益",并承诺谷歌不会为了帮助拜登而调整功能,搜索引擎也不会用于压制保守派的声音。对于第二个问题,皮查伊称从垂直搜索结果中可以明显看到激烈的竞争,比如当用户搜索线上购物,有 55% 以上的产品来自亚马逊,70% 来自大型电商公司,对于 Yelp 事件则没有正面回应,表示从自己开始运营谷歌公司就一直致力于为消费者提供更好的服务。而关于中国问题,他描述了谷歌如何与美国机构通力合作,并坚称除了少数项目外,不为中国客户提供服务。

脸书被质疑采取要么收购、要么模仿的策略来打击新崛起的公司,避免潜在竞争对手的挑战,这破坏了民主与商业开放,损害消费者利益。具体地,听证会质询脸书在收购 WhatsApp 和 Instagram 时是否涉嫌威胁竞争对手,引用了 Instagram 创始人曾经的担忧,若当时不同意被收购,脸书将采取"destroy mode"(破坏模式),威胁将开发 Instagram 的克隆版本"Facebook Camera"与其竞争。

脸书 CEO 扎克伯格称 Facebook Camera 的开发是早就在正大光明进行的事情,他只是阐述了"竞争"和"合作"两种商业模式,并不存在"威胁"的说法。他承认,在 2012 年收购 Instagram 时,脸书确实将其视为竞争对手,但当时强硬收购是为生存所迫,若不收购就会在竞争中被打败。同时他认为如果没有脸书的帮助,Instagram 不一定能达到今天这样的规模。此外他还指出这场收购通过了联邦贸易委员会的审核和批准。最后，他强调，"脸书是一家以美国为豪的美国公司，信奉美国经济赖以生存的价值观，即民主、竞争、包容、自由言论"，用政治表态回避了进一步盘问。

亚马逊被问及的问题主要与"自我优待"相关。一是被质疑是否通过亚马逊云服务获取其他企业的机密信息来打造竞争产品，例子是亚马逊一名前程序员公开称他和团队通过AWS识别快速发展的企业从而打造出针对客户的竞争产品；二是被质疑收集平台上第三方卖家的数据用以帮助自营业务，将第三方卖家称作"内部竞争对手"，曾在毫无征兆的情况下下架对其有威胁的第三方卖家，很多小型商家大多用"威胁""恐惧""惶恐"等词来形容自己和亚马逊之间的紧张关系。

对于第一个问题，贝佐斯称数据库均用于识别消费者的偏好，"我们致力于提供受欢迎的产品，但这并不意味着阻止其他企业的产品提供服务，我们有很多使用AWS的竞争者如网飞、Hulu等，我们的服务让它们更加成功"。而对于第二个问题，贝佐斯则答道，亚马逊公司有明确规定禁止使用客户数据来"自我优待"，但他本人无法保证员工没有私自违反规定，并称将对违反内部政策使用客户数据的员工"采取行动"。此外，他不认为亚马逊在毫无缘由的情况下下架个别第三方卖家店铺是系统性问题，称第三方卖家在亚马逊"销售得很好"。

平台企业的投资扩张

数字经济下的大科技平台具有强大的跨行业、跨地域资源整合能力。平台企业并不是数字时代的新事物，双边市场和撮合供需双方的平台在传统经济中早已存在。但数字时代的特殊之处在于，平台企业通常横跨多个行业市场，在多个领域形成合力，渗透到经济生活的重要节点，从而实现前所未有的用户黏性和规模效应。很有意思的一点是，哪怕在平台里面，它们也会出现较多的分化。一些大的平台可能已经变成了平台的平台,或者说一个核心平台的股权投资已经涉及了其他的平台领域,因此一家平台公司可能也掌握了很多其他平台。它不仅仅是一个连接供需双方的企业,而且成了投资于其他平台、连接不同平台的一个核心平台。

本章中重点关注的头部平台企业,从某种意义上已经成为"平台的平台":它们不仅自身从平台经济起家,也并购、投资、入股了一系列平台企业,通过打通用户场景实现了跨行业的资源整合。2021年有媒体报道:"腾讯持有京东17.9%的股份,是第一大股东,刘强东持股15.1%。腾讯也是电商平台蘑菇街的第一大股东,持股17.2%;是拼多多的第二大股东,持股16.5%;是唯品会的第二大股东,持股9.3%。美团的最大股东也是腾讯,持股18%。作为中国最大的分类信息网站,58同城的最大股东也是腾讯,持股22%……除此之外,腾讯还是贝壳找房、蔚来汽车、搜狗、快手、小红书、滴滴等多家公司的重要股东。数据显示,截至2020年11月,全球586家独角兽公司中,腾讯独揽52家……自2008年设立投资部门后,腾讯在投资领域收获颇丰,投资的企业超800家,70多家已上市,160多家市值超10亿美元。据美国一家媒体报道,在2020年,腾讯通过持有100家上市公司股权,已经获得了约1 200亿美元的收益。"

平台企业在自有业务布局之外一个重要的扩张方式就是并购和股权投资。后者在国际上是常见的做法,也就是所谓企业创业投资平台(CVC)的发展。CVC对外投资的布局策略服从于平台的发展需求,可以进一步巩固和加强平台的市场地位。比如腾讯投资是腾讯集团的投资部门与核心战略部门之一,对外投资数量超过千起,在整个CVC投资中遥遥领先;阿里巴巴投资是阿里巴巴从事战略投资的全资子公司;京东通过宿迁涵邦进行战略投资;美团旗下则有美团战投和龙珠资本;等等。美国的谷歌有GV(以前叫Google Ventures),微软有M12,但亚马逊和脸书直到最近几年才开始成立自己的投资部门。

中国的头部平台企业几乎在所有行业都有控股布局。根据各品牌所属的公司全称，对于中国品牌，我们通过天眼查企业注册信息中的股权结构及穿透数据来整理非上市企业的股权结构、大股东名称及其持股比例、实际控制人、最终受益人等信息。对于上市企业，股东信息来自同花顺、公司 2020 年年报、招股说明书。对于美国品牌，我们从 Orbis 全球企业数据库、Capital IQ 数据库搜寻其公司的前五大股东名称、持股比例、实际控制人（或高管）。我们发现，与美国同类企业相比，中国的头部平台企业（尤其以腾讯和阿里巴巴为主）投资或控股了非常多的消费互联网品牌，这进一步印证了这些互联网巨头的确是在进行全方位的面向个人用户的行业布局。

平台企业的合法投资扩张可能有助于形成一个更加有竞争性的、有更多选择的环境。每一个行业内部少则有两到三家大平台在直接争夺市场，这种跨界竞争实际上增加了市场的可竞争性。而可竞争性是垄断的对立面，潜在竞争对手越多，平台就越难保持市场地位的垄断优势。这对于消费者以及这个平台上的商家等都是利好消息。从以前的石油业巨头、通信业巨头、软件业巨头，再到今天这些互联网平台巨头，我们会发现，随着时间推移和市场演进，新兴行业、新兴技术不断涌现，保持行业领先地位并不是一件容易的事情。当然这也解释了为什么现在平台企业和大公司都愿意通过 CVC 的方式来发掘新兴行业和优势初创企业。从这个角度来看，企业各个方面的创投投资实际上也是为维护它们本身市场优势地位而进行的非常具有战略性的一步，它们希望把握下一个业务增长点。

另一方面，平台通过投资并购可以进一步加强市场势力并阻碍新的竞争者进入市场。例如，脸书被质疑采取"要么收购、要么模仿"的策略来打击新崛起的公司，避免潜在竞争对手的挑战，这破坏了商业上的公平竞争环境，长远来看也会损害消费者利益。而在我国，自 2020 年底以来，监管部门针对互联网头部平台密集开出罚单，大多是关于经营者集中的申报和实施问题。2020年12月14日，市场监管总局依法对阿里巴巴投资收购银泰商业股权、阅文集团（腾讯控股）收购新丽传媒股权、丰巢网络（顺丰控股）收购中邮智递股权等三起未依法申报违法实施经营者集中案做出行政处罚决定。2021年3月12日，市场监管总局依法对互联网领域10起违法实施经营者集中案做出行政处罚决定，其中涉及腾讯、百度、京东、滴滴、字节跳动各1起。2021年4月30日，市场监管总局公布依法对互联网领域9起违法实施经营者集中案做出行政处罚决定，其中涉及腾讯和滴滴各3起，阿里巴巴和美团各1起。2021年7月6日，市场监管总局依法对互联网领域22起违法实施经营者集中案做出行政处罚决定，其中涉及滴滴8起，阿里巴巴6起，腾讯5起，苏宁2起，美团1起。2021年11月20日，市场监管总局依法对43起未依法申报违法实施经营者集中案做出行政处罚决定，其中涉及腾讯和阿里巴巴各13起，美团、百度、京东各3起，滴滴2起，字节跳动1起。这些案件基本都构成未依法申报违法实施经营者集中，但不具有排除、限制竞争的效果。因此这些处罚的作用之一是在宣告平台扩张有法可依、有法必依、违法必究，强调在股权收购中依法申报的重要性，为规范平台尤其是互联网平台的并购扩张行为做实执法程序。

  股权投资对平台企业的市场势力有正向加强作用，因此合法合规进行并购合营对于市场公平竞争尤为重要。平台模糊了市场和企业的边界，平台企业有着重新定义市场的能力。如果一家大平台企业在自身主营业务之外，还通过股权投资控制了几乎所有民生行业的头部品牌，那么这家平台企业的市场势力将会远超从主营领域数据而来的估计。摸清平台企业的投资版图，限制资本的无序扩张，有助于防止平台经济产生"财阀"或者"财团"带来的负面影响，也有利于管控宏观经济的系统性风险和"大而不能倒"问题。另外，如果几大平台企业相互持股，那么在竞争之外还增加了合谋的可能性。企业股权结构对市场结构也会存在一定的影响，基于传统公司理论的市场预判和监管政策很可能在数字时代已经不适用了。

中美平台企业的科技实力对比

平台企业的研发投入

中国平台企业的研发投入费用和发明专利数量在民营企业中名列前茅。全国工商联发布的"2021民营企业研发投入500家""2021民营企业发明专利500家"榜单中，研发投入最高的企业是华为，研发费用为1 419亿元。阿里巴巴和腾讯紧随其后，百度、京东、北京三快在线科技有限公司分列第五、六、七名。有效发明专利最多的企业仍然是华为，共拥有9万件发明专利，腾讯和百度分列第二和第四位，阿里巴巴排在第十位。

平台企业的前沿创新

根据联合国发布的报告，2016—2021年，收购人工智能初创企业数量排在前列的仍然是苹果、谷歌、微软、脸书、亚马逊这些美国的大平台企业（见图3-2）。中国的百度和腾讯在人工智能方面的布局虽然处于我国前列，但放在全球角度仍然有一定差距。从云基础设施来看，仍然是国外大科技平台占据主导地位，阿里巴巴和腾讯占据的市场份额相对较低（见图3-3）。虽然我国的起步和积累相对来说较弱，但是5G时代提供了难得的反超机遇，有助于充分发挥我国市场大、产业链完备的优势，国家发展数字经济的战略蓝图也提供了非常多的行业机遇，为平台企业进一步发挥它们的作用创造了条件。我们希望看到在未来10~20年的竞争和产业布局里，我国的大平台企业能像美国大科技公司一样为国家战略的实施发挥作用,能够在科技创新上代表国家进行高水平的国际竞争。

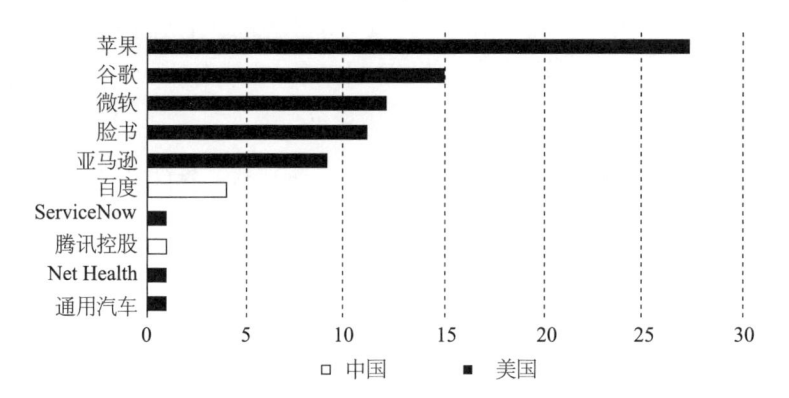

```
苹果         ████████████████████████████ 27
谷歌         ███████████████ 15
微软         ████████████ 12
脸书         ███████████ 11
亚马逊       █████████ 9
百度         ░░░░ 4
ServiceNow  █ 1
腾讯控股     ░ 1
Net Health  █ 1
通用汽车     █ 1
           0    5   10   15   20   25   30
              □ 中国    ■ 美国
```

图 3-2　2016—2021 年收购人工智能初创企业数量排在前 10 位的企业

数据来源:UNCTAD, based on CB Insights, www.cbinsights.com (accessed 22 January 2021)。

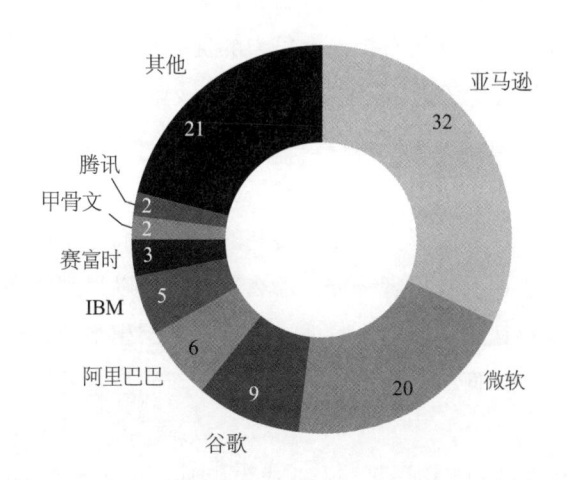

```
亚马逊 32
微软 20
谷歌 9
阿里巴巴 6
IBM 5
赛富时 3
甲骨文 2
腾讯 2
其他 21
```

图 3-3　2020 年四季度云基础设施服务企业市场份额

数据来源:UNCTAD, based on Synergy Research Group (2021) and Statista (2021)。

平台企业科技实力与国家战略目标

根据"十四五"规划纲要，支撑实体经济转型升级的"硬"科技是发展重点。"十四五"规划纲要提到，要"培育壮大人工智能、大数据、区块链、云计算、网络安全等新兴数字产业，提升通信设备、核心电子元器件、关键软件等产业水平。构建基于5G的应用场景和产业生态，在智能交通、智慧物流、智慧能源、智慧医疗等重点领域开展试点示范。鼓励企业开放搜索、电商、社交等数据，发展第三方大数据服务产业"，"聚焦新一代信息技术、生物技术、新能源、新材料、高端装备、新能源汽车、绿色环保以及航空航天、海洋装备等战略性新兴产业"，"在类脑智能、量子信息、基因技术、未来网络、深海空天开发、氢能与储能等前沿科技和产业变革领域，组织实施未来产业孵化与加速计划，谋划布局一批未来产业"。

平台企业要在科技硬实力方面进行更多研发投入和创新，成为在国内国际市场上都具有相当竞争力的优质企业，而不是依靠数据或者用户流量的优势进行无序扩张或粗放式竞争，靠垄断租金为生。平台通过扩张当然可以扩张自己的市场势力，从用户和商家手中收取更多所谓的剩余价值。但在这种情况下，平台担任的就不再是激发创新活力或者为经济生活提供便利的角色，而退化成了像传统时代的地主或所谓的收租者一样，那么平台之所以得到发展的初始条件也就不复存在了。市场不断演进，新技术层出不穷，平台需要居安思危，思考如何在新的市场条件下、在新的技术发展背景中占据优势地位。

监管可以做的是引导平台企业成为我国发展数字经济和科技创新的积极市场力量，充分发挥平台企业在技术、人才、数据、资金、管理运营和市场应用等方面的优势。监管要抑制平台企业通过资本运作进行粗放式业务扩张，而更多把精力和资金以及人才技术投入科技硬实力，尤其是在人工智能、机器人、云基础设施、物联网等未来数字经济发展的前沿领域进行布局。如果平台企业发展好了，实际上会是一个多方面共赢的局面。平台可以在其中获得自己的佣金，用户可以享受到平台的便利，商家尤其是中小商家或用户可以找到更多相对低成本的发挥自己创业实力的场所，而国家也会在平台企业的繁盛之中获得发展数字经济的新优势，并且在国际竞争中占据有利地位。

平台经济展望和政策建议

平台经济发展是大国大势所趋

数字经济是经济发展的新引擎，平台企业是转型升级的重要力量，平台经济发展是大国大势所趋。"十四五"规划纲要提出要促进共享经济、平台经济健康发展："健全共享经济、平台经济和新个体经济管理规范，清理不合理的行政许可、资质资格事项，支持平台企业创新发展、增强国际竞争力。"我们看到发展领先的、大家熟知的互联网企业，实际上现在都承担着一个平台的功能，而这些也变成了数字经济发展的新引擎以及参与国际竞争的重要力量。相比于美国，我国的平台企业倾向于进行跨行业和全领域的布局。这可能是因为我们的监管政策相对宽松以及鼓励创新，让我们的平台企业能够不断演变，并且不断地把数据积累变成可以为消费者、商家、用户提供便利的一个竞争优势。发展平台经济是增加经济增长新动能和提高国际竞争力的必由之路。

另一方面也要看到，平台企业可以通过对外投资和资本扩张横跨不同行业领域，考虑到市场势力和用户黏性，监管需要进行通盘考虑。同时，因为数据资产的积累也达到了前所未有的广度和深度，因此有必要在保护个人隐私方面做出更多努力。"十四五"规划纲要提出，要"依法依规加强互联网平台经济监管，明确平台企业定位和监管规则，完善垄断认定法律规范，打击垄断和不正当竞争行为。探索建立无人驾驶、在线医疗、金融科技、智能配送等监管框架，完善相关法律法规和伦理审查规则。健全数字经济统计监测体系"。

在整个国际竞争合作的大背景之下，监管应该是一种手段而非目的，要服务于增强我国经济的创新活力以及国际竞争力这一目标。不应该因一个平台做得成功而惩罚它，但也不能因一个平台的成功而阻碍其他新的初创企业的成功。所以监管应更多从鼓励创新、激发一个国家的经济活力、保护竞争、保护消费者和劳动者权益的角度出发。为整个数字经济保驾护航，监管起到非常关键的作用。监管本身也不是为了限制或者打压平台企业的发展，而是希望在一个新的监管环境中，保障平台企业和平台经济更加可持续地为社会、为经济、为人民创造福利。

平台跨行业布局要求反垄断监管与时俱进

当平台性质和企业边界发生变化时，市场界定也应该与时俱进。在中美的比较之中，我们能够非常清晰地看到大平台企业已经渗透和深入日常生活工作的各个方面。平台企业通过对外投资和资本扩张横跨不同行业领域，单一的市场界定已经不能满足监管的需求，我们需要通盘考虑平台的市场势力。同时，这一跨行业布局要求我们重新思考市场可竞争性的度量：每个细分行业领域都会有两到三个头部企业的布局，可竞争性是相对较强的。可竞争性也不仅仅是一个截面上的情况，还要考虑到随着时间的演变，新技术新企业会不断地涌现。反垄断政策应当保障这些初创企业具备活力以及长远发展的可能性。

健全监管机制才能保障平台经济健康规范发展。从经济学视角来看，如果想让监管在世界范围内具有示范作用或占据领先地位，衡量的标准不应该是监管有多严或者限制有多强，而应该在于监管的行业是否已经成了一个非常强大的行业或者在世界上能否占据领先地位。我们看到欧洲至少目前没有特别强大的数字平台，实际上有可能是监管太严带来的负面作用打了这一行业。这个行业里虽然大家都不具备垄断地位，但是谁也不具备行业市场上的优势，这样在国际竞争中可能会处于一定的劣势。因此从经济学的视角来看，监管更像治病救人，不应进行非常强力的监管来让大型平台不敢轻举妄动，而应帮助大型平台更好地发挥它本来具备的优势，在约束不当行为的同时，鼓励平台朝着更好的方向、增强技术实力的方向去发展。未来对于平台企业和数字经济的监管都应该朝着把企业和经济做大做强的方向走。

鼓励平台的科技创新，抑制资本扩张和兼并

从科技创新的角度来看，平台企业的发展布局需要紧跟国家的战略蓝图，在科技创新上多下功夫。尤其是平台在数据的积累、用户触及的广度和深度，以及应用场景、运营管理上都有相当优势，可以跟国家战略进行很好的结合。不要把数字经济发展的大势变成依赖资本争夺蛋糕的零和游戏。

刘鹤副总理在《人民日报》上谈学习贯彻党的十九届六中全会精神时强调必须实现高质量发展，其中有三句话与平台经济密切相关：一是"强化市场监管和反垄断规制，防止资本无序扩张，维护市场秩序，引导资本要素有序健康发展"；二是"适应新经济发展趋势，既加强对平台经济的监管，又要鼓励平台经济创新，培育有一流国际竞争力的平台企业"；三是"要弘扬企业家精神，充分信任、依靠和尊

重企业家,发挥企业家在推动企业创新、提高企业竞争力上的重要作用"。[①]整体而言,实现高质量发展,包括数字经济的发展以及整个国家战略,是希望引导平台经济进行健康规范发展,尤其是在科技创新方面,真正在科技硬实力及服务国家战略布局上发挥平台企业的独特优势。

---

① 刘鹤.必须实现高质量发展.人民日报,2021-11-24(06).

第四章

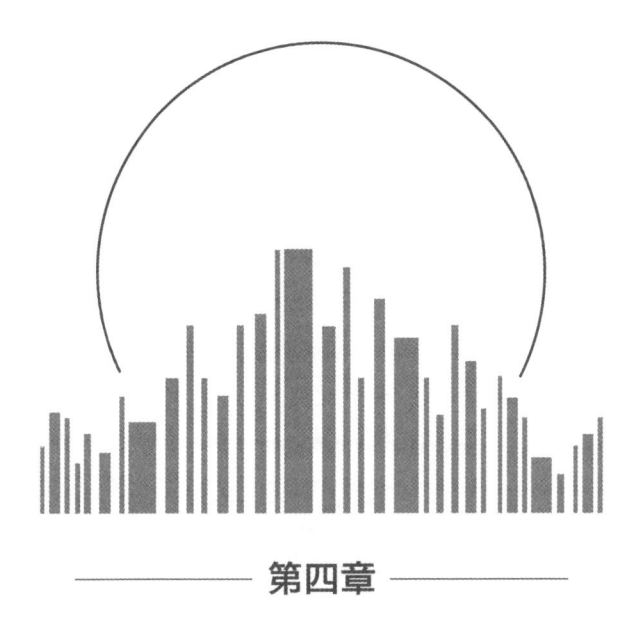

平台经济对劳动力市场和收入分配的影响[1]

---

[1] 本章作者为李力行、周广肃。

随着数字技术的进步，平台经济迅速崛起，创造了大量就业机会，导致工作性质出现了从线下到线上、从固定到灵活、从单一到多元等方面的转变，使得依赖平台从事"零工"工作的新就业形态在劳动者中的比例上升，在全球范围内引发了劳动力市场的结构性变革。经济分析表明，数字技术的进步促进了生产工序的分解、分包以及相关经济主体承担的工作任务的重组，引发了生产活动去公司化、去组织化的趋势，使得传统的雇员工作被自雇创业以及独立性处于传统雇员工作和自雇创业之间的零工取代。

由于零工劳动者的工作性质与我国现行"劳动二分法"框架不匹配，零工劳动者获得的劳动保障往往不足。劳动者权益保护和平台与劳动者之间的劳资关系问题成为社会关注的焦点。如果按照强化劳动关系的思路去解决劳动者权益保障问题，可能大幅提高用工成本，给劳动者或消费者造成额外负担，不利于扩大就业和创业，阻碍生产和组织方式的进一步创新。本章建议以去公司化、将保险保障与劳动关系解绑的思路解决劳动者权益保障问题，积极探索新的服务模式，建立起适用于平台经济发展的劳动者权益保护网，适应技术进步带来的劳资关系的变化。同时，结合社保制度的改革，做实养老金个人账户，为具有灵活就业、非固定用工单位、非全职就业等特征的劳动者探索一套合理的缴费分摊制度。

此外，传统就业岗位消失、劳动收入份额下降、城乡和区域间收入差距扩大等问题，也常常被认为与平台经济的崛起相关。对这些问题的分析表明，新工作替代旧工作带来的阵痛是技术进步和结构性变革的必然结果；劳动收入份额下降是全球面临的共同问题，受到产业结构变动、全球化、税制结构等因素的影响；而城乡和区域间的发展差距是规模经济、集聚效应发挥作用的结果。总之，这些问题并非中国独有，也并非平台经济之"恶"，不能因此对平台经济进行限制。我们认为，应当着眼于在发展中解决问题，一方面鼓励创新、促进平台经济发展，另一方面通过转移支付等方式让发展的红利惠及受损群体，缓解结构性转型的阵痛。

互联网平台企业在全球范围内的兴起是数字经济时代的一大特征。在数字经济高速发展的浪潮中，得益于中国巨大的市场规模，一些互联网平台迅速崛起，并成长为全球规模领先的企业。平台经济的发展催生了新的产业形态，并对传统的产业进行了赋能改造，带动中国社会的生产生活方式发生了巨大转变，也对社会治理和政府监管提出了挑战。本章讨论平台经济的发展对劳动就业、生产组织结构、劳资关系、劳动者权益保障，以及收入分配方面的影响。其中第一节讨论就业问题，第二节讨论劳资关系和劳动者权益保障问题，第三节讨论收入分配问题，第四节提出政策建议。

平台经济发展对就业的影响

平台经济发展对就业的影响可以简单概括为：随着数字技术的进步，平台经济迅速崛起，导致大量工作在形式、任务、性质等方面出现了根本性的变革，在全球范围内引发了劳动力市场的结构性变革，大大拓展了劳动就业和创业的图谱，对劳动就业选择产生了深刻的影响。

数字经济影响就业的理论分析和主要发现

自动化与人工智能技术的广泛应用是数字经济发展的重要特征。现有文献主要考察了自动化、智能化等数字技术的应用对就业的影响，其效果包括替代作用、互补作用和创造性作用。其中，替代性作用主要会对就业产生负面效果，而互补作用和创造性作用则会带动就业的增长，甚至会创造出一些新的工作岗位。①

大部分研究支持数字经济对就业的正向促进作用超过负向替代作用。主要原因在于，虽然数字技术的发展替代了人工在程序化工作方面的比较优势，却大大扩展了人在问题解决、可变性与创造性方面的比较优势，甚至会通过创造新任务而增加就业。戴维·H.奥特等考察了1980—2007年贸易和技术对美国劳动力市场的影响，发现计算机化带来了制造业和非制造业部门的职业两极化，但是并没有使就业量明显降低。②特里·格雷戈利等使用1999—2010年欧洲的数据，研究了常规性工作替代技术对劳动需求的影响，发现替代作用被总需求的扩大以及技术产生的溢出作用弥补。③沃尔夫冈·多思等运用1994—2014年间德国的数据研究发现，机器人的应用减少了制造业部门的就业，但是增加了服务业的就业，因此并未造成总体上的就业损失。④霍德马克运用15个OECD国家15年的机器人专利数据评估了机器人技术的进步对劳动力市场的影响，发现了温和的正向影响。⑤艾希霍斯特等利用欧洲劳动调查的数据，发现没有任何迹象表

---

① 例如，菲利普·阿吉翁和彼得·豪伊特（1994）就曾指出，技术替代劳动所产生的破坏效应，会迫使工人重新规划劳动供给，而技术产生的资本化效应，会使更多企业进入生产率相对更高的行业并最终扩大就业规模。

② D. H. Autor, D. Dorn, G. H. Hanson, "Untangling Trade and Technology: Evidence from Local Labour Markets", *The Economic Journal*, 2015, 125(584): 621-646.

③ T. Gregory, A. Salomons, U. Zierahn, "Racing with or Against the Machine? Evidence from Europe", ZEW-Centre for European Economic Research Discussion Paper, No. 16-053, 2016.

④ W. Dauth, S. Findeisen, J. Suedekum, N. Woessner, "German Robots—The Impact of Industrial Robots on Workers", CEPR Discussion Paper, No. DP12306, 2017.

⑤ L. Hoedemakers, "The Changing Nature of Employment: How Technological Progress and Robotics Shape the Future of Work", Lund University Master Thesis, 2017.

明数字化将导致大规模失业。① 与此相反，达龙·阿西莫格鲁与帕斯夸尔·雷斯特雷波使用 1990—2007 年间美国劳动力市场的数据，发现机器人对工人就业和工资均有显著的负向影响；机器人与工人之比每增加千分之一，就业率会降低 0.18~0.34 个百分点，而工资会降低 0.25~0.5 个百分点。②

一些研究具体讨论了自动化和智能化对各种职业替代程度的差异。不同于以往技术进步中机器设备对体力劳动的替代，智能化逐渐将"智力"融入生产流程，不仅要求机器的灵巧度逐步接近人类的能力，还使机器逐步拥有人类的"思考"能力，这会对劳动力市场产生更深层次的冲击。卡尔·贝内迪克特·弗雷与迈克尔·奥斯本研究了美国各类职业在多大程度上可以被计算机替代，通过认识与操作水平、创造力、社会智能水平三个变量，估算了 702 种职业被计算机替代的概率，发现各职业被替代的概率有较大差异，其中 47% 的职业被替代的危险性较高。③ 采用类似的方法，本杰明·戴维预测日本将会有 55% 的职业被计算机替代，而且这一作用不存在明显的性别差异。④ 奥辛斯基和怀昂奇则进一步将每个职位不同的技能特征进行赋权，发现加拿大容易被自动化替代的行业的劳动力仅占总就业的

---

① W. Eichhorst, H. Hinte, U. Rinne, V. Tobsch, "How Big Is the Gig? Assessing the Preliminary Evidence on the Effects of Digitalization on the Labor Market", *Management Revue*, 2017, 28(3): 298-318.

② D. Acemoglu, P. Restrepo, "Robots and Jobs: Evidence from US Labor Markets", *Journal of Political Economy*, 2020, 128(6): 2188-2244.

③ C. B. Frey, M. A. Osborne, "The Future of Employment: How Susceptible Are Jobs to Computerisation?", *Technological Forecasting and Social Change*, 2017, 114(c): 254-280.

④ B. David, "Computer Technology and Probable Job Destructions in Japan: An Evaluation", *Journal of the Japanese and International Economies*, 2017, 43(1) :77-87.

1.7%。① 阿恩茨等指出，对于就业替代的测算应该基于具体的工作任务而不是工作岗位，基于工作岗位的测算可能会高估智能化的替代作用。他们利用 PI-ACC 数据库中的工作任务数据测算了 21 个 OECD 国家的工作被自动化替代的风险，发现这一数值为 9%。②

就预测未来而言，2016 年世界经济论坛发布的《职业的未来》报告指出，到 2021 年，机器人和人工智能技术的发展将导致全球 15 个主要经济体的就业岗位减少 710 万个，其中 2/3 属于工业生产、行政、媒体、娱乐、艺术设计和工地建设等领域。世界银行《2016 年世界发展报告》也得到了类似结论：发展中国家 2/3 的工作岗位容易被自动化技术取代。而波士顿咨询公司 2017 年发布的《迈向 2035：4 亿数字经济就业的未来》报告预测，到 2035 年数字经济领域将吸纳全球 4.15 亿人就业。

数字经济对中国劳动力市场的影响可能会比其他国家更为强烈，这一方面缘于中国数字技术快速发展的趋势，另一方面缘于中国人口众多的现状和以劳动密集型产业为主的产业结构。中国信息通信研究院《中国数字经济发展与就业白皮书（2019 年）》测算，2018 年中国数字经济领域的就业岗位达到 1.91 亿个，占全年就业总人数的 24.6%。夏炎等使用投入产出模型，测算出数字经济促进非农就业年均增长 1 532 万人。③ 周广肃等利用中国人工智能发展趋势和人工智能对就业的替代概率进行预测，发现到 2049 年，中国将有 2.01 亿~3.33 亿劳动

---

① M. Oschinski, R. Wyonch, "Future Shock? The Impact of Automation on Canada's Labour Market", C. D. Howe Institute Commentary, No.472, 2017.

② M. Arntz, T. Gregory, U. Zierahn, "The Risk of Automation for Jobs in OECD Countries: A Comparative Analysis", OECD Social, Employment and Migration Working Papers, No.189, 2016.

③ 夏炎，王会娟，张凤，等．数字经济对中国经济增长和非农就业影响研究——基于投入占用产出模型．中国科学院院刊，2018，33（7）：707-716．

力被人工智能替代。①何宗樾和宋旭光发现,数字经济可以在一定程度上促进劳动者就业,特别是非农就业,但对不同人群存在异质性影响。②李敏等利用《中国统计年鉴》2010—2017年的数据,以就业弹性为基准测算了平台经济对就业的作用,发现与平台经济结合可以提升行业就业弹性,平台经济对就业有巨大推动作用。③王文基于中国30个省份2009—2017年面板数据的研究发现,数字经济对城镇单位总体就业未造成显著影响,但降低了制造业就业份额,增加了服务业就业份额。④孟祺基于中国17个行业2000—2018年的面板数据发现,数字经济会导致制造业就业规模下降,但是这种下降会被服务业就业的增长抵消,因此,数字经济对整体就业规模的影响并不显著。⑤

以上文献多从供给侧考察智能化、自动化对就业的影响。实际上,在数字经济的发展过程中,除了产业互联网的发展对劳动供给产生直接的影响,消费互联网的发展也从需求侧对劳动就业产生了间接的带动作用,这方面的共识是线上产品和数字消费创造了大量新的就业机会。⑥

具体到我国的平台经济,一些大型平台企业根据自身的业务特点和行业特征分析了其对劳动力就业的带动作用。例如,《阿里巴巴全生态就业体系与就业机会测算报告(2021)》对阿里巴巴的数字经

---

① G. Zhou, G. Chu, L. Li, L. Meng, "The Effect of Artificial Intelligence on China's Labor Market", *China Economic Journal*, 2020, 13(1): 24-41.
② 何宗樾,宋旭光.数字经济促进就业的机理与启示——疫情发生之后的思考.经济学家,2020(5):58-68.
③ 李敏,刘采妮,白争辉,等.平台经济发展与"保就业和稳就业":基于就业弹性与劳动过程的分析.中国人力资源开发,2020,37(7):84-95.
④ 王文.数字经济时代下工业智能化促进了高质量就业吗.经济学家,2020(4):89-98.
⑤ 孟祺.数字经济与高质量就业:理论与实证.社会科学,2021(2):47-58.
⑥ 江小涓.高度联通社会中的资源重组与服务业增长.经济研究,2017,52(3):4-17.

济体系带动的就业机会进行了测算，结果显示其主营的电商平台在 2020 年共带动了 5 373 万个就业机会。《滴滴平台新就业报告（2020）》指出，滴滴平台在 2019 年共带动国内就业机会 1 360 万个，其中以网约车司机、代驾、单车运维人员等为代表的直接就业机会 761.6 万个，包括汽车生产、销售、加油、维保等上下游的间接就业机会 597.9 万个。《生活服务平台就业生态体系与美团点评就业机会测算报告》显示，2018 年美团平台共带动了 1 960 万个就业机会。根据《2020 年上半年骑手就业报告》的数据，2020 年上半年美团平台有单骑手达到 295.2 万人。[①]

就平台劳动者的收入而言，相关平台数据显示，2019 年滴滴网约车司机（含专职和兼职）的月平均收入为 2 522 元，在一线城市则超过 5 000 元；2020 年美团骑手（含"专送"和"众包"）的月均收入为 4 950.8 元，其中专送骑手月均收入达到 5 887 元，有 7.7% 的骑手月收入超过 1 万元。作为对比，《2020 年农民工监测调查报告》显示，2020 年农民工月均收入为 4 072 元[②]，这说明平台经济的一大特点是创造了大量相对灵活的工作机会，增加了劳动者的就业选择，提供了在完成相对灵活的工作任务的同时获得比较体面的收入的可能。

平台经济下工作性质和就业选择的变化

在劳动就业方面，平台经济的最主要特点是大大拓宽了"零工经

---

① 由于平台劳动者存在大量的兼职情况，各平台企业的就业测算存在重叠性，平台劳动者与传统劳动者的区分也很困难，平台经济提供的就业总数难以被精准地测算出来。
② 由于缺乏劳动时间的统计，很难比较平台劳动者和传统农民工的小时工资水平。但这些统计数据说明，平台经济为那些愿意获得更高月收入的劳动者提供了大量工作机会。

济"的适用场景，催生了一大批新就业形态，使得灵活就业人员在劳动者中的比例大幅上升，并导致大量工作出现了从线下到线上、从固定到灵活、从单一到多元的转变。本小节具体分析平台经济的发展对工作形式、任务、性质等方面带来的改变，以及对人们的就业和创业选择的影响。

第一，平台经济的发展使得许多工作发生了由线下向线上的转变。"零工经济"早已有之，互联网技术的发展和平台的崛起，进一步便利了劳动力要素供求双方的信息搜寻和匹配，使零工就业主要呈现出两种形式——在线劳动力市场以及基于应用程序的按需工作。在线劳动力市场主要通过互联网平台在全球范围内匹配组织与个人来提供远程服务，更多地适用于知识密集型产业，如众包程序员、直播带货员、在线咨询人员等等，这类工作的各个环节，包括实际的工作任务在内，都在线上展开。基于应用程序的按需工作主要是为了即时匹配本地范围内的供给与需求，常见于劳动密集型服务业，常见工作包括网约车司机、外卖骑手、代驾司机等。这一类用工的实际工作任务在线下完成，但是劳动的供需匹配、工资结付、评价监管等环节在线上完成。两种用工方式都明显体现出了工作线上化的趋势。

第二，平台经济的发展使得许多劳动者从固定工作转向灵活就业。传统的灵活就业主要是以提供劳务服务的相对独立的"承包商"的形式出现，在现有的劳动法框架下属于劳动关系与民事关系二分法中的民事关系类型。随着数字技术的发展和互联网平台的崛起，数据和算法提升劳动供需匹配效率的优势得以体现，越来越多的工作在时间安排和任务方面出现了碎片化的特点，从而在"承包商"之外创造了更多的零工工作，主要包括基于应用程序的按需工作形式下的网约车司机、外卖骑手、代驾司机等。这类零工从业者的工作性质处于传统雇员和自雇创业者（承包商）之间，其工作通常基于平台产生的订单，每一个订单的完成都类似于一条虚拟的生产线。他们在工作时间和工作长度方面有较大灵活性，但在工作任务、报酬福利等方面对平台有较强的从属性。目前，对这类灵活就业者与平台之间到底是何种关系在法律层面存在争论，一般认为，两者之间是一种介于劳动关系与民事关系之间的非标准劳动关系。

第三，平台经济的发展使得劳动者从单一职业向多元就业转变。零工从业者可以自主决定在哪个平台工作，也可以更为具体地决定在哪个时间段为哪个平台工作多长时间，一人从事多种职业成为一种新趋势。多元就业大致体现为如下几种形式：一种表现为向多个平台提供同一种工作内容的多元就业，例如某外卖骑手可以在多个平台提供送餐服务；另一种表现为向单个或多个平台提供不同工作内容的多元就业，例如某网约车司机可能同时为电商平台销售货物；还有一种表现为在传统行业拥有一份工作，然后利用工作外的时间为平台工作，例如在某公司上班的白领在上下班途中开顺风车获取收入。在这种情况下，往往难以区分多元就业中的哪种职业是劳动者的主要职业，划分主要工作与兼职工作，需要参考主要收入来源、工作时长分布，以及劳动关系等多方面的特征。

平台经济不仅改变了工作形式、任务、性质等，还对劳动者的创业选择产生了深刻影响。平台创造的零工工作，其性质介于传统的雇员工作和自雇创业之间。平台在改变一端的传统雇员工作的同时，也改变了另一端的创业决策。一方面，零工工作能够给从业者带来更高的灵活性和自主权，有利于他们主动寻求包括创业在内的其他发展机会；同时，零工工作能够提供收入安全网，可以平滑创业带来的收入波动风险，也有助于创业。另一方面，零工工作可以成为吸纳以低学历、低技能为主要特征的新生代工人就业的蓄水池，为失业人群提供就业机会，这可能减少"生存驱动型"或自雇型的低质量创业活动。此外，由于依赖平台接单成为越来越多劳动者的选择，创业的定义和内涵可能也在悄然发生着改变。打零工在某种意义上也可以被看作

"平台依赖型"创业,这就使得以往的创业定义不再适用。各种新就业形态的涌现,使得就业和创业的图谱大大拓展——固定单位就业、自雇创业、依赖平台创业、依赖平台从事零工、共享用工、自由职业等,劳动者的选择变得多元化。

平台经济下的劳资关系与劳动者权益问题

平台经济的发展,导致大量工作在形式、任务、性质等方面出现了根本性的变革,新的用工模式不断涌现,劳动者与平台之间的劳资关系也相应发生了重要的变化,劳动者权益保障问题变得复杂。

平台经济下的劳资关系现状

我国传统的劳动法框架采用劳动关系与民事关系的二分法,二者在主体、关系、劳动待遇、权利义务、适用法律等许多方面存在差异,其中与劳动者切身利益最为相关的是劳动主体的待遇。一般而言,劳动关系中的用人单位需要按照劳动法律要求给予劳动者在劳动报酬、休息休假和保险福利等方面的保障,还要承担相应的工伤、医疗、养老、失业等方面的社会保险责任;而民事关系中的劳动者,通过协商或根据劳务合同与用人单位确定待遇,但是通常情况下只获得劳动报酬。不同性质的用工关系,会对用人单位的用工成本和风险产生显著影响。

正如上文所述,平台经济的发展导致工作性质出现了从线下到线上、从固定到灵活、从单一到多元的变革。现实中,平台劳动者的工作模式非常复杂。有的劳动者仅为一家平台工作,有的则同时注册多家平台;有的劳动者提供长期稳定的网约服务,有的则只提供临时服务;有的劳动者为全职,有的则只是兼职;有的劳动者只提供一种网约服务，有的则同时提供多种服务。很难使用一种简单的标准对平台用工的性质进行区分。

一般来说，属于在线劳动力市场类别的零工经济从业人员，主要是那些知识密集型产业中的数据录入、图形设计、软件编码、翻译，以及提供法律咨询等职业的从业者，各个工作环节基本都在线上展开，类似于传统的独立承包商，在现实中他们也主要以民事合同与平台签约。而不少基于应用程序的按需工作类型的本地化零工从业者，其工作性质处于传统的雇员和自雇创业者之间，实质上是一种介于劳动关系与民事关系之间的非标准劳动关系，与现行劳动法的"二分法"框架不匹配。当出现劳动相关的伤害和劳动纠纷时，由劳动者自行承担损失、显失公平的案例不断涌现，这也使得平台与劳动者的劳资关系成为被关注的焦点。这其中尤其以外卖骑手的劳资关系和权益保护最受社会关注。

早期的外卖平台主要通过直接雇用骑手提供配送服务，并辅以劳务派遣的用工方式，基本全面受到劳动法的规制。随着业务的发展，为降低用工成本，同时也为了吸纳更多的劳动者加入，互联网平台希望避免与骑手建立法律意义上的劳动关系。[①] 由此也涌现出了"趣活""好活"等一批专门从事招聘和管理骑手的人力资源管理公司（或称劳务外包公司）。外卖骑手一般分"专送"和"众包"两类。"专送"骑手是外卖平台配送的"主力军"，外卖平台通常将配送业务打包之后外包给劳务公司进行配送，并由公司向骑手支付劳

---

① 许多外卖骑手为兼职工作，从业年限短（美团《2020年上半年骑手就业报告》显示，2020年上半年，36.2%的骑手送外卖的时间占自己所有工作时间的50%及以下；有调查发现，2019年有47%的骑手工作持续1年以内，2020年工作1年以内的骑手比例下降到43%，同时工作2年以上的众包骑手占34%），再加上工作地点变动频繁，导致他们希望尽可能以现金的方式获得全部报酬，而不希望劳动报酬被扣缴社保。

动报酬、购买相关保险。专送骑手与外包公司之间以劳动关系或民事关系签约。就"众包"骑手而言，他们是外卖平台调节运力的重要力量，骑手工作的灵活度更高。管理骑手的众包服务公司与骑手之间以民事关系签约。对以民事关系签约的骑手，劳务公司以购买商业保险的方式为骑手提供工伤和职业病方面的赔付，但不提供社保缴纳。

可以看出，与早期直接雇用骑手的方式相比，外卖骑手在法律意义上的用工性质已经发生了巨大改变。根本原因在于，外卖骑手规模大幅扩张，外卖平台需要通过劳务外包方式来达到控制用工成本与转移用工风险的目的。劳务外包方式虽然控制了用工成本，但用工风险并不会凭空消失，劳务外包公司或众包服务公司为了规避风险，会将相关业务继续分包和转包，直到最后由骑手自行承担。劳务外包公司将骑手注册为个体工商户的案例，正是规避风险动机下出现的一种极端情形。[1]

在后文中，我们将集中分析出现这种劳资关系变化的深层次原因，以及对劳动者权益保障带来的挑战。

平台经济下劳资关系的理论分析

企业的生产组织形式是讨论劳资关系的前提。罗纳德·科斯的公司理论认为，企业存在的根本原因在于，企业组织生产，可以节约通过市场采购产生的交易费用，而企业的边界取决于企业组织成本与市场交易费用之间的权衡。大企业尽管内部层级复杂、组织成本高昂，但通过命令的方式组织生产，保证了各个生产环节的协调配合，克服

---

[1] 参见北京致诚农民工法律援助与研究中心 2021 年发布的《外卖平台用工模式法律研究报告》。在大多数情形下，法院没有认定外卖骑手与平台存在劳动关系，且近年来认定为劳动关系的比例呈下降趋势。

了市场采购所伴随的众多不确定性，提高了生产效率，成为工业时代前沿科技产品的主要生产者，并涌现了以福特、波音、IBM 等为代表的大型企业，不少行业都出现了纵向一体化的趋势。① 随着数字技术的发展，尤其是平台经济模式的成熟，市场里各经济主体之间的沟通协调变得更加容易，交易费用呈现下降趋势，许多商品和服务的生产及供应过程被分解，呈现出细碎化、外包化的特点。与此同时，政府对大企业的管制、高昂的税费负担，以及科层结构带来的组织成本，也促使许多企业选择"瘦身"，裁减非必需人员，进行扁平化改革，将非核心工序外包。以外卖餐饮为例，由于需求呈比较明显的随季节和时点波动、配送路线随机化等原因，维持固定的配送运力对餐饮企业来说并不经济，外卖送餐服务往往会被外包。如果考虑到广告宣传、信息服务等亦不是餐饮企业的长项，可以看出，外卖餐饮的不同工序和相关服务被进一步细分和组合，最终由餐饮店、供应商、商场、外卖平台、骑手等分别承担。其中配送环节所涉及的信息服务、任务分配、实际执行，以及对骑手这一劳动要素的管理，也被分解和组合，并分别由外卖平台、劳务外包公司以及骑手承担。总之，数字技术的进步，促进了生产工序的分解、分包以及相关经济主体承担的工作任务的重新组合，加速了去公司化、去组织化的进程，并成为提高效率、满足需求的必要手段。这种由技术进步导致的生产组织形式的结构性变革，是经济发展的重要推动力。平台企业在变革中应运而生，利用技术进步推动企业组织形式的创新，改造了不少传统行业，创造了新需求，也赚取了不菲的收益。

以此为基础，就不难理解平台经济下劳资关系发生的变化。正是因为数字技术的进步导致工作性质和企业生产组织形式的变革，使

---

① 与此同时，小企业、集群化的生产组织方式也一直广泛存在，特别是在经济发展程度较低、劳动力相对密集、存在正规或非正规制度协调合约履行的一些地区和行业中，大企业并不占主导地位。

得传统的"雇主-雇员"关系正在逐渐被自雇的独立承包商以及处于传统的雇员工作和独立承包商之间的零工取代,这是一种结构性的变革,需要劳动者、用人单位以及政策制定者直面。从理论上来说,生产组织形式的分散化和去公司化,也必然伴随着劳动者权益保障问题的去公司化。如果不顺应这种趋势,而按照强化劳动关系的思路去解决劳动者权益保障问题,例如要求包括外卖骑手在内的全部零工从业者按照"雇主-雇员"关系与平台签订劳动合同、一刀切地以城镇职工养老保险体系的标准要求独立承包商(如个体户)和零工从业者缴纳社保,就可能大幅提高用工成本、给劳动者或消费者造成额外负担,不利于扩大就业和创业,并阻碍生产和组织方式的进一步创新。

上文已经指出,在我国劳动关系与民事关系二分的劳动法律框架下,以零工为代表的非标准劳动关系的界定与相关权利义务的规定处于模糊状态。当出现涉及劳动关系界定的争议时,解决问题的一般手段是认定为劳动关系或是民事关系,并套用现有法律制度加以规制。关于何种情况会被认定为劳动关系,学界和法律实务界运用的理论依据是劳动从属性标准。[1] 在法学视角下,劳动相对于资本的从属性是劳动立法的出发点,也是判定劳动关系的核心,从属性是劳动关系的基本属性和独有特点。[2] 王全兴在比较"二分法"和"三分法"法人的内涵和外延后发现,"人格从属性→组织从属性→经济从属性"既是从属性外延不断扩大的过程,也是劳动法适用范围的延伸过程。[3] 在实际的司法判例中,由于平台用工模式灵活复杂的特点,从属性与独立性往往不容易判断,导致常常出现两极分化的裁决结果,以及同

---

[1] 胡磊.平台经济下劳动过程控制权和劳动从属性的演化与制度因应.经济纵横,2020(2):36-44.

[2] 邓永辉.关于网约工的劳动关系确认和工伤保险研究综述.对外经贸,2018(9):109-110.

[3] 王全兴.劳动法:第4版.北京:法律出版社,2017:35-36.

事不同判的现象。一般而言，针对单纯诉求确认劳动关系的案件，其裁判结果往往认定为不构成劳动关系，而涉及工伤认定及赔偿的案件常被认定存在劳动关系。①

通过从属性来判定是否构成劳动关系，并进而套用现行劳动法律进行规制，只是权宜之计。调整现有的劳动法律制度，以及对劳动者权益保护体系和社会保障体系进行相应改革，探索新的服务模式，使其能够适应技术进步带来的劳资关系的变化，才是解决问题的根本方法。一些学者认为，应当用"独立工作者"或"非独立合同工"等新范畴来定义这种非标准劳动关系，然后重新划分权利义务的范围，并进行相匹配的制度变革。例如，独立工作者可以拥有雇员的部分福利和保障，如工资福利、医疗保障、集体谈判的自由、基于工作任务的工伤保护等等，但是无法享受部分基于工作时间的福利，如加班工资、最低工资保障等。② 至于养老保险，应当结合社保制度的改革（如明确个人账户的性质、便利异地转移等）③，为具有灵活就业、非固定用工单位、非全职就业等特征的劳动者探索一套合理的缴费分摊制度。④

平台经济下劳动者权益保护的政策现状

目前，世界各国均面临对平台劳动者的工作性质进行界定的问

---

① 王文珍，李文静. 平台经济发展对我国劳动关系的影响. 中国劳动，2017（1）：4-12.
② 吴清军，张艺园，周广肃. 互联网平台用工与劳动政策未来发展趋势——以劳动者身份判定为基础的分析. 中国行政管理，2019（4）：116-123.
③ 在社保统筹层级低、异地转移接续难、个人账户未做实的现状下，不少劳动者自身缺乏缴纳社保的意愿，希望尽量以现金方式获得全部劳动报酬。
④ 例如，按照每一单工作任务提取固定比例或金额，将缴费纳入个人账户，多缴多得并设定封顶线，可能是一种潜在的改革方向。

题。西方国家大部分采用"三分法"。欧盟法院最近正在不断扩大"工人"（worker）这一概念的内涵，不再将其限定于传统劳动关系下的劳动者。在加拿大，一些省份在集体劳动法中扩大解释了雇员的概念，扩张适用的主体主要是经济依赖承揽人，也就是说主要根据经济从属性的强弱来判断平台工人是不是平台企业的雇员。[①] 2020年1月在美国生效的《加州零工经济法》，将过去用来区分零工劳动者究竟是雇员还是独立承揽人的 Borello 检验标准改为 ABC 检验标准，而新标准的实施更加有利于将零工劳动者认定为雇员。[②] 2021年2月，英国最高法院将优步司机界定为"员工"（worker），这一界定将其定性于雇员（employee）与自雇者（self-employed）的中间形态，可受到劳动法的部分保护（如最低工资、休息休假、职业危害防护等）。

西班牙的做法比较特别，其在2021年通过了一项法案，又被称为"骑手法"，否定了全盘"自雇"的模式，一刀切地要求外卖平台与所有外卖小哥建立正式雇佣关系，确定固定工资和权益。其实际后果有待观察，但短期内已经导致英国外卖公司 Deliveroo 从西班牙退出，旗下3 000名外卖员失业。其他平台一方面大幅缩减外卖员人数，另一方面让外卖员拥有更高自主性，例如自主提高配送价格，选择配送距离，以及自主选择配送时间等措施。可以预计，这些措施将会导致配送成本上升，并可能将上升成本转嫁给消费者。

关于我国平台用工的定性，现实中存在很大争议，相关劳动法律也尚未进行调整，但近年来有关部门已经陆续出台了一些改革劳动者权益保护体系和社会保障体系、保护平台劳动者权益的政策。

[①] 班小辉. 超越劳动关系：平台经济下集体劳动权的扩张及路径. 法学, 2020（8）: 160-175.

[②] 涂永前, 王倩云. 零工经济崛起与零工劳动者权益保护——来自美国《加州零工经济法》的启示. 中国劳动关系学院学报, 2020, 34（5）: 87-99.

以网约车平台为例,交通运输部、工信部、公安部等七部门联合颁布的《网络预约出租汽车经营服务管理暂行办法》(2016年11月施行)第十八条规定,"网约车平台公司应当……与驾驶员签订多种形式的劳动合同或者协议,明确双方的权利和义务",这基本认可了平台与劳动者之间劳资关系的多元化。2019年12月的国务院常务会议提出要大力支持灵活就业并明确提出"启动新就业形态人员职业伤害保障试点",这一重要的信号表明我国将会在传统的社保体系之外寻求新路径去保障新业态劳动者的职业安全。2021年7月,人社部、发改委等八部门联合发布《关于维护新就业形态劳动者劳动保障权益的指导意见》,对新就业形态劳动者的权益保障进行了较为全面的规定,其中特别强调了放开灵活就业人员在就业地参加基本养老、基本医疗保险的户籍限制,以及开展平台灵活就业人员职业伤害保障试点。该意见正式引入了劳动"三分法"的概念,"不完全符合确立劳动关系情形"的新业态用工第一次正式出现在大众视野。随后,市场监管总局等七部门联合发布《关于落实网络餐饮平台责任切实维护外卖送餐员权益的指导意见》,这一意见主要针对外卖送餐员的劳动收入、劳动安全、社会保障、就业环境等,提出了保障其正当权益的全方位要求。

在2021年8月18日国务院政策例行吹风会上,人社部指出现阶段补齐劳动者权益保障短板的三方面工作包括:一是明确将不完全符合确立劳动关系情形的新就业形态劳动者纳入最低工资制度保障范围,企业要按时足额支付劳动报酬,科学确定劳动者的工作量和劳动强度,合理确定休息办法;二是对企业制定修订直接涉及劳动者权益的制度规则和平台算法,要充分听取工会和劳动者代表的意见建议,并公示告知劳动者;三是强化职业伤害保障。此外,在公平就业、参加职工基本养老保险、医疗保险以及城乡居民保险等方面,政策鼓励有条件的平台企业扩大参加城镇职工基本养老保险的员工数量;对服务多平台的多元化零工就业者,鼓励按照城乡居民保险的标准参加医疗和养老保险;在不具备以上两种条件时,探索把五险一金进行分解,在不捆绑养老金和医保的前提下先缴纳其中最紧迫的部分,以便在不大幅度增加用工成本的基础上让灵活就业人员尽早得到最需要的保障。目前,广东等地开始试点允许平台企业为网约车、外卖、快递劳务等新业态从业人员单独缴纳工伤保险。

平台经济崛起对收入分配的影响

收入分配问题是当前全球各国共同面临的重要问题,也与平台经济的治理密切相关。过去20年以来,受益于优厚的税制和宽松的监管环境,欧美国家一些大型互联网科技公司崛起。以成本加成的增幅来衡量,其垄断程度不断强化,这也助推了贫富差距的扩大。有学者研究发现,贫富差距的扩大几乎与经济中的一切矛盾,例如赤字、债务、违约、低生育率、低增长、低通胀、低利率、价值观混乱等相关联。近年来,监管政策出现了转向,欧美多国除了纷纷实施税制改革以缩小贫富差距外,还启动了针对大型科技企业的反垄断与严监管。

整体而言,平台经济的崛起,既可能通过增加就业与收入机会改善社会的整体收入分配状况,又可能通过改变劳资双方的力量对比,以及扩大行业、地区之间的差距而对收入分配状况产生负面影响。

平台经济发展对收入分配改善的正面作用

一些研究认为,平台经济的发展可以缩小收入分配差距,包括城乡和地区收入差距。其中最重要的原因在于平台经济通过创造大量的就业机会,尤其是灵活就业的机会,提高了低技能劳动者的收入,从而能够降低不平等。比如在当前的中国，平台经济对就业的创造和带动作用就比较明显。平台经济催生的大量新型就业岗位，加上零工经济就业者灵活就业的特征，使得劳动者多元就业成为可能，为许多低收入人群提供了更为广泛的获取收入的途径。此外，吴清军指出，平台经济采用的大数据计酬模式也改变了传统的工资制度和工资支付模式，通过大数据精准计算劳动者在平台上的劳动给付，可以保障劳动者在收入上的公平性。① 陈龙指出，平台经济对劳动者收入存在正面和负面的双向影响，其中正面影响体现在平台工作不存在拖欠工资的问题，且与年龄户籍无关的低门槛准入为广大务工人员提供了就业机会。②

与此同时，互联网与数字技术的发展改变了许多行业的生产流程和运营规则，降低了相关职业对所需劳动力的技能要求和工作门槛，为弱势群体就业赋能。例如，阿里巴巴的"云客服"，通过互联网技术远程为客户提供咨询服务，打破了传统客服行业对工作时间和地点的限定，而且云客服这一工作的技能可以通过简单的在线培训轻易获取，极大地降低了这一工作对于前期人力资本投入的要求（参见《阿里巴巴全生态灵活就业与就业质量研究报告》，2021）。虽然这一岗位并非为某一特定群体打造，但却凭借其拥有的独特优势吸引了大量有身体缺陷或行动障碍的人从事这一职业。近几年兴起的直播平台，为许多农民提供了足不出户获取收入的机会，这也为农村的脱贫工作与留守儿童问题的解决提供了新的思路。"村播"是与乡村内容相关的直播形式的简称，淘宝直播平台的数据显示，截至2020年3月底，全国共有6万多名农民成为农村主播（参见《淘宝直播就业测算与新

---

① 吴清军.平台经济的新生产要素、新组织与新就业——以网约车市场为例.新经济导刊，2020（3）：29-35.

② 陈龙.平台经济的劳动权益保障挑战与对策建议——以外卖平台的骑手劳动为例.社会治理，2020（8）：22-28.

就业形态研究报告》，2020），帮助当地销售土特产品，不仅提高了当地农户的收入，而且推动了农产品供应链的升级。

此外，平台经济的发展还通过为消费者（尤其是中低收入消费者）提供更为便利、实惠的商品与服务，提高了消费者的福利水平，这也是收入分配方面不容忽视的变化。互联网平台的崛起，改造了许多传统的产品或服务业态，让其以更有效率的方式提供给消费者，同时还催生了许多新的产品或服务业态，极大地拓展了消费的边界。例如，传统出租车行业使用巡游接客的方式来实现供需匹配，效率比较低，打车难成为长期困扰城市居民的问题。网约车平台的出现极大地提高了打车服务的效率与服务水平，实实在在地提升了普通消费者的福利。又如，外卖平台的出现则改变了传统的餐饮消费习惯，催生了新的外卖服务业态，使消费者可以足不出户享受餐饮产品。这些产品和服务供给方式的改变，可以直接起到改善消费者福利水平的作用，尤其对于中低收入群体的影响更大。

平台经济对收入分配的潜在负面影响

也有一些研究认为，平台经济对社会整体收入分配的影响是负面的，会导致社会收入分配的两极分化，不利于缩小地区收入差距。首先，不少理论与实证研究表明，数字经济的快速发展在短期内会降低劳动收入份额、提高资本收入份额。基于全球 56 个国家的数据研究发现，信息技术的进步将导致大多数国家中的劳动力收入份额出现下滑。[1] 而与之相对的是，资本报酬在经济收入中的占比持续升高，更多的财富集中到少数资本所有者手中，最终加剧了资本所有者和一般

---

[1] L. Karabarbounis, B. Neiman, "The Global Decline of the Labor Share", *The Quarterly Journal of Economics*, 2014, 129(1): 61-103.

劳动力之间的收入差距。本泽尔等通过构建两阶段世代交替模型发现，随着时间的推移，人工智能生产率的提高会使资本在国民收入中的份额上升，而劳动所占份额不断下降。① 邵文波和盛丹通过构建异质性企业模型讨论了信息化与中国企业吸纳就业下降的关系，并用中国工业企业数据库进行了验证，发现信息化的发展会带来劳动收入占比的普遍下降。② 郭凯明曾通过建立一个多部门动态一般均衡模型，指出人工智能相关技术的提高，会促使生产要素在产业部门间的流动，从而导致劳动收入份额的变动。③ 余玲铮等基于广东企业调查数据实证研究发现，由于机器人促进劳动生产率的增幅高于工资率的增幅，从而使劳动收入份额下降。④

其次，由于平台经济具有明显的规模效应，大部分互联网细分行业在经过激烈的市场竞争后，会形成一两家平台占主导的市场格局，从而出现垄断。如果垄断者利用垄断地位持续获取超额回报，会对整体社会福利造成损害。例如，为了在竞争中胜出，许多平台在早期会利用资金优势为供需双方提供高额补贴，以获取尽可能大的市场份额；等市场地位稳固后，平台则会逐步取消相关补贴，具体表现为网约车或外卖费用大幅上涨、骑手和司机分成下降、平台商户面临的营销费用提升等，这些现象在一定程度上引发了人们对平台经济的担

---

① S. G. Benzell, L. J. Kotlikoff, G. LaGarda, J. D. Sachs, "Robots Are Us: Some Economics of Human Replacement", National Bureau of Economic Research Working Paper Series, No.20941, 2015.

② 邵文波，盛丹. 信息化与中国企业就业吸纳下降之谜. 经济研究，2017，52（6）：120-136.

③ 郭凯明. 人工智能发展、产业结构转型升级与劳动收入份额变动. 管理世界，2019，35（7）：60-77，202-203.

④ 余玲铮，魏下海，吴春秀. 机器人对劳动收入份额的影响研究——来自企业调查的微观证据. 中国人口科学，2019（4）：114-125，128.

忧。怀特认为，数字经济为少数垄断组织或个人提供了更大的利润和回报，而大多数人却为了一般的收入辛勤工作，从而使市场上的不平等变得更加明显。① 谢富胜等通过马克思主义政治经济学分析，指出平台经济会导致不稳定的就业和工资。② 数字平台通过对交易途径和数据的垄断，使劳动者除了出卖劳动力、"自愿"延长劳动时间外别无选择，而且平台通过灵活性规避了正式的劳动雇佣关系，将风险和成本全部转嫁给了劳动者，造成其收入的不稳定。陈龙根据田野调查指出，在一两家互联网平台独大的市场格局下，奖惩比例出现严重失衡情况，好评奖励被取消，而差评处罚却更加严苛，这种转变不利于劳动者的收入增长。③

再次，正如前文所述，平台经济中的劳资关系不同于传统的二分法框架下的劳动关系或民事关系，劳动者权益保障体系未成形，此时平台劳动者处于相对弱势地位，很有可能诱发收入分配恶化。更进一步，平台通常是包括算法在内的各项规则的制定者，而平台劳动者只是各项规则的遵从者，难以与平台获得平等对话的权利，因此在利益分配中处于相对弱势地位。李胜蓝和江立华指出，平台劳动者虽然是被灵活的工作时间吸引，但在追求自由的过程中，却会被平台以算法束缚，并没有真正掌握劳动时间和收入，反而成为资方加快获取利润的重要源泉。④ 哈利迪指出，为平台工作的自由职业者与雇员不同，

---

① A. White, "A Universal Basic Income in the Superstar (Digital) Economy", *Ethics and Social Welfare*, 2019, 13(1): 64–78.
② 谢富胜，吴越，王生升. 平台经济全球化的政治经济学分析. 中国社会科学，2019（12）：62-81，200.
③ 陈龙. 平台经济的劳动权益保障挑战与对策建议——以外卖平台的骑手劳动为例. 社会治理，2020（8）：22-28.
④ 李胜蓝，江立华. 新型劳动时间控制与虚假自由——外卖骑手的劳动过程研究. 社会学研究，2020，35（6）：91-112，243-244.

平台通过剥夺相关的自由而把平台劳动者当作雇员，但在产生相关的风险时却把他们当作自由职业者，并且数字平台获得垄断地位可能会对其劳动者的收入造成向下的压力。①

最后，数字经济的高速发展客观上增大了行业、城乡、地区间的发展差距。在行业层面，根据国家统计局的数据，2019 年信息传输、计算机服务与软件业在所有行业中平均工资最高，达到 161 352 元，是城镇单位就业人员平均工资 90 501 元的 1.78 倍，相关行业的高速发展在客观上会拉大行业间的收入差距。在城乡与地区差距层面，数字经济的发展具有较强的规模效应，大部分互联网公司集中于北上广深杭等少数城市。赵新伟、王琦利用 2010—2019 年我国 31 个省份的面板数据，研究发现中国三大地区数字经济发展空间分布并不均衡，存在明显的地区差异。② 段博等选取了中国 284 个地级市的有关数据，对数字经济影响地区差距的传导机制进行了检验，发现数字经济、制造业集聚和地区差距的空间分布均呈现"东强西弱、南强北弱"的不均衡特征。③ 魏萍和陈晓文利用 2010—2016 年省级面板数据，实证检验了数字经济对城乡收入差距产生的影响及其空间溢出效应，结果表明在数字经济发展过程中，本地区的信息基础设施建设和互联网普及会拉大本地区的城乡收入差距。④

---

① D. Halliday, "On the (Mis)classification of Paid Labor: When Should Gig Workers Have Employee Status?", *Politics Philosophy & Economics*, 2021, 20(3): 229-250.
② 赵新伟, 王琦. 我国数字经济发展空间演进及地区差距分解. 统计与决策, 2021, 37（17）: 25-28.
③ 段博, 邵传林, 段博. 数字经济加剧了地区差距吗？——来自中国 284 个地级市的经验证据. 世界地理研究, 2020, 29（4）: 728-737.
④ 魏萍, 陈晓文. 数字经济、空间溢出与城乡收入差距——基于空间杜宾模型的研究. 山东科技大学学报（社会科学版）, 2020, 22（3）: 75-88.

对潜在负面影响的分析

新工作替代旧工作使部分劳动者失业

平台经济发展可以看作一种具有很强破坏性的创新活动,必然会导致较大的结构调整成本。平台的崛起,冲击了一些传统产业,导致了部分就业机会的消失。例如,在网约车平台兴起的早期,传统出租车司机因利益受损,曾一度进行激烈反抗,并导致一些地方政府因为担忧社会稳定而延迟向网约车发放牌照。

传统就业机会的消失和新就业机会的出现,是技术进步导致的全球性的结构性变革,无疑会带来短期的阵痛。在此过程中,低技能、弱势群体的利益往往受损。由于这种工作的变革在很大程度上是高效率对低效率的一种替代,劳动者和企业也会做出调整,适应变革。例如,随着网约车的发展,平台精确匹配提高效率的优势显露无遗,传统的巡游出租车司机大都主动或被动地适应了这种变革,各地的管制方式也在不断调整,传统巡游出租车与网约车之间的冲突大大弱化。对政府而言,好的管制应尊重客观规律,顺应变革,而非阻碍创新。

面对结构性转型的阵痛,应当着眼于在发展中解决问题,即一方面鼓励创新、促进经济发展,另一方面通过转移支付等方式让发展的红利惠及受损群体。为此,应当完善社会保障体系,更好地支持在平台经济发展过程中受到冲击的群体维持生活水平,实现工作转型。如果这些人不能平稳地转到新的就业岗位,或者缺乏必要的社会保障,很可能会造成社会矛盾,甚至阻碍平台经济的发展。近年来,一些国家民粹主义势力抬头,全球化政策出现逆转,一个重要原因就是受到冲击的部分工人与企业没有得到适当的补偿,这些教训值得中国借鉴。

劳动收入份额下降

以法国经济学家皮凯蒂的《21 世纪资本论》为代表的系列研究指

出，自20世纪80年代以来，在各要素的收入分配中，劳动收入的份额出现明显下降。这是一个全球性的趋势，中国并非其中的例外。劳动收入份额下降的原因，则包括长期的产业结构变动、全球化、税制结构等因素。例如，从经济发展规律来看，劳动收入份额会呈现U形变化趋势；从经济波动规律来看，经济下行期劳动收入份额提高，这两点都可以同时解释金融危机之前劳动收入份额的下降和金融危机之后劳动收入份额的上升。另外，数字经济、平台经济所代表的是一种技能偏向型的技术进步，主要提升了对高技能劳动力的需求，因此带来了高技能劳动力技能溢价的不断上升，在一定程度上会加剧不平等。总之，很难将这种全球性的劳动收入下降的长期趋势与短期内的平台经济、大型科技企业的崛起建立直接因果关系。与其说数字技术的发展是劳动收入份额下降的原因，不如说两者都是技术进步的结果。

平台获得垄断地位后损害社会福利

这方面的问题主要涉及不正当竞争，并可能存在滥用市场支配地位的嫌疑。应该认识到，这些问题并非平台经济所独有，是反垄断与反不正当竞争领域需要持续面对的问题。在运用法律法规进行监管方面，可参考本书其他章节的分析。

算法助力垄断

互联网平台高度依赖以效率优先为主要准则的算法，所谓"算法霸权""算法辖制"等问题已经引起了社会的高度关注。零工劳动者虽然在工作时间和工作长度方面有较大灵活性，但在工作任务、报酬福利等方面对平台有较强的从属性。平台经济的崛起使许多创业者成了"平台依赖型创业者"，失去了传统创业活动的自主性。互联网平台的算法设计，本质上是为了平衡商家、消费者、零工等各方，以及平台自身的利益。以外卖平台为例，在发展早期，为了尽可能获得更多的消费者，算法会倾向于消费者的利益，而往往不利于商家和骑手。骑手在平台算法规则的引导下越跑越快，事故风险上升。所谓"困在算法里的骑手"等说法，引发了大众的关注。

由于很难通过法律法规对算法进行事前详细规定，有必要采纳多元治理的思路克服所谓的"算法霸权"问题。贾开指出，在算法管理方面要提升透明度和规则制定的包容性，吸收来自劳动过程中的反馈，适时调整算法。① 此外，应当加强企业的社会责任，发挥行业协会、工会的作用，鼓励当事方定期协商。最后，实施算法审计也是进行算法治理的手段之一，这方面可以参考本书其他章节的分析。

行业、城乡、地区间的发展差距扩大

不可否认，数字经济的高速发展客观上增大了行业、城乡、地区间的发展差距，但这是技术进步和城市化进程中必然出现的现象，是规模经济、集聚效应发挥作用的结果。

总之，社会关注的与收入分配相关的诸多问题其实是技术进步导致的全球范围内广泛存在的问题。现实中，平台经济由于处于技术发展的前沿，且连接了消费者、商家、劳动者等多方，因此成为被关注的焦点。如果因此而限制平台的发展，会挫伤科技创新的积极性，不利于"做大蛋糕"，因而也就无法达到改善收入分配的目标。

政策建议

总体来看，平台经济代表着一种先进的生产组织形式，而伴随平台经济发展出现的劳动就业、劳动者权益保障和收入分配方面的一些问题，是技术进步带来的全球劳动力市场结构性变革的结果，是制度

---

① 贾开.算法可以中立吗？——"零工经济"的新可能.文化纵横，2021（4）：117-124，159.

配套不能适应技术进步和生产组织形式变革所产生的摩擦，不能因此而否定平台经济的积极作用，而是应该着眼于在发展中解决问题。为此，本章提出如下政策建议：

第一，在平台治理过程中，针对因为不正当竞争和垄断导致消费者和平台劳动者权益受损失等问题，应该通过完善监管体系、倡导企业承担社会责任等加以纠正。一个可能的途径是逐步建立起相关行业协会和零工工会，担负起行业自律、劳动者权益协商，以及教育引导消费者的积极作用。

第二，调整现有的劳动法律制度，对劳动者权益保护体系和社会保障体系进行相应改革，开辟新的服务模式，在顺应技术进步带来的变革、不增加经济运行成本的同时，保护好劳动者权益。目前平台工作模式复杂多样，传统的劳动法律有关劳动关系和民事关系的"二分法"已经明显不适于平台工作的发展现状，需要使用新的范畴来重新界定这种非标准劳动关系。例如，可以借鉴西方国家关于独立工作者的界定，并以此为基础重新划分劳动者和平台之间权利和义务的范围，并进行相匹配的制度建设。

第三，调整现有社保制度，建立起适用于平台经济发展的劳动者权益保护网。传统的劳动关系与社保制度是基于工业经济时代的特征而制定的，二者存在明显的绑定特征，而这与平台经济时代下灵活用工的特点不符。将社保与劳动关系"解绑"，并为具有灵活就业、非固定用工单位、非全职就业等特征的劳动者建立起合理的费用分摊制度，能大大拓宽城镇职工社保体系的覆盖范围。

第四，加大一般意义上的收入分配调节手段的力度，包括完善弱势群体的保障体系，加快户籍制度改革以提升劳动要素的流动性，通过土地制度改革提升农民财产性收入，加大公共教育投入力度以提升低收入群体的人力资本水平，完善资本相关的税收制度以避免税收出现累退性等。

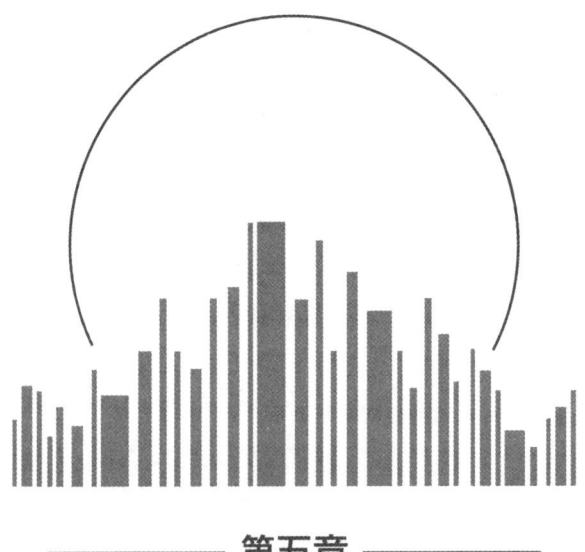

第五章

平台经济和国家治理[1]

---

[1] 本章作者为席天扬。

党的十八届三中全会提出了"国家治理体系和治理能力现代化"这一重大命题。国家治理体系是一个国家的上层建筑，对于我们国家而言，就是在党的全面领导下，经济、政治、法律、社会、文化和生态环境等领域的管理机制和制度安排。国家治理体系的有效性主要表现为国家治理能力，也就是如何管理经济和社会事务，促进改革、发展、稳定，增进社会稳定与和谐，满足人民群众日益增长的对美好生活的需要。

　　随着移动通信技术的快速发展和以大数据为基础的人工智能技术的普遍应用，平台经济已经成为现代社会生活的基本要件。统计显示，中国成年人每天用来看手机的平均时间为3小时16分钟，年轻人使用手机更可能高达8小时以上，这其中大部分时间消耗在移动端平台上。今天的人很难适应不能使用手机打车、缴费、购物、消费和获取新闻资讯的生活方式。历史唯物主义告诉我们，经济基础决定上层建筑。平台的功能和影响已经超越了经济和市场，成为国家治理体系建构过程中必须认真对待的问题。

　　我们认为，平台经济是提升国家治理能力的积极力量。一方面，平台经济的兴起提供了新的商业模式和经济增长点，改进了资源的配置效率，创造了多样化的劳动需求和灵活的就业机会，提高了居民的消费福利。另一方面，平台所提供的技术和商业模式也增强了政府治理能力，政府的平台化极大地增强了公共服务的效能。与此同时，平台经济对社会生活的全面嵌入也造成了一定程度的数字化依赖，平台化的公共服务对不同人群具有差异化的影响。同时，围绕平台企业的经营、发展也产生了关于劳动者权益、收入差距和数据安全等方面的舆论热点问题。如何正确管理数字技术对社会治理的多方面影响，对平台经济加以趋利避害的引导和监管，促进国家治理能力的提升，目前已经成为全球各国政府普遍重视的问题。

本章从政府治理、社会治理、价值观念和监管策略四个层面阐述平台经济和国家治理的关系。在政府治理层面，公共服务和数字平台的融合是全球范围内不可逆转的趋势。多国政府正在大力推动促进公共服务系统的平台化改造，通过数字化技术提高公共服务的可得性，改进治理绩效。跨国研究表明，各国在促进政府设计的数字化、行政系统数据驱动、行政系统平台化、政府服务的开放性、用户驱动性和主动性等层面还有很大的提升空间，不同国家数字政府的发展速度和质量极不平衡。这种现状为新兴经济体在国家治理体系建设上实现"弯道超车"提供了机遇，也对发展中国家的治理能力形成了挑战。得益于平台企业的蓬勃发展，近年来中国在数字化公共服务和政府数字平台的建设上取得了令人瞩目的成效，但是数字政府发展仍然具有不充分和不平衡的特征，其在不同地区和不同人群中的普及性存在较大差异。

在社会治理层面，以社交媒体为载体的平台经济深刻地改变了民众获取和传播信息的方式，并通过对文化价值、热点事件、政治参与行为的塑造影响着政治进程和社会稳定。从社交媒体在"颜色革命"中的广泛使用，到英国脱欧"公投"，再到美国2016年、2020年总统选举中针对脸书、推特、TikTok等社交媒体的争议，足以看出社交媒体平台所具有的全球性和革命性的政治影响。社交媒体的信息外溢性和数字技术本身的不可控性在这些事件中发挥了比政治体制和经济发展水平更大的作用。相比西方国家私人资本主导社交媒体平台发展模式，我国独特的信息监管模式和党对社会经济组织的全面领导具有体制性优势，有利于管理数字技术应用的不确定性，消除虚假信息对社会和谐及稳定的负面影响，引导平台经济成为有利于党的全面领导和国家治理体系的建设性力量。

在价值观念层面，平台新兴商业模式以及就此产生的利益分配冲突屡屡成为近年来的热点事件。现行的法律、政策在消费者权益、数据安全和隐私、平台劳动者权益保护等领域滞后于平台商业模式的发展，形成了制度和监管的灰色地带，围绕着这些问题的争议和冲突也往往成为社会舆情关注的焦点。应当认识到，这些冲突来自技术进步和商业模式创新所导致的利益再分配、再谈判。多元利益诉求是健康社会的产物，是经济发展和结构转型的必然结果。从政策制定者的角度，有必要对针对平台经济的舆情加以科学的研判和认识，在监管政策的制定中既要充分地尊重舆情所反映的多元化利益诉求，特别是弱势群体的真实需要，也要避免监管政策对舆情的过度反应，抑制平台经济的活力。

在监管协调层面，政策制定者面临着如何平衡多元化的利益诉求和促进平台经济更快、更好发展的难题。平台经济自身所具有的网络外部性和规模经济的特征决定了其在与利益相关者的博弈中处于优势地位。在实践中，平台的发展往往领先于监管政策，成为制度设计的议程设定者。同时，利益和诉求的多元化增加了社会大众的协调成本，针对核心利益诉求难以组织有效的集体行动。西方国家在平台经济监管立法上所面临的阻力表明，平台和大众的不对称影响力可能造成监管政策的偏向，不利于保护弱势群体的利益。监管政策的框架设定应当充分考虑平台经济的再分配效应，例如，通过数字税等机制对受到负面影响的弱势群体加以补偿，提高社会大众的获得感，推动平台经济成为实现共同富裕目标的积极力量。同时，应当认识到平台经济的壮大是科技进步推动经济社会转型的长期趋势，对提升国家治理能力和国际经济影响力具有积极意义。监管政策制定者有必要采取更加灵活和更具包容性的监管体制，鼓励国内企业走出去开拓海外特别是发展中国家的市场，帮助平台企业成长为全球性的行业领导者。

政府治理

行政体系和公共服务的数字化,是近年来全球公共治理领域结构转型的重要特征。"十四五"以来,我国政府把提高数字政府的效能、通过平台化的技术为公共服务赋能作为提升国家治理能力的重要课题,而平台企业在这一过程中扮演了重要角色。数字政府又被称为电子政府,表现为政府利用互联网通信技术和现代信息科技为公民提供公共服务,回应民众需求,并通过数字化平台体系提升行政能力。OECD发布的《2019年OECD数字政府指数报告》从六个维度评价数字政府发展水平,总结了OECD国家中除了美国、澳大利亚、墨西哥、波兰、匈牙利、斯洛伐克、瑞士、土耳其以外的成员国的发展概况。六个维度的定义如下:

1. 政府设计的数字化:利用数字技术思考和重新设计公共流程、简化程序,创建利益相关者沟通和参与的新渠道。

2. 行政系统的数据驱动:将数据视为战略资产,建立治理、访问、共享和再使用机制。

3. 行政系统的平台化:在公共服务设计和交付中关注用户需求。

4. 政府系统默认开放:在现有法律允许并与国家和公共利益保持一致的前提下,默认向公众开放政府数据和决策过程。

5. 政府平台的用户驱动性:在流程、服务和政策的形成中满足民众需求,并通过采用包容性机制来实现。

6. 政府平台的主动性:主动预测并快速响应人们的需求,避免烦琐的行政程序。

根据该报告,韩国、日本和哥伦比亚分别处在排行榜的前三位。

欧洲国家中在政府设计的数字化维度表现位居前十的国家依次为：西班牙、丹麦、英国、挪威、荷兰、葡萄牙、卢森堡。值得注意的是，德国、比利时和瑞典在排行榜中处在倒数位置，而拉美国家中经济状况相对较好的智利也处在倒数第四位。可见，政府设计数字化的表现和经济发展水平没有线性的相关关系，人均收入相对靠后的国家具有弯道超车的机会。韩国的保健福祉部开发了个人的医疗数据平台 MyHealthWay，这个 App 有点类似于我们的健康宝，但它不仅包括疫苗和疫情的信息，还对接医保系统，整合个人检查数据和就诊、处方信息。哥伦比亚在 2015 年通过立法，推出了类似的应用。这个应用可以方便医生调取病人的既往病史和检查记录，甚至开展远程问诊。此外，哥伦比亚目前正在推行的数字身份证，和数字钱包相连，不仅可以直接办理各种业务，而且在疫情期间，哥伦比亚政府通过数字身份证和钱包直接向低收入群体发放补助，大大提高了救助的效率和精度。

OECD 的报告同时强调了，在政府设计的数字化方面各国仍有不足，表现较好的国家制定了完善的战略和领导数字化政府的协调机构，然而大多数国家政府中负责领导和协调数字政府的机构只有有限的决策责任，充当咨询参与者而不制定数字政府决策机制政策，这就可能对政府数字化转型的速度产生负面影响。值得注意的是，85%的被调查国家实施了拥有单一身份的系统并建立了相应的数字系统，但只有 58% 的国家可以保证公民通过数字化身份系统获得超过一半以上的公共服务。相比之下，我国在数字化身份系统与公共服务的对接上具有一定的领先优势，目前身份证电子证照使用在我国已经较为普及，使用电子身份证可以乘坐火车、入住酒店、预约参观景点，通过微信和支付宝等个人账号的实名认证，公民可以获得大部分公共服务。

各国政府在行政系统的数据驱动方面的表现有较大的提升空间，

OECD 的报告认为各国政府普遍未能充分利用数据作为数字政府的基础来创建公共部门。截至 2019 年，只有 12% 的国家拥有单一的专用数据政策，64% 的国家制定了数据收集的规范，36% 的国家针对数据使用的伦理、公平性和包容性制定了专门的政策并在付诸实践。在行政系统的数据驱动方面，表现最好的前十位 OECD 国家分别是英国、丹麦、韩国、西班牙、哥伦比亚、加拿大、日本、法国、葡萄牙和立陶宛。

在政府平台的用户驱动性方面，丹麦、哥伦比亚、英国、韩国、日本处在 OECD 国家前列。表现最好的国家有类似的最佳实践：关键利益相关者一致参与设计和制定政策和服务，维护多种渠道、数字机制和强制性指南。它们还积极让用户参与测试和评估敏捷服务设计及实施。总体而言，各国政府数字平台的用户参与度仍然不高，对政策制定和服务交付流程的参与度分别为 30% 和 36%，老年人、残疾人、少数民族和妇女的参与度相对偏低。61% 的国家成立了专门的部门来测试和评估数字项目以及确保公民用户的参与，但只有 49% 的国家对用户的满意度有系统的评估体系。

近年来，我国政府数字平台发展较快，数字化平台已经成为公共服务的重要组成部分。党的十九届四中全会、五中全会把数字政府的建设列为国家治理体系的重要目标，把数字经济、数字社会、数字政府同时列为数字化发展的三大支柱。在这一背景下，全国各地方政府把数字政府平台的建设提上了议事日程，并出台了大量与之相关的政府文件和产业政策。2018 年 6 月贵州省率先在全国发布了省级数字政府发展文件《贵州省人民政府关于促进大数据云计算人工智能创新发展加快建设数字贵州的意见》，截至 2020 年底全国已有包括贵州、广西、广东、江苏、浙江、湖北、福建、山东、宁夏、黑龙江、山西、安徽、内蒙古在内的 13 个省级行政区制定了专门的数字政府发展规划，至少 19 个省级行政区成立了大数据管理局和数字政府建设领导小组。①

值得注意的是，各省份在推动数字政府的过程中，对数字政府的运营公司采用了不同的股权和治理结构。其中，广东省的数字政府平台运营方"数字广东网络建设有限公司"，由腾讯集团占股49%，联通、电信、移动三大通信商占股51%。浙江省的数字政府平台运营机构"数字浙江技术运营有限公司"由阿里巴巴集团占股49%，其他国资占股51%。而其他省份的数字政府平台运营机构则大多数由国资100%控股或由国有企业控股。可见平台企业发展水平较高，在经济中占有重要影响的省份，企业也更多地参与到数字政府平台的建设中，而广东和浙江两省的数字政府发展水平在各类研究机构的报告中也处在全国数字政府建设的前列。

目前，平台企业广泛参与了我国数字政府平台的建设，在数字化公共服务中发挥了重要作用，学术界将这一现象概括为"平台驱动的数字政府模式"。② 以广东省为例，广东省政务服务平台推出"粤省事"微信小程序，全省实名注册用户超过9 347万，占广东省常住人口的74%以上。"粤省事"上线民生类服务1 706项，累计业务量超过51亿件。针对企业的经营服务，推出了移动政务服务平台"粤商通"应用，注册商事主体超过600万，在全国率先实现了"免证办"。"粤康码"在疫情防控中发挥了重要作用，不仅成为识别和登记全国各省份居民健康状况的重要平台，同时支持出入境健康申报和粤澳健康码跨境互转互认，累计使用人数已突破1.06亿，在珠海口岸日均约20万~30万人持"粤康码通关凭证"通关。与广东省类似，全国

---

① 冀永进.数字政府建设的典型模式：各省数字政府规划发布情况、省大数据局成立情况、省运营公司成立情况.数字政府政策库，2021-03-29，https://www.smartcity.team/policies/digitalgovernment/geshengshuzizhengfumoshi/.

② 北京大学课题组.平台驱动的数字政府：能力、转型与现代化.电子政务，2020（7）：2-30.

各地政府推出了数量众多的数字政务服务移动端应用程序，这些程序大多数内嵌在微信小程序或者支付宝中，可以通过扫描二维码或者在微信和支付宝程序中搜索获得，注册和使用方便快捷。全国大部分省份推出了地方政府政务服务微信公众号，市民通过关注微信公众号就可以办理相关的业务。在疫情防控常态化的形势下，这些移动端应用程序已经深深嵌入社会治理体系，成为保障公共健康、提高公共服务质量、降低公共行政成本的助推器。

平台企业与地方政府合作搭建政务平台对于提高我国社会治理水平具有积极意义。首先，企业数字平台和地方政府的合作为政务平台的顺畅运行提供了技术保障，提高了政务平台的运行效应。其次，企业平台提高了地方政府的服务意识、服务水平以及对民众关切问题的回应效率。但同时，利用数字技术和平台模式化了的公共服务在实践中也存在发展不充分、不均衡的问题。对于不同的人群，以移动平台为载体的服务的可得性是不同的。知识背景、年龄、信息等因素形成了客观的"数字鸿沟"，给弱势人群使用移动政务应用程序造成了困难。疫情暴发初期，一则关于"老人无健康码乘地铁受阻"的新闻引发了热议。为了解决"数字鸿沟"，有关部门也采取了积极的应对方案。国务院办公厅印发了《关于切实解决老年人运用智能技术困难的实施方案》，提出了要扩大适老化智能终端产品供给，推进互联网应用适老化改造。全国交通运输工作会也研究如何解决老年人出行的"数字鸿沟"问题。总体来说，在平台服务的包容性发展方面，这些年我国取得了相当的成绩，但是仍然有较大的提升空间。比如说专门面向残障人群和弱势群体的生活服务平台，在数量质量上仍然不足。中国有 8 500 万残障人士，他们在提升生活品质上面有很大需求，这方面需要更多的供给侧创新。平台企业在为弱势群体赋权，提升公共服务均等化和民众获得感上仍大有可为。

社会治理

从全球范围来看,平台经济在一定程度上改变了信息的传播和舆论生成机制,给世界各国的社会稳定性和治理能力带来了新的挑战。基于移动互联网的社交媒体平台正在取代传统媒体成为人们获取时事信息的主要来源。平台本身不进行内容生产,但社交媒体并不仅是中立的信息提供者,在实践中平台往往有可能对社交媒体的内容进行选择性引导和控制,进而影响围绕社会性事件的报道和讨论。

目前,诸如推特、脸书、Instagram 等社交媒体平台不仅是西方社会民众获取信息和保持社交联系的重要手段,在发展中国家也拥有大量用户,是发展中国家民众获取信息和彼此交流的主要媒介。这些社交媒体重新塑造了世界各国的政治观念形成和传播模式,并对政治进程产生了重要影响。

在2010年的"颜色革命"中,抗议者使用社交媒体作为信息传播、沟通和组织活动的工具,相关信息通过脸书、推特等平台在全球社交媒体用户中迅速传播,引发了全球舆论的关注。研究表明,社交网络在突尼斯和埃及的社会运动与政权更迭中起到了关键性作用。根据阿联酋《国家报》,高达90%的埃及人和突尼斯人声称他们使用脸书组织反政府抗议和传播信息。在2011年埃及爆发的"1·25革命"中,反对派通过脸书制作了大量传单和视频,获得了超过550万次的观看量。华盛顿大学新闻网站报道,在总统穆巴拉克辞职前一周,推特上关于埃及社会变革的推文总数从每天2 300条迅速增加到23万条。推特为了配合对示威活动的报道,甚至停止了原计划的系统更新。

社交媒体平台对各国民众的观念和政治参与也有一定的影响。2018年发表在《政治心理学前沿》杂志的一篇研究总结了美国、西班牙、土耳其和乌克兰等国家的社交媒体大数据与社会抗议活动的关系,其研究结论显示社交媒体平台推动了对于涉及交通、投票、警力、冲突、医疗和法律支持的关键信息的交流，起到了协调抗议活动的作用。此外，社交媒体平台还促进了围绕抗议活动的情感交流，并强化了活动参与者的身份认同和一致化的意识形态倾向，使之表现出更强烈的愤怒、社会认同以及对公平、正义和经济剥削的担忧。[1]

社交媒体平台同样影响了一些国家的选举进程和宏观经济稳定。这方面最有代表性的例子是 2016 年美国总统选战。地产商出身的"政治素人"唐纳德·特朗普异军突起，突破了由共和、民主两党精英把控的政治网络，凭借保守派和美国中部"铁锈地带"蓝领工人的支持当选美国总统。在竞选初期，尚未获得媒体背书和共和党竞选平台支援的特朗普把推特作为宣传政见和影响选民的主要平台。甚至在四年总统任期里，他也频繁使用个人推特账号"真实的唐纳德·特朗普"（@realDonaldTrump）作为信息发布的来源，以至于社会各界每天不是首先通过 CNN（美国有线电视新闻网）或者《纽约时报》《华盛顿邮报》这些主流媒体，而是通过特朗普的推特来了解美国政治的最新动向。截至 2021 年 1 月特朗普个人账号被关闭时，他的推特账户共有 8 900 万粉丝，相当于推特日活用户的 48%。根据美银美林、摩根大通等投资机构的研究，特朗普的推特还对金融市场产生了显著影响。当特朗普的日发推文数少于 5 条时，股市回报率达到 5 个基点，而当其日发推文数超过 35 条时，股市回报率跌至-9 个基点。仅在 2018 年至 2019 年 9 月期间，特朗普就有超过 4 000 次在美国股市营业期间发布推文，其中有 146 次带来了股票市场的显著波动。[2]

如果说，在社交媒体上发推文帮助政客向选民推销自己的政见，

---

[1] John Jost, et al., "How Social Media Facilitates Political Protest: Information, Motivation, and Social Networks", *Advances in Political Psychology*, 2018, 39(S1): 85-118.

[2] 吴家明. 特朗普推特的"大数据"复盘：持续 143 个月、146 次影响股市、近 9000 万粉丝. 证券时报网，2021-01-09, https://news.stcn.com/news/202101/t20210109_2717687.html.

有助于选民了解候选人的政治主张，促进选举竞争的透明度，2016年之后爆出的脸书-剑桥分析数据丑闻则引发了美国朝野上下和社会各界对于社交媒体平台可能导致政治操控的担忧。剑桥分析是一家总部位于英国的咨询公司，这家公司与剑桥大学的数据科学家合作开发了一款名为"这是你的数字生活"(This Is Your Digital Life)的应用，通过提问来收集脸书用户的回答，并通过脸书的 Open Graph 平台收集用户脸书好友的个人数据，获取了多达 8 700 万份脸书个人用户资料。有证据显示，特朗普的总统竞选团队获得了这些数据，并使用这些数据来构建心理档案，确定用户的个性特征和政治倾向，向特朗普支持者发送关于特朗普的正面信息和有关投票站的信息，向中间选民发送关于希拉里·克林顿的负面信息。脸书-剑桥分析数据丑闻的曝光使西方社会舆论哗然。美国联邦贸易委员会在 2019 年 7 月对于脸书违反用户隐私处以 50 亿美元的罚款。

从上述案例不难看出，掌握用户大数据的社交媒体平台，不仅是一个信息传播和流通的媒介，更有可能成为政治信息传播的议程设定者，具备了影响实际政治进程的能力。包括社交媒体在内的科技平台深入参与了美国选举活动，在影响政治传播方面发挥了重要作用。①对 2016 年美国总统竞选团队的访谈表明，科技公司有动力在政治领域拓展营销、广告和游说工作。脸书、推特、谷歌不仅积极推广它们的服务和数字广告，还派出代表充当政党竞选活动的数字顾问。②

近年来，Instagram、TikTok 等新兴社交媒体平台有后来居上的

---

① Daniel Kreiss, Shannon C. McGregor, "Technology Firms Shape Political Communication: The Work of Microsoft, Facebook, Twitter, and Google with Campaigns During the 2016 U.S. Presidential Cycle", *Political Communication*, 2018, 35(2): 155–177.

② Daniel Kreiss, Shannon C. McGregor, "The 'Arbiters of What Our Voters See': Facebook and Google's Struggle with Policy, Process, and Enforcement around Political Advertising", *Political Communication,* 2019, 36(4): 499–522.

趋势。脱胎于中国移动短视频应用平台"抖音"的 TikTok 在美国年轻人中迅速走红，尽管 TikTok 原本的用意是让用户发布自己跳舞、假唱或才艺展示的片段，但在 2019 年之后 TikTok 上含有政治表达内容的短视频却激增。根据对一组美国共和党和民主党的视频分析，TikTok 上的政治交流与其他社交媒体平台相比互动性更高，更容易形成不同观点和党派倾向的聚类。TikTok 上政治观点的表达具有跨党派特征，其中共和党用户制作的视频得到了更多的回应，民主党则更多地参与跨党派讨论。① 根据一项最新研究，TikTok 对青少年参与在线政治行动以及获取政治信息作用较大，有超过 37.4% 的受访青少年用户表示 TikTok 是自己平时获得政治信息的最主要来源，超过 11% 的青少年用户表示平时主要用 TikTok 来发表自己的政治观点，超过 74% 的受访者表示把 Instagram 作为表达政治观点的主要平台。TikTok 在美国青少年中的走红甚至引发了美国朝野上下的关注，平台的政治影响力也是特朗普政府在 2020 年对 TikTok 进行封禁的主要理由。②

　　社交类平台在对信息的管理上面临着自由和安全的两难。一方面，在自媒体时代，各种虚假信息和极端、煽动性的主张可能通过平台传播，对社会稳定和公共安全造成负面影响。另一方面，社交媒体的互动性和自发性特征决定了平台很难对每一条信息的内容加以严格甄别和审查。举例来说，某人在社交媒体发布的一条关于某地某公寓发生火灾的假消息，可能导致该楼的住户在慌乱中跳楼逃生而伤亡，

---

① Juan Carlos Medina Serrano, et al., "Dancing to the Partisan Beat: A First Analysis of Political Communication on TikTok", 12th ACM Conference on Web Science, 2020-07-06.

② Theo Sodani, Scott Mendenhall, "Binge-Swiping through Politics: TikTok's Emerging Role in American Government", *Journal of Student Research*, 2021, 10(2), DOI: 10.47611/jsrhs.v10i2.1777.

但如果平台必须对用户发布的每一条信息进行审核和负责，平台也许会被迫将未经验证的火灾信息默认为"不实"而删除，这就可能导致过滤掉一部分真实的信息，不利于社会治理。

针对数据安全和隐私等公众普遍关注的问题，根据皮尤研究中心在2018年开展的一项调查，在剑桥数据分析丑闻曝光之后，西方社会54%的成年用户（18岁及以上）表示他们在过去12年中调整了隐私设置，禁止外部应用程序在未经用户允许的情况下调用他们在社交媒体的发言、点赞以及好友信息。42%的用户在受访时已经有数周或更长时间没有登录使用脸书，26%的人表示已经从手机中删除了脸书应用程序。也应当注意到，西方社会公众在重视隐私权的同时，同样积极地看待社交媒体作为开放性言论发布平台的价值，大多数民众并不主张无限扩大社交媒体平台的言论责任。根据皮尤研究中心在2021年4月所做的一项民意调查，大约56%的成年受访者反对因为用户在平台发布的不当言论对平台进行诉讼，这一比例在社交媒体的经常使用者中更高达59%。在所有受访者中，认同"针对用户的不当言论起诉社交媒体平台将限制人们的言论自由"的比例远远大于反对这一命题的比例。支持就用户言论追责社交媒体的理由大部分来自对骚扰和霸凌类型言论的惩罚。这些行为在真实世界中可能引发更多人效仿，社会危害性更大，属于一种仇恨犯罪。根据这种逻辑，社交媒体平台有责任对这些可能会导致仇恨犯罪的行为加以审查和约束，对这些言论和行为的失察则可能意味着平台负有法律责任。

不同于西方国家，中国的互联网监管体制是在党的领导下建立的，这就决定了对网络媒体和平台的信息监管也遵循一以贯之的政治逻辑，那就是对平台的监管政策不是由资本来决定的，而是在党的领导下，按照有利于国家安全、社会稳定、技术创新和经济发展的逻辑来推进的。相比西方国家去中心化的信息管理体制，我国政府自上而下的信息监管和过滤机制有利于甄别虚假信息、消除自媒体平台对社会舆情的潜在负面影响。在这个监管逻辑之下，2017年国家网信办出台的《互联网新闻信息服务管理规定》规定了不得设立外资经营的互联网新闻信息服务单位，非公有资本不得介入互联网新闻信息采编业务。这些政策在新闻资讯的生产和传播之间构筑了一道安全屏障，在保证平台参与的同时，减少了不准确信息对公众舆论的误导。

客观来说，国内的媒体平台在内容风格、表现形式、传播方式和重点话题上呈现出百花齐放的特点。在微博之后，相继出现了微信公众号、今日头条、抖音、快手、哔哩哔哩、小红书等一批风格各异的平台，涌现了大量弘扬爱国主义、正能量的自媒体，促进了社会和谐和团结，在网络舆论上形成人民有信仰、国家有力量、民族有希望的整体氛围。诸如李子柒这样的自媒体在海外受众中的传播，对于向西方世界讲好中国故事、传播中国气象具有积极的作用。同时，也有很多研究表明，媒体平台对提高政务信息的透明度、改进政府的回应性具有积极作用。比如许多政府部门和地方政府开设了微博账号和微信公众号，及时发布政策信息。一些民众通过微博和人民网的领导留言板，向当地政府反映日常生活中遭遇的困难和亟待解决的问题，往往能够得到比较满意的回复和解决。也正因如此，在今天的网络环境中，虽然对于公共政策的发声是多元化的，对于一些热点问题的讨论有时候形成分歧甚至对立的观点，但是这些争论很少会演变为对国家发展道路和国家治理模式的怀疑。

对于我国平台企业对于社会治理的影响，一个基本判断是平台是社会和谐和稳定的积极力量，平台不具备通过影响舆论改变公众观念和社会治理模式的能力和意愿，也没有系统改变舆论的能力。这个判断来自这些年互联网监管政策下平台经济快速发展和社会稳定的事实，也来自对中国共产党全面领导下的政治体制的信心。

价值观念

当前围绕着国内互联网平台的经营模式和社会影响产生了众多热烈的讨论，诸如数据隐私、数据安全、平台垄断性、消费者保护和劳动者权益、贫富差距等问题，这些也往往成为社会舆论关注的焦点。相关争议和讨论的来源并不相同：对用户数据的收集使用方式的争论源自平台经济的技术特性；涉及垄断的问题与规模经济和网络外部性有关，并不是平台经济独有的，但的确是平台经济出现后较为突出的现象；劳动者权益保护既是经济转型时期许多企业面临的共性问题，也和新技术条件下原有劳动力市场中的雇佣关系向"零工经济"分化转型有关；与贫富差距和社会流动有关的讨论，反映了大众对转型期社会财富加速集中的关切和社会价值观所面临的挑战。从监管者和政策制定者的角度而言，理解和吸收围绕平台经济的社会舆论中的公共理性并将其转化为实际政策的底层逻辑，应当厘清哪些问题是由于平台经济的技术条件和经营模式所导致的独有结果，哪些问题是我国在经济发展和社会转型新时期面临的一般性问题。

数据安全和用户隐私问题，既是科技平台企业经营过程中的技术创新带来的独特问题，也是西方和中国社会所面临的共性问题。由于历史原因，一些民众对隐私权的重视不够，相关的立法和行业规范也不健全。同时，近年来新兴的移动互联网企业在国内迅速成长，市场结构更加碎片化，这些因素都可能使国内平台企业对于用户数据的调取和使用以及在用户隐私保护方面比西方社会更缺乏透明度和规范性。近年来屡次引发公众热议和监管部门关注的移动端应用在未经用户授权同意（或者强制授权同意）的情况下访问获取用户手机摄像头、麦克风、通信录、聊天记录和相册，就是比较突出的问题。上述领域的监管规范的缺失可能导致平台企业对用户基本权利和财产安全的损害，带来社会信任感的丧失，并引发公众对平台经济行业整体和监管者的不满，损害政府的权威。目前，《中华人民共和国个人信息保护法（草案二次审议稿）》提出："利用个人信息进行自动化决策，应当保证决策的透明度和结果公平合理。"类似政策的出台标志着监管部门和政策制定者把数据隐私和安全从一种道德规范转化为法定义务，是监管者积极回应与平台相关的公众关切的体现。

对平台企业劳动者福利、算法对劳动者的控制等问题的社会讨论，反映了公众日益增长的对劳动者权益的需求和现有劳动保障体制之间的矛盾，也凸显了平台经济的特殊性。从全社会的角度来看，平台企业从业者的劳动收入和待遇并不算低，但其工作具有强度高、时间长、压力大、不确定性强的特点。一些科技平台类企业的程序员虽然属于高收入群体，但其工作时间长期被迫遵循"996"模式，无暇照顾个人健康和家庭。而身处中年的科技行业员工一旦因为健康或岗位调整原因失去工作就很难重新就业，这种职业上的不确定性容易在社会舆论上转换为中产阶层的不安全感。在快递、外卖、出行平台上使用的算法机制，则把劳动者置于数字程序控制之下，劳动者自己和他人的努力与业绩提升通过算法进一步转化成更严苛的考核标准，形成一种劳动者相互竞争的囚徒困境。意大利的个人数据保护机构 Garante 对两家在线外卖公司使用算法歧视"零工经济"从业者进行了处罚。这两家公司被发现使用算法系统对外卖员的能力和表现进行打分，根据分值高低向骑手分配外卖订单，但没有告知骑手该算法系统的存在，也没有对算法系统的准确性和合理性进行系统评估。

在国内与"零工经济"相关的平台经营中，基于算法对于劳动者的控制和歧视性对待同样存在，而这方面的立法和行业规范尚未健全。在一条有上千万人次观看的网络短视频中，一名外卖骑手对受雇的外卖平台提出"三问"："第一，为什么把订单完成时间由50分钟降到40分钟，又降到30分钟，有的甚至为20多分钟？第二，为什么订单超时以后不问原因就扣款,申诉不予通过?第三,为什么超时订单有投诉、有差评,封号一天,而且客户在线申请退款的这个订单,实际上由当时送单的骑手买单?"订单时间从50分钟到20分钟一降再降,可能是基于大数据的算法"优化"的结果。虽然算法本身是中性的,但其标准是人为制定的,反映了企业经营者的目标。围绕算法和劳动者权益的争议乃至一些情绪化的舆论反应不是孤立的现象,反映了社会大众对平台企业不平衡的权力和责任结构的一种担忧:某些平台可以通过算法和大数据对劳动者施加比传统雇佣制下更为严格的监督和控制。

在对平台经济的讨论中也出现了对于社会流动性下降和财富集中、社会贫富差距加大的关切,对于"996是福报"之类言论的舆论反弹。这些舆论不是简单宣泄仇富情绪或反对创新、进步,而是高速发展的转型社会中价值观冲突的体现。一些网络视频不仅会引用《资本论》等马克思主义经典著作,同时也会引用电视剧《觉醒年代》中李大钊、陈独秀领导工人运动时的台词。亚当·斯密在《道德情操论》里指出经济不平等对社会的长期健康发展有负面影响,他的理由并不是发展经济所主张的不平等会加剧贫困、收入下降,引发社会矛盾,而是认为财富的过度集中会导致社会大众对富人的共情增加,对穷人的共情减少,最终降低整个社会的道德水平,侵蚀社会的价值观。关于平台企业的经营行为、劳动者权益和企业文化、管理者言行的舆论反弹,反映出青年群体对平台企业的经济影响力所导致的话语权垄断的关注,这种多元化的争鸣和批判是一个健康社会的舆论特色。监管部门可以提供更为宽松和开放的公共讨论空间,鼓励和引导平台企业更多地参与针对数据安全、消费者权益、隐私保护、劳动者权益、收入差距等问题的讨论,更好地听取公众意见和践行企业社会责任。

监管策略

针对平台企业的监管政策制定是一个包含了监管部门、平台企业、消费者、平台从业者、其他利益相关的社会团体和非政府组织在内的复杂利益平衡和政策审议过程。监管者往往并非从固定的政策偏好或主观先验假设出发设定监管规则，而是综合考虑各个利益相关方的意见和社会舆论，并对监管方向和先验认识不断进行调整和优化。在此过程中，平台既可能与利益相关方结成联盟，通过各种渠道和机制影响监管政策，也可能对政府监管部门进行积极的协调与响应，前瞻性地对自身的经营策略和模式做出调整，以适应监管规则的变化。

在一项由新兴技术创造的平台经济模式诞生之初，往往并无针对特定平台经济形态的监管规则。新兴科技平台公司不仅给经济和市场带来冲击，也导致监管框架中形成了新的空白。发端于美国市场的网约车平台模式就是如此。优步的崛起一方面为消费者带来了便利，另一方面也对地方的出租车行业造成了冲击，但原有的监管政策和法律规则只针对出租车行业，无法解决优步是否合法、合规，以及如何才能够使之合法、合规的问题。在优步的案例中，原有的监管规则并没有放松，但是在新的经营模式兴起后被市场的新进入者避开了。这就使得拥有平台力量的新进入者获得了制定标准和控制议程的权力，造成一种实际上的监管俘获。[1]

同时，平台往往与消费者以及平台从业者组成游说同盟。在优步的案例中，消费者和司机在社交媒体上的发声使得监管部门采取了较为审慎的态度。美国学者 2020 年发表在《比较政治研究》的论文对

---

[1] Ruth Berins Collier, V. B. Dubal, Christopher Carter, "Disrupting Regulation, Regulating Disruption: The Politics of Uber in the United States", *Perspectives on Politics*. 2018, 16(4): 919–937.

平台和消费者之间的利益联盟进行了分析。①Amazon Prime 是亚马逊推出的付费会员服务，会员可以以优惠的价格享受亚马逊的商品和快递服务。尽管亚马逊对中小商户收取高额租金，并且通过上下游产业链的一体化对潜在进入者形成壁垒，监管部门应用反垄断条例对诸如亚马逊这样的大型平台进行监管是极为审慎的。其原因不在于平台通过政治游说施加影响，也不是大平台的规模足以左右市场，而是消费者对平台商品、服务和信息的依赖。当平台拥有来自消费者的支持，消费者可能会通过各种渠道表达对监管部门限制平台经营方式的不满。因此在围绕平台监管的政策博弈中，往往形成监管者为一方、消费者和平台结成的潜在联盟为另一方的博弈局面。

平台化企业的经济模式所蕴含的规模经济和自然垄断属性使之处在一种相对于中小商户和劳动者的不对称权力结构中。由于既有法律监管体系对平台经济的社会性收益与成本缺乏全面理解，再加上消费者依赖的存在，使得平台经营处在一种监管真空状态。美国有学者把平台企业拥有的市场力量看作一种"波兰尼式"双重运动，认为技术创新有时候会领先于社会经济结构的调整，因此应主动而为，通过社会和制度层面的改革去重新平衡技术变革导致的社会性失衡。②欧盟于 2020 年提出的《数字市场法》和《数字服务法》草案表明监管重点已从竞争（和反垄断）转向建立更加平衡和具有包容性的制度安排。

国内关于美团、滴滴等生活服务类平台企业的监管政策博弈，也可能受到平台–消费者潜在同盟的影响。例如，尽管基于大数据的算法增加了外卖骑手工作的强度并降低其工作福利，外卖本身的便捷性

---

① Pepper D. Culpepper, Kathleen Thelen, "Are We all Amazon Primed? Consumers and the Politics of Platform Power", *Comparative Political Studies,* 2020, 53(2): 288−318.

② John W. Cioffi, Martin F. Kenney, John Zysman, "Platform Power and Regulatory Politics: Polanyi for the 21st Century", BRIE Working Paper, University of California, 2021.

和派送时间的减少却增加了消费者福利。在由算法驱动的中小商户和外卖骑手不断"内卷"的经济模式中,由消费者享有的增值福利是由中小商户和外卖骑手买单的。而一旦监管部门通过制定规则禁止或平台使用算法对商户和骑手进行评估,则可能意味着通过行政干预把原本由消费者分享的"蛋糕"重新切给商户和骑手,造成部分消费者的不满。应当认识到,上述矛盾是技术和商业模式的创新所导致的多元化利益冲突的必然产物。平台的模式的确为消费者带来了各种便利,提高了消费者福利,但是这种便利很大程度上是以平台低于实际运作成本的定价为前提的。平台在运营和布局市场的初期大量依靠从资本市场获得的融资补贴以低于运行成本的价格收费,创造了平台模式"免费午餐"的假象。监管政策应该充分考虑消费者、劳动者以及受到平台经济影响的中小企业主的利益,通过规范平台的经营、定价和劳动用工制度,建立符合分配正义的监管规则,使社会各界能够分享平台经济增长的红利。在科技创新和金融化对新兴产业发展越来越重要的今天,平台经济应该成为构建共同富裕社会的中坚力量。政府监管部门可以通过推动数字税、平台公益基金等形式,促进社会收入再分配和三次分配,为平台经济的从业者提供多样化的劳动技能培训,帮助因为平台经济而受到影响的个体商户和中小企业主再就业、再创业。

政策建议

在我国经济发展水平步入高中等收入门槛的今天,世界级科技平台型企业的涌现是我国综合国力不断提升的体现,也是全社会科技和产业创新的结果。没有巨大的本土市场规模和消费能力,没有完整的产业链和工业体系,没有改革开放以来不断累积的科技能力和科研人才储备,没有鼓励竞争与创新的国家产业政策的推动,就不可能出现世界领先的科技平台企业。面对平台经济迅速发展过程中产生的问题，监管政策和监管框架的选择需要审慎地权衡各利益相关方的诉求和国家发展的长期目标，对平台经济的贡献和潜在问题加以客观评估。就科技平台企业的政治和社会影响而言，我们有如下综合判断。

首先，科技平台企业有助于提升而不是降低政府治理的绩效，对社会治理和经济发展具有长期的正面影响。无论是行政系统平台的技术支持和后台建设，还是健康码、出行、信用积分等个人信息系统的建立，抑或是微信、支付宝等应用平台和政府公共服务的对接，都体现出平台已经成为现代社会治理体系的一个重要环节，提升了国家治理能力。

其次，平台经济对其他行业和不同人群的冲击，是技术进步所带来的经济和社会结构转型的产物，反映了多元化的利益诉求。针对用户隐私、数据安全、消费者和劳动者权益等问题的讨论，也是多元社会的正常舆论特征，不是平台经济独有的现象。涉及行业规范、利益分配和企业社会责任的问题，是可以通过监管政策和企业自身战略调整加以解决完善的。

最后，不同于欧美国家私人资本决定平台经济发展的模式，我国的信息监管体制和党对社会经济组织的全面领导具有体制性优势。平台企业的崛起得益于中国庞大的人口和市场、完善的基础设施、完整的供应链、稳定的社会环境及政府对科技创新行业的大力支持。平台企业的发展离不开这些基础条件，企业也不具备左右监管政策和改变现有经济社会秩序的意图和能力。从政府治理和社会治理的长期目标出发，应当积极地吸纳平台企业成为现代化国家治理体系的参与者和建设者，建立并完善能够促进平台经济发展和国家治理能力提升的耦合机制。

基于上述判断，我们提出如下政策性建议。

引导和鼓励平台企业和地方政府合作开展基础性公共服务平台建设，以解决公共服务发展不充分、不均衡的问题为突破口，通过政府采购、税收、PPP（政府和社会资本合作）项目、融资优惠等措施，扩大平台企业在经济欠发达地区的公共服务技术投入和参与度。

针对平台企业的行业规范和社会责任创造更为开放灵活的公共讨论空间，鼓励和引导平台企业更多地参与对数据安全、消费者权益、隐私保护、劳动者权益、收入差距等问题的讨论，更好地听取公众意见和实践企业社会责任。

积极引导平台经济参与社会收入再分配和三次分配体系的构建，使平台企业成为建设共同富裕社会的中坚力量。通过数字税、平台公益基金等形式促进全民共享平台经济的发展，提高平台经济从业者的劳动技能和人力资本，帮助因为平台经济而受到影响的个体商户和中小企业主再就业、再创业。

教育公众正确认识技术进步和经济结构转型带来的多元化影响，对民粹化和以流量为目的的极端言论进行必要的疏导与管理，避免舆情引导监管。

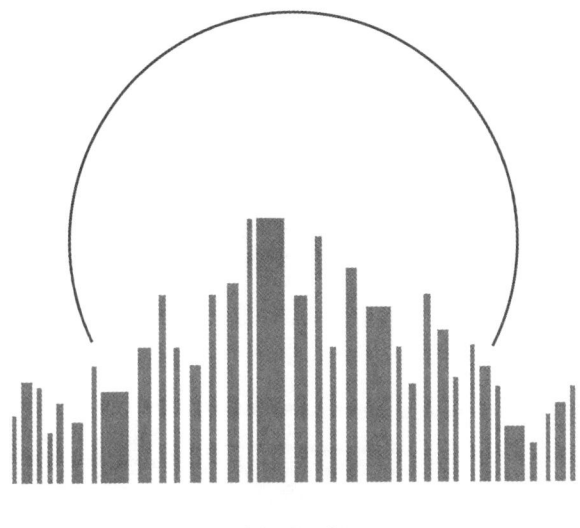

第六章

数字金融平台的创新发展与监管[①]

[①] 本章作者为黄卓、朱丽。

数字金融平台（也称金融科技平台）是指以数字技术为核心提供或赋能金融服务的平台型互联网科技企业或金融机构。数字金融平台是平台经济发展的重要领域，也是推动中国金融体系建设的重要创新力量。得益于庞大的人口基数、普惠金融服务供给不足等因素，数字金融平台在中国得到了快速发展。目前，中国数字金融的发展不管在市场规模还是技术水平方面都处于国际领先地位，特别是移动支付、线上投资、大科技信贷以及互联网银行等领域。

中国数字金融平台的积极作用体现在支持实体经济的创新发展。第一，借助于科技平台的规模效应，中国的移动支付平台显著降低了金融服务的边际成本，创新了场景化的金融服务，构建了世界领先的数字金融基础设施。第二，中国数字金融平台有效利用大科技平台的海量用户和大数据风控技术，发展出中国特色的大科技信贷模式，在改善中小微企业和信用白户群体的融资难问题的同时也有利于中国社会信用体系的完善。第三，中国数字金融平台通过与传统金融机构的竞争与合作，促进了传统金融机构的数字化转型。

数字金融平台兼具科技和金融的双重属性，由此带来了一些潜在的风险和对监管的挑战。中国的数字金融平台在快速发展的过程中出现了合规性问题、与传统监管框架的适配性下降的问题、大数据风控的有效性问题、系统性金融风险问题、金融消费者权益保护问题、金融基础设施的准公共性和稳定性问题，以及平台垄断问题与数据治理问题。完善数字金融平台监管的重要挑战是，如何平衡风险和创新之间的关系。这既要防范数字金融平台的金融风险和应对金融体系的威胁，又要鼓励其发挥创新动能，引领中国金融行业持续创新发展。为此，需要建立一个适应数字金融平台和数字金融行业发展的监管框架,坚持金融支持实体经济的原则,引导数字金融平台的创新方向。

中国数字金融平台的发展和特点

通过兼顾数字金融的科技属性和金融属性,中国金融业跑步进入数字金融时代。在中国加速进入数字金融时代的过程中,数字金融平台发挥了重要作用。数字金融平台作为数字技术、平台和金融业务的综合体,依托数字技术有效降低了金融服务成本,扩大了金融服务范围,促进了金融产品创新,为中国数字经济的发展注入了新活力。

中国数字金融平台的发展处于国际领先水平

借助于中国庞大的市场规模和先进的数字科技水平,中国数字金融平台的市场竞争力已达到全球领先水平。据 H2 Ventures and KPMG 公布的全球金融科技 100 强榜单显示,前 11 家企业中,中国企业(蚂蚁金服、京东数科、度小满金融、陆金所)占比超过了 1/3(见表 6-1)。此外,2019 年阿里巴巴在云计算等金融科技相关领域的亚太市场份额高达 28.2%,并已连续三年位列亚太首位。腾讯依托电商、社交、游戏和娱乐等领域,以垂直发展客户并为其提供腾讯云解决方案的方式,在金融科技行业也占据了很高的市场份额。

表 6-1 世界范围内的数字金融平台

排名	公司	国家
1	Ant Financial(蚂蚁金服)	中国
2	Grab	新加坡
3	JD Finance(京东数科)	中国
4	GoJek	印度尼西亚

（续表）

排名	公司	国家
5	Paytm	印度
6	Du Xiaoman Financial（度小满金融）	中国
7	Compass	美国
8	Ola	印度
9	Opendoor	美国
10	OakNorth	英国
11	Lufax（陆金所）	中国

资料来源：H2 Ventures and KPMG, 2019 Fintech100。

中国数字金融平台在科技水平、创新活跃度、发展潜力等方面也位于世界前列。零壹智库的统计显示，自2017年至2021年6月的五年间，全球金融科技领域共1.94万件专利获得授权，其中获得授权专利数量最多的国家是美国（8 862件）和中国（大陆地区3 720件、台湾地区2 040件），且中国金融科技专利申请数量已经超过美国。截至2019年末，中国平安以1 604项金融科技专利申请量位列榜首，阿里巴巴则紧随其后。此外，中国的数字金融平台在移动支付、大科技信贷、互联网银行等领域的技术水平也位于世界前列。全球金融中心指数是用来衡量各金融中心的市场灵活度、适应性以及发展潜力的一个重要指标，最新的全球金融中心指数（GFIC）显示，在金融科技中心排名中，中国的上海、北京、深圳进入前十名。

数字金融平台在中国数字金融行业发展中发挥了关键性作用。中国数字金融的第一个发展阶段是传统金融机构互联网化。自20世纪90年代开始，商业银行开始借鉴国外银行发展经验，将信息技术和互联网技术融入金融业务服务，该阶段的数字金融业务集中在业务咨询、存取款、转账、支付等基本金融服务范围。中国数字金融平台诞生于数字金融发展第二阶段,并助力中国金融行业发展跑步进入数字金融时代。在该阶段,蚂蚁金服、腾讯金融等中国数字金融平台的雏形开始出现。其阶段性特点是金融科技平台借助海量用户,运用自身数字技术能力,提供网络借贷、网络消费金融、网络众筹等多样化的金融服务。在该阶段数字金融平台借助智能手机的普及和爆发式增长趋势,创新性将金融业务与海量用户紧密连接。通过将传统金融服务与电子商务、社交网络在衣食住行等多场景下运用,有效发挥了平台自身个性化服务用户的优势。在中国数字金融发展的第三个阶段,数字金融平台促使以商业银行为代表的传统金融机构全面进行数字化转型升级,提升了中国金融行业的数字化水平和服务实体经济的效率。

中国数字金融平台由第三方支付平台逐渐演变而来

科技赋能平台从传统金融的支付功能入手,切入金融科技赛道后开始深度渗透,逐渐发展成综合性的数字金融平台。蚂蚁集团的发展是中国数字金融平台发展历程的典型代表。蚂蚁集团以传统金融的痛点精准切入,借助中国巨大的互联网流量红利,以支付宝为核心,将支付宝数字支付作为引流入口,瞄准传统金融服务模式的痛点,以发挥支付的连接功能和流量优势,从单一支付发展到提供各种信贷、财富管理服务,再到深耕金融科技领域位,最终发展为综合性数字金融服务平台。具体来说,2004—2011年,为解决电商行业支付的信任问题,蚂蚁金服创立了支付宝,主要聚焦于扩大流量规模,力求将单一产品做到极致;2012—2016年,蚂蚁金服以普惠金融为切入点,将业务延展至信贷、理财、保险等金融领域,获得了包括银行、保险、公募、私募等在内的 8 类牌照,其旗下金融机构超过 20 家;2017年至今,随着金融监管不断趋严,蚂蚁金服在 2020 年更名为蚂蚁集团,并将其战略由金融转向科技领域。① 自此,蚂蚁金服全面实现从第三方支付平台到综合性数字金融平台的整体转变,进而实现解决原有传统金融机构普惠性、精准性、便利性三大痛点的新能力。

中国数字金融平台的特点:规模大、聚合广、颠覆性强

与国际金融科技平台相比,中国数字金融平台的规模更大,聚合的业务更加丰富。中国传统金融服务供给的不充分为数字金融平台的发展提供了更大的空间,与国际的金融科技行业平台相比,中国数字金融平台的发展规模更大。聚合广度方面,以支付宝和微信支付为例,中国的数字金融平台聚合了各种各样的生活类服务,而国外的数字金融平台更多是补充性的,或聚焦于技术性创新。

数字金融平台解决了中国传统金融服务中的很多痛点,对中国整个金融业的发展更具颠覆性。首先,数字金融平台存在长尾效应,可以用边际成本几乎为零的方式,连接到数以亿计的乡村和偏远区域的低收入人群、中小微企业等传统金融很难触达的用户,进而高效率地解决传统金融所面临的"获客难"问题。其次,得益于包括蚂蚁金服、腾讯金融、京东数科、陆金所等在内的数字金融平台的不断探索创新,人们只要借助一部智能手机就可以无障碍地获得众多金融服务,如支付、信贷和理财等。然后,数字金融平台运用数字技术,缓解了传统金融服务中的信息不对称问题,在一定程度上解决了传统金融机构面临的"风控难"问题。

---

① 任泽平,曹志楠,黄斯佳.解码蚂蚁:如何成为全球最大独角兽.恒大研究院研究报告,2020-10-11.

中国数字金融平台的发展模式为市场拉动型

《亚洲金融合作协会金融科技实践报告》总结出五种金融科技发展模式：美国、英国、中国分别表现为技术推动模式、规则推动模式和市场拉动模式，以及以日本、印尼为代表的混合竞争模式，以韩国、以色列为代表的以点带面模式。

中国数字金融平台的发展得益于庞大的数字经济市场规模和旺盛的数字金融市场需求。首先，中国信息通信研究院2021年4月发布的《中国数字经济发展白皮书》显示，2020年我国数字经济规模达到39.2万亿元，占GDP的比重为38.6%，依然保持9.7%的高位增长。其次，传统金融服务的痛点需要新的金融商业模式，数字技术赋能数字金融新商业模式，为金融业的发展提供了新动能。新商业模式可以利用数字技术解决传统金融服务供给不足的问题，例如通过覆盖长尾用户和探索业务可持续性，解决普惠金融问题。然后，随着中国数字金融业态的创新和完善，数字金融领域内包括支付宝、微信的在线支付系统、阿里小贷及基于各场景的供应链金融融资贷款等新商业模式在不断涌现并不断冲击传统金融机构的发展模式，促使传统金融机构不断提高对数字金融科技的重视程度。

中国头部数字金融平台已开始布局海外市场

中国的数字金融平台成为中国金融行业国际化探索的先锋队，它们凭借其技术优势和在中国市场积累的成功经验积极探索拓展国际业务。2020年以来，我国头部的几家数字金融平台开始积极布局海外市场，成为中国金融机构出海的先锋队。蚂蚁集团已经对至少9个国家的相关金融科技企业投资，力图帮助其打造本土化支付宝。其中蚂蚁集团投资的印度的Paytm和韩国的Kakao Pay均已上市；同时，腾讯与蚂蚁集团均已获得新加坡数字银行牌照，腾讯业已成为东南亚最大电商 Shoppee 的第一大股东。

中国数字金融平台的积极作用：支持实体经济发展

数字金融平台从第三方支付业务切入，将数字技术逐步融入金融领域的各个环节，进而开启了数字技术和金融业务不断融合的数字金融新时代。数字金融平台对社会经济发展具有积极意义，它在弥补传统金融服务不足、提升客户体验的同时促进整个金融体系的数字化转型。此外，数字科技驱动社会化分工合作的不断深化，对支持实体经济的发展也具有重要意义。

构建数字金融基础设施

数字金融平台通过创新的一站式金融服务，运用庞大用户的网络外部效应，构建全球领先的数字金融基础设施。

数字金融平台借助边际成本几乎为零的网络外部效应，有效降低了金融服务成本，促进了世界领先水平的数字金融基础设施的构建。2019年，中国移动支付的普及率已经高达86%，位居全球第一；支付宝、微信支付的用户数均超过10亿，客户规模庞大。用户规模不断增加带来的网络效应带动了金融服务成本的降低。例如，目前中国移动支付的平均费率为0.5%~0.6%，而美国的平均费率为2%~3%，中国的费率只有美国的1/4~1/5，该费率在国际范围内也属于较低水平。在移动支付领域，我国已经构建了全球领先的数字金融基础设施，实现了对发达国家的"弯道超车"。支付宝的月度活跃用户于2017年已经达到4.99亿人，到2020年二季度已经达到7.11亿人,其增长速度可见一斑。另外,作为中国数字金融平台的诞生之地,中国移动支付市场发展迅猛且空间巨大。中国人民银行的数据显示,2019 年中国电子支付规模为 2 607 万亿元。艾媒咨询发布的《2020 年中美第三方支付行业专题研究报告》显示,2019 年中美移动支付用户规模分别为 7.33 亿人和 0.64 亿人,中国的市场规模是美国的 11.45 倍。

数字金融平台整合多种金融(信贷、理财、保险)和生活服务,一站式解决小额金融需求和生活服务需求,有效改善了用户体验。例如,微信和支付宝以支付为核心,以衍生的金融服务为主体,打造平台理财、信贷、保险等金融功能,并包含了出行、公益、捐赠等衣食住行的方方面面。而要像微信支付和支付宝这样覆盖衣食住行等多种功能,在美国可能需要下载 10 多个 App 才能够实现。数字金融平台改善用户体验的另一个典型例子是数字金融平台上的医疗服务功能。数字金融平台将移动支付和医院相连接,患者可通过手机预付挂号诊疗费用,提升了就医体验。

数字金融平台激活了以用户为核心的场景化金融服务创新,沉淀了海量个人和小微企业用户的信息和数字足迹,为平台的进一步创新奠定了数据基础。O2O 服务、网约车、共享单车、共享充电宝、无人餐厅、无人超市、直播电商等都属于场景化金融创新性服务。数字金融平台在提供场景化金融服务的过程中,也沉淀了海量个人与小微企业用户的业务和信用等数字足迹信息,为平台将来的进一步创新打下了坚实的数据基础。

完善社会征信体系

大科技信贷改善了中小微企业融资问题,有助于社会征信体系的完善。

大科技信贷利用大科技平台和大数据分析，有效改善了信息不对称问题。大科技平台借助大数据分析使信息采集、精准画像、用户获得等变得更便捷和准确。大科技平台利用平台的生态和场景化服务，使风控更加有效，信用风险定价更加科学。金融的本质是资金的融通，在资金融通过程中最大的障碍是信息不对称。如果用信用风险举例，在借贷的过程中存在两种信息不对称：一种是事前的信息不对称，即投资人不知道借款人的信用如何，风险有多高；第二种是事后信息不对称，即借完钱之后，投资人不知道借款人有没有尽最大努力还款。传统方法如人工调查或者审查财务数据的方式，可以降低和缓解事前信息不对称；提供担保、提供抵押品、催收、法院起诉等方式可以缓解事后的信息不对称。但传统的缓解和消除信息不对称方法的成本普遍较高，这对于小微企业或者小额信贷而言，在商业上不具可操作性。大科技信贷在海量获客和大批量信息采集的基础上，可以实现对用户的精准画像和数据的相互验证，有效缓解了金融服务中事前和事后信息不对称问题，有效改善中小微企业融资难、融资贵问题。

大科技信贷平台结合自身的特点，利用大数据分析进行风控来服务小微企业。大科技信贷平台利用不同类型的数据降低信用风险提供小额信贷服务，迄今为止形成了多种模式，具体包括：网商银行借助阿里电商数据和蚂蚁集团大数据风控体系进行风控的小额信贷模式、微众银行利用社交数据进行风控的小额信贷模式和新网银行通过平台合作进行风控的小额信贷模式。

阿里系的网商银行借助阿里电商数据优势，运用蚂蚁集团大数据风控体系，服务了大量的中小微企业，并将贷款的不良率控制在较低水平。阿里网商银行依托阿里巴巴网上的交易数据，推出了310服务[①]，截至2020年，网商银行已经服务了3 500万小微企业，相当于

---

① 310服务是指3分钟申贷，1秒钟放贷，全程零人工干预。

中国小微企业总量的1/3。具体而言，蚂蚁集团微贷科技平台的线上信用贷款，依托于阿里巴巴的电商运营与消费数据，利用蚂蚁的大数据风控体系，促成的消费信贷及小微经营者信贷余额已经从2017年12月31日的6.475亿元攀升至2020年6月30日的21.536亿元。小微经营者信贷余额逾期率也呈现较低水平，其中，30天的逾期率不超过1.67%，90天的逾期率不超过2.17%，远低于2019年全国普惠型小微企业贷款3.75%的不良率。

微众银行的小额贷款模式通过社交数据来进行风控。微众银行的微粒贷产品为面向个人的无抵押贷款。截至2019年，微众银行已向超过2800万客户发放超过4.6亿笔贷款，累计放款额超过3.7万亿元。更重要的是，授信客户中约78%从事非白领服务业，约80%为大专及以下学历；笔均贷款约为8 000元，超过70%已结清贷款的利息低于100元。此外，微众银行还向民营企业提供普惠型信贷服务。截至2019年末，微众银行"微业贷"为民营企业中的23万户小微企业提供了普惠型信贷服务，61%的民营企业首次获得银行授信支持。

新网银行的小额信贷模式通过合作平台进行风控。通过与合作平台的数据合作，截至2019年二季度，新网银行已累计放款2 527亿元，有效触达用户数突破2 435万人，借款笔数7 868万笔，贷款余额843亿元。具体来看，普惠型小微贷款在贷余额9.22亿元，户均8.31万元；有超过80%的用户集中在三、四线城市等经济欠发达地区，而且15.12%的用户为"无征信报告""无信用记录""无贷款记录"的信用白户。

数字金融平台将平台所积累的数字足迹与传统的征信数据结合，可促进征信和社会信用体系建设。海量的信用白户在平台上产生了大量的交易、信用记录，如果这些数据与传统的征信数据相结合，有望促进国家征信和信用服务体系的完善。具体而言，大科技平台可以连接数以亿计的用户，多增加一个用户的成本几乎为零，因此用户量越大，科技平台的优势越明显；用户在平台上的数字足迹累积起来所形成的大数据，既可以用于平台上活动与交易的实时监测，也可以用于大数据风控。此外，大科技平台上沉淀的海量用户征信信息是传统金融机构所不能触及之处，如果将这些信息与社会信用信息相结合，将有利于国家征信和信用服务体系的完善。

数字金融平台促进了征信体系的市场化发展。征信体系是现代经济重要的金融基础设施，能降低社会的信用成本和系统性金融风险。目前我国征信体系主要以公共部门为主导，以央行征信中心为主体。我国于 2003 年设立央行征信管理局，2006 年成立中国人民银行征信中心，2013 年起发布《征信业管理条例》等一系列文件，2015 年基本建立由公共部门主导、以央行征信中心为主体的个人征信体系。信用信息主要来自银行等金融机构的信贷数据和公共部门的信用信息。截至 2020 年 12 月底，征信系统共收录 11 亿自然人、6 092.3 万户企业及其他组织；其中，收录小微企业 3 656.1 万户、个体工商户 1 167 万户。此外，在中国金融行业提高金融服务效率方面，个人征信数据和业务的完善也发挥着至关重要的作用。

个人征信业务获批是大数据风控的发端，且伴随着数字金融的不断发展演化。2015 年有 8 家市场化机构获准开始个人征信业务准备工作，其目的在于成立公共征信和市场化征信机构的混合体制，同时将数字金融平台和其他新型信贷活动中的信用信息纳入征信体系，进而规范大数据风控中的个人信用信息的收集和使用。2018 年百行征信获准成立使得征信创新有了新进展。百行征信除基础征信服务外，还提供特别关注名单、信息核验、反欺诈、场景定制评分、信贷行为标签、共债预警等增值服务，相对于央行而言，可以提供更加个性化的服务来满足多样化需求。基于此，百行征信发展迅猛，截至 2020 年底，累计拓展法人金融机构 2 084 家，收录信息主体超 2 亿人。个人信用报告全年使用量为 1.67 亿笔，特别关注名单、信息核验、反欺诈系列等增值产品使用量为 1.49 亿笔，所有产品全年使用量为 3.16 亿笔。2020 年 12 月，朴道征信获准成立，其大股东包含北京金控、京东数科、小米等，该征信机构依托京东数科的生态信用数据。2021 年 11 月，央行受理钱塘征信的成立申请，从钱塘征信的股权结构中可以获悉，其大股东包括浙江旅投集团、蚂蚁集团、传化集团等，依托蚂蚁集团的征信和个人信用数据进行运营和拓展。

促进传统金融机构转型

数字金融平台通过与传统金融机构的竞争与合作，促进传统金融机构的数字化转型升级。

如 2013 年推出的余额宝给银行活期存款带来竞争压力，促进传统银行在存款端的利率市场化，甚至出现了 2017 年传统银行"存款搬家"的说法。竞争效应促使传统金融机构被迫改变，并开始积极探索数字化转型升级的新路径。

商业银行在传统金融业务中扮演着金融中介的角色，数字金融平台挑战了银行的金融中介地位并促进传统金融机构积极进行数字化转型。商业银行既是资金清算和货币流通的中介，又是信息中介和信用中介。银行通过对接资金需求方和资金闲置方，作为中间人降低双方的信息收集成本。而数字金融平台从多个方面挑战了传统银行的金融中介地位，如基于互联网的扫码支付、快捷转账等功能冲击了银行的支付清算中介地位；互联网理财、网络信贷、供应链融资等功能为有存款、贷款需求的客户提供比传统银行更便捷、更低成本的服务，冲击了银行的信息中介和信用中介地位。国有银行年报数据显示，利息收入占银行总收入的比重超 2/3，银行的存款量受到冲击会对银行的中介地位产生巨大影响。而随着社会资金大量涌入数字金融平台，银行存款的利息收入不断下降，银行的网点数量也开始缩减。从银行新设网点数可以看出，2017年开始，银行关闭的网点数量已超过新设网点数量，银行的网点扩张时代已结束。受数字金融平台的影响，传统金融机构也开始数字化转型。如2013年推出的余额宝给银行活期存款带来竞争压力，促进了传统银行在存款端的利率市场化进程。2017年传统银行"存款搬家"的现实进一步促使传统金融机构转变，并开始积极探索数字化转型升级的新路径。

商业银行在数字化转型升级的同时，也与数字金融平台和金融科技企业展开合作。数字化金融平台的科技力量可赋能商业银行的发展并加快其数字化转型的步伐。通过与数字化金融平台的合作，商业银行的技术进步路线经历了ATM机（自动取款机）、网上银行、电话银行、手机银行、智能银行、开放银行等阶段。商业银行数字技术的提升有效降低了银行对物理网点的依赖，提高了金融服务的覆盖和触达能力；人工智能和大数据风控体系的运用有效提升了商业银行的风险管理能力；商业银行与金融科技公司合作或者自建金融科技子公司，有助于其向开放银行转型；此外，2021年商业银行也开始积极拥抱数字人民币。

数字金融平台和传统金融机构合作，将通过改变传统金融模式，为用户提供多元化、全场景化的无感和无边界创新型金融服务。与传统金融机构不同的是，数字金融平台具有数字化的天然优势和低成本获客能力。数字金融平台由于拥有海量的用户和数据，借助数字技术以科技赋能金融信贷风控，可以为长尾客户提供金融服务。传统金融机构由于金融资源配置不合理，往往根据"二八理论"将服务的重点放在20%的重要客户，而忽视了剩余80%的小微客户；而数字金融服务的重点则放在了长尾市场中80%的小微客户，通过场景化来满足小微客户的金融需求，其有效性在疫情的特殊挑战下表现得尤为突出。报告显示，数字信贷的发展可以起到缓解疫情冲击的作用，数字信贷发展水平每增长1%，疫情对经营的冲击就会减少2.57%。[①]疫情也进一步促使传统金融机构开始借助数字化平台不断进行数字化转型。作为国内互联网科技行业巨头，BATJ（百度、阿里巴巴、腾讯、京东）等企业拥有其平台业务所形成的大量用户数据，如百度的搜索数据、阿里巴巴和京东的交易数据、腾讯的社交数据等。这些数据是提供场景化金融或类金融服务的基础，即通过大数据分析，不但有利于实现精准营销，满足个性化需求，而且可以构建基于大数据的风控模型，提高金融服务效率。

数字金融平台和传统金融机构的合作，使得新型金融服务的获取变得更加便捷，用户的多元化需求也将得到更高效的满足。2017年3月，中国建设银行与蚂蚁金融合作，一方面，将建行理财产品引入支付宝，用户可直接在支付宝购买；另一方面，建行借助蚂蚁金服的先进技术开通财富号，为用户提供个性化、定制化服务，并开始信用互通。此外，2020年3月中国工商银行与中国银联、支付宝合作，实现与支付宝的互扫互认。随后，招商银行和平安银行也相继在4月实现与支付宝二维码互扫互认。与此同时，数字金融平台也可以通过对传统金融业的拓展提升用户体验。以蚂蚁金服为例，它利用自身的技术积累，通过与传统金融行业的合作，使其金融服务由移动支付拓展至智能理财、场景化金融等多个领域，在与传统商业银行进行合作的过程中，为更多的用户和中小微企业提供了更好的服务体验。

传统金融机构纷纷进行数字化转型探索，其金融科技水平和能力有较快提升。零壹智库发布的《2021年全球金融科技专利质量TOP10》报告显示，全球金融科技专利申请数量排在前10位的企业

[①] 北京大学数字金融研究中心、蚂蚁金融服务集团研究院联合课题组. 中国个体经营户研究系列报告之一：2020中国个体经营户总量测算与新冠疫情冲击评估——兼论金融科技"稳经济"的价值，2020-02-28，https://www.idf.pku.edu.cn/bqzt/xw/501534.htm.

中有 8 家中国企业，它们分别是平安集团、蚂蚁集团、阿里巴巴、中国银行、腾讯、建设银行、工商银行和国家电网，其他 2 家为美国企业。其中传统银行中的典型代表如中国银行、建设银行、工商银行已呈现出较强的金融科技水平和能力，并在传统金融机构数字化转型方面做出了有效尝试。中国互联网金融协会、瞭望智库联合撰写的《中国商业银行数字化转型调查研究报告》指出：国有银行在数字金融发展初期领衔商业银行的数字转型，股份制银行 2013 年起迅速增长，与国有银行的差距逐渐缩小；民营银行具有"天生数字化"优势，后来居上；其他银行则起步较晚，且增速较慢，与国有银行、股份制银行的数字化水平还存在较大差距。

在支付领域内也有传统金融机构成功构建数字金融平台的。如光大银行运用其国有控股的身份，把全国各地的生活缴费、政务缴费、行业缴费等各类缴费资源进行全面整合、统一接入、统一标准，于 2010 年推出了"云缴费"平台，通过云缴费平台聚合公共缴费资源，建立了业内首家全国集中的公共事业缴费开放平台。光大银行还将"云缴费"平台向代理缴费服务的各类合作伙伴开放，希望借助合作伙伴的不同场景、渠道等，为广泛的客户提供全面、优质和个性化的生活缴费服务。截至 2021 年底，该平台已涵盖了包含 20 个大类超过 11 000 项缴费项目，覆盖了 300 多个城市，可服务人群超 10 亿。

数字金融平台的风险和问题

作为一种特殊形式的平台，数字金融平台既具有平台的共性问题，也有金融行业特有的金融风险。相较于平台反垄断等议题，金融平台更需要关注的是技术和金融的边界无法完全区分所带来的一系列风险和问题。

合规性和传统监管框架的适配性

强监管环境将是未来短期内金融监管的主旋律，数字金融平台监管的合规性则排在首位。明确合规与否首先需要明确监管套利、科技和金融业务的区别。监管套利是指利用数字金融科技平台的名义来开展金融业务，随着金融监管越发严格，监管套利的空间将逐渐缩小。有的数字金融平台既包含金融业务，又包含科技性的非金融业务，如何在同一监管框架下对金融业务和科技型业务分别监管成为重要问题。多种业务混合在一起导致了传统监管框架的适配性下降，未来监管需要不断进行细分和完善。与此同时，某些超大型数字金融平台还可能存在影响市场秩序的行为。

大数据风控的有效性

新的数字技术手段的运用有效解决了风控难的问题。随着数字金融平台的发展，金融风险集聚问题越发凸显，人们开始呼吁摒弃传统风控模式，转而转向利用大数据建模、数据挖掘、数据征信等新技术手段来解决风控问题。不同于传统风控依靠抵押物、收入流水证明的方式，大数据风控往往依赖平台累积的业务数据，通过系统调阅电子化交易历史信息、完成信贷调查、用户信用评级、风险定价、审批决策及放款审查等一系列信贷流程，这极大地降低了中小微企业的融资成本和信用评价难的问题。此外，数字技术的应用也打破了传统信贷行业的地域限制，使金融资源能够在全国乃至全球得到优化配置，有效缓解了中小微企业融资难、融资贵的两难困境。

但大数据风控并不一定是有效的。大数据风控的一个失败例子就是 P2P，究其根源，这与 P2P 业务的本质逻辑密不可分。P2P 的理想模式是"个体和个体之间通过互联网平台实现直接借贷"。凭借健全的征信体系以及成熟的信用评级机构，P2P 成为一种基于互联网的陌生人借贷新模式。当 P2P 被引入中国后，由于 P2P 覆盖人群还不能够形成类似电商平台的海量数据信息和大数据样本，因此并没有创建有效的信用评分模型和测算违约率的数据基础。受限于我国不完善的民间征信体系，大数据风控的弊端在 P2P 行业中不断凸显，风控在贷前和贷后两个阶段不断异化。P2P 开始由英美的纯线上模式，异化为中国特有的"线上融资、线下风控"、贷前信用审核和贷后担保相结合的新模式。由于贷前信用审核比较依赖人工线下实施，存在线下人工信用审核过程中的道德风险和欺诈风险，因此虽然贷后引入了担保机构共担风险，但并未从业务本质上解决风控问题。所以，风控问题一直是 P2P 行业中国本土化发展过程中不可逾越的巨大障碍。

系统性金融风险

数字金融平台在移动支付、征信等领域存在较强的风险溢出效应及稳定性问题。数字金融平台的高业务量和广泛关联性，使得其自身成为重要金融机构的同时，也具有很强的风险溢出效应，所以对其监管要参照系统重要性金融机构来进行。这是因为经济运行如果存在过高的杠杆率，就容易导致系统性风险。未来如何设置互联网金融控股公司的监管体系、防范系统性金融风险，是金融监管需要迫切讨论的问题。一些消费信贷机构没有很好地履行必要的风控责任，无序扩张业务，诸如现金贷中的"校园贷"、按揭贷中的"零首付"等，大大提高了家户杠杆率，放大了金融风险。一些科技平台在个别细分业务诸如移动支付的市场份额非常高，同时还横跨许多不同的金融业务，这既引发了监管部门对其市场垄断的担忧，也引起了监管部门对系统性金融风险的关注。

金融消费者的权益保护

对金融消费者权益的保护主要体现在两个方面，一个是避免过度负债，另一个是倡导投资者适当性。金融科技要从促进社会信用体系建设的角度出发，运用更多金融工具挖掘商业价值，用更高的颗粒度画像进行信用等级评估，创造更便利的信用场景，为消费者提供金融服务。在此过程中，应注意避免诱使数字金融平台放贷过于宽松和便捷，使得消费者产生过度负债进而陷入"债务陷阱"的可能。与此同时，过度负债也会累积社会金融风险，为金融机构带来债务无法回收或损失的风险。目前，中国居民负债率屡创新高，据央行2020年上半年统计，中国居民负债率近59%，人均负债4万元。关于该问题，2021年央行工作会议已明确表明，严禁金融产品过度营销，诱导过度负债。

金融消费者权益保护也应该体现在倡导投资者适当性方面。国家十部委曾联合发布《关于促进互联网金融健康发展的指导意见》，要求从业机构"要研究建立互联网金融的合格投资者制度，提升投资者保护水平"，"审慎甄别客户身份和评估客户风险承受能力，不能将产品销售给与风险承受能力不相匹配的客户"。但目前金融科技产品市场上仍存在一些问题，如了解客户适当性义务履行不充分，金融产品复杂化导致的告知产品详情的义务履行不充分，适当推介给客户的义务履行不充分，告知客户或说明金融风险等级和收益的义务履行不充分等。[①] 这就要求数字金融平台需秉持以客户为中心的经营理念，运用金融科技手段创建客户和金融产品的适配性评估体系，根据客户特点实施金融科技产品的差异化信息披露和推介，将合适的产品卖给合

---

① 黄震，刘仪曼. 金融科技产品交易视角下的适当性义务研究. 金融理论与教学，2021（2）：1-5，16.

适的投资者，推动数字金融平台由过度营销向客户身份体系化识别和适当营销过渡。

金融基础设施的准公共性和稳定性

数字金融平台已成为金融基础设施，其突出特性是运用科技平台、云计算、大数据等数字技术，在金融行业领域推出新金融产品、新金融模式、新业务流程。其创新性应用主要表现在两个方面，一是新型科技平台为金融业务提供数字科技解决方案，二是借助数字技术改善金融服务。前者从降低成本上着眼，后者从提高效率上发力，这是数字金融平台推动金融业发展的底层逻辑。数字金融平台场景化大数据分析突破了传统金融机构的风控壁垒，并覆盖到大众生活衣食住行的方方面面，具备了金融基础设施的属性，因此其规范运营至关重要。也正是基于此，具有金融基础设施特性的数字金融平台，在进行商务决策时不能完全从商业利益出发，而需要同时兼顾公共利益。

数据作为新生产要素并被提升到国家战略高度，这对拥有海量数据的数字金融平台的稳定性提出了更高的要求。现有的数字金融平台，通过免费的第三方支付市场获取海量的平台客户信息，尽管这些支付平台所提供的支付业务并不会从中获利，但却可以获得更多新数据这一新的生产要素。在中共中央、国务院印发的《关于构建更加完善的要素市场化配置体制机制的意见》中，数据作为生产要素已经引起中央层面的高度重视并被提升到国家战略地位高度。基于海量的支付交易信息，蚂蚁金服识别风险的能力极强，比普通中小银行识别能力高出一倍以上，因此其助贷中小银行进行贷款和获客极为有效。现在接受数字金融平台服务或合作的银行数量已过半，一旦数字金融平台的算法出现问题，就会产生无法避免的系统性风险，因此应该对数字金融平台加强政府监督，强调其公共性并保证其稳定性，降低可能发生的系统性风险。此外，已经成为金融基础设施的数字金融平台，其运行的稳定性会影响整个金融活动的正常运行。比如，假设发生大规模断网、断电或者自然灾害等突发情况，移动支付无法正常使用，则会造成商品交易无法完成，由此带来交易成本的上升和社会生活的混乱。

平台垄断问题

关于数字金融平台垄断问题，我们需要着重关注其是否存在滥用市场权利，阻碍正常竞争秩序的行为。随着数据成为新的生产要素，数字金融平台在解决金融信息不对称问题的同时，也造成了数据不对称。数字金融平台天然具有"数据垄断"的优势，在金融数据重要性更加重要的行业中，数字金融平台的海量数据获取优势对市场竞争的影响更加深远。因此，要采取措施来应对数字金融平台垄断中的信息不对称问题。为此需要政府从法律法规创新和完善、强化数据监管、规范数据治理等方面入手，构建和拓展新型普惠金融服务体系。

加强市场监督和反垄断对规范数字金融平台健康有序发展具有重要意义。市场垄断的认定取决于对"市场"的界定。如在移动支付市场领域，支付宝和微信支付占 90% 以上的市场份额，但是如果以中国 2 600 万亿元的数字支付市场来说，这两家占的市场份额就很小了。但不容忽视的是加强市场监管和反垄断对于数字金融平台发展、规范金融市场行为具有极为重要的作用。

数据治理问题

解决数据治理问题，首先需要关注的是算法的透明性和稳定性。由于新业态兴起后监管体系尚未完善，数据安全性问题仍存在诸多隐患，数字金融平台需要不断提升金融科技水平来应对数据治理问题，如算法的透明性和稳定性问题。数字金融平台凭借数字技术，虽然可以降低客户对传统网点的依赖性，并极大提升其传播速度和人群覆盖量，但由于新业态的监管体系尚未完善，为用户带来便捷、高效、多样化服务的同时也带来了诸多安全隐患。有研究显示，针对金融机构的网络攻击时有发生，数字金融平台漏洞数量是一般网站的两倍，数字金融平台遭受攻击的可能是一般网站的三倍，其所存储的数据面临泄露和毁损的风险。数字金融平台需要不断提升金融科技水平来保障客户数据安全，进而在技术上降低发生危及个人、国家或社会秩序隐患的可能性。

此外，数据安全、个人信用信息和隐私保护等问题，也是需要关注的重要方面。数据安全问题还涉及个人信用信息的使用和共享问题。金融业务必然需要获取个人身份和信用信息，一方面这些平台会在自己平台的业务或服务中用到以上信息，另一方面，在和其他金融机构合作的过程中，平台会面临该信息如何与其他机构共享，及合作过程中的使用边界和权责问题。现有的金融数据流通和共享存在数据权属不清、权益分配规则不明确、数据纠纷解决机制不健全等问题，进而使现有数字金融平台在数据共享和流通方面的积极性不高。

数字金融平台的监管和政策建议

过去中国数字金融发展速度之快，与以往的监管态度密不可分。在数字金融行业发展初期，监管对数字金融平台采取了相对包容的、务实的态度，进而促成了数字金融平台发展的众多创新。随着中国数字金融发展的不断深入，未来最大的外部环境变化是从野蛮生长向金融监管全覆盖的转变，无论是科技公司还是金融机构都应该接受同样的监管，这已成为数字金融领域的共识。

平衡创新和风险管控

实现创新和风险管控的平衡既要防范数字金融平台的金融风险及其对金融体系的威胁，又要鼓励其发挥创新动能。过去近 20 年，数字金融在取得许多突破性创新的同时，也产生了不少风险，遗留了许多尚未解决的问题。如 P2P 完全脱离了信息中介的定位，其从 2007 年起步，在 2015 年平台数达到峰值，再到 2020 年清零，即使到现在仍遗留许多金融与社会风险问题；一些消费信贷机构没有很好地履行必要的风控责任，无序扩张业务，诸如现金贷中的"校园贷"、按揭贷中的"零首付"等，大大提高了杠杆率，放大了金融风险；甚至一些科技平台在将个别业务细分的同时，还横跨许多不同的金融业务，这既引发了监管部门对其市场垄断的担忧，也引起了监管部门对其系统性金融风险的关注。随着数字金融风险频发和潜在问题的不断凸显，未来的监管需要在创新和风险二者间取得平衡。

应构建一个适应数字金融平台和数字金融行业发展的监管框架，坚持以金融支持实体经济来引导数字金融平台的创新方向。回顾数字金融发展历程中产生的各种问题，大多与监管缺失或者监管不当有关。虽然数字化时代已经到来，但中国的数字金融监管相关法律体系尚不完善，金融监管部门的合作机制尚未建立。平衡创新和风险的最佳选择，是提升金融监管科技创新，支撑和推动传统金融业向数字金融甚至智能金融转变。目前，各国在大数据技术和人工智能技术领域已展开了激烈竞争，数字技术和传统金融业的融合极有可能推进现有金融业、金融科技向智能金融转变，从而推动金融行业的颠覆性变革和跨越式发展。伴随着金融业务数据化趋势和人工智能、区块链、云计算的迅速发展，"金融监管 + 大数据""银行服务+互联网"等监管科技创新也迅猛发展。这不仅需要数字金融科技创新在市场上进行测试性应用，更需要审慎的新科技支撑下的系统化全流程监管。

完善对系统重要性数字金融平台的监管办法

市场监管总局拟将平台分类分级划分为超级平台、大型平台和中小平台，这对完善系统重要性数字金融平台的监管具有促进作用。具有系统重要性的超级平台经营者，由于是海量数据的拥有者和诞生地，更应当建立健全数据安全审查与内控机制。一方面，必须对涉及国家和社会公共利益的数据开发行为进行依法规范，在个人信息处理、数据的跨境流动等方面确保数据安全；另一方面，系统重要性数字金融平台由于自身所具备的规模、数据、技术等优势，更应当在数字金融时代发挥公平竞争示范引领作用。超级平台经营者在提供相关产品或服务时，应遵守公平和非歧视原则，平等对待平台自身（或关联企业）和平台内经营者，同时也不能实施自我优待。对数字金融平台实施与传统金融服务的一致性监管，完善个人信用信息管理条例，增加个人征信公司牌照数量刻不容缓。

数字金融平台的大数据分析授信仍需要不断规范，风险责任和服务边界也需厘清。金融机构借助数字金融平台的海量数据优势和风控技术，使其利用大数据分析助贷成为可能。如果金融机构能将数字金融平台的大数据分析授信用于助贷，则能更好地提高金融机构的贷款效率。一些数字金融平台背靠互联网巨头，在提供金融技术、综合性助贷业务的同时，也在不断输出流量和场景。助贷机构与商业银行的合作也需要不断规范，逐步走向"助贷机构-征信公司-商业银行"的模式。目前监管的明确指向是，压实风险责任，明确放贷人定位，同时要求助贷方不能越俎代庖，但最终到底如何界定仍然存在一定的模糊性，需要监管机构不断规范厘清。

发展监管科技，实现穿透式监督

数字技术与金融场景深度融合后，虽然可以优化和提升金融服务的便捷性、普惠性，但在原有单一金融业务经营风险的基础上，技术安全和风险叠加等新挑战也不断呈现。伴随着数字金融时代的到来和数字技术的迅猛发展，科技创新性应用于金融业务正如火如荼地进行。数字技术赋能下的金融业务和场景的创新性融合，让人们充分认识到了科技是第一生产力。科技元素不断融入金融行业后，推动金融领域新模式的不断涌现，"数字技术＋场景"的跨界融合层出不穷。监管需要创新性融合科技力量，在全场景、生态化、动态化、全局性等多方面进行前瞻性和预判性的监管，着力缩短监管科技和数字金融功能发展趋势之间的距离。

数字金融平台与金融、科技融合在一起，业务会呈现较为复杂的状态，因此必须实施穿透式监管。央行2022年印发的《金融科技发展规划（2022—2025年）》明确指出，要"加快监管科技的全方位应用，强化数字化监管能力建设，对金融科技创新实施穿透式监管"。传统的金融监管方式已经跟不上数字金融的业务发展，需要进行全程和全方位的科技监管，这种监管将呈现穿透式的特征。即以监管科技应对数字金融新型科技风险，完善金融科技监管，加强数据穿透金融业务，对数字技术全过程进行安全防护。如依托科技监管持续监测数字渠道的业务流量、服务流量，防范网络风险攻击；从前端数字渠道向后台传导，进而用科技守住金融安全底线；保障数字金融业务的稳定高效运行；保护消费者合法权益。穿透式监管是金融科技监管的升级，是构筑金融和科技风险防火墙的有益尝试。

发展监管沙盒，构建合适的监管框架

金融科技创新监管也要与时俱进，实行中国式"监管沙盒"，即"金融科技创新监管试点"。2019年12月，中国人民银行在北京率先开展金融科技创新监管试点，首批试点涵盖数字金融等多方面应用场景，聚焦大数据、AI、区块链等前沿技术，被称为中国版金融科技"监管沙盒"。"监管沙盒"的设计原理是，把一些创新性的业务放到可控的环境中进行试点，给其更多的信息披露，进而观察试点的具体反应，如果风险可控并具有一定的创新性，可考虑进一步推广。2020年北京市组织的第二批试点项目具备业务普惠性、技术创新性、风险可控性等特点，申报主体既包含持牌金融机构，也涵盖金融科技企业，未来试点成效需要更多的评估和有效推广。

从更大的格局看，数字金融的主要挑战在于如何构建一个合适的监管框架。监管部门从2015年开始着手整治数字金融，由于过去监管空白、规则执行不彻底的现象时有发生，就需要构建合适的数字金融平台全面监管框架来进行系统化规范，进而将金融监管覆盖交易的全流程。即所有的金融交易都要受到监管，做到金融监管全覆盖，监管要一视同仁；规范金融牌照监管和设置多业务间防火墙；完善数字金融业务的准入机制和分类牌照（如金融控股集团）。目前中国有25类重要的金融牌照，在金融监管趋严的背景下金融牌照价值激增，业内甚至开始将持有金融牌照与企业综合实力画等号。而目前一些数字金融平台的业务非常复杂，可能要参照金融控股集团的方式进行牌照管理；另外，持有多张金融牌照的数字金融平台要在业务之间设立必要的防火墙。

规范数字金融平台与商业银行等传统金融机构的合作

数字金融平台和金融机构应合作发展。数字金融平台具有海量的数据和先进的技术，金融机构具有丰富的金融从业经验和雄厚的资本金，两者融合将共同推进金融科技新业态的繁荣发展。金融领域的未来发展方向更多是传统机构的数字化转型升级，在此过程中，数字金融平台和传统金融机构会有更多的合作空间。数字金融平台在合作中的主要角色和职能是为金融机构提供潜在用户数据和系统技术支持，帮助金融机构扩展客户资源，通过更高质量的客户数据分析，为用户提供更加便捷和个性化的金融服务。目前的主要模式是引流、助贷、联合贷款、销售等，未来的合作方式和合作规范还比较模糊，需要进一步明确。

完善数字金融平台的数据治理

数据的隐私性保护和公平性要贯穿数据治理的全流程，规范数字金融平台对个人数据的采集、存储、处理和使用各环节。数字经济提高经济效率的前提是做好数据治理，当前中国在数据治理方面仍然面临极大挑战。一方面，大型科技公司过度采集、混用、侵犯用户数据隐私权，具体体现在：消费者在使用金融服务时需要向平台提供极为详尽的个人信息，过度采集信息现象比比皆是；金融科技公司将同一客户的信息用在不同产品线上，这种商业行为在发达国家会被认为是侵犯客户隐私而加以禁止，而在中国却非常普遍。另一方面，大型科技公司在开发数据后利用不足，阻碍客户在不同平台之间进行自由选择。受传统金融的信用和风险评估体系所限，大型科技平台的客户信息不向行业银行开放，进而导致信用评级在传统金融体系中存在挑战的用户，最终只能依赖数字金融平台获得放贷或者助贷等服务，限制了贷款用户自由选择的可能性。

　　建设公共数据共享平台的同时要对算法进行监控并构筑风险防火墙。数字金融领域内的很多信息是沉淀在公共部门的，如果要更好地降低风险，需要将个人数据和公共数据匹配使用。数字金融平台在提升金融效率和客户体验方面主要依靠平台算法，通过算法，平台几乎能将个人生活行为全面数字化，且处于相对支配地位。所以拥有个人全面数字化信息的数字金融平台若开放算法，与沉淀在公共部门的信息匹配使用，数字共享平台的数据治理将会衍生出更大的金融、社会和经济价值。此外，还应该构建基于公共信用信息数据共享平台的智能算法评估和审核体系，提升算法的可解释性、透明度和公平性，通过负面清单、风险补偿、平台算力提升等方式和措施，加强共享平台上的金融和科技风险防火墙。

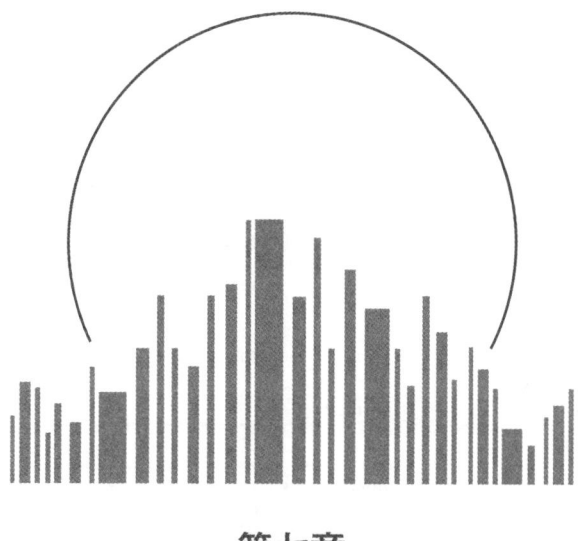

第七章

数字经济治理：国际政治经济学视角

---

① 本章作者为查道炯。

跨国贸易是国际经济关系的一个组成部分，建立在信息技术和高科技之上的业态使跨国贸易形式不断创新，国际上对数字与贸易的关注已经从 21 世纪初追求缩小不同经济体之间的数字鸿沟转向全球适用的数字经济治理规则。从国际政治层面看，传统的国家主权概念与国家领土相关，数字空间则具有无地理疆界性、全球性和开放性，二者存在难以调和的矛盾。一个国家固然拥有对数据跨国界传输和处理的主权权力和能力，但是数据没有跨越国界却依然能够被第三国的主体访问，国家管辖权也就只有在被尽可能广泛接受的基础上才具有效力。而且，国家间的数字鸿沟依然存在，数据价值链是全球产品链、产业链和价值链的一部分。这些都是所有国家必须面对的现实。原始数据，包括个人数据，经过转化（从数据收集、分析到处理）形成数字智能，既可用于商业目的而具有交易价值，也可服务于社会目标而具有社会价值。一方面，没有原始数据就没有数字智能；另一方面，要想创造并获得价值，既需要原始数据，也需要具备将数据变为数字智能的能力。随着数据作为一种经济资源以及跨境数据流动发挥越来越大的作用，数字鸿沟又呈现出与数据价值链有关的新层面。所以，形成被广泛认可的国际数字经济治理规则应该是所有国家的共同追求。

"治理"一词源于英文且有着深刻的政治学含义，用于讨论国际经济和政治现象，基于研究对象、时空范畴的选择，以及研究和国际谈判所谋求的不同利益，其议题设置和因果归因等都相当复杂。更确切一点说，治理是一种追求，一个过程。本文借用弗朗西斯·福山在详尽考察文献后对"治理"含义的归纳：国际合作不仅在传统意义上的国家体系之内展开，还应有非主权国家主体的参与（国际治理）；

国家为有效履行其政策而不断对公共管理做出调整（善治）；企业、社会网络和个人在国内适应政府的公共政策且在国际层面形成自我约束的行为规范（自我治理）。[1]

数字经济和数字贸易的范畴是一个在统计学和经济统计实践中颇具争议的议题。就本章所集中关注的数字贸易而言，狭义的数字贸易定义主要围绕信息通信技术产业和个别数字化程度高的产业展开，从连接生产和消费的交易视角出发，认为一项交易满足"数字订购"或"数字交付"特征，就属于数字贸易。[2] 而广义的定义则可包括数字技术与经济社会广泛融合产生的所有经济活动。在实践层面，统计规则依然属国家主权范畴，数字经济没有或者说难有被不同国家广泛接受的定义。

数字经济所涉及的国内和国际层次的所有议题都可被纳入治理研究的范畴。例如，电商平台"二选一""大数据杀熟"等市场垄断和竞争创新议题主要属善治领域。发行主权数字货币、管理一些平台企业的数字货币、应对数据泄露、隐私保护等既关乎以国家为主体的善治，也因其措施有国际关联和影响而同时属于国际治理范畴。而数字技术标准、行业行为规范（包括对用户行为的约束）等则既有自我治理的成分，也在形成国际性规则过程中涉及国际治理。创新是数字经济的基因，新议题层出不穷，需要研究的是如何治理。就像众多话题领域一样，规则制定是治理的根本，其中由谁基于何种利益制定规则是各方争论的要点。对提供网络平台服务的企业、使用数字服务的用户（包括个人用户）而言，无论是自我治理还是外部介入治理，都是数字治理内涵的一个单元。

---

[1] Francis Fukuyama, *The Great Disruption: Human Nature and the Reconstitution of Social Order*, New York: The Free Press, 1999.

[2] OECD, WTO and IMF, Handbook on Measuring Digital Trade, Version 1, 2020, https://www.oecd.org/sdd/its/handbook-on-measuring-digital-trade.htm.

基于上述认知，本章从国际政治经济学的视角讨论中国与世界在数字贸易领域互动所涉及的几个治理议题。从国际政治经济学的角度看，以经济和贸易数字化为特征的第四次工业革命通过数字网络与实体生产和交易系统的融合，将数字化和高度自动化的生产技术、新的数据来源、物联网、算法、云计算、大数据分析、人工智能等知识和技术要素转化为新的生产要素。与此同时，人类社会对生命、财富、秩序、公正等维系个人和社会生活有序演变的要素的重视与渴望，事关数字化技术的运用在政策和政治层面的舒适度。在国家间的政治与经济关系方面，数字技术的运用既丰富了地缘竞争与合作的内容，也使得治理过程更加复杂。

本章内容由四节组成。第一节从地缘政治的视角审视国际层面的数字经济态势，这些知识应有利于研判中国的数字经济及其治理所处的国际地缘政治环境。第二节介绍并讨论数字贸易规则课题，特别是在近年美国与欧盟更积极地试图引领形成全球适用的数字经贸规则的背景下，了解相关课题的态势演变是把握中国所处国际地缘经济环境的一部分。第三节简要介绍近年在全球范围内已经取得统治性地位的超级平台在美国和欧盟所经历的监管案例，梳理发达国家网络平台治理的基础性和结构性追求，对提高中国平台治理质量有参考意义。第四节从促进中国与外国在数字经济治理领域的政策连通出发，结合前三节内容，总结全文。

数字经济的地缘政治

一个国家经济增长所依赖的跨国贸易，特别是数字技术运用所催生的新的全球贸易环境，日益成为地缘政治竞争的主要领域，这不是一个新现象。纵观历史，强国为避免直接军事对抗，一直毫不犹豫地将跨国经贸条件作为外交政策工具，以维持其在国际事务中的竞争优势。随着技术的发展和数字贸易的重要性日益增加，数字空间和数据的使用已经成为争夺规则制定权的新领域。不同的国家之间并未就谁拥有、控制和经营数据的权力达成一致。就像军事领域一样，地缘政治竞争是管理经济和贸易数字化所带来的新挑战的日常性现实。

其实，从物理性的基础设施看，跨国数字空间并不具有虚拟性。今日全球范围内数字技术所促成的产品、服务、数据交换活动的雏形可回溯到1837年电报的发明及其被用于辅助跨境商务往来。从电报、电话、传真等电子通信手段的跨国运用开始，到世界经济运行进入电子化和网络化的今天，呈现在日常用户面前的"虚拟"交流和交易便利，都是建立在卫星、海底通信光缆等实体通信基础设施之上的。

特别是因特网，其跨国连接必须依靠海底光缆登陆点、计算机自治系统编号、路由交换点等基于地理环境的要件支撑和维护。维系因特网全球运营的根服务器，全球共有13台，其中10台位于美国（另外3台在英国、瑞典和日本）。这虽然是互联网发展历史所致，但正如一些美国的研究人员所言，它使得根服务器的所在国政府有实力利用全球通信网络收集他方信息（"望远镜"）和限制甚至排斥他方使用（"咽喉"），从而谋取地缘战略优势。[①]

当然，控制或排斥他国的网络使用仅仅是一个可选项。毕竟，全球范围内通信基础设施互联互通程度的提高，有利于有控制能力的国家的企业布局其跨国生产和经营网络并从中得益。对根服务器不在其管辖范围内的国家而言，其境内的跨国通信基础设施连接点同时也是信息流通的控制点。这样，对各方而言，在没有发生战争的情形下，

[①] Natasha Tusikov, "Internet Platforms Weaponizing Choke Points", in Daniel Drezner, Henry Farrell and Abraham L. Newman, editors, *The Uses and Abuses of Weaponized Interdependence*. Washington, D. C.: Brookings Institution Press, 2021: Chapter 7.

国家间数字经济关系的相互依存既是现实，也是一种值得呵护的理念，维护网络的平稳运行是公共利益所在，强国在因特网的运行过程中实施霸权行为的空间因此受到制约。

这就解释了为什么数字经济、数字贸易的国际合作讨论的重要关注点之一是不同国家的监管政策的兼容程度。所有国家，特别是大国，都为实现从潜在的国际数字贸易中获得最大化收益而对跨国数据流动和以数字方式进行的跨国交易实施监管。就像监管实体经济和实物贸易一样，监管以国家管辖区为基本单位，体现的是其实力和竞争力。

提高不同国家监管政策兼容程度的愿景受到少数企业在全球数据价值链中居于统治性地位这一现实的约束。"数据价值链"作为概念比较容易描述：支持数据收集、存储、分析和建模的企业，将数据转化为数字智能并通过商业用途将其货币化，从而创造出价值。但是，在全球范围内，特别是发展中国家，缺乏基于其关键组成部分和范畴的可靠统计数据。众多的全球数字经济统计文献中，联合国贸易和发展会议推出的《数字经济报告》所涵盖的地理范围最广。该报告的2019年版称，根据定义的不同，数字经济的规模估计占世界GDP的4.5%~15.5%，就信息和通信技术部门的附加值而言，美国和中国加起来几乎占世界总量的40%。前一数据中11个百分点的估值差体现的是统计难度。虽然在描述世界数字经济时中国和美国经常被并提，但两国的数字经济生态不同，除了少数技术开发所涉及的市场融资活动外，二者之间相互渗透的程度也比较低。

就数字经济大国的监管模式而言，一般认为，美国遵循"自由放任"的监管哲学，其数字经济治理目标是继续支持经济增长和维持美国企业在数字技术上的全球领先地位。的确，以美国为基地的全球性数字平台在主要业务领域已经取得了统治性市场地位。联合国贸易和发展会议《2019年数字经济报告》基于2017年的市值统计，谷歌拥有大约 90% 的互联网搜索市场。脸书占据了全球 2/3 的社交媒体市场，是全球 90% 以上经济体排名第一的社交媒体平台。亚马逊在全球在线零售活动中占有近 40% 的份额，其亚马逊网络服务在全球云基础设施服务市场中也占有类似的份额。而在全球数字平台市值中排名前十位的两家中国企业，腾讯和阿里巴巴，其业务经营范畴则高度集中在中国境内。

欧盟的数字经济监管哲学，在支持美国所秉持的基础性立场的同时，对数据的跨境流动环节更大程度上优先考虑了个人权利的保护，强调个人对数据拥有根本性权利。欧盟自 2018 年 5 月起正式施行《通用数据保护条例》，作为对 1995 年通过的个人数据保护指令的升级规范。面对欧盟境内数字经济与信息社会的新发展和新趋势，欧洲立法者建构的回应方案是引入具有普遍约束力的欧盟统一立法，提升个人数据流转的治理水平。这同时也对全球数据治理的未来走向有着现实的深刻影响。

中国的数字经济监管更强调网络主权，以确保网络和国家安全。OECD 开发的服务贸易限制性指数将所涵盖的 40 个主要经济体的跨境数据流动政策进行量化评估，中国、印度尼西亚、南非、巴西、印度、俄罗斯等国家限制指数偏高，而瑞士、澳大利亚、美国、挪威等国家限制指数较低。[①]

我们也要看到，"数字主权"所表述的关注点在不同国家间具有共通性。出于对数据资源的保护、国家安全的需要以及防止行政权、司法权落空等目的，跨境数据流动所涉及的"跨境数据传输""数据本地化存储""数据隐私保护"等重大议题的国内监管与国际规则制定，已经成为新的国际经贸博弈的内容。

在全球数字经济关系中，体现地缘政治博弈的另一个领域是数字

---

① 张茉楠.跨境数据流动：全球态势与中国对策.开放导报，2020（2）：44-50.

技术。这既是技术作为传统国际经济和经贸关系的延续，也呈现出新的特点。近年，美国围绕数字技术通过了几个值得关注的新的立法。2016年以来，美国严格限制涉及重大科学技术及基础领域的技术数据和敏感数据的跨境转移，并通过"长臂管辖权"和庞大的情报网络加以执行。2018年3月，美国议会通过《澄清境外数据的合法使用法案》。该法案秉承"谁拥有数据谁就拥有数据控制权"的原则，打破了以往的"服务器标准"，转而实施"数据控制者"标准，允许政府跨境调取数据。美国还通过限制重要技术数据出口以及特定数据领域的外国投资进行数据跨境流动管制。例如，2018年8月推出的《出口管制改革法案》就特别规定，出口管制不仅限于"硬件"出口，还包括"软件"，如科学技术数据要传输到美国境外的服务器或数据出境，必须获得商务部产业与安全局的出口许可。在外国投资审查方面，《外国投资风险审查现代化法案》的一项关键内容在于扩大管辖权，涉及"关键技术""关键基础设施""关键或敏感数据"的美国企业做出的特定非控股外国投资，都会被纳入安全审查范围。这些法案的实施对中国企业在美国市场的数字技术活动的遏制作用，是国内外技术地缘政治研究中的常见课题。

地缘政治在全球数字经济治理中第三方面的体现是一些国家有选择性地将推动数字贸易的议题嵌入其与战略和经济盟友之间的自由贸易安排。例如，2012年3月生效的《美韩自由贸易协定》是美国与亚洲主要经济体签订的第一个类似协定，其中数字产品的立法模式和立法方向等内容代表美国试图引导跨境电子商务、数字贸易等方面制度规范的努力。之后的《日美数字贸易协定》（2019年）、《美墨加协定》（2020年）更对经济盟友的数字知识产权、跨境数据传输自由等方面做出了优于协定外成员的市场准入规定。在2021年8月，媒体报道美国拜登政府正在起草环太平洋国家数字贸易协议的提案，可能涵盖的内容包括跨境信息流动、数字隐私和人工智能使用标准。拜登政府的提案将仅向美国在亚太地区的盟友开放，不包括中国。

地缘政治思维中零和竞争的一面使得网络空间、互联网都面临碎片化的风险。企业的跨国数字经济行为，不论是数字赋能、数字可交付，还是并购初创企业、境外融资，都必须以获得交易过程相关国家的监管许可为前提。又如，云计算和大数据中心是数字企业提供算力服务所依赖的基础设施，其跨国布局事关管辖区的市场准入、运营监管政策，而这些政策的选择往往以国别而不是网络空间的全球性作为分界点。

尽管如此，我们也必须同时看到，"地缘政治"这个分析视角适用于观察和分享包括中国在内所有国家的涉外经济政策。国际经济格局演变的本质依然是在相互依存的国际体系中谋求自身的发展机遇。就研判中国所面临的外部世界地缘政治环境而言，我们的基本思路应该是基于数字经济在全球层面相互依存的本质，通过参与国际规则的形成而对不友善的一方形成制度性牵制。更为重要的是，要聚焦国内数字经济治理的调整，在数字治理和数字贸易政策领域对尽可能多的国家提高兼容程度。这才是地缘经济、地缘政治分析的落脚点。

国际数字贸易规则

讨论国际数字贸易规则所面临的一大难题是如何对数据进行分类。例如，收集数据是出于商业目的还是公共目的，数据是被企业还是公共部门使用，数据是即时数据还是历史数据，数据是敏感数据还是非敏感数据，数据是个人数据还是非个人数据，等等。在一国之内，数据分类事关如何从监管入手处理数据收集、使用的规则；在国际层面，不同的分类与境外访问权限设置高度相关。处理国家间关系的基本原则是尊重对方的管辖权，所以难以形成全球统一的数据分类标准。

第七章　数字经济治理：国际政治经济学视角　　　239

国际上近年出现了一种看法：数据已成为"21世纪的石油"。虽然数据在当今和未来经济社会生活中的不可或缺性与石油自工业化初期以来的关键性可以比拟，经济数据化的发展方向也不可逆，但一个具体数据流向他国并不像石油那样因易手而"失去"。这是因为数据的生产方有备份留存的选项，购买方支付的是使用费，而被出售的数据依然留在销售方并继续为其产生价值。

从国际政治经济学的角度讨论全球数据治理时，将数据视为一种（全球）公共品有助于拓展在全球范围共享的数据范畴和数据量，从而促成开发有助于应对全球重大发展挑战（贫困、健康、饥饿和气候变化等）的公共品。到目前为止，这种认知所体现的更多是一种学术理念，但它有利于为国际合作和国内善治两个层面的数字治理所追求的广度设置边际，也有利于鼓励数字企业在其谋利过程中为社会提供公共品，提高自我治理的社会认可程度。

接下来的讨论还是有必要从几个基础性概念开始。"经济数字化"至少包含两大领域："数据赋能"涵盖跨境商务，数字技术的运用为实体经济行为增添了方便和活力，载体以实物类商品为主；"数字可交付"则包括电信、计算机和信息服务、文化娱乐、知识产权、保险和金融服务等服务贸易行为，载体以信息等知识类商品为主。"平台化数字服务"是对近20年新兴的跨境商业行为的归类，主要指搜索引擎、新闻服务、网络社交平台等不断创新的信息交换行为，其中包括不以营利为目的的知识服务。"数字数据"指的是为数据分析、人工智能、区块链、物联网、云计算和其他基于互联网的服务等提供基础的数字量，也是数字经济强国之间竞争的核心领域。这些概念所描述的现象都是不同国家和社会之间正常交往的一部分。

国际数字贸易规则是货物的跨国贸易规则的延伸。传统上，货物的跨国贸易由不同国家的进出口双方根据供需对接而形成物流。国际陆运、海运、航空、保险市场随之形成，且形成了成熟的规则自理和自律。非贸易性质的私人包裹的跨国流动规则在万国邮政联盟（1874年成立）框架下协调。万国邮政联盟自1969年开始采取减轻发展中国家用户的邮资负担的政策。2019年美国提出的邮资改革要求得到重视，自2020年7月起，进口函件业务量超过7.5万吨的国家可自行定义终端费率体系。

跨国通信用的电报、电话、传真等电信技术的互联互通，由国际电信联盟（1865年成立）协调，通过划分全球无线电频谱和卫星轨道、制定技术标准等途径促成了全球用户间在技术使用层面的无缝对接。电缆、卫星、光缆等跨国电信设施的互联互通则由国家许可、行业协同形成接收站、接入点。

管理今日世界货物贸易的《商品名称及编码协调制度》是1983年才由海关合作理事会（现世界海关组织）制定的协调系统，中国在1992年正式采用。设立国际通用商品编码（HS编码）是为了确定商品的唯一性。该编码制度将产品按"章""品目""子目"进行6位数字编码，各成员方则可自行加上子目而形成8位或更多数目的编码。

一款商品的编码与国际贸易中的原产地规则相连。随着产品贸易和加工过程的国际化，"原产地"与"原产国"之间出现了差异。但世界贸易组织并没有对原产地做出具体规定。其成员的普遍性做法是以"完全获得"（没有境外价值形成成分）、"实质性改变"（出口品包含境外加工成分）来确定是否给予税收优惠。由出口方的商品检验检疫机构开具的原产地证书则是进口方通关验收、征收关税的重要凭证，也是贸易关系人交接货物、结算货款、索赔理赔的凭据。

世界贸易组织的海关估价规定遵循三大原则：货物必须"有形"；以"成交价格"为基础确定完税价格；征税基于纳税人的住所和账册凭证。

从20世纪70年代后期开始，ICT的开发加速，其应用的国际化步伐加快。为了形成尽可能全球一致的规则,世界贸易组织在1997年通过了《信息技术协定》。该协定涵盖的主要是"有形"产品,也就是通称的ICT产品,包括半导体、计算机和电信设备。就像2020年改革前的跨国邮资费率逻辑一样,基于缩小全球数字鸿沟的理念,《信息技术协定》的成员同意对八大类核心ICT商品免征关税。

ICT商品贸易的一大特点是企业创新的进度超前于政府间贸易监管政策达成协议的进度。以发达国家为成员的OECD在2007年推出新的ICT商品归类,初期包含94种商品。世界贸易组织在2015年达成更新《信息技术协定》的谈判协议,新增201项产品。这些在成员方之间贸易免税的产品依然维持前6位数编码,创新产品则由成员方在其后添加编码数目。

互联网、数字平台、人工智能等技术的开发和广泛运用,使确认企业实体变得更为复杂。以这些技术为途径发生的价值交换,对基于"有形"货物、在境内设有可核实的实体地址和账册的原产地或原产国政策形成了监管挑战。1984年,海关合作理事会的估价委员会通过了《关于软件海关估价的决定》,缔约方可选择仅按照介质的价值,也可按介质与所载软件或数据的总价确定完税价格。虽然海关合作理事会在1994年通过改名为世界海关组织而提高了其对成员方的约束力,但在实践过程中,成员方在产品编码和征税政策中的裁量权更大。

也就是说,伴随着ICT、数字化服务技术的发展以及商业模式的不断更新,国际贸易生态走过了一个不断多样化的过程。传统"产品"和"服务"的分类边界逐渐变得模糊。此外,在全球价值链重构的过程中,一些跨国公司的注册地与实际经营地分离。而贸易往往与税收紧密联系,大多时候,关税征收的依据是实体运输媒介(车、船、飞机等)所转运贸易品的价值,与贸易品的原产地挂钩。然而,当贸易品不以实物的方式跨境交易时,那又该如何定义?

"数字化产品"主要是指数据、软件、视听产品、电子图书等可数字化并通过互联网传输的产品或服务。传统上,此类产品具有有形的物质载体,被归类在货物范畴,应征收关税。但是,在互联网环境下,跨境数字化产品(例如电子书、数字影像、数字音乐、动漫、电游、软件等越来越丰富的数字产品,还有搜索引擎、社交媒体、卫星定位、远程医疗、远程教育等)通过网络进行电子传输。不仅"原产地""原产国"难以界定,海关在跨境交易中如何发挥功能,也遇到了新的挑战。

1996年,数字化产品议题在世界贸易组织新加坡部长级会议上被首次提及,但各方对此类产品的归类(货物贸易、服务贸易,抑或是知识产权贸易)持不同见解,相应地出现了围绕其适用贸易规则的争议,是适用于世界贸易组织的货物贸易协定、服务贸易协定(GATS),还是与贸易相关的知识产权协定(TRIPS)。国际贸易管理界采用了"电子传输"这个较为模糊的表述。1998年世界贸易组织部长级会议申明中提到成员同意继续目前不对电子传输征收海关关税的做法。世界贸易组织虽然在1998年就通过了《关于全球电子商务的宣言》,但此后多年对电子商务议题只有讨论,并没多少实质进展。[1]

在世界贸易组织框架下,1998年,"电子商务"被定义为"通过电子的方式或媒介制造、经销、营销、销售货物或服务"。[2] 联合国贸易和发展会议在2000年将电子商务的形态分为四类,即B2B(企业到企业)、B2C(企业到消费者)、B2G(企业到政府)、C2C(消费者到消费者),既涵盖可以数字化交付的有形商品,也涵盖无形(数字的)产品和服务。美国国际贸易委员会(USITC)则在2013年

---

[1] 戴慧.跨境数字贸易的发展与国际治理.中国发展观察,2021(9-10):63-69.
[2] 乔斯林·马德琳,安德里亚斯·马瑞尔.无疆界的数字服务贸易,该如何统计?.白晓柯,编译.金融市场研究,2016,51(8):27-35.

7月发布的《美国与全球经济中的数字贸易》中将"数字贸易"定义为：通过互联网传输产品和服务的国内商务和国际贸易活动，交易标的包括音乐、游戏、视频、书籍等数字内容，社交媒体、用户评论网站等数字媒介，搜索引擎，其他产品与服务。这一定义实质上对"产品"与"服务"的分界进行了模糊处理。

不论是用"电子商务"还是"数字贸易"作为归类名称，也不论不同的经济体和国际机制如何定义其涵盖范畴，各经济体都面临数字经济征税权的确立、利润份额分配、打击税收流失等问题。世界贸易组织《海关估价协议》要求被估价的产品必须是有形的，海关如何对数字交易进行估价和征税，难以达成国际共识。

1998年后的历届世界贸易组织部长级会议都维持了对数字化产品免征关税的安排。2020年12月世界贸易组织电子商务谈判全体成员发布的联合声明提到最新的谈判进展：参与方已基于成员提案拟出统一谈判文本，在多方面的小组讨论中取得较好的谈判进展，包括电子签名认证、无纸化贸易、电子传输的关税、开放政府数据、开放网络准入、消费者保护、源代码等；但在达成高标准协定至关重要的数据流动方面，讨论仍在继续。另外，声明提到的参与技术方面讨论的代表中没有中国，这点未来可能会有所影响。[①]

在全球数字贸易规则谈判中，具有较强影响力的三大力量是美国、欧盟和中国。这三方的诉求内容都相当丰富且处于不断变化的过程中，基于专业研究人员的提炼，本节转述各自诉求的要点。[②]

美国提案的特点是全面倡导"数字贸易"新规则。美国是世界贸易组织电子商务谈判的积极推动者，主张"全面且富有雄心"的高

---

① 戴慧. 跨境数字贸易的发展与国际治理. 中国发展观察，2021（9-10）：63-69.
② 本段之后的三段内容较多采用了对外经贸大学法学院教授的研究成果. 石静霞. 数字经济背景下的WTO电子商务诸边谈判：最新发展及焦点问题. 东方法学，2020（2）：170-184.

标准贸易规则能够确保开放公平和竞争的全球数字经济，降低数字贸易壁垒。2019年4月，美国提交的《数字贸易协定》建议以"数字贸易"概念取代"电子商务"，大部分内容超出现有世界贸易组织协定的范围，且包含了清晰明确的义务和规则，显示出美国推动制定高标准和更开放的数字贸易规则的意图。事实上，《美韩自由贸易协定》是第一个有专题涉及此议题的国际协议。美国的立场不仅体现在它与其他国家签订的双边协议中，也体现在《跨太平洋伙伴关系协定》（TPP）和特朗普政府已退出的《全面与进步跨太平洋伙伴关系协定》（CPTPP）、修订后的《美墨加贸易协定》文本之中。基于美国对数字贸易的高度关注和在该领域的已有基础，其提案对世界贸易组织电子商务谈判的议题设定和未来走向具有关键影响。

与美国和中国相比，欧盟在全球数字经济中虽然更像是"用户"，但也在数字经济的价值创造环节发挥着重要的作用。所以，欧盟偏向于强调以高标准贸易规则和严格隐私保护来规范全球数字经济的发展。欧盟的谈判目标在于达成高标准的规则和承诺，增加规制可预见性并改善市场准入条件，其提案内容与美国有诸多重合。2020年，欧盟推出《数字服务法》和《数字市场法》草案，作为对其在2016年通过的《通用数据保护条例》（GDPR）的补充。

中国提案的主要诉求是改善跨境电子商务的贸易环境。在世界贸易组织框架下，中国于2019年提交了三份提案。与美欧提案相比，中国提案的内容偏原则性和声明性，无具体条文建议，但体现了我国主张的谈判目标、原则、方向和重点等。此外，中国在2019年9月的提案则主要涉及对ICT产品的非歧视待遇，包括：世界贸易组织成员应给予其他成员的企业和电子商务相关网络设备及产品非歧视待遇；不能排除或限制ICT产品或设备的供应，除非根据合法公共政策目标进行充分调查；不应阻止公共电信网络或服务提供者选择其网络和服务的支持技术以及与该技术关联的网络设备和产品；不应阻碍与电子商务相关的网络设备和产品的供应链，特别是那些基于长期商业合作的供应链。这是谈判中唯一涉及此方面内容的成员提案，与中国华为产品和 5G 技术在美国受到的不公平待遇直接相关。

数字税（或数字服务税）是国际数字贸易规则谈判中的新课题。依据现行规则，互联网企业只需在总部注册所在地一次性缴税。欧盟提出的数字税系针对某些数字服务（互联网业务）产生的有效利润专门征收的税种，任何一个欧盟成员国均可对境内发生的互联网业务所产生的利润征税。法国在 2019 年成为全球首个开征数字税的国家。截至 2021 年 3 月，奥地利、法国、匈牙利、意大利、波兰、西班牙、土耳其和英国 8 个国家已征收数字税。其他一些欧洲国家也在推动数字税的征收。尽管欧洲各国尚未形成统一的数字税法案，但欧盟一直在努力推进这项工作。

目前，数字税的征收对象——大型互联网公司都是美国的，中国的互联网公司在境外，特别在欧洲的业务量有限，数字税之争主要在欧洲和美国之间发生。美国政府一直强烈反对欧盟的数字税征收计划，2021 年 7 月美国财政部官员明确表示，数字税提案可能会对美国企业构成歧视。协调一致的欧洲数字税征收计划遂暂时搁浅。

数字贸易日益成为自由贸易协定谈判的专项课题。亚太地区是全球数字贸易最有活力的地区。在亚太地区，CPTPP 是第一个考虑数字贸易重要性的贸易协定，它承袭了由美国牵头谈判的 TPP 中的数字贸易的所有规则。2022 年 1 月 1 日开始实施的《区域全面经济伙伴关系协定》(RCEP) 中的第十二章"电子商务"关注的是数字贸易规则，涵盖数据跨境流动、个人信息保护、计算设施的地理位置（数据本地化）、网络安全四大主题。新加坡、新西兰和智利于 2020 年 6 月签署的《数字经济伙伴关系协定》(DEPA) 扩大了 TPP 所涵盖的范畴，其中的条款涉及电子发票和支付、数字隐私和数据跨境流动等进出口企业日常操作的内容。

中国在 RCEP 的谈判和实施过程中发挥了积极作用，也已申请加入 CPTPP 和 DEPA。在未来的条约谈判中，不论是电子商务、数字贸易、数字税等偏重经济性的课题，还是数据储存本地化、数字跨境监管、隐私保护等偏重政治性的课题，都将是一个多方利益磨合的过程。谈判所追求的公平、公正交往理念具有全球性。中国数字经济的进一步发展有赖于进一步融入数据经济全球产业链。在国家监管法规和政策层面，提高数字经济和贸易领域规则的相互认可程度特别重要。与此同时，将承诺接受的国际性规则嵌入国内监管的理念和实际操作，促进企业在监管框架下进行商业模式的创新，可巩固中外在数字经济和数字贸易领域的相互依存关系，在不断变化的国际地缘政治和地缘经济生态中具有压舱石的效应。

发达国家的新一轮平台治理

发达国家一度将网络平台企业视为在国内和国际经济、政治、文化生活中提供"解放性技术"服务的实体，认为应创造政策空间使其发展壮大。特别是因为在世界范围内占绝对领先地位的平台产品和服务由少数以美国为主的大型技术公司提供，平台企业被视为推动西方在技术和服务领域创新乃至在国际政治层面引导世界潮流的载体。

从国际政治学视角看，对于大型通信技术企业，有必要从让其"发展"转向对其"治理"的思维被广泛接受，较为直接的因素之一是脸书等头部平台企业的运行导致使用其服务的国家的政治生态进一步复杂化。在国际层面，成立于 2004 年的脸书一度因为在 2010 年突尼斯、埃及等国的"颜色革命"中被抗议民众广泛使用而在西方政策研究界受到好评。但当脸书等社交平台的"民主变革"能量在发达国家社会展现后，其"反社会"的一面受到广泛关注，约束其功能的呼声开始得到越来越多的重视。一本被广泛引用的专著甚至指控脸书已经远远超出其为个人用户提供交流的功能而成为大众政治平台,而且是"世界各地民主和知识型文化败坏"的推手。①

维系平台生态系统的核心角色是平台企业及使用其服务的政府、实体和个人。此外,平台的辅助性角色包括第三方数据中介机构、广告商、软件开发者。这些角色的作用在生态系统中相辅相成,缺一不可。所以,从政治学的角度看,"平台治理"研究中形成的认知包括三大流派:平台行使政府职能、平台在政府行为中生存发展、平台企业就是企业。就平台治理模式而言,可分为自我治理、外部角色治理、共同治理。② 政府依然是平台治理的关键性角色。

从经济政策视角看,对大型通信技术企业,政府要在维护公平的商业环境和促进创新之间找到平衡,在相关企业形成品牌效应之后不久就要对其进行治理。就像针对其他行业的治理一样,反垄断是调节政府、企业、个人利益之间关系的重要工具。

其实,以反垄断为工具的互联网行业治理较早体现在美国政府对微软公司的诉讼中。20 世纪 80 年代,微软公司成为全球最大的软件商,掌握了 90% 以上的个人电脑操作系统市场。同时,包括网景公司在内的企业控告微软涉嫌不正当竞争和垄断行为。1989 年,美国联邦贸易委员会着手对微软展开调查。美国司法部门的诉讼和微软的反诉讼在 2000 年告一段落。微软被法官判定违反了《谢尔曼法》,构成三项罪名:通过反竞争行为维持垄断,企图垄断浏览器市场,将其浏览器与操作系统捆绑。微软被责令分拆成两个公司,将电脑操作系统和软件应用系统分离。一年后,微软公司与美国司法部达成庭外和

---

① Siva Vaidhyanathan, *Antisocial Media: How Facebook Disconnects Us and Undermines Democracy*. Oxford University Press, 2018: 3.

② Robert Gorwa, "What is Platform Governance?" *Information, Communication & Society*, 2019, 22(6): 854–871.

解，微软公司承诺执行一系列限制其商业惯例的规定，逃过了被分拆的命运。过程中，计算机的应用向智能手机、平板电脑、电子阅读器等产品拓展，引起官司的 Windows 操作系统不再具有统治性地位。微软公司的竞争对手，例如苹果和谷歌，在此过程中成长为超大型电子科技企业，且具有全球性影响力。微软等以创新为发展基石的企业在追求自身壮大和应对政府监管之间的成功经验，被推荐为教科书式的样本。

就政府与市场互动的逻辑而言，从微软案的后续发展我们不难看出，国家利益在美国反垄断实践中的分量正在逐渐上升。虽然微软被判垄断成立，美国政府既未对微软处以罚款，也没有将公司分解。微软公司本身也在过程中不断调整自己的行为，根据变化中的政府监管政策提高自己合规的程度。反垄断只有在鼓励技术创新、保障公平竞争，并通过持续创新来确保消费者福利最大化时才有意义。

观察发达国家的平台治理，将微软反垄断案放在长周期的美国经济治理中审视是有益的。在美国，反垄断的理念具有长期性，但反垄断执法却具有周期性，且与保护主义思潮交替出现（见图7-1）。支撑这种周期性的大背景之一是美国对自己在国际经济与政治格局中相对地位的判断。当美国在国际竞争中处于不利地位的判断成为共识时，保护主义思潮随之占上风。保护主义思潮所追求的是通过挤压进口产品和服务维护美国经济在全球的地位。当反垄断成为潮流，则是基于对国内现状的判断，期望通过促进竞争推动 GDP 的增长。

在 20 世纪 70 年代，反垄断浪潮在美国出现，以求促进国内经济发展。美国的保护主义浪潮出现在 80 年代，主要是基于来自日本的经济竞争。在 90 年代，反垄断在美国又一次形成共识，但其激烈程度远远低于 70 年代。在中国经济被视为冲击了美国国际地位之前，美国的保护主义和反垄断都处于低潮期。近年保护主义和反垄

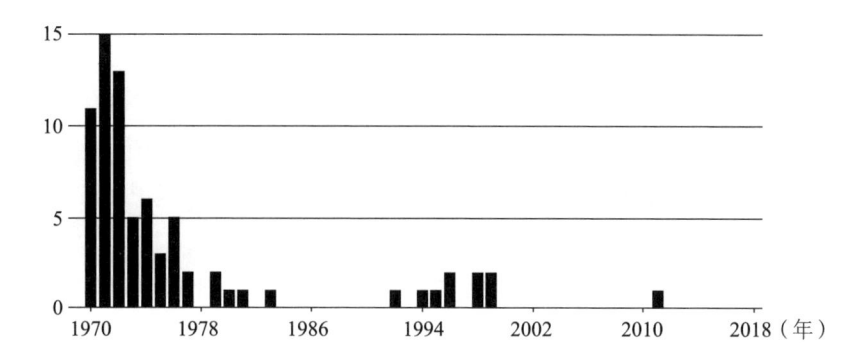

图 7-1　美国司法部 1970—2016 年反垄断执法数量

资料来源："Workload Statistics", https://www.justice.gov/atr/division-operations，转引自 Yale School of Management, Antitrust Enforcement Data, https://som.yale.edu/faculty-research-centers/centers-initiatives/thurman-arnold-project-at-yale/antitrust-enforcement-data-0（2021 年 8 月 19 日查阅）。

断思潮同时上升的现象，在美国的政治和经济治理历史上还是第一次出现。

同样是指责微软垄断，欧洲的做法却与美国不同。微软公司在欧洲遭到滥用市场垄断优势的指控可回溯到 1993 年，它被另一家公司投诉通过征收特许权使用费排挤竞争对手。双方在 1994 年以和解方式终止了部分有争议的特许权许可行为。1998 年，美国太阳微电子公司向欧盟委员会投诉，宣称因为微软公司拒绝提供操作系统相关兼容信息，太阳微电子公司无法开发与操作系统相兼容的软件产品，进而使太阳微电子公司无法在服务器操作市场上生存发展。该投诉正式拉开欧盟反垄断机构对微软公司系列反垄断调查的序幕。欧盟反垄断机构在对微软公司反垄断调查的基础上，判罚态度日趋强硬。2004 年欧盟委员会要求微软公司提供不带自身媒体播放器的操作系统版本，向竞争对手开放相关技术信息，以实现微软公司竞争对手的产品与微软公司平台的互操作性,并对微软公司处以近5亿欧元的罚款。

根据专题研究,欧盟对微软公司垄断行为的判罚实际上是在市场竞争理念的影响下,在充分借鉴美国反垄断机构关涉微软公司垄断的相关技术数据基础上逐步形成的。出现这种情形,并非欧盟内部缺少反垄断案例,而是因为相关遭诉企业通常都是美国企业,比如微软公司或英特尔公司。由于欧盟反垄断机构本身的科技鉴别能力不足,以及在赴美国采集涉案企业技术数据方面具有法律与经济上的客观障碍,欧盟反垄断机构在涉及以微软公司为代表的美国企业反垄断案件中,较多地从裁判技术角度借鉴了美国反垄断执法机构在同类案件中的裁判依据。

罚款是欧盟委员会针对在其互联网服务市场处于垄断地位的企业的基本治理手段。例如,2006年,欧盟认为微软公司藐视欧盟委员会2004年的反垄断裁决,拒不公开视窗操作系统准确、完整的技术资料,再次对其开出2.8亿欧元的罚单,并警告将采取包括最高日罚金达300万欧元的措施。欧盟委员会在后续的反垄断裁决中,继续对微软(2008年)和英特尔(2014年)处以巨额罚款(前者10亿美元,后者14亿美元)。2010年11月,欧盟委员会发布通告,启动对谷歌的反垄断调查,并于2016年开始对脸书公司进行反垄断调查。在认定存在垄断行为后,欧盟的做法都是以罚款结案。

关于欧洲对美国的信息技术公司所采取的反垄断执法行为,美国政界倾向于认为欧洲是在走保护主义路线。例如,2015年,美国总统奥巴马在硅谷接受一名记者的采访时表示:"为谷歌和脸书辩护,有时候欧洲的反应……更多是基于商业利益而不是别的。"

欧洲在全球网络治理制度建设中的核心能力是建章立制,这与技术和创新导向的美国和用户市场及数据流导向的中国不同。欧洲的网络经济治理,体现的是一种价值追求:由于寡头们追求垄断的目的是在市场之外充当"物价局"的角色，也就是做一个定价者，现代立法机构和行政权力机构必须在寡头利益和大众利益之间做出抉择，抑制寡头利益，确保自由而充分的市场竞争，从而使大众享受到充分竞争带来的优质生活方式。

2020年10月，美国众议院的反垄断、商业和行政法子委员会在完成为期16个月的调查之后发表了长达450页的报告，列举了"大科技企业"（一般指脸书、谷歌、亚马逊、苹果）一系列被质疑的反竞争行为。根据美国国会研究院所做的统计，截至2021年8月，报告中所建议的政府监管措施体现在众议院提出的四个法案：《美国选择与创新在线法案》《终结平台垄断法案》《平台竞争与机会法案》《通过启用服务交换增强兼容性和竞争性法案》。[①] 其中，《终结平台垄断法案》授予美国联邦贸易委员会独立诉讼权，以及与美国司法部等同的管辖权和执法权，这将是一个很大的改变。目前美国司法部作为行政部门之一，主要主管反垄断刑事案件（卡特尔）、民事案件（协议、垄断、兼并）。作为一个主管民事案件（协议、垄断、兼并）和行政案件的机构，联邦贸易委员会在法案通过后可获得管理刑事案件的权力。

拜登执政时期发起了新一轮针对超大型平台企业的监管行动，原因之一是受到新布兰迪斯主义理论（抑或是理想）的启发。极力推进该思潮的莉娜·可汗等人在2021年夏天被延揽进入了拜登政府的反垄断核心团队。新布兰迪斯主义高度质疑长期引导美国经济治理的芝加哥学派所推崇的理念（以效率作为核心甚至唯一的追求），主张：第一，反垄断的目标不应该是单纯追求经济效率，也应该包含竞争和经济民主；第二，垄断未必就是效率，规模和效率的关系并不是线性

---

① Jay B. Sykes, "The Big Tech Antitrust Bills", Congressional Research Service Report, R46875, 2021-08-13, https://crsreports.congress.gov/product/pdf/R/R46875..

的，因此反垄断并不是对效率的破坏，而是对效率的促进；第三，反垄断的手段是多样的，除了依靠法律，还应该依靠舆论监督，以及人民参与等其他手段；第四，对于金融机构来讲，为了防止货币托拉斯的形成，保证业务之间的分离是十分必要的。①

就像持续了 20 年的微软反垄断案一样，相关的美国企业与其行政和立法当局之间的博弈，有可能是一个漫长的过程。原因之一是数据已经取代石油成为国际交易中最有价值的商品，反垄断不可能以损害美国的"大企业"在全球数据经济生态中的优势地位为代价。就美国的司法实践而言，在一项法案成为法律之后，执行强弱是服务于政治需求的，政府有搁置法律实施的选项。即便进入了司法环节，司法部反垄断司与联邦贸易委员会也没有审判权，企业在法院审判阶段有拖延判决的机会和能力。更何况，就公众利益保护而言，平台等数据经济早已是维系产业和国计民生所依，而且，平台向个人消费者提供"免费"服务以换取数据的做法会在一定程度上弱化"消费者利益受损"的抱怨。即便在欧洲，欧盟也在考虑对大企业的罚款设立上限（市值的 1%）。

我们必须看到，欧美近年针对大型数字平台企业的治理行为是其市场制度建设历史的延续。在欧洲和美国，互联网平台治理受到重视的原因之一是其在政治、社会和经济生活中的作用发生了转变。在美国，新一轮反垄断讨论主要由学者、记者、律师和社会组织推动。欧洲和美国在治理大型数字平台企业时所秉持的法理基础具有共通性，但绝不意味着美国政府治理网络平台所追求的是制约其发展，恰恰相反，维护超级平台在其国内和全球经济与政治生态中的统治性地位，则是新一轮治理浪潮的本源性动力。

---

① Lina M. Khan, "Amazon's Antitrust Paradox", *The Yale Law Journal*, 2017, 126(3): 710-805；陈永伟. 从布兰代斯法官到"新布兰代斯主义". 经济观察报, 2021-08-02（35）.

中国数字经济治理的国际维度

在国际数字贸易中,不论是数字赋能(跨境电商)还是数字可交付(数字服务),互联网平台都发挥着催化剂的作用。新冠疫情大流行刺激了全球数字化转型的加速,地缘政治、保护主义等现象日益凸显,围绕数字技术、芯片、软件、5G、大数据、云计算、人工智能、物联网、3D打印、区块链等前沿技术的研发应用与标准制定等方面的竞争更加激烈。

一方面,中国在众多的全球数字经济统计中,就交易量而言处于前列。另一方面,中国的数字平台在境外经营的规模依然有限,促进其国际竞争力是中国数字经济对外投资合作必不可少的途径。这就是为什么思考中国平台治理必须将国际维度纳入视野。

从国际政治经济学的角度看,"治理"不等于"整顿"。在国内层面,治理所要表述的是一种理念:政府、市场、企业、个人等所有力量都向着促使局势(纷繁复杂的"乱象")向一个更有组织、有结构、有管理的方向努力。在国际层面,"治理"所要表述的是一种转危为机的认知。经济和技术全球化的发展态势已经出现了转变,特别是商品、资金、技术、信息甚至人口跨国界流动的规模越来越大等考验,要求所有的国家对其角色做出调整。也就是说,治理包括但不限于强化政府的管制、政府间谈判这种传统公共政策思维,引导所有角色基于自身利益调整策略,相互协商、妥协,从而使各方在整体平稳的状态下谋求发展。各角色都在治理的过程中追求其能力的提高。这是一个过程,永无止境。

在国际经济和政治的合作与竞争背景下,互联网平台的治理更为复杂。如图7-2所示,平台企业既是国家监管的对象,也是国家在国际上的整体竞争力所依;聚集用户才能提高平台企业依靠数据创新的核心竞争力,但用户的多元却给平台运行的经济与社会效果带来挑战；不同国家的同类企业之间的协同是实现跨国经营所需，但同时竞争是互动的本质。所以，一个国家的平台治理应是一种既积极又慎重的努力，核心是呵护企业的创新能力和合规经营能力。

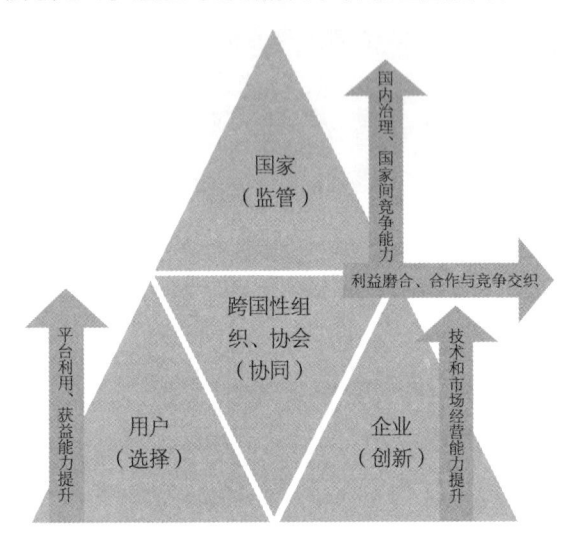

图 7-2　互联网平台治理：不同利益方的追求

国家监管

融入数字经济全球产业链是提高中国数字经济国际竞争力的必要途径。不论是提供电子商务、金融、社交媒体和游戏服务，还是参与境外智慧城市建设、电子政务服务，目的地国家的平台监管都是中国企业必须适应的政策环境。2020 年印度政府以相关产品会危害该国的"主权完整、国家安全和公共秩序"为由，禁用中国企业所提供的 **App**。印度将市场准入"武器化"的做法与中印在国家层面突变的安全关系高度相关，具有一定的特殊性。但中国的网络平台服务进入他国市场所必须面对的地缘政治和政治外交挑战具有结构性。前文所描述的平台国际政治生态,包括"武器化"和相互依存的本质特征,将长期存在。针对这种局面,中国的平台企业治理应以呵护相关企业"走出去"所依赖的技术和经营创新能力为基础性目标。

数字贸易规则的制定,包括数字数据的问题,有赖双边安排和多边谈判取得共识。而且,不仅国际关税政策协调已经有成熟的机制,所有国家的关税政策也都具有不对其整体经济的运行造成重大冲击的特征。贸易规则层面的国际环境风险因此具有可预见性和可控性。中国政府的税务和海关管理部门应与中国的平台及相关企业形成合力,维护中国企业的利益,应对贸易壁垒,并积极参与全球数字贸易规则的制定。

针对大型平台企业的反垄断,则是中国的平台治理应重点关注的国际维度。近年在中国、美国、欧洲同时出现的以反垄断为目标的政府监管,是一种全新的趋势。各管辖区的监管措施都是自身历史和核心价值追求的延续,不存在适合各国的统一之法。

但是,通过监管保护并促进创新,则是把握国际经济竞争态势的应有之义。中国的数字经济是在较为严格的"防火墙"监管模式下发展的,其监管措施、监管理念和监管程度,特别是与美国和欧洲的监管之间的重叠、交叉和冲突,一直是国际投资界关注的内容。同时,国外将中国与其他国家的数字经济治理进行比较研究,所得出的结论性观察也影响到外商投资(包括进入中国市场从事经营)的政治风险判断。

我们必须看到,中国的数字平台要拓展境外业务,面临的国际政治挑战是严峻的。正如前文所提到的,现在美国的政治和经济治理首次出现了保护主义和反垄断思潮并行的现象,美国政商界所认定的国家竞争对象清晰,那就是中国。导致美国及其盟友认为中国是电子和数字技术领域竞争威胁的因素众多,包括人工智能等具有军民两用功能的技术。在这些前沿技术领域,将战略盟友、跨大西洋伙伴之间的合作定性为"国际合作"是时下美国和欧洲智库研究所推崇的应对措施。此外，谷歌等美国企业在海底光缆等全球互联网基础设施中的绝对统治地位遇到了挑战，导致一些观察者担忧出现全球互联网（internet）因为"没有谷歌"而变成"分裂网"（splinternet）。

不过，就数据经济治理所追求的理念而言，中国在大国竞争中并不孤立。例如，中国在2021年8月通过《个人信息保护法》，目的便是遏制个人信息被滥用，保护个人隐私。有鉴于欧盟已在2016年通过《通用数据保护条例》，一些美国媒体惊叹美国在同一领域的法规建设反而处于落伍状态。将条文落实为企业的操作指引细节是在严峻的国际竞争环境中赢得信誉的关键所在。

我们必须看到，在国外，对平台企业的监管力度，既不体现在对企业罚款的数额，也因平台企业对数据聚集的本质需求而没有简单使用分拆等监管传统企业的做法。国家既有保护平台消费者利益的义务，也有提高企业在国内和国际的竞争能力的义务。创新能力是所有国家平台企业的命根，也是国家监管所应呵护的对象。在企业和国家都同时处于严峻的国际竞争的态势时，一个国家对本国企业的监管可能具有先行者优势，但同时也应注意"先行者后果"效应。

平台自我治理

特别是在云计算服务、社交媒体、移动支付、移动游戏、卫星导航及位置服务等领域，因为事关数据跨境流动规则和广义的国家安全与政治稳定，网络平台必须遵守的合规经营要求在扩大，且要考虑国内和国外的政策、法律、政治环境变化。对从事跨国经营的平台企业而言，因可利用平台从事交易的实体众多且具有跨国性，合规责任更高。将企业注册地（国）和交易目的地（国）的相关规则内化为企业自我治理的一环，才有望实现平稳发展。

在跨国经济行为中，网络平台企业合规的必要途径之一是取得国外同业企业的认可。例如，2021年5月到8月美国零售巨头亚马逊援引其《卖家行为准则》等格式条款，指责利用其平台的中国卖家"不当使用评论功能""向消费者索取虚假评论""通过礼品卡操纵评论"，进而封闭后者的交易渠道，受影响的中国企业高达5万个。媒体报道称自建独立网站是一些企业考虑的选项之一。其实，加强企业自身经营伦理建设才是更为主动的应对之法。

中国平台企业通过加入国际同行协会来提高竞争力，在其自我治理中越来越重要。行业标准与国家标准、企业标准共同构成国际技术标准的生态。应用于互联网的所有技术，行业标准最为关键。这是因为企业标准和国家标准在国际上竞争成功的关键是对知识产权以及开放且拥有体系结构和接口的标准的控制能力。

在国际上，围绕行业标准的磨合，自愿结社是基本模式。国际电工委员会（IEC）和国际标准组织（ISO）是最有影响力的两大组织。根据一项统计，中国提交ISO、IEC并正式发布的国际标准占比仅为1.58%，承担的ISO、IEC技术机构秘书处工作数量仍低于德国、美国、日本等发达国家。① 与这种彼强我弱判断形成严重对照的是，近年来越来越多的美欧智库发布研究报告，将中国在国际标准，特别是电子技术标准领域的努力描绘成一种地缘政治挑战甚至威胁。近年中美两国围绕字节跳动公司的 TikTok 算法监管权所发生的争议，给企业的跨国技术应用事关国家间的地缘政治竞争这一判断提供了佐证。特别是人工智能技术领域，因其军民两用的本质特性，从硬技术的开发到行业标准的国际化，都将继续是国际竞争的焦点。

此外，与平台技术运用所伴生的伦理道德标准既是国内治理的一

---

① 杜传忠，陈维宣.全球新一代信息技术标准竞争态势及中国的应对战略.社会科学战线，2019（6）：99.

环，也已成为国际竞争的新焦点。从生物技术到人工智能，第四次工业革命引发的爆炸式创新使有关伦理道德问题的讨论变得至关重要，技术进步将人类推到了新的伦理边界，人工智能也面临复杂的伦理边界问题。面对这种局面，中国的平台企业应加强自我治理，提高其伦理道德标准在国内的社会认可度，这样才有基础在国际协同过程中提高自身的竞争力。

全球范围内，特别是在数字平台所催生的跨国经济活动中影响力更强大的国家，立足于本国的核心价值诉求，都在探索优化数据治理战略、政策以及法律规范的途径，试图为各自的数字平台在国际合作与竞争中取得理想的博弈优势。一个国家的数字经济治理，像传统的农业和工业经济产业治理一样，既属国家主权范畴，又是国际经济秩序塑造和变迁的一个组成部分。不同国家在数字经济规则制定领域存在分歧，在全球数字经济治理尚未形成广泛共识或者普遍规则之时，各国只能率先制定自己的规则，促进数字经济在本国的发展，维护本国数字企业参与国际竞争的利益。同时，基于数字经济从一诞生就必须依赖以互联网为基础设施的事实，所有国家都对跨境电子商务和数据贸易具有管辖权，一个国家的数字经济治理就必须适应数字经济的国际生态，以应对贸易壁垒，在此过程中谋求其企业在全球数字经济发展和竞争中的舒适度。

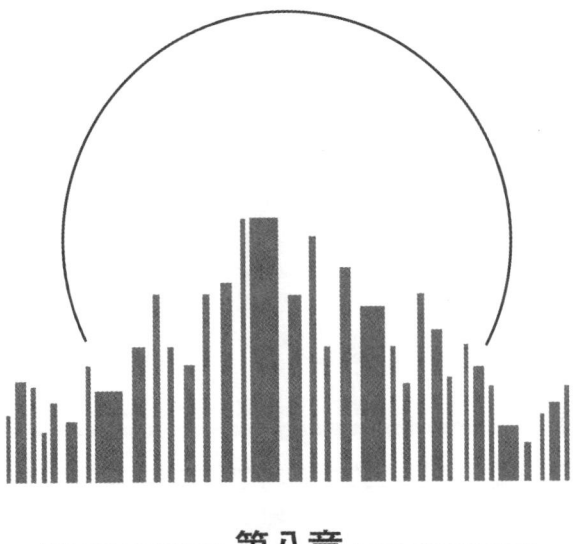

第八章

平台的经济学分析[①]

[①] 本章作者为汪浩、巫和懋、刘航。

基于互联网的数字平台既是信息交流和商品交易的渠道，也是数据收集的来源。平台的核心业务大多是流量和数据服务，具有覆盖面广、渗透性强的特点。平台深入社会生活的方方面面，不仅改变了人们的生活方式，也在不断重塑传统经济的结构和运行方式。平台还是数字技术和商业模式的创新主体，是大国竞争的重要领域。

数字技术和平台经济在创造巨大价值的同时，也开始产生一些令人关注的现象和问题。大型平台可能滥用其市场垄断力量，打压竞争对手或阻止其他平台进入市场，损害消费者或平台内商家的权益；个别头部平台企业无边界扩张，经济和社会影响力巨大，存在新型垄断的可能性；平台在推动科技创新的同时，也通过收购兼并等方式抑制小型科技企业的发展；平台行业造就了一批超级富豪和一个高薪群体，同时也造就了一个数量庞大、工作强度高、社会保障低的社会阶层，可能加剧收入不平等；平台掌握海量的全样本、全方位数据，对消费者个人隐私、人身安全甚至社会稳定构成威胁。这些现象有些属于经济学范畴，需要从政府规制或反垄断的角度进行治理，有些则属于社会学或政治学范畴，需要从更高的层面进行研究和应对。

关于平台的经济学理论

平台经济具有一些全新的特点，例如基础业务免费、收入来源多样、市场边界不清、平台职责模糊等，这些特点经常使人们对传统理论的适用性产生怀疑。我们认为，传统经济学中的相关理论在结合数字科技的一些特点之后，对平台经济仍然具有强大的解释力，这些理论包括规模经济、范围经济、网络外部性、可竞争性、兼容性等。数字平台最广为人知的往往是其提供的免费服务，但免费服务不是平台的核心业务，而是其核心业务的基础。平台的核心业务大多在于流量和数据服务，这是平台经济诸多新特点的根源。另一方面，针对平台经济的一些专门分析，如双边市场、隐私保护、大数据等，也对我们理解平台经济有很大帮助。

规模经济、范围经济与网络外部性

数字平台的基础业务和核心业务一般都具有规模经济、范围经济和网络外部性特征，这些传统经济特征与现代数据现象结合起来，形成了平台经济的独特性。

规模经济和范围经济都是基于生产技术（生产成本）的概念。规模经济意味着较高的产量对应较低的平均成本，因此大企业的生产效率较高，进而市场竞争力较强。一个与规模经济有关的概念是范围经济，指的是同时生产多种产品时的总成本低于分别生产各个产品的成本之和，因此特定范围的多产品企业比单一产品企业效率更高。大多数现代企业都提供多品种、多系列甚至多品牌的产品，因此规模经济与范围经济之间的界限常常并不明显。

由于规模经济和范围经济的存在，企业只有将生产的规模做大才能实现生产的有效性。大企业可以通过投资于价格昂贵但技术先进的设备，从而获得较高的产品品质和生产效率，但是先进技术的成本效应只有做大规模才能体现出来。例如一个先进的物流平台需要大量的固定资产投资，只有当货物规模较大时，才能实现比较高的效率。同时大企业还可以用一套设备或系统同时生产多种产品或服务，通过范围经济进一步提高生产效率。例如小米和苹果公司都是以销售网络为基础，涉猎很多不同产品的制造和供应，充分发挥了网络的范围经济作用。数字平台企业建立"生态系统"的现象，是规模经济和范围经济更加高级的表现形式，通过在被投资企业之间建立良性互动关系，共享数据流量等资源，实现更高的收益。

规模经济还体现为较高的科技研发效率。大企业可以集中较多的资源用于科技研发，同时避免在竞争条件下的重复研发现象。科技研发支出可以看作是一种"沉没成本"，而先进科技用于生产的产出越大，产生的效益就越大。大企业不仅有较强的能力投入科技研发，同时也能更充分地发掘先进科技的价值。虽然小企业数量众多、创新动机强且创新思维活跃，但经济实力弱，竞争压力大，且容易陷入重复研发。

规模经济使生产有效性与配置有效性之间存在矛盾。在一个市场上，企业做大就意味着企业的数量较少，进而意味着市场竞争程度较低。但资源配置的有效性要求有充分的市场竞争，这就意味着市场上必须存在数量较多的"小企业"。因此，当存在显著规模经济时，生产的有效性（要求企业做大）与产品配置的有效性（要求企业数量较多）之间存在矛盾，事实上这正是传统"规制经济学"中讨论的基本矛盾之一。在平台经济中，由于网络外部性的存在，矛盾变得更加尖锐。

规模经济本身意味着过度竞争将导致生产有效性的下降，因而是不可取的。事实上，在没有政府规制的情况下，规模经济行业经常出现"过度进入"的现象。过多的企业进入虽然有利于竞争，但是造成的固定资产投资浪费非常严重，企业无法发挥规模经济作用，总体效率反而较低。这时可能需要由政府出面通过颁发牌照或者审批管理，对一些典型行业的企业数量加以限制，避免出现"一拥而上"的局面，这些行业包括大型石油化工、通信、汽车制造等。

与平台经济另一个非常相关的概念是"网络外部性"。当一个用户加入一个网络时，会影响这个网络对其他用户的价值，这个效应就是"网络外部性"。如果网络外部性的效应为正，那么一个网络的规模越大，该网络对每个用户的使用价值就越高，这个效应也被称为"网络效应"。例如在通信网络或银行网络中，用户越多，消费者就越容易通过这个网络联系到自己想要联系的人，或者与交易伙伴完成金融交易。

网络外部性可以看作需求端的规模经济，但与供应端的规模经济不同，供应端的产出是物品，而需求端的消费者是能够独立决策的个人。正是由于这个原因，网络效应更加容易造成"赢家通吃"现象。消费者会根据他们的预期，主动选择最有价值的网络加入，而消费者预期是"自我实现"的，也就是说，大家普遍看好的网络最终会成为最有价值的网络。例如在通信和社交网络中，人们大多会主动加入最大的网络，从而可能形成垄断局面。

导致网络外部性的原因大致有两种。一种是"直接效应"，即一个新用户的加入直接提高了其他用户从网络中获得的好处，通信网络和电子商务平台就是典型例子，大网络更加有利于交流或交易的完成。另一种是"间接效应"，即当网络规模扩大时，为主产品提供的配套或应用会更加完备，从而使用户从该产品中获得的价值提升。例如当一种品牌的家用电器的销售量或保有量提高时，配套的维修维护服务系统就会更完善，包括更稠密的服务网点、更低廉的配件价格、更规范的服务、更好的长期可持续性等，从而提高消费者从该品牌家电中获得的效用。类似的现象也发生在操作系统应用软件上。

在产业结构上，网络外部性的存在同样要求企业具有较大的规模。例如一个交易、社交、网游、网约车、外卖、短视频、网络游戏等平台覆盖的人群越大，平台为用户提供的价值就越高，因而竞争力就越强。也正是由于这种类似规模经济的效应，在网络外部性显著的市场，也存在生产有效性与配置有效性之间的矛盾。如果一个行业只有少数甚至一个平台，那么平台提供产品或服务的效率最高，这样就形成了垄断，不利于产品配置的有效性。如果平台过多，消费者可以选择不同平台，从而提高平台之间竞争的激烈程度，但是每个平台的使用价值下降，各种交易成本（例如在平台间转换、比较价格或比较产品属性的成本）也可能会上升。

当网络效应非常显著时，具有先发优势的企业可能会迅速扩张，从而取得巨大的成本优势，而成本优势又会转化为竞争中的价格优势。当在位企业的地位稳定后，其他企业就很难再进入市场，这样就形成垄断或少数寡头割据的局面。例如在操作系统和社交方面，就存在明显的垄断趋势，基本上是"赢家通吃"，市场竞争明显不足。

无论是规模经济还是网络外部性，都不一定是"全局"的，而有一定限度。即使在典型的规模经济行业，例如汽车制造，过大的规模也会使固定成本节省的效应不再明显，而由于内部信息沟通困难等原因导致的"大企业病"会越来越严重，最终导致规模不经济。当导致规模不经济的因素超越导致规模经济的因素时，规模效应就会终止，企业达到最优生产规模。对于网络平台而言也是如此。我国当前的平台经济领域，在规模经济与充分竞争之间存在各种不同的状态，应该具体问题具体分析。

虽然存在规模经济、范围经济和网络外部性，我国平台经济的多数领域已经从一家独大向百花齐放转变。虽然部分平台企业的规模仍然很大，但是市场竞争程度已经较高，基本不存在垄断的可能性。例如在电子商务领域，有包括天猫、京东、拼多多等大型综合平台，以及许多其他小型特色平台，相互之间的竞争非常激烈；在网约车行业，虽然滴滴的规模较大，但是也存在美团、曹操、首汽等多个竞争者，任何谋求垄断的行为都会成为竞争者扩大市场份额的机会；在外卖送餐行业，美团的市场份额较大，但是面临来自饿了么的竞争，其他平台也可能成为潜在竞争者；在支付方面，支付宝和财付通有一定优势但相互竞争，同时还要与传统的银行、信用卡等支付体系竞争；在网络视频方面，无论是中长视频（爱奇艺、优酷、腾讯等）还是短视频（抖音、快手等），都有非常充分的竞争。快递行业作为一个典型的规模效应行业，运营企业众多，竞争十分激烈，过度的竞争反而不利于企业的技术进步和服务改善。与一些小型经济体相比，我国具有"大市场"优势，庞大的市场规模经常可以容纳若干个平台同时运行，而不会过度影响规模和网络效应的发挥。

另一方面，也有部分领域的平台保持着很高的市场集中度，竞争不足是主要矛盾。以网络社交平台为例，该行业头部企业的规模非常庞大，已经深入社会生活的每个角落，虽然基础业务对于用户是免费的，但是仍可以通过在企业端有偿提供"流量"导入服务，获得巨额利润和巨大的社会影响力。在这种情况下，鼓励进入、促进竞争是政策制定者需要努力的方向。虽然要努力保护数字平台的效率和企业的投资积极性，但也要防止过度垄断。

网络外部性的另一面是数字平台的排他性。国内外很多平台企业在商业上的巨大成功，并不完全是因为企业家拥有超越常人的智慧或勤奋，在一定程度上也依赖运气和机遇。平台一旦取得先发优势，就可以利用网络效应成功"占座"并获得垄断地位，使得其他企业再难进入，这就是排他效应，对后发企业有一定的不公平性。事实上，许多领先的互联网企业的创始人，在早期都没有预见到今天的成功，甚至是在无法将企业转手出售的情况下，被迫亲自经营，最后却成就超级企业。远见、能力和勤奋都不一定是成功的秘诀，而网络效应和运气不可或缺，不能完全"以成败论英雄"。

类似于历史上的荒地开发政策，为了鼓励企业家开拓数字科技新领域，在一定程度上实行"谁开发，谁拥有"的政策是有必要的，但不应绝对化。当这种基于先发优势的平台垄断影响到其他企业的发展空间时，政府应考虑适当予以限制，或者建立特定补偿机制。创建数字平台的企业家值得享有巨额的回报，社会也不应有仇富心理，但是他们同时也应该承担更多的社会责任，毕竟他们的成功是建立在排他性的网络效应基础之上。

平台企业虽然为经济社会注入了很大的活力，但平台经济的发展更应强调信息科技的贡献，而不应完全归功于个别企业。正是由于信息的极端重要性，信息科技通过平台改变了世界，但平台本身只是承担了中介角色。世界离开了任何一个平台都不会陷入困境，因为很快就会有新的平台出现并完成替代，而无论哪个平台都必须依靠最先进的科学技术。虽然平台本身也是应用数字技术的重要贡献者，但仅靠其自身是远远不够的。当然，为包括数字平台企业的所有合法运营企业提供良好的营商环境，是政府应尽的职责。

总之，传统经济学中的规模经济、范围经济和网络外部性理论，对理解数字平台的基础业务和核心业务仍然有很大帮助。平台企业规模效应与平台市场充分竞争之间存在着一定的矛盾，相较于传统经济，由于在需求端存在网络外部性，这一矛盾表现得更为复杂。市场机制下既可能出现过度竞争，也可能出现过度垄断，应该根据具体情况采取适当的政策措施。总的来说，网络外部性更可能导致垄断，但是我国具有大市场优势，垄断问题相对可控。数字平台企业的成功在一定程度上得益于先发优势和网络效应，而不完全是个人才华或努力的结果，因此从理论上看，让数字平台承担较多的社会责任并不违反公平原则。

双边市场：价格结构的重要性

双边市场或多边平台是最近 20 年在学术界兴起的一个关于平台的新理论。在一个双边市场上，一类用户（如卖方）数量的变化会影响另一类用户（如买方）的收益，即产生"网络外部性"。关于双边性的一个比较严格的定义是由罗歇和梯若尔给出的，如果平台向使用平台的各方收取的费用结构会直接影响平台的收入，那么这个平台就具有双边性。[①] 直观上看，这是因为平台给一方的定价需要考虑对另一方的外部影响，因此价格结构非常重要。例如，在网络购物平台，平台企业可以对平台内的买家和卖家分别收取服务费，如果改变服务费结构会影响平台收入，那么我们说这个购物平台具有双边性。

在现实世界，一些平台市场的确可能具有双边或多边性。例如：婚介平台经常对男性和女性收取不同的费用，或者对有不同背景条件的征婚者收取不同的费用，其目的不完全是差别定价，也是为了提高匹配率；通信网络对打电话和接电话收取不同的价格；互联网金融平台对借款人和借出人制订不同的资金价格方案；外卖送餐平台对餐馆、食客和骑手设计复杂的网络服务和送餐费方案等。这些价格结构的存在意味着平台可能是双边甚至多边的。

从实践角度看，一个有重要影响力的平台是否具有双边性，未必是显而易见的。有许多平台主要采用单边定价，例如电子商务平台一般对买方是免费的，仅对商户收费，这种单边定价意味着双边性无法体现出来。单边定价模式可能是最优双边定价的一个"边角解"，平台对其中一方的最优定价可能很低甚至是负的，但是由于支付成本较高，因此选择最简单的零价格。而一些社交平台（如微信）对多数用户是免费的，而且难以区分不同使用方（如信息的发送方和接收方），因此双边性也不明显。所以，虽然平台可能具有双边性，但是由于存在各种交易成本，主要还是体现为单边市场特征。

餐饮外卖行业可能是比较典型的双边市场。外卖平台可以分别对通过平台进行交易的商户和消费者收取不同服务费，其中对消费者的收费经常以送货费的方式体现。大型外卖平台的确存在交叉补贴现象，特别是对消费者的补贴，体现了双边性特点。但是，一方面商户

[①] J. Rochet, J. Tirole, "Two-Sided Markets: A Progress Report", *The RAND Journal of Economics*, 2006, 37(3): 645-667.

可以"用脚投票",减少使用收费过高的平台,促使平台降低收费标准,另一方面商户还可以通过提高价格,将过高的平台收费转嫁给消费者,这些效应都会在一定程度上抵消交叉补贴的作用。因此在有市场竞争的环境下,双边性的作用未必显著。

双边平台理论可能对平台企业的定价实践有一定指导意义,但是在反垄断和规制方面,其意义并不十分清楚。① 站在监管者的角度,最重要的还是要看是否存在垄断行为,是否有市场过度集中的倾向,以及是否存在资本无序扩张等问题,而未必会关心平台的定价模式。只要竞争充分,平台不太可能利用双边性获取超额利润,用户在不同平台之间的比较和转换限制了平台的定价空间。一个可能值得关注的现象是,由于双边平台对一边的定价会考虑对另一边的影响,因而有可能偏离成本定价原则,这个特点有时会导致公平问题,可能引起一些反垄断机构的关注。

总之,曾在学术界广受关注的双边市场理论对于理解平台的定价行为有一定指导意义,但是它在平台经济治理中的政策含义,目前看来并不十分清楚。关于双边平台,监管者还是应回归传统视角,不必过度关注平台的价格结构是否合理、价格是否偏离成本等细节问题,而应重点关注平台垄断行为、市场过度集中、平台社会影响等重要问题,其中鼓励竞争是关键。

可竞争性:既有规模经济又有充分竞争

可竞争性市场理论是关于如何在规模经济条件下实现充分竞争的理论。当规模经济显著时,市场无法容纳多个企业同时运作,因而

---

① 吴汉洪,孟剑. 双边市场理论与应用述评. 中国人民大学学报,2014,28(2):149–156.

可能出现在位企业市场势力过大的问题。但是，当市场进入和退出的沉没成本较低，且可以快速完成时，在位企业受到潜在进入者迅速进入、获利并退出的威胁，不得不选择较低的价格，因而无法实现垄断。因此，在一个可竞争均衡中，既可以有规模经济，又由于市场外的竞争导致价格较低，实现"鱼和熊掌得兼"。例如在航空市场，一些冷门航线由于旅客过少，最多只能有一家航空公司运营，但是这家航空公司未必能收取垄断价格，因为其他航空公司可以随时进入。也就是说，来自其他航空公司的潜在竞争抑制了在位企业的市场势力。

在传统经济中，可竞争性是一个富有争议的概念。这是因为企业进入或退出市场通常都会伴随较高的沉没成本，使得潜在竞争压力难以成立。进入者迅速占领市场并获得一定利润本身就很困难，而在位企业还可以很快做出降价反应，并迫使其退出，因此进入者以这种方式获利的可能性不大。如果"可竞争"威胁并不十分可实现，那么在位企业不会因此选择低价销售。

但是传统理论中的"可竞争性"在平台经济时代可能具有特殊意义。表面上看，建立一个基于数字技术的大型平台的成本较高且耗时较长，而且很多成本在退出时难以回收，因此市场进入伴随较高的沉没成本，可竞争性仍然较低，但是平台行业往往已经存在多个经营不同领域的在位平台，这些平台已经具备潜在的范围经济，有能力以较低的成本迅速进入其他业务领域，这为可竞争性创造了条件。2003—2006 年，淘宝网将原来的 C2C 电商巨头 eBay 挤出中国市场，是说明平台经济具有可竞争性的一个典型例子。淘宝网从创立起就一直提供免费交易服务，而 eBay 则坚持对商户收费，未能看到数据和流量的价值。

在我国，平台企业之间相互进入对方主营领域的事件时有发生，例如，美团进入网约车业务、百度进入外卖业务、微信通过"微商"进入网络购物业务等，这说明平台间相互进入的成本并不高。或者说，在网络架构已经存在的前提下，发展新业务的边际成本较低，可行性较好。

不过，这种实际发生的交叉进入事件并不支持可竞争理论，因为该理论认为仅仅是进入的"威胁"就可以确保在位企业选择低价，而进入本身不会实际发生。相互进入事件的发生表明，平台具有范围经济的特征，可以同时运行不同种类的业务，但是在网络已经存在的前提下，开展新业务的规模效应不明显，因此可以容纳多个企业同时运作。

与我国不同，美国的主要数字科技平台一般不轻易进入别人的领域，这个现象似乎为可竞争性提供了证据。美国科技平台的这种"克制"至少有以下几种可能的解释。

第一种解释是，每个平台都有较高的进入壁垒，使得进入非常困难。如果每个数字平台的科技水平都很高且差异性大，同时还受到规模经济和网络外部性的"庇护"，那么相互进入就会比较困难。在这种情况下，各平台也会享有较高的利润率，具体取决于平台间的技术门槛。

第二种解释是，这种状态可能是"心照不宣的合谋"。平台之间达成某种默契，相互尊重对方的市场领地，如果某个平台打破默契，挑起跨界"战争"，那么被入侵的平台也会做出同样的跨界行为，最终两败俱伤。预见到这种前景，各方都会保持克制。如果这个看法是正确的，那么各个在位平台的利润应显著高于社会平均水平。

第三种解释则是可竞争性。由于每个平台都面临其他平台跨界进入的可能性，因此不仅要努力做好自身业务，同时也不得不尽量降低价格，让潜在进入者看不到赢利机会，放弃跨界进入的打算。在这种情况下，虽然每个领域都只有一个平台在运营，但市场效率却很高，消费者利益也得到了保障。支持这个看法的证据是平台看似具有垄断地位，但并没有获得超额利润。

美国的四大数字平台企业（亚马逊、苹果、脸书和谷歌）的确拥有较高的科技水平，在各自的网络业务领域有较强的竞争力。另一方面，我们也注意到这些大型平台的赢利能力十分强大，与垄断特征相符。从这些现象来看，美国数字平台之间相互不进入，很可能符合第一或第二种解释。中美两国平台经济的不同特点，也从侧面反映了我国平台相对更强调商业模式创新，而科技水平较低的事实。

可竞争性市场理论具有明显的反垄断或政府规制含义。政府在判断是否存在垄断时，不应仅看市场份额，还要看是否存在潜在的竞争者。如果潜在竞争者能够对在位企业形成有效的价格抑制作用，那么经济学意义上的垄断担忧较低。在存在多个大型平台的经济体中，如果平台间相互跨界进入的难度不大，那么垄断很难实现。

但是，可竞争性市场理论难以化解政府对数字平台政治影响力的担忧，因为这种影响力主要与网络规模有关。即使平台的价格和利润较低，仍然可能拥有过度的影响力。例如，美国的社交平台推特，从利润上看并不算超大型企业，但是其政治和社会影响力却非常巨大。要解决这个问题，加强对平台的日常监管可能是必要的。

总之，在观察平台经济时，不能仅从表象判断是否存在垄断，还要看是否存在进入成本较低的潜在竞争者，特别是位于相同区域、网络规模相当但主营业务不同的其他平台。如果潜在竞争是充分的，那么即使在位平台的规模很大，垄断的可能性仍然较低。可竞争均衡可以同时实现规模经济和充分竞争，既保持了平台的高效率，又让用户获得了低价格，因此是解决两者之间矛盾的一个理想方式。

信息渠道、大数据与个人隐私

数字平台与传统平台的关键区别，可能就在于前者在信息传送、分析、收集和使用等方面的巨大优势。数字平台之所以能够出现，本身就是由于互联网信息技术的突破革命性地降低了交易的信息成本，而且使得许多以前无法完成的交易成为可能。由于信息在现代社会的极端重要性，数字平台最终给社会生活带来根本性变革。

数字平台企业首先是信息交流平台，在此基础上再开发各种业务。例如，电子商务平台利用互联网为商户和消费者提供产品及需求信息，这是完成交易的基础，同时平台还可以开展广告、支付、物流等其他业务；社交平台通过移动互联网通道为人们提供信息交流服务，在此基础上进行商业广告、消费流量、电子商务、电子政务、搜索引擎、支付等很多业务；视频平台首先提供了视频内容，进行消费者信息收集，然后才能开发广告等其他业务。数字平台作为新型高效的信息交流渠道的作用，是所有其他功能的基础。

数据存储技术飞速进步，使得平台上的海量历史数据可以低成本长期保存，并随时供调用分析，从而催生了大数据产业。广义的历史数据可以用于总结经验，预测未来，使得企业的经营规划更加精准，具有很大的商业价值，大数据因此甚至被称为一种新的生产要素，受到广泛重视。目前大数据产业正处于蓬勃发展时期，已经开始显示出巨大价值。

数字平台天然具有收集数据的优势，也是大数据分析利用的主力之一。例如电子商务平台可以收集到海量的网上交易和浏览数据，根据这些数据可以分析消费者偏好、发现高价值交易机会、预测产业发展方向等。数据应用也可能具有一定的"负外部性"。例如亚马逊公司经常以"自营"的方式进入一些业务领域，而这些业务往往是在其网站上运营比较成功的第三方卖家的业务。这是电子商务平台企业利用大数据的一个典型例子，这种数据利用方式会对被模仿的企业产生不利影响。我国的领先数字平台企业喜欢构建所谓"生态系统"，进入很多与平台业务无关的领域，这些领域的选择也可能是大数据分析的结果。除了与业务有关的数据，平台还可以利用其网络收集其他具有社会价值的数据。例如，在抗击新冠疫情的过程中，平台企业在协作政府开发疫情跟踪系统方面，就展示出惊人的个人数据收集和处理能力，这种能力甚至超过了相关政府部门。

作为一种新型生产要素，大数据有其特点。

第一，数据并不是零成本资源。平台原始数据的结构性和标准性很差，难以直接用于应用分析，需要经过细致的整理才能形成结构性好、方便使用的数据库。数据整理需要大量的人力和资金投入，而且这种投入与数据的使用目的相关。

第二，整理工作完成后，数据就不再具有物理意义上的稀缺性，可以低成本复制，这与传统资源完全不同。从这个角度看，数据共享潜在地可以最大化数据的价值。但由于数据的复杂性，共享过程中的利益分配是一个难题。

第三，虽然数据容易复制，但是数据的排他性使用仍然可能为使用者创造更大的价值，这为数据共享带来激励上的阻碍。例如，如果平台与整个社会共享其电子商务数据，那么显然不利于平台率先进入有发展前景的行业并获取较高利润。

第四，数据要素的复杂性还体现在其所有权和支配权一直存在法律上的争议。平台企业有动机垄断数据的使用，而市场监管者从经济效益和社会影响的角度出发，希望实现对数据更好的监管。打破数据垄断、提高数据使用效率、探索共享机制，是平台经济时代的一个重大课题。

与大数据相伴而生的另一个问题是隐私保护。当平台企业试图从数据中获利时，经常难以避免使用用户私人数据，从而产生各种形式的隐私问题，包括造成用户心理层面的不适和对用户生活的实质性干扰。总的来说，用户隐私保护与大数据商业价值之间存在一个取舍关系，隐私保护越严格，大数据的价值就越低，相关产业的发展就越困难。考虑到数字平台的巨大价值，特别是给消费者带来的便利，过度强调隐私保护并不可取，但完全放任也会损害消费者的整体利益。在这个过程中还要考虑消费者的异质性,有些消费者愿意为个人隐私牺牲较多便利,有些则相反。

隐私保护也是平台企业在竞争中需要考虑的一个因素。当平台收集更多的用户个人隐私时,可以开展更有价值的数据服务,例如为企业客户提供更精准的广告投放服务。但是,由于用户厌恶个人隐私数据被收集,这样又会降低用户使用本平台的意愿,从而减少广告受众。平台需要在这两个影响因素中进行最优的取舍。

从实践结果看,当政府实行过强的隐私保护政策时,不利于网络技术和平台经济的发展。例如欧洲国家普遍采用较为严格的隐私保护政策,其数字经济的发展也比较落后,相反,中美两国的隐私保护环境相对宽松,平台经济的发展也相对较好。政府需要在隐私保护和产业发展之间适度平衡,争取在不显著伤害消费者隐私或防止隐私数据被不正当使用的情况下,适度发展信息产业,最终为消费者创造价值。最优的隐私保护政策与基于历史文化形成的社会价值观有关,每个国家各不相同。

总之,信息是数字平台的首要关键词,平台的最基本功能是提供信息交流渠道,并因此成为信息收集、存储、加工和分析中心。大数据的价值巨大,甚至可能成为平台的主要利润来源,但是数据价值与隐私保护之间存在取舍关系,过度的数据收集和滥用会损害用户隐私,而过度的隐私保护也会阻碍信息产业的发展,需要根据国情进行权衡。

数字平台运行中的问题

市场竞争与企业效率

平台企业有很强的激励扩大自身规模,但所呈现出的机制却同传统经济有很大区别。平台企业扩大规模主要有两方面的考虑:一是网络外部性，即用户从一个网络中所获得收益同这个网络的规模正相关，这意味着平台企业要想吸引更多的用户，就必须想方设法扩大自身的规模；二是平台企业之间针对用户注意力的竞争，用户注意力主要体现为平台企业一段时间内能够吸引到的网络流量，流量越高，平台企业通过流量转化而来的需求也越高。

平台经济中的规模效应往往体现为平台企业拥有大量的用户，而非传统意义上的产量或者销量。正是因为平台经济的规模效应主要表现在用户端，这使得平台经济中的规模经济与市场效率之间的冲突变得模糊。

首先，由于用户往往注册一个行业内的多家平台企业，即多属而非单属，这显著限制了平台企业单方面提价的能力，因为提价可能在很短时间内就会导致用户大量流失。多栖意味用户在不同平台之间进行价格和服务品质比较的成本相对较低，从而加剧了平台之间的竞争。

其次，由于不同行业平台企业之间的用户重叠度可能非常高，并且平台经济中大部分行业的进入成本或沉没成本很低，因此跨界竞争在平台经济中比较常见，这意味着平台企业即使已经占据了所在行业的大部分市场份额，也很难利用这种"垄断"地位而随意定价。上述两点因素使得平台经济的市场环境符合鲍莫尔等提出的"可竞争性市场"理论所设定的情形，因此，平台经济中有可能只需要少数几家企业便可以实现较高的市场效率。①

---

① 对于平台经济中的用户重叠程度，我们可以通过以下数据加以简单推断。根据益普索中国在2018年7月发布的数据，我国网络支付行业用户数量为8.9亿人，而两家头部企业财付通（微信支付）和支付宝的用户数量分别为8.2亿人和6.5亿人，远超行业用户数量。按照中国互联网信息安全中心发布的数据，截至2020年3月，我国网络购物行业用户数量为7.10亿；而按该行业两家头部平台企业所发布的数据，阿里系的淘宝网和天猫2019年全年活跃用户数量为4.74亿，京东商城2019年全年活跃用户数为3.61亿，两家用户之和超过行业用户数量，这还不包括为数不少的其他中小购物平台。

普拉特和瓦莱蒂指出了平台经济中用户重叠度对监管措施制定的重要性：如果两家平台企业的用户完全重合，那么两家平台合并所造成的福利损失最大；反之，如果两家平台企业的用户完全分离，两家企业合并的福利损失最低。①

基于上述逻辑，平台经济市场竞争程度需要从同一行业的用户归属程度，以及不同行业的用户重叠程度两方面加以度量。对于前者，可以通过针对消费者的抽样调查加以测算；对于后者，则可以通过对比平台经济各行业全部用户人数与行业内部各家企业的用户人数加总之后的差异加以推断。

平台企业与技术创新

经济增长的根本动力来自技术的不断创新。那么，平台企业作为应用数字技术最为直接的主体，能否同时成为引领科技创新的主体？答案并不确定。

我国国内市场的规模优势虽然为平台经济的发展提供了潜力巨大的市场需求，但也可能导致数字平台企业陷入低科技含量的流量竞争陷阱。从我国平台经济的发展来看，主要平台企业的创新大多体现在商业模式层面，而在技术层面的创新则令人不甚满意，特别是同国际上的大型平台企业相比。近期互联网头部企业在社区团购上开展的相关业务，更是为人所诟病。

造成这一问题的根本原因很可能源自我国庞大的国内市场与平台经济中显著的网络效应之间持续的动态交互作用。我国平台经济发展至现阶段仍是以消费互联网为主导，而消费互联网各行业的竞争一直

---

① Andrea Prat, Tommaso Valletti, "Attention Oligopoly", *American Economic Journal: Microeconomics* (forthcoming), 2021.

是以争夺用户为主导，以求最大化网络效应，追逐"流量为王、赢者通吃"的结果，比如网络零售市场（淘宝/天猫、京东、拼多多、微商等）的价格大战、网约车市场（滴滴、美团、首汽、优步等）的补贴大战、外卖市场（美团和饿了么）的红包大战等。

在争夺用户的竞争中，平台企业为了获得更多的市场流量，往往不惜付出巨额资金成本，而这些资金本来可以用作数字技术的研发。另外，这些用来争夺客户的基金通常不是平台企业的自有资金，而是来自第三方资金公司，这些资金公司追求中短期的投资回报，与技术研发所具有的长期性和不确定性存在内在的不相容性，从而进一步加剧了我国数字平台在研发方面投入严重不足的问题。①

此外，很多初创企业所拥有的技术很可能导致熊彼特提出的"创造性毁灭"。资金雄厚的平台企业为了避免被拥有新技术的初创企业颠覆，先发制人地收购这些初创企业，并且将这些技术束之高阁。这便产生了"猎杀式并购"的现象。

例如在 2012 年 4 月，美国的网络社交巨头脸书宣布以 10 亿美元收购图片分享应用 Instagram。后续媒体曝光了扎克伯格的一系列电子邮件，扎克伯格将 Instagram 视作"新生竞争对手"，可能威胁脸书在社交网络领域的市场地位。这就是此次收购的重要动机。

需要强调的是，平台经济中的并购现象非常普遍。比如，美国国会在 2020 年发布了《数字市场竞争调查报告》，列出了亚马逊、苹果、脸书、谷歌四家数字平台企业从创立伊始到报告撰写时为止，兼并与收购的详细记录，长达 45 页。在我国，以阿里巴巴、腾讯、京

---

① 这一点可以通过对比美国头部数字平台企业的研发投入加以说明。根据欧盟在 2020 年 1 月发布的数据，Alphabet、苹果、脸书的研发投入分别为 231.6 亿欧元、144.35 亿欧元和 121.06 亿欧元（亚马逊未公布），而我国的阿里巴巴、腾讯和百度的研发投入则为 54.89 亿欧元、58.71 亿欧元和 23.37 亿欧元（京东仅披露了 2017—2020 年的研发投入，约为 80 亿欧元）。

东、美团、滴滴等为代表的头部平台企业，同样通过收购或者持股其他互联网企业不断拓展自身业务边界，能够确保自己在很大程度上控制未来可能出现的竞争对手。

有研究说明了大型平台企业收购初创企业对于创新的负面效应：由于平台经济存在显著的网络外部性，初创企业研发出来的新产品、新技术无法获得足够多的初始用户投入时间和精力进行学习和测试，这便导致拥有较高网络外部性的大型平台企业能够以较低的价格兼并这些初创企业，从而削弱了平台经济进行领域创新的动力。[①]

因此，平台经济中技术创新水平需要从两个层面加以度量：一是平台企业自身在技术创新方面的经费投入量、相关专利的数量以及所获收益；二是平台企业并购的其他互联网初创企业所拥有技术在未来可能产生的经济效益。

收入分配

虽然平台经济为传统经济注入了巨大的活力，但是平台经济可能对我国的收入分配以及社会公平产生负面影响。

首先，平台企业可能利用其掌握的用户个人数据进行差别定价，即"大数据杀熟"，通过侵占消费者剩余提高自身的利润空间。目前，平台企业可以掌握用户大量的个人信息数据，包括浏览记录、搜索记录、购买记录、支付方式和收货记录等，甚至在购物车中尚未完成支付的商品信息，都能够被平台企业识别、获取。通过这些数据，平台企业可以相当准确地识别出用户的偏好信息，这虽然可以赋能平台企业为用户推送匹配度更高的商品与服务，但同时也更加强化了平台企

[①] S. K. Kamepalli, R. Rajan, L. Zingales, "Kill Zone", Becker Friedman Institute for Economics at University of Chicago Working Paper, 2021.

业作为"信息垄断者"的地位。平台可以基于用户的消费历史、消费频率、消费位置、消费水平等信息推断其具体的消费能力，针对不同的用户制定独特价格，导致用户福利水平下降。经济学原理通常认为一级价格歧视虽然有损于消费者福利，但可以通过提高总体的交易量提升整体社会福利水平。然而，在现实经济中，消费者和平台企业之间的交易是动态的、多次的，而非静态的单次交易，而且影响消费者购买行为的除了经济利益这个理性因素，还有对"公平性"的考量，不公平的交易本身可能给消费者带来伤害，并且可能导致市场交易量的下降。

其次，在算法层面，平台企业广泛将算法应用于平台市场的运营中，通过不断积累的海量数据提升算法的精度，平台企业可以实现管理效率与用户体验的持续改进，并在同其他企业的竞争中获得优势。但是，算法也可能被平台企业用来谋求提升自身利润，而损害了平台经济中其他参与者的利益。例如，以美团为代表的外卖平台，通过算法不断缩短外卖骑手的配送时间，导致骑手的配送压力越来越大。相关统计数据表明，在 2016 年，外卖配送 3 公里的最长时限是 1 小时，到了 2018 年则缩减至 38 分钟；并且，2019 年外卖配送平均时长比 2016 年减少了 10 分钟，但每单配送距离却不降反升。这里面虽然有配送工具的升级以及配送路线的优化等方面的贡献，但平台企业利用算法不断压缩骑手的配送时间所产生的"荆轮效应"也非常重要，这对骑手的权益造成了侵害。此外，平台企业还可以通过分析自身积累的用户层面的搜索、浏览和购买数据，在开展业务时对自己提供的商品和服务进行"自我优待"。例如，在 2017 年，谷歌因为在比价搜索中优先展示自己的商品而遭到欧盟 24.2 亿欧元的罚款；2018 年，谷歌再度因要求安卓设备厂商预装自己的搜索软件而将竞争对手排除在外的"捆绑销售"和"排他性合同"，被判处 43.3 亿欧元的罚款；2020 年 4 月，相关媒体爆出亚马逊从独立第三方商家获得相关产品的销售数据,并将这些数据用来开发自家的产品,因而遭到欧盟监管部门的指控。

再次,数字技术的不断进步推动平台经济的持续发展,可能造成社会财富的过度集中。技术进步通常具有明显的偏向性:即能够较快较好掌握新技术的高技能群体可以从中获益,而那些难以掌握新技术的低技能群体则会受损。社会中的高技能群体的比例往往相对较小,因此,技术进步虽然有利于经济增长,但经常会造成收入分配的恶化。研究表明,数字技术层面的创新所产生的市场势力与市场租金都高于传统经济,并且高收入人群从中获利更多,从而导致更为严重的收入不平等,该项研究利用 OECD 数据对这一结果进行了检验。[1]

类似的问题在平台经济中表现得更为明显。这一方面缘于平台企业通过撮合大量的交易从中提成,聚少成多形成高额收益,并且平台企业能够利用自身拥有的市场优势地位,在同其他平台市场经营者进行利益分配时占有更高的比例。另一方面则是平台经济快速发展背后资本所起的作用。这些资本通常从外部获取,逐利性很高,经常导致平台企业成为少数人聚集个人财富的工具。平台经济与社会财富集中之间的关系可以通过平台企业的主要股东从资本市场上所获收益,以及平台经济中资本与劳动收入份额的变化加以推断。

平台企业的社会责任

平台企业应当承担一定的社会责任,这一点除了因为网络效应等因素使其获得先发优势从而享有巨额回报外,还由平台企业自身的特殊性质所决定。作为平台经济的主体,平台企业的双重属性以及所提

---

[1] D. Guellec, C. Paunov, "Digital Innovation and the Distribution of Income", NBER Working Paper, 2017.

供的产品和服务的性质同传统经济存在着显著差别，使平台企业的社会责任问题显得尤为重要。

首先，平台企业存在"逐利性"和"公益性"的双重属性，而后者则意味着平台企业需要承担一定的社会责任。与传统企业相比，平台企业的一个典型特征是，这类企业既是追求自身利润最大化的主体，同时也在经营一个在线市场，尽力撮合买家和卖家之间的交易。前者表现为平台企业的逐利性，后者则表现为平台企业的公益性。双重属性意味着平台企业能够作为一种"私人监管者"拥有对自身进行治理的动机。例如，像淘宝网、滴滴出行这类平台企业，便可以利用自身在数据和技术方面的优势，对平台上的经营者（淘宝网上的第三方卖家、滴滴出行的加盟司机）的行为进行监督，避免因平台经营者资质问题和责任心问题造成消费者权益受损事件的发生。例如，淘宝网便可以通过大数据技术等各类措施，对账户的交易、商品及店铺进行多维度、全方位的综合风险排查，并对易造成交易风险账户的卖家进行限制，"90 天内无法进行保证金解冻，同时对订单款项进行交易账期延长"。平台企业对平台经营者进行监督管理，实际上意味着平台企业在一定程度上发挥着传统经济中公共监管部门的作用，也就是承担了一定的社会责任。

其次，很多平台企业所提供的产品和服务可以被视作数字经济中的"关键信息基础设施"。例如，腾讯旗下的微信作为我国最大的网络社交平台，每天有超过 10 亿的活跃用户，已经成为名副其实的国民级应用软件；再如，阿里巴巴的淘宝网和天猫商城所形成的网上零售市场，真正实现了全国统一的大市场，对打破零售领域地方保护主义起到了根本性作用。像微信、淘宝网、天猫商城、美团、今日头条这些应用程序已经深入人们的日常生活，如果这些应用遭到恶意破坏而丧失功能，会对普通民众的日常生活造成非常严重的影响，甚至有可能危害到国家安全和国计民生。2021 年 7 月，滴滴出行在海外上市可能造成国家层面数据泄露的事件,便引起了社会各界的广泛关注,国家网信办对滴滴进行审查的依据便是"防范国家数据安全风险"、"维护国家安全"和"保障公共利益"。因此,对于提供这些"关键信息基础设施"的产品和服务的平台企业而言,其运营的目标不应仅限于平台企业的私利,更应将网络的安全性、信息的安全性、软件运行的稳健性放在第一位,主动承担起维护关键信息基础设施安全的社会责任。

最后,需要补充的是,欧盟在2020年12月公布的《数字市场法》草案中提出了"数字守门人"概念,这对界定平台企业的社会责任有着重要意义。第一,数字守门人概念的提出主要源自对数字市场开放性和公平性的考虑,这一点同平台企业需承担社会责任的基本原则相一致;第二,数字守门人的认定标准是平台企业是否拥有足够大的市场规模、足够多的用户数量以及足够高的市场地位,这一点同前文提到的平台企业的公益性及其提供产品和服务的"关键信息基础设施"属性相一致;第三,数字守门人需承担的主要是中立性义务,即保障"互联互通",以及不允许"自我优待""二选一"相关行为等。显然,平台企业履行这些义务的前提是确保数字市场的高效运行以及维护数据安全等企业社会责任的相关要求。

数字平台反垄断与规制中的几个问题

反垄断与规制是政府干预企业运行的常见方式,随着数字平台的经济和社会影响力迅速扩大,数字平台的反垄断与规制问题越来越重要。如果大型平台的行为具有针对竞争对手的排他性,平台之间的兼并重组不利于保持市场竞争,或者平台行为违反公平原则,那么反垄断机构就可能介入调查并开展执法活动。与反垄断执法行为相比,政府规制更加强调日常的监督、管理和干预,但两者之间的界限在经济学意义上未必清晰。由于数字平台高度贴近最终消费者的特点，可相机调整的规制可能更加有利于保障平台经济的平稳发展，但同时也可能造成政府边界模糊、不当干预企业运营等问题。

反垄断的前提是市场边界的划分。应该明确的是，数字平台的核心业务不是其免费或低价提供的基础服务，而更多是流量和数据服务。平台通过基础服务汇集用户注意力，将其导向特定商户，从中获取收入，同时通过分析历史数据为商户提供有偿咨询。过于强大的客户导流和数据分析能力，可能导致垄断，最终还是由消费者买单。

根据我国《反垄断法》，反垄断的目的是"预防和制止垄断行为，保护市场公平竞争，提高经济运行效率，维护消费者利益和社会公共利益，促进社会主义市场经济健康发展"。其中没有直接提及企业利益，但是企业利益应该属于"社会公共利益"的一部分。事实上，过度忽略企业利益，不一定是保护消费者利益或社会公共利益的最佳方式。这是因为企业本身是为社会创造价值的，没有现代企业也就没有现代经济，而且企业归根到底由消费者拥有。

我国市场规模巨大，消费层次丰富，在很多领域都可以容纳多个平台企业同台竞技。平台经济的一个基本特征是网络外部性，使平台效率与充分竞争之间存在一定矛盾。网络外部性还使平台行业具有先发优势，当一个平台成功占位后，新平台的进入就比较困难，但事实证明，进入仍然是可能的。我国的多数平台领域大多已从"一家独大"向"百花齐放"转变。虽然部分平台的规模仍然很大，但是竞争已经比较充分，基本不存在垄断的可能性。例如：

- 在网络购物行业，虽然阿里巴巴集团的市场份额仍然偏大，但有京东、微商、拼多多等竞争者，以及许多其他小型特色平台；
- 在网约车行业，滴滴出行的规模较大，但是也有美团这样的竞争平台，出行服务公司更是数量众多，随时可能成为新的平台；
- 在外卖餐饮行业，美团的市场份额较大，但是面临来自饿了么的有力竞争，百度、抖音等大型平台也在伺机进入，对在位企业构成很大压力；
- 移动支付领域，除了要与传统支付方式竞争，本身也存在支付宝和财付通之间的竞争；
- 快递行业虽然天然具有规模和网络效应，但是有很多企业进入，竞争十分激烈，对国民经济做出了巨大贡献；
- 在在线商旅方面，有携程、飞猪、去哪儿等多个平台，同时还与传统旅行社有一定竞争关系；
- 在短视频方面，抖音和快手之间存在明显的竞争，很多其他平台也在开发短视频业务，同时还面临来自中视频甚至长视频平台的竞争；
- 在搜索引擎行业，百度是优势企业，但是微信"搜一搜"等的市场份额在上升；
- 在地图服务方面，存在百度地图、高德地图、腾讯地图等。

在这些竞争充分的平台领域，政府应尽量允许市场来调节资源配置，有些甚至还可以适当限制企业过度进入（如快递行业）。

也有个别平台领域保持着很高的市场集中度，竞争明显不足。例如部分社交平台的规模庞大，市场份额很高，深入社会生活的每个角落。虽然基础业务免费，但是通过强大的"流量"控制力，平台可以在很多商业场景获得巨大竞争优势，同时还拥有异乎寻常的社会影响力。在这种情况下，政府需要在保护平台运行效率和企业投资积极性的同时，适当促进竞争。

我国在反垄断和规制实践方面需要重视的另一个事实是，我国数字平台企业的科技水平与国际同行之间还有较大差距,鼓励创新仍然是当务之急。我国的数字平台主要在国内市场运营,而整个国际市场几乎都是美国平台的领地。帮助我国平台做大做强,在国际市场占领一席之地,对我国的经济和政治影响力的提升具有重要意义。

平台"可竞争性":潜在竞争对垄断力量的约束

在位平台会面临新进入者的竞争。由于网络平台的特性,最有可能进入的往往是在其他领域经营的平台,因为它们已经形成了足够规模的用户群体,进入的难度较低。"跨界"与"可竞争性"是平台反垄断实践中两个不同但密切相关的现象。跨界意味着实际出现了不同领域平台相互进入对方"领地"的行为,从而直接提高了市场竞争程度。可竞争性则意味着不同平台随时准备好(双向或单向)进入对方领地,由于预见到进入后无利可图,并没有实际进入,但是相互之间仍然形成竞争压力。

显然,只有平台认为进入其他领域后仍然有利可图,才可能发生跨界行为。跨界进入新领域会产生一次性成本,其中很多还是不可回收的沉没成本。此外,积累行业经验也需要付出成本。因此与在位平台相比,进入者通常有一定劣势,如果在这种情况下还有利可图,一般是因为市场的竞争程度较低,还可以容纳更多平台共同经营。

跨界竞争现象实际发生,说明平台业务的规模效应或网络效应不显著,或者两个平台的业务存在范围经济。在平台网络已经就位的情况下,开发其他服务项目的规模效应不明显,是完全可能的。例如抖音试图进入外卖市场时,已经拥有规模很大的用户网络,在需求端已经具备网络效应,在此基础上开发外卖业务,需要解决的主要是供应端的规模问题,这种规模效应有限,且经过努力完全可以迅速积累较多的卖家。

在竞争不足的领域，应鼓励新企业的进入，尤其应鼓励平台的相互跨界进入。跨界一方面可以降低平台服务价格，促使平台改善服务质量，从而提升消费者福利；另一方面也可以降低平台利润，防止资本无序扩张。但是跨界的前提是可以克服网络效应带来的障碍，在有些领域如社交平台，网络外部性非常显著，其他平台跨界进入则十分困难，如飞信、易信、来往等的尝试都没有成功。

在一个多平台经济体中，某个具有显著规模经济或网络效应的平台领域是否具备可竞争性，主要取决于进入和退出该平台领域的沉没成本。一个平台进入或退出另一个平台领域的沉没成本包括构建交易生态成本、技术研发成本、市场调研成本、人员培训成本、专项投资成本、广告宣传成本以及组织协同成本等。除了构建交易生态的成本，其他成本都是传统行业中常见的。构建一个能够自我生长的交易生态，可能是非常艰难的任务，基本上决定了平台领域的可竞争程度。

直接评估一个平台领域的可竞争程度比较困难，原因是我们很难计算一个没有发生过的商业行为的成本。间接评估则主要看目标平台的市场占有率和赢利能力，如果平台的价格较高，赢利能力较强，那么说明至少在当前条件下，该领域的可竞争性较弱，如美国的四大科技平台（亚马逊、苹果、脸书、谷歌）。反之，如果一个垄断平台在步入稳定发展期后市场占有率很高，但仍然不能获得较高的利润率，则说明这个平台可能面临潜在竞争对手，可竞争性较强，如推特。不过，也有可能是因为这个平台所在市场的规模较小，开发价值不大，垄断者也无利可图。

总之，反垄断机构应鼓励平台间的跨界经营，并通过政策手段降低跨界进入的成本或门槛。应从垄断的实质而不是表象来观察平台垄断问题。垄断的实质是持续的高价格和高利润率，表象则是高市场份额。可竞争性则意味着一个有高市场份额的企业不一定是具有垄断力量的企业,而只是一个面临潜在竞争压力的"大企业"。

"二选一"政策的多样化影响

平台企业经常要求平台内商家仅在本平台经营,不能同时在其他平台经营,这就是所谓的"二选一"。在我国,"二选一"涉嫌违反《反垄断法》第十七条,即"禁止具有市场支配地位的经营者从事下列滥用市场支配地位的行为:……没有正当理由,限定交易相对人只能与其进行交易或者只能与其指定的经营者进行交易"。

"二选一"类似于传统经济中的"排他性地区代理",即上游企业在每个区域仅通过唯一经销商销售,但是两者之间也有明显区别。首先,"二选一"政策一般都是平台提出的要求,而排他性地区代理经常是上游产品企业的主动选择,甚至地区代理本身就是由上游企业扶持建立的。其次,电子商务平台通常不会买断产品,而只提供通道,除了收取服务费之外,也不会干预产品定价。而传统经济中的下游企业一般会买断上游企业的产品,然后定价销售。

经济学理论对排他性地区代理有多种解释,其中一个比较有说服力的理论认为"二选一"的目的是防止"搭便车"。上游的产品在向最终消费者销售的过程中,经常需要下游经销商提供各种销售服务,例如进行本地化广告推广、制订营销方案等。这些销售服务要密切结合当地的实际情况,因此只能由当地经销商进行。但是这些成本不菲的服务很容易被其他经销商"搭便车",导致当地经销商提供这类服务的动机不足。另外,下游零售商还需要承担产品品质责任,因此零售商需要对产品进行"认证",而认证过程经常也会产生成本,这项服务同样有被其他零售商搭便车的可能。为了鼓励下游经销商或零售商提供销售服务,上游企业可以在每个地区指定单个经销商,以消除搭便车问题。如果政府禁止排他性地区代理,就会出现下游销售服务提供不足，或者能够进入下游的上游产品减少，最终会降低产业利润，而消费者也未必受益。

平台经济中有类似的搭便车现象。传统商家"触网"需要学习大量相关知识，积累相关经验，建立网络品牌，而最具有这方面知识的正是平台本身。因此平台经常需要与商家合作，向商家传授网上销售的各种方法和经验，为商家提供创建品牌所需要的"流量"，提供产品研发所需要的数据或经验等，这个过程要求合作平台付出可观的成本或资源。例如，外卖平台美团在一项帮助小餐馆进行网上销售的咨询培训项目中，免费帮助了数千家餐馆，平均每家的成本达到千元以上；电子商务平台阿里巴巴也为商家提供很多免费的网上销售培训或咨询服务。

如果没有"二选一"安排，接受某个平台业务培训、流量支持或品质认证的商家在成长起来后，可能会到其他平台开店，从而出现搭便车现象，使得原平台的利益得不到保护，因此平台提供这类服务的动机就会减弱，最终减慢商户触网的步伐。从这个角度看，如果严厉打击平台"二选一"，可能降低平台与商户之间的合作力度，未必有利于平台经济的发展。

"二选一"也可能有减弱竞争的作用。当产品在各个平台都有销售时，消费者无须在平台间进行比较，产品价格主要取决于产品差异，而与平台差异无关。但是当每个产品只能在一个平台销售时，消费者可能需要在不同平台之间进行产品比较，这样可能提高消费者所感知到的产品差异，形成较高的均衡价格。只有当平台间或产品间的竞争非常充分时，"二选一"才不会显著影响消费者的购买价格。在很多产品市场，如家用电器、服装鞋帽、食品等，相互竞争的品牌数量的确很多，在这种情况下，"二选一"限制竞争的作用非常有限。

"二选一"还可能不利于小平台的成长。如果商家只能在大平台和小平台之间进行选择，那么通常会选择网络效应显著的大平台，这样小平台就难以做大，也难以成为大平台的有力竞争者。这是典型的排他性作用，不利于加强竞争。

在实践上，杜绝平台的"二选一"政策非常困难。即使平台不执行显性的"二选一"，也可以通过差别定价、算法歧视、拒绝交易等方式，惩罚那些不遵守隐性约定的商户。"二选一"是否有"正当理由"，非常难判断。如果反垄断机构严厉查处"二选一"行为，那么平台很可能以各种理由提高进驻门槛，减少不合作商家的数量。过于严厉的查处还可能干扰企业的正常合法经营。

总之，"二选一"对竞争和社会福利的影响是不确定的，取决于各种市场条件。虽然无正当理由的"二选一"在我国已经被确认违反《反垄断法》，但在实际执行上，完全杜绝这种行为非常困难，也不宜强求。所以，既要保护市场竞争，也要鼓励平台为商户提供个性化的服务。

"大数据杀熟"：是差别定价还是欺骗？

"大数据杀熟"在形式上属于差别定价行为。在我国，差别定价存在法律法规方面的问题，例如没有充分理由的价格歧视可能违反《反垄断法》第十七条第一款第（六）项或《价格法》第十四条第（五）项。

平台的差别定价包括对新客和老客的差别定价，以及对有不同支付意愿或能力的消费者的差别定价。对新客户执行较低的价格，目的是吸引更多的消费者加入网络，这个做法在移动通信行业很常见。根据支付能力定价则是比较典型的差别定价。由于平台掌握海量的数据，在利用数据辅助定价方面具有显著优势。

从理论上看，差别定价未必存在效率方面的问题。如果差别定价能够鼓励企业提供更多的服务，还有可能提升社会总福利。但是差别定价存在公平问题，在相同条件下，对不同消费者收取不同的价格，可能会引起消费者的高度反感。因此在很多国家，差别定价都受到不同程度的限制。一般来说，毫无理由的差别定价经常会违反相关法律。

差别定价作为一种常见的商业行为，在实质上被完全消灭不太可能。企业经常进行轻微的产品差异化，然后收取差异很大的价格，这样就可以摆脱价格歧视的指责。企业也可以强调销售的时间和空间差异对成本的影响，从而实现跨时域或跨地域的差别定价。平台企业还可以利用"算法"，为支付能力较强的消费者匹配价格高昂的"高端服务"。

在有竞争的情况下，理论上"大数据杀熟"并不是一个问题。如果消费者反感差别定价，完全可以"用脚投票"，选择加入不进行差别定价的平台。当市场有这种需求时，自然会有新的平台进入并提供无差别定价的服务来满足这种需求，而杀熟的平台则可能失去竞争力。因此，市场在很大程度上可以调节"大数据杀熟"现象。

现实中平台的"大数据杀熟"与通常的差别定价相比有一个显著特点，即隐蔽性。大数据杀熟往往是在消费者不知情的情况下实施的，消费者仅知道自己支付的价格，而不了解其他消费者支付的价格，即使遭遇了"大数据杀熟"也意识不到，这种"大数据杀熟"具有欺骗消费者的嫌疑。对基于大数据的精准定价的最起码要求，是让消费者了解平台的定价策略。

"大数据杀熟"还可能涉及个人隐私问题。如果允许平台利用个人数据获利，那么就会鼓励平台收集和分析消费者个人信息，从而掌握更多消费者个人隐私。这种数据的使用存在失控的风险，可能严重损害消费者利益。

总之，"大数据杀熟"可能属于差别定价，也可能是一种欺骗消费者的行为，还有可能涉及隐私问题。在实践中完全禁止"大数据杀熟"并不容易，但政府应要求平台公开其定价原则或算法，让消费者明明白白地选择和消费。另一方面，政府还可以通过鼓励竞争，抑制平台企业的差别定价行为。

基础业务免费未必没有垄断问题

"羊毛出在猪身上"，这个不合逻辑的比喻形象地描述了许多科技平台的盈利模式，即基础业务免费，但对各种增值业务（如"VIP服务"）或衍生业务（如电子商务平台的广告、数据、渠道、支付、物流等服务）收费。这种业务模式并不是互联网时代的创新，在传统经济中就存在，例如广播电视经常免费提供新闻、娱乐等节目，但是从广告中获取收入。

这种业务模式的形成，与交易成本结构和网络外部性有关系。各种业务都有不同的交易成本，包括收费行为本身也会产生成本，选择从适当的业务层面切入进行收费可以节约交易成本。网络外部性意味着做大规模非常重要，通过基础业务免费，可以吸引更多消费者加入网络，从而实现增值和提高衍生业务的价值，同时还可以防止竞争者进入。

正如我们可以将一些广播电台看作广告服务提供商，我们也可以将数字平台看作相关增值业务和衍生业务的供应商，而不是基础业务的供应商，因为基础业务其实是平台的"成本中心"，增值业务和衍生业务才是"收入中心"。从这个角度看，"羊毛"其实还是出在"羊"身上。人们往往过度关注了平台的基础业务，而忽视了基础业务在整个商业模式中的地位。

平台的免费服务与垄断并不矛盾。平台的垄断主要体现在它们赖以生存的增值业务和衍生业务上，这些业务对很多合作伙伴来说非常重要，很多依赖大型平台提供流量的商户需要为流量付出对价。平台的垄断程度越高，流量对价就越高，而这个对价最终还是要由消费者承担。平台正是通过基础业务免费获取一定程度的垄断地位，然后在针对商户的增值服务中获取垄断利润，最终还是体现在较高的消费价格上。基础业务免费其实是垄断的"护城河"，免费和垄断之间并不矛盾。

我们应该肯定平台免费服务对消费者的价值，但这是信息科技、网络效应和潜在竞争带给消费者的礼物，而不是平台的恩赐。如果现有平台退出，那么很快就会有新的平台来提供几乎相同的服务。也就是说，平台本身并没有稀缺性，只是网络效应导致了"赢家通吃"。

总之，平台的基础业务免费现象可能使人们对平台垄断产生怀疑，但这是一个错觉。平台的"利润中心"其实是基于基础业务的增值业务和衍生业务，而不是基础业务本身。作为"成本中心"，基础业务免费的目的恰恰是加强赢利业务的垄断地位，最终还是要由消费者为垄断买单。

如何看待国际数字平台垄断

无论是在传统经济还是在新经济领域，国外企业对国内市场垄断的危害性都会大于国内企业的垄断。从经济学角度看，垄断一方面扭曲了价格，导致社会总福利的损失，另一方面还使利益分配不公平地偏向企业，而损害消费者利益。虽然国内企业的垄断会导致经济效率低下和分配不均，但至少垄断利润还留在国内循环，对国内经济还是有一定贡献的。相比之下，国外垄断企业不仅扭曲了国内市场价格，而且让超额利润最终流向国外，因此对本国经济的贡献更小。同理，国内企业在国际市场上的垄断地位非常有利于提升本国的经济利益。当然，我们也不赞成国内企业垄断国外市场，而应遵守当地法律，合法经营。考虑到垄断可能带来的政治风险，平台企业垄断外国市场经常会产生意想不到的成本。

在全球化背景下，判断一个企业是否具有垄断地位，也应该将其放在全球市场上考虑。一个企业的竞争者不仅来自本国,还可能来自国外,忽视外国竞争者会严重高估国内企业的垄断力量。如果外国平台企业比较容易进入本国市场,那么也可能产生"可竞争性",即使本国企业的市场占有率高,也难以实行垄断,否则外国竞争者很快就会进入本国市场。

国际反垄断审查的原则是要追求双赢。即使针对国外垄断企业,我们也应该与它们开展合作或贸易,而不是直接将其拒之门外。垄断企业往往也能提供国内所急需的产品或服务,交易仍然是互利的。对于国际上的兼并与收购案例,如果有损害竞争的嫌疑,那么我国反垄断机构在审批时需要权衡利弊。如果禁止兼并能够实际阻止垄断性兼并,那么是最优结果,但如果国外企业会因此退出中国市场,那么我国经济就可能承担较大损失,因此需要综合考虑。当然,我国是世界上规模和发展潜力最大的市场之一,大型国外企业一般不会轻易退出中国市场。

数字平台垄断与传统企业垄断的一个重要不同之处在于前者经常有较大的社会影响力。由于国外平台在我国的垄断地位更加可能产生不可控的政治或社会影响,尤其应重视国外平台的反垄断工作。另一方面,"己所不欲,勿施于人",也应督促本国平台在发展国际业务时,努力避免对当地社会政治生活造成不良影响。

总之,平台反垄断与规制应该依法依规进行,对国内国外企业一视同仁,为国际贸易和交流提供保障,但同时也应意识到国外平台垄断的特殊危害性。应鼓励本国平台通过科技创新,在遵守各国法律的前提下,在国际市场上做大做强。

"生态系统":平台垄断的一种新形式

平台企业可能以流量控制为杠杆,建立以平台基础服务为中心的商业体系，其中各个子系统相互支持配合，形成复杂的利益格局。传统反垄断理论在"生态系统"型垄断方面的论述相对比较薄弱，需要进一步研究。我们认为，所谓生态系统可能是数字平台在基础业务上的垄断力量向多领域延伸的表现。

一个生态系统首先是一个企业集团，内部的各个企业之间存在复杂的股权或合约关系，但是从产品角度看，经常不具有竞争关系，因此从传统理论的角度看，并没有垄断方面的问题。但是，企业之间的关系其实远比传统理论描述的复杂，许多看似"互补"的产品关系，其中可能也存在"替代"的成分。① 一个生态系统过于庞大，也可能对竞争产生影响。与传统企业集团相比，数字平台生态系统的内部联系可能更为复杂。

首先，如果消费者通过一个数字平台的账户就可以无障碍地使用多种不同的服务，包括购物、支付、借贷、出行、办公、娱乐等，那么的确可能享有一定的便利，因而会对平台的"生态系统"形成较强的依赖，这个现象巩固了平台的市场地位。

其次，生态系统内的企业可能具有较强的相互依赖关系，它们相互提供客源、资金、技术、渠道等各种生产要素，一旦脱离体系的支持，单个企业就难以生存。因此作为生态系统的中心，数字平台对系统内企业有较强的控制力，能够实现协同行动。②

再次，大型科技平台经常通过收购兼并的方式，消灭将来可能对

---

① Wang Hao, "Integration of Complementary Multiproduct Firms", *Review of Law & Economics*, 2021, 17(3): 647–655.

② 平台总部干预系统内企业经营的机制有多种。第一，平台作为股东可以在董事会主张自身的权益；第二，平台可以通过影响企业高管的任命影响企业经营；第三，考虑到平台的巨大影响力，系统内企业配合总部的整体策略，对自身也可能是有利的。如果平台作为大股东，通过影响企业行为损害小股东利益，那么可能存在一定法律问题，但是这个行为经常难以查处。

自己构成威胁的新兴企业或技术。潜在竞争者被收购后，要么为平台所用，要么被"雪藏"。因此，一个被收购的初创企业在平台体系内发展不好，不一定代表平台的投资是失败的。这种通过收购限制竞争的现象不利于科技进步。不过，大型平台的频繁收购也为民间创新提供了大量资金，这是值得肯定的一面。

数字平台"生态系统"的构建与大数据分析密切相关。平台天然拥有数据和信息优势，能够比较超前地了解产业发展动态和方向，可以提前布局进入相关行业，逐渐形成产业集团。平台还可以利用其流量控制能力，帮助集团内的企业迅速扩大规模，同时限制非"嫡系"竞争者。这种情况可能促成资本无序扩张，不仅不利于其他企业的发展，而且可能导致财富的过度集中。

平台生态系统反垄断同样存在企业效率与市场竞争之间的矛盾。在信息技术的支持下，建立庞大的生态系统经常有利于提高企业效率，但是往往不利于充分竞争，而且可能导致平台的社会影响力过大。考虑到平台生态系统对系统外企业的排他性影响，适当限制资本无序扩张，整体而言对社会是有利的。

平台之所以能够建立巨大的生态系统，往往是因为其在某个基础业务上的垄断地位。例如如果没有微信和财付通带来的数据及流量，腾讯生态系统的扩张不可能如此顺利，同样，如果没有来自天猫、淘宝、支付宝的数据和流量，阿里巴巴生态系统也很难建立。因此，防止平台生态系统过度扩张，关键还在于破除平台在基础业务上的垄断。

总之，生态系统可能是平台垄断力量向多领域延伸的表现，虽然可能提高社会整体生产效率，但也可能妨碍市场竞争，或导致财富过度集中。治理平台经济，防止资本无序扩张，需要研究如何从根本上破除数字平台垄断，特别是在平台基础业务上的垄断。

如何看待数字平台创立的全新市场

在数字平台反垄断实践中有一个常见现象是，某项全新业务本身是由一个平台企业开创的，这个平台自然成了这项业务的垄断者，或者虽然先行者是若干个平台，但最终经过兼并重组成为一个垄断者。这里的问题在于，如何看待市场开创者的垄断，全新业务市场的兼并重组能否通过反垄断审查。

当一个企业创建一个全新市场，并自然成为该市场的垄断经营者时，情况类似于发明专利，本身不存在反垄断问题。专利保护在某种意义上就是通过赋予垄断利润来鼓励民间创新，同理，创立全新市场也需要企业家的创新和投入，并承担各种风险，而且这样的活动对社会可能产生巨大的正外部性，理应得到政府的鼓励和支持。

信息技术平台的发展具有很大的不确定性，特别是在行业发展早期，人们很难判断市场的发展方向或状态。有些新兴市场甚至无法容纳太多企业进入，天然具有高度集中的特点。在这种条件下，过于严厉的反垄断介入不利于创新。在尊重知识产权的前提下，要依法保护竞争者进入新市场的权利，但是在没有新进入者的情况下，应允许创业者实行集中经营，探索行业发展方向。

当新兴业务发展到一定规模，行业的兼并重组依照法律需要通过反垄断审查。但是一些数字平台创立的新业务其实都是传统业务的扩展和延伸，经常会提升而不是降低相关行业的竞争程度。例如电子商务平台的市场集中度较高，但电子商务是传统商业的新竞争者；网约车平台之间可能竞争有限，但网约车本身并不构成一个市场，而是整个出行市场的增量部分，事实上有利于竞争；餐饮外卖业务服务于餐饮行业，只是提高了传统外卖业务的效率，有利于提升餐饮行业的竞争。如果平台仅仅是对传统行业的"锦上添花"，那么专门讨论相关平台的市场集中度和反垄断，在逻辑上存在缺陷。

如果平台业务进入成熟期，甚至替代传统业务模式成为主流，那么就应该从当前市场状况出发进行反垄断分析。在这个阶段，突破性的创新已经完成，对创新的"奖励"也已经兑现，最重要的是提升市场效率和社会公平，因此需要根据具体情况，适时研究可能出现的反垄断问题，避免出现"大而不能倒"的超级平台。如果平台还因为市场集中产生其他不利影响，例如收入分配、资本扩张、政治影响等，那么更应该加以重视。

总之，对于由数字平台企业创立的全新市场，至少在行业发展早期，应该避免过于严厉的反垄断介入。应借鉴专利保护思想，对市场开创者进行鼓励。在行业发展进入稳定状态，发展的不确定性消除后，再研究可能的反垄断问题，以避免不当干预。

互联互通

通过强制或鼓励网络之间的互联互通或兼容性与互操作性，可以在很大程度上解决规模效应和充分竞争之间的矛盾。这个思路在传统经济中就已经存在，例如在传统通信行业，由于显著的网络外部性，消费者强烈偏好大企业，很容易出现"赢家通吃"的结果。但是，由于政府执行强制性的"互联互通"规制，很多消费者也愿意使用更加个性化、规模较小的通信公司的服务，使得小公司也有生存空间，最终不仅便利了消费者，还有力地保护了竞争。

互联互通规制是现代通信业的基石，是"好的"政府规制的典型代表。互联互通在保留网络效应的同时，使垄断变得不可能。通信企业通过提升服务质量相互竞争，而不是通过相互打压、"烧钱"争夺用户。与数字平台中存在的"赢家通吃"问题相反，为了限制过度竞争，政府甚至还需要通过发放牌照限制通信企业的过度进入。

理论上，网络外部性可能导致多均衡现象。① 在没有政府干预的情况下，市场可能形成多种不同的兼容格局，以及相应的市场效率和利益分配，其中一些兼容格局可能显著优于其他。因此，在一个成熟的网络业态中，通过适当的政府干预协调平台行为，实行最优水平的相互兼容，不仅能够改善市场结果，而且可以保证相关企业和消费者的激励相容。

互联互通不仅包括平台之间相互开放外链，可以直接打开应用或网站，更重要的是同类型平台之间相互开放用户，使之可以直接访问。数字平台之间的互联互通可以在不损害网络效应的情况下促进平台间的竞争。例如，如果钉钉等社交平台可以直接联系到微信的用户，那么信息交流的效率会大幅提升。与此同时，微信之外的社交平台的成长空间也会被打开，从而形成竞争比较充分的市场结构。平台之间通过提高服务质量和科技含量来竞争，通过为消费者带来更好的体验获得竞争优势，这是更健康的竞争方式。因此互联互通实现了网络效应和充分竞争的"得兼"。

互联互通在技术上可能有一定难度。首先，由于不同平台之间的技术差异，相互兼容需要解决转换问题。例如微信和钉钉虽然有相似之处，但在许多功能设计上还是有差异，不可能完全兼容；美团和饿了么都是外卖送餐平台，但不排除在技术实现方式上采用不同算法，共享餐馆或消费者信息也可能存在一定的技术困难。总的来说，平台间信息技术差异越大，兼容的成本越高，最终可能实现的兼容程度越低。其次，互联互通规制还可能存在用户隐私方面的问题。当用户信息向多个平台开放时，隐私保护的难度上升，技术手段需要升级。由于隐私保护不能由原注册平台完全负责，出现隐私泄露事故时追责也

---

① M. Katz, C. Shapiro, "Network Externalities, Competition, and Compatibility", *American Economic Review*, 1985, 75(3): 424–440.

比较困难，这些都需要企业层面的追加投资和社会层面的立法跟进。但是总的来说，这些困难都是可以克服的。

互联互通最大的难点还在于经济激励或利益分配。规模较大的平台对互联互通的贡献最大，而从中获益不大，同时还可能给自己制造竞争对手，因此对兼容缺乏兴趣。除非政府强制或者有适当的补贴，大型平台一般不会主动兼容，甚至会消极抵制。从政府角度看，应该考虑到大型平台在发展过程中有较大的投入，在建立互联互通规则的过程中应给予适当补偿。如果完全互联互通不可行，那么限于基础功能的部分兼容也会产生非常重大的社会效益。

总之，数字平台之间的互联互通具有巨大的社会效益，值得积极探索。互联互通可能需要克服一些技术上的困难，但主要阻力还在于形成新的利益分配格局。在互联互通规制中，应适当照顾大型平台的既得利益，建立合理的补偿机制。

政策建议

数字平台的核心业务大多是流量与数据服务，其基本特征包括规模经济、网络效应、可竞争性和大数据等，其中有些特征与传统经济的一些行业类似，有些是数字平台行业所特有。理解平台经济运行机制，研究平台行业反垄断和规制，都应从平台的基本特征出发。

应该肯定平台企业对社会的巨大贡献，但平台仍然应承担较多的社会责任。大型平台的竞争优势主要源自先发优势和网络外部性，这种"占座"式的商业成功可能对其他市场主体产生不公平的排他性影响。大型平台在跨行业的市场竞争中拥有广泛而显著的优势，最终可能导致财富过度集中和资本无序扩张等负面社会影响。因此，政府对大型平台进行适当监管是必要的，平台也有义务承担更多社会责任。

我国有市场规模巨大的优势，数字平台经济在总体上竞争是比较充分的，仅在个别领域（如社交平台）存在过度集中的问题。我国的平台企业虽然在商业模式方面有很多创新，但科技水平明显落后于国际同行。平台行业治理既要反对大型平台的垄断行为，也要支持平台持续创新，在国际市场做大做强。平台治理可以有以下切入点：

第一，研究主要面向大型平台的税收调节体系，包括数字税和所得税。市场垄断程度高、赢利能力强的平台，应该承担高于社会平均水平的税收，这是平台社会责任的重要组成部分，也是防止资本无序扩张的重要手段。

第二，努力降低数字平台市场的准入门槛。鼓励进入是最好的竞争政策，在竞争不足的领域，可考虑通过适当的政策措施和政府扶持，帮助新平台进入并参与竞争，反对在位大型平台利用其市场优势地位阻碍竞争。

第三，在反垄断实践方面，应强调具体问题具体分析。对于平台的疑似垄断行为，如"二选一""大数据杀熟"等，应充分考虑其复杂性和隐蔽性，同时结合相关的市场环境进行分析，避免过度干预；对于竞争比较充分或者存在潜在竞争的"可竞争性"市场，可适当放松反垄断审查；平台在免费业务上的垄断是平台核心业务垄断的基础，应被纳入反垄断监管范畴；对于以"生态系统"方式无序扩张的平台企业集团，重点是要破除其在基础业务上的垄断；对初创科技平台的垄断地位应采取较为宽容的态度，以鼓励创新，并帮助行业尽快成长。

第四，在平台规制方面，应积极探索在竞争平台之间实现互联互通，努力在不损害规模经济和网络效应的情况下实现充分竞争。互联互通的思路在基础业务比较简单、网络外部性比较显著而市场垄断程度较高的领域尤其重要。

第五，在尽量不干预企业决策的前提下，加强对大型平台的日常监督，确保平台行为合法合规，同时稳定社会预期。避免在出现重大负面事件或者已经产生显著不利影响之后，再采取救火式的紧急措施。

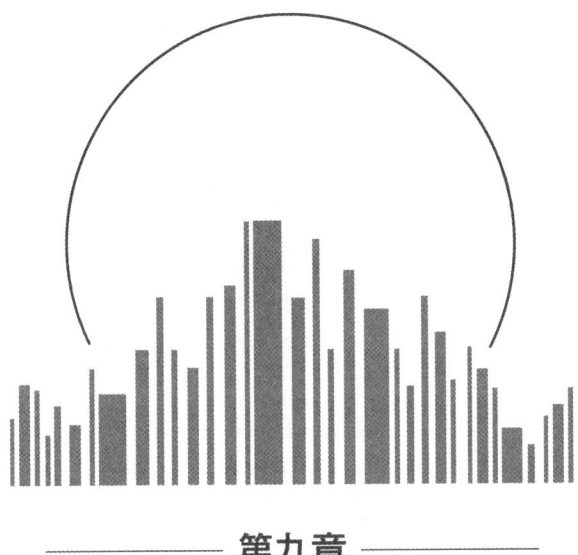

― 第九章 ―

平台经济中的数据治理[①]

---

① 本章作者为沈艳、张俊妮。

数字时代，数据这一生产要素的应用给经济建设、社会生活和政府治理带来革命性影响，在催生新业务模式、提升企业生产效率、强化政府治理能力等方面发挥了重要作用。我国一直高度重视数据的应用和监管。2015年9月，国务院印发《促进大数据发展行动纲要》。2015年10月，党的十八届五中全会将大数据战略上升为国家战略。2020年4月，中共中央、国务院《关于构建更加完善的要素市场化配置体制机制的意见》(下称《意见》)正式公布。《意见》首次将数据作为一种新型生产要素列入官方文件，并提出三个核心目标，即推进政府数据开放共享、提升社会数据资源价值与加强数据资源整合和安全保护。

但是，数字经济发展过程中，对数据的应用也在数据共享、算法治理、个人信息保护和数据安全等方面带来了诸多新挑战。由于数据这一生产要素所具有的重要战略价值和实践意义，妥善做好数据治理工作是推进国家核心竞争力的必然要求。

本章着重讨论平台监管中的数据治理问题。与《意见》相对应，本章将从数据作为生产要素的治理、对平台算法的治理、个人信息保护与数据安全这三个角度，尤其是算法治理方面展开，并在此基础上进一步提出政策建议。

数据生产要素的治理

数据这一生产要素是大力发展数字经济的必要元素，如果运用得当，数据将在技术创新和业务模式创新中发挥重要作用。但是目前对数据确权、数据共享与数据使用等问题仍然存在很多争论，所以需要先从这三方面梳理相关的治理挑战。

数据作为生产要素的确权难度与现有安排

首先,数据具有准公共品的特征,在确权与交易方面均存在不少挑战。一方面,这是因为数据具有"非竞争性",即由于数据使用的边际成本几乎为零,一方使用数据并不影响其他各方使用数据;另一方面,数据也具有部分排他性,就是当一些平台企业收集、拥有并控制数据后,可以把其他竞争对手排斥在外。数据的准公共品特征与数据自身的独特性,导致我们在确权与交易方面存在较大挑战。例如,通过对现有讨论的整理,我们发现与数据有关的权属至少有如下20种(见表9-1),那么要明确权属困难很大。

表9-1 与数据主体有关的权属

	权属	内涵
1	管辖权	决定如何或者由谁使用数据
2	访问权	知道有关自己的个人信息是否被处理并获取有关处理信息
3	使用权	对数据的使用权
4	更正权	数据主体有权请求更正错误数据、完善不完整的个人数据
5	被遗忘权	特定情形下可请求清除相关个人数据
6	限制处理权	特定情形下可请求停止数据处理行为
7	便携权	获取和移转已提供的个人数据
8	拒绝权	拒绝基于公共利益或合法利益进行的个人数据处理
9	自动化自决权	不受仅基于自动化处理得出的结果的约束
10	排他权	对数据排除他人使用或从中获益的权利
11	资本权	出售、许可数据获得收益的权利
12	收益权	享有因个人对数据的使用或者允许他人使用而产生的收益
13	占有权	对数据直接控制的权利
14	损害赔偿权	对数据的侵夺和侵害有获得金钱赔偿的权利

（续表）

	权属	内涵
15	跨境传输权	数据自由跨境流通的权利
16	保障权	免于数据被侵夺的权利
17	共享权	将数据与他人共享的权利
18	无期限限制	对数据的权利不应有时间限制
19	禁止有害使用	有权制止以有害他人的方式使用数据的权利
20	剩余性权利	在某项权利消失之后收回所有权

目前企业数据确权的研究和实践有四种主要思路。一是赋予数据新型财产权。德勤和阿里巴巴在2019年发布的研究报告认为，数据既不完全符合"资产"的定义，也不完全符合"无形资产"的定义，因此不能完全按照财产权来界定。新型财产权是指认定用户对其数据信息享有所有权，企业通过与用户进行协商，在其明确同意的条件下取得数据的所有权。二是数据信托，就是将用户与数据企业之间的关系认定为基于用户数据的信托关系，其中用户是委托人，数据企业是受托人。用户享有名义上的数据所有权，要求企业共享和使用数据时不得损害委托人的利益。三是依靠合同法，即由数据所涉及的不同主体根据实际情况，制定数据使用的方式和目的等双方必须遵守的规则，来规制各自的权利和义务。四是强调数据治理的公共性，由公共机构来管理数据。这一安排将数据治理的重点放在数据共享和使用行为以及产生的数据价值上，强调以科学的数据控制和操作规则体系来权衡对数据主体、数据企业和社会的利益。

数据治理中的上述四种思路各有利弊。新型财产权的好处是明晰了数据权属，但问题是数据共享与数据使用方面的规则仍然模糊。虽然用户赋权看似赋予了用户更多自主性，但用户往往不清楚数据究竟怎么被使用与转让，也就无法评估企业共享与使用数据给自己带来的后果。这样一方面可能导致一些用户全然拒绝企业使用自己的数据，大数据出现系统性偏差;另一方面,在出现纠纷时,也难以通过现有法律框架来评估企业的数据共享与使用是否规范。数据信托的好处是在一定程度上以动态的方式控制数据企业的行为,但如果数据信托是单个用户对企业的行为,则仍然无法绕开用户未必清楚数据是否使用得当、是否损害自身利益的问题。合同法的好处是明确合同涉及的双方在数据使用与共享等方面的边界,但缺陷是无法排除由数据安全等因素导致的合同效力范围之外的第三方对数据权益的侵害。公共机构管理数据这一安排有很大潜力,但也存在数字经济下公共机构过度干涉个体数据权益的隐忧。

在数据治理过程中,还容易存在"一管就死,一放就乱"的问题:如果严格保护用户的数据权属,即个体不同意则数据企业无法分享和使用数据,那么就可能抑制数据发挥更大价值,从而扼杀创新;如果完全由数字企业主导数据权属及数据分享和使用过程,就可能放任私法主体的行为,造成更多的无序;如果完全交给公共机构来安排数据治理框架,就有可能让数据企业失去收集、处理数据并进一步创新的动力。因此,建立适合我国国情的数据治理框架,需要多措并举。

欧美等国治理数据生产要素的主要措施

总体来看,欧美法规和数据治理的重点是个人信息保护(相关措施将在"个人信息保护和数据安全"部分讨论),对数据共享、数据使用中经济利益的保护和权衡,更多依靠已有法律法规的执行,基本没有专门的立法。

美国的普通法系采用财产权概念,因此数据的实际拥有者(如数字企业)或数据经纪商的数据交易行为具有天然的合法性,只需保证在交易过程中不侵犯个人隐私权。美国通过规制数据的实际拥有者(如数字企业)或数据处理者的商业行为来规范数据交易。

美国的数据资产交易主要有两种模式。第一种是数据交易平台：平台作为中介为数据供应方和数据购买方提供数据交易撮合服务，数据供应方、数据购买方都是经交易平台审核认证、自愿从事数据买卖的实体公司；平台对交易数据的质量和交易过程的安全有监管责任和义务。第二种是综合数据服务平台：平台除了为数据供应方和数据购买方提供中介服务之外，还可以采集、处理和存储数据，为客户提供数据产品、解决方案等。

欧盟认为，数据价值链和基于数据的商业模式各自不同，对数据共享问题一刀切的解决方案不可行，因此不应就数据共享采取横向立法，而应将基于信任的数据共享协议作为解决大多数问题的方式，使用合同法或竞争法来规制经济利益的侵害行为。

2018年，欧盟委员会发布了《欧洲数据经济中的私营部门数据共享指南》，旨在从数据共享的法律、业务和技术等方面，为跨行业的数据持有和数据使用业务提供一个实用的工具箱。该指南给出了私营企业之间数据共享协议的五项原则：透明性、价值创造共享、相互尊重商业利益、确保良性竞争、最小化数据锁定。该指南还给出了私营企业向公共部门提供数据的共享原则：私营部门数据使用的相称性，目的限制，不造成伤害，数据再利用的条件，降低私营部门数据的局限性，透明性和社会参与。

数据生产要素的治理建议

综合已有数据治理思路（新型财产权、数据信托、依靠合同法和公共机构管理）以及欧美等国的实践来看，对我国数据生产要素的治理，有如下建议。

第一，培育数据交易市场的重点落在培育基于数据价值的数据服务交易，谨慎推进基于明确数据权属的基础数据交易。首先，由于数据生产要素的特殊性，明确数据权属有较大的难度；其次，用户信息，尤其是关于个人的姓名、地址等敏感信息的原始数据，不宜明确归属于非用户个人的第三方；最后，从国际经验看，欧美等国也没有将数据权属划归第三方企业或者数据分销商的制度安排。

第二，结合数据信托与公共机构管理，通过发放分级牌照（或者数据许可证）的方式来规范数据共享与使用。由公共机构颁发数据许可证的做法在世界数据保护制度中有先例。例如，1973年瑞典《数据法》就规定设立数据审查委员会负责立法的实施和个人数据的保护。鉴于数据确权的困难，将数据信托与公共机构管理相结合发放分级数据牌照（或数据许可证）的制度安排，既可以保护用户对自身数据的所有权，又能促进数据的分享和使用，推动数据要素市场的培育。这一制度安排需要如下几个要素。

一、除了不应发放数据牌照的数据，均为发放数据牌照时可以考虑的数据类型。不应发放牌照的数据主要涉及以下几类：（1）应当免费提供的数据，指不涉密、应当免费向公众开放的数据，政府公开发布、用税收支撑相关数据；（2）经过公共机构开发后应当共享的公共数据，主要指由政府等有关部门协调后以付费的模式共享的数据（如税务、水电等数据）；（3）所有权归属清晰、有一定排他性的数据，这类数据可以通过协议确立一定的排他性，由交易双方用俱乐部产品的付费模式即可达成交易，在这类数据使用中产生的争端可以在合同法等法律框架下解决；（4）其他不应发放牌照的数据，如涉及国家主权的数据，一些未成年人数据等。

二、数据牌照的类型分级可以按照基础数据的采集、分析，衍生数据的分析和研发等来分类。其中能够采集使用最原始数据的数据牌照等级较高，仅仅使用做过匿名处理的衍生数据等的分析和研发的等级较低；也可以安排一些数字企业获得全牌照使用的权限。

三、明确数据牌照的发放、限制使用与吊销流程。用户将数据委托给专门受理、判断和颁发数据牌照的公共机构，公共机构作为受托机构，要对申请的数据企业进行个案审查以决定是否给数据企业发放分级数据牌照，并监督企业在约定的范围内共享和使用数据。通过执行分级牌照制度，让获得牌照的企业在限定范围内使用数据以及根据该数据产生的数据牌照框架内允许的衍生数据。如果相关用户发现企业的数据使用超出许可证支持的设计范围，可以提请确权中心介入调查。如果数据企业违反约定，公共机构可以对牌照降级甚至吊销牌照。

四、发放数据牌照的制度安排需要明确数据主体与数据企业的权益保护和争端处理机制，也就是需要监管部门明确数字企业的哪些行为属于侵权行为，并公布明确的数据争端处理流程。与此同时，还要发挥行业协会和第三方独立机构的作用，为提高公众数据素养、助力纠纷解决等提供相关培训与教育。

第三，数据相关交易的重心更多在培育数据产品相关服务的交易市场，而不是数据自身的交易市场。这是因为如果集中关注数据自身的交易，则由于以下两个主要原因，数据交易不易充分展开：一是由于数据边际成本几乎为零，数据的交易价格很容易被压低；二是数据泄露也可能导致免费数据泛滥，拥有大量数据的平台企业没有动力去提供大量数据。国内的大数据交易所难以开展数据交易的实践，也证实了这一点。在数据治理发展中，将发展重心放在与数据产品对应的服务方面，则因为数据服务往往是个性化定制，可以在很大程度上解决非竞争性问题，从而促进有效的数据要素市场的培训。

算法治理

平台经济中的算法重要性

数字时代平台经济中不容忽视的趋势是，算法正在成为社会治理的核心，关于人的重要决定越来越多由算法做出。根据《不列颠百科全书》的定义，算法是"在有限的步骤中生成问题答案或者解决方案的系统程序"。数字时代，随着大数据、云计算、人工智能和区块链等数字基础设施的发展，算法的运用推动平台经济发挥了如下四点优势：一是推动市场环境更透明，信息更易于自由流动；二是降低了搜寻成本；三是降低了准入门槛；四是推动技术突破、效率提升，出现不少新业态。这些新业态可以被分为两类：一类业态属于从0到1的变化，是指将过去大量无法利用的信息用于新业态，例如利用驾驶员的身体姿态来判断其疲劳程度从而优化保险定价；另一类新业态则属于从1到N的变化，这是指数字技术让满足长尾客户的需求变得更加容易，出现了更多个性化定制的产品。

在获得算法驱动服务的福利同时，算法的运用也带来一些新特征，其中一个根本特征是，算法让人和个体以数据换"免费"服务。也就是说，人和个体不仅是服务对象，也成为生产新产品的新资源。具体来说，算法可分析并追踪客户日常生活并分析客户喜好，从而推荐更多个性化产品；成千上万个性化产品的出现，让人工定价变得越来越不可行，头部平台开始转向由算法自动定价以及调整价格；面对市场的激烈竞争，平台也逐步采用算法来预测竞争对手的算法，在这个过程中，线上平台的定价开始趋同，而线下门店为了与线上产品竞争，也会相应调整定价，从而出现线上线下趋同的现象。在此基础上，掌握数据优势的企业不仅在已有行业有优势，跨界并购也开始成为大势所趋；算法不仅可以影响一个企业的定价、一个行业的线上线下定价以及竞争格局，在收集使用者的政治态度和立场数据后，甚至可以影响政治生态与国际政治格局。

在这一趋势下，人们的衣食住行、生老病死、就业失业、言论传播，甚至司法审判，也越来越取决于算法的结果。例如，利用算法读一张医学影像片子只需几十秒，而且还不会因为情绪、疲劳出错；又如最新金融文献考察发现,如果用算法来推荐上市公司董事,那么这些上市公司的业绩总体比没有用算法推荐的好;再如亚马逊司机斯蒂芬·诺曼丁被算法解雇,以及美国司法机关利用 COMPAS 算法,基于被告人个人特征以及犯罪记录等 137 个因素评估他们未来两年内再次犯罪的可能性,评估结果会影响法官的判决。算法对社会的这种全方位影响,让算法治理越来越处于社会治理的核心地位而备受关注。

平台经济中的算法治理挑战

在带来众多机遇的同时,算法的应用也带来不少管理方面的挑战,其中算法歧视、算法黑箱、算法助力垄断等问题格外受关注。

一是以"大数据杀熟"为代表的算法歧视问题。这是指地位稳固的垄断平台或企业还可以运用大数据分析和用户画像,区别对待不同用户群体从而获取垄断收益的现象。这里的用户既包括消费者,也可能包括供应链上的其他环节,如商家、外卖员等。最早可以查到的对"大数据杀熟"问题的记载,是 2000 年 9 月亚马逊用户发现亚马逊根据用户存储在浏览器 cookie 中的个人特征对同一种 DVD 采取差别定价,如果删除 cookie 则价格低 13%。国内对"大数据杀熟"的报道始于 2018 年 2 月,《科技日报》基于 2017 年底的网友曝光而刊发报道《大数据杀熟:300 元的酒店房价,老客户却要 380 元》。2021 年 3 月,复旦大学通过研究 5 个城市的 800 多次打车账单后发现"苹果税",即苹果手机用户打车补贴更少,更容易被舒适型、定价高的司机接单,概率是非苹果手机用户的 3 倍。"大数据杀熟"问题引发了广泛的社会关注。

二是算法黑箱问题。在科学、计算和工程中,"黑箱"是指一个只能看到输入和输出信息、其内部工作原理无法或者很难被观察的系统。算法黑箱是指由于技术本身的复杂性和一些排他性商业政策,算法犹如一个未知的"黑箱",用户不清楚算法的目标和意图,不知晓设计者和使用者对算法生成内容的责任归属,更无法评判和监督相关算法及其设计者和使用者。人类的普遍利益在于实现可理解、可信赖的人工智能。因而算法黑箱是目前需要面对的紧要问题。

三是与算法相关的垄断。这是指为了确保和巩固自身的数据利益和优势地位,处于市场支配地位的平台企业可能会利用大数据和算法来排除和限制市场竞争。具体来说,一些平台或企业可以运用算法规则、垄断协议、拒绝交易、纵向约束等方式,策略性设置数据访问和数据共享壁垒,增加用户转换成本,提高其竞争对手进入市场的门槛和成本,防止后者以此来跨越市场壁垒,进入其所在的市场与其展开竞争。

与算法治理相关的问题还有不少,如算法不平等(算法的内置歧视规则影响社会收入分配、福利公平性)、算法共谋(平台经营者或平台内经营者通过算法进行共谋垄断)、算法共振(如算法使多个金融平台对某事件迅速产生同方向的反应,加剧金融系统风险)等问题,在这里不一一列举。

算法治理问题的原因

首先需要看到的是,算法治理相关问题是数字技术优势的副产品,也就是说,在一定程度上,算法带来的收益与算法治理问题是一枚硬币的两面。数字技术的一个主要优势就是能满足长尾客户的需求,而这一特征本身就标志着由于可以触达的消费者变得更加多样化,因此需求更为多样化,为满足这些需求,相应就会有更多产品。要满足多样化需求,平台企业除了对不同群体采取差别定价外,也面临如何在给消费者良好体验的背景下迅速满足需求的问题。这就对算法提出两个要求,一是算法速度要快,二是预测要尽量准确。但是，对同一个消费者同时展示所有产品既不现实，也无法提高服务效率，提升消费者体验。因此，对不同消费者展示不同的选项，是提高效率、提高用户体验的必然选择。从价格角度看，就出现"大数据杀熟"问题；从产品内容角度看，就更容易基于用户过去的选择而推荐类似产品，从而产生"信息茧房"问题。

其次，基于预测分析的常用算法重预测效果，但是不重视因果分析。现有常用算法包括无监督学习的聚类算法，如采用 K-means 聚类等方法将用户和个体、书、音像制品等分类，以及有监督学习的支持向量机、卷积神经网络（CNN）、图卷积神经网络（GCN）等。这些算法的共同特征是追求尽可能准确的预测，而不追求对从输入到输出的因果关系的推演。要利用好已经获得的大数据实现短时间甚至实时的相对准确的预测，模型往往比较复杂，涉及很多参数。这就容易产生两个问题：一是模型可解释性差，即便是模型设计者也难以说清给定输入为什么会得到最终的输出；二是由于预测都是根据历史数据而不包含人做决策时会采用的对未来判断的信息，预测容易进一步强化过去的行为表现，从而产生"信息茧房"等问题。

再次，存在对算法的认知误区，认为算法的判断比人的判断更准确，高估算法的效率、公平和有效性，低估其负外部性和对人与社会的负面福利影响。这样的认知误区至少有三类。一是认为有大数据就有了全样数据，基于这样的数据的判断是准确的。平台企业收集的大数据往往是在特定时期、特定领域的颗粒度很细、维度很高的数据，但是这样的数据不一定是全样数据，根据这样的数据得出的预测未必能外推到其他时期、其他领域去。二是认为算法是中立的，因此根据算法做决策比由人来做决策更客观、更公正。算法模型往往涉及大量的参数设定，这些参数的设定与调整往往需要人来做决策；另外，算法模型在使用过程中需要不断优化以适应新的环境，模型如何优化的决策也需要大量的人参与。因此，不能认为人做决策可能受到疲劳、情绪等外部因素的影响，而算法不受这些因素的影响。三是重视技术但忽略对经济、金融或者行业相关领域专业知识的运用。算法决策只能基于可以输入模型的历史数据，如果只重视技术而忽略相关专业知识，易于加剧算法歧视，产生算法共振等相关风险。

最后，在平台经济发展的基础上，算法在减少信息不对称的同时，也可能制造新的信息不对称。这种新的信息不对称可以来源于以下几个途径。一是基于算法的决策虽然可以满足"千人千面"的需要，但是由于这千人并不见面，互通有无的成本高，基于算法的价格歧视不易被发现。二是由于算法模型复杂，采用的大数据很难提供给第三方，导致预测结果难以复制，也难以交叉验证，平台自说自话，而监管部门取证也存在较大困难。三是由于算法可解释性差，算法相关决定难以解释原因，投诉与纠错无门。四是算法模型迭代更新快，不易形成稳定预期。

总结而言，平台经济中算法治理问题的出现，一方面是由于这些问题是与算法相关的技术进步的副产品，另一方面是由于强调算法决策的优点而忽略其弱点，未能恰当设立人辅助决策的应急措施。利用算法决策的好处是效率高，但其发挥作用有前提条件，发挥作用的程度也受到一定条件的限制。这些限制条件包括：生成数据的目的与分析数据的目标可能不同；如果原始数据质量差，就会存在"垃圾进、垃圾出"的问题；数据分析结果难以外推；算法涉及的参数设定等无章可循；分析结果不易复制、不易交叉验证；等等。与此相应，虽然人的决策存在受疲劳、情绪、社会网络等人自身和其他看不见的因素的影响，但是人对于所处环境的洞见以及对未来的判断能够形成不同的"软信息"，需充分重视人决策的重要性。

算法治理的国际经验

美国的算法治理

美国的算法治理重在建立监管框架和立法,执行层面则由各行政机关自行纳入算法治理要素。在监管框架方面,2020年白宫管理预算局发布的《人工智能应用监管指南》是标志性文件。该指南指出:人工智能的目标和人类创设人工智能的最初意图未必一致,有可能导致意外的负面后果;监管部门需要评估人工智能应用可能对隐私、公民权利、公民自由、保密性、安全产生的负面影响,以及可能产生的反竞争效应。该指南也强调,除了采取必要的监管手段,为降低人工智能技术开发和应用的障碍,还应通过一些非监管手段促使人工智能应用更为可靠、稳健和可信,如行业政策指南或框架、试点项目和实验、私营部门和其他利益相关方发展的自愿协商一致的标准等。

从立法角度看,《算法问责法案》《算法正义和在线平台透明度法案》《司法算法正义法案》等正在立法过程中。其中,《算法问责法案》要求大企业评估现有和新的"高风险自动化决策系统"的影响,包括自动化系统是如何设计和使用的(如所依赖的训练数据,系统对隐私、安全、公平造成的风险等),并要求企业对评估发现的问题提出恰当解决方案。《算法正义和在线平台透明度法案》禁止在线平台在任何算法过程中歧视性使用个人信息,并要求算法过程和内容调整具有透明度。《司法算法正义法案》则禁止利用商业秘密特权阻止辩护方在刑事诉讼中获取证据,规定建立计算取证算法测试标准和测试程序。

在执行层面,美国没有哪个行政机关被赋予治理算法的职责,不同行政机关各自探索将算法治理纳入它们已有职责范围的方式。例如,联邦贸易委员会举行多次听证会,讨论如何应对21世纪算法和预测分析对竞争和消费者保护的影响;证券交易委员会则制定一系列指导文件，厘清算法驱动的投资顾问程序和算法交易背景下的委托人责任和其他责任等。当然，一些行政机关就一些具体算法歧视问题展开调查并立法。例如，美国平等就业机会委员会（EEOC）调查了招聘算法中可能存在的歧视和偏见问题。2019 年 5 月，伊利诺伊州通过了《人工智能视频面试法》，要求雇主必须获得面试者的同意才能使用算法驱动的招聘方式，雇主必须向面试者解释算法驱动的人工智能的工作方式及技术检测的特征，并在面试后的 30 天内删除所有的面试内容。

英国和欧盟的算法治理

欧盟对人工智能和算法治理也提出了相应的监管框架，其重点是强调为基于算法的人工智能系统建立恰当的伦理和法律框架，确保其在全生命周期内安全、稳健、合法且符合伦理地运行，并最终造福于人类。2018 年，欧盟发布《欧盟人工智能》报告，提出以人为本的人工智能发展路径。2019 年，欧盟发布《可信 AI 伦理指南》，指出可信 AI 的开发、部署和使用应基于四项原则，即尊重人类自主性原则、防止损害原则、公平原则、可解释原则，并满足七项关键要求：人类的能动性和监督、技术稳健性和安全、隐私和数据治理、透明性、多样性、非歧视和公平、社会与环境福祉和问责制。指南还列出一份可信 AI 的评估清单，旨在为具体落实 7 项关键要求提供指导。同年发布的《算法问责与透明治理框架》是由欧盟发布的一份系统性研究报告。报告提出了提升公众的算法素养、公共部门建立算法问责机制、完善监管机制和法律责任制度、加强算法治理的国际合作这四个不同层面的政策建议。

欧洲监管中对可解释性的要求较为明确。例如，2018 年英国议会下属人工智能特别委员会在题为《英国人工智能发展的计划、能力与志向》的报告中将建立可解释的算法系统作为治理重点：需增加系统的透明度,甚至开放人工智能系统的源代码,至少应该保持错误事件的事后透明;建立可解释的人工智能系统以替代目前存在黑箱的神经网络系统,并且应该推迟将现有的黑箱算法用于特定重大领域;在安全攸关的特定场景中,为确保技术透明性,甚至可以牺牲系统的能力和准确性。而2021年4月,欧盟委员会通过了关于人工智能的统一规则《人工智能法》草案,并修订了某些欧盟立法,进一步扩展了对算法可解释性的监管,要求即使是一些传统的模型如逻辑斯蒂(logistic)模型及统计方法,背后的逻辑也要清晰,可以对公众解释。

其他国家的算法治理

千方百计提高算法透明度,是不少国家治理算法时的重点。例如,2019年2月,加拿大出台《自动化决策指令》,以指导政府部门对算法决策的使用,要求政府部门使用算法驱动的决策系统必须先评估算法可能产生的影响,需要将保证决策透明度作为重要维度。日本参议院于2020年通过《关于提高特定数字平台透明性及公平性的法律》,该法从2021年春季开始实施,规定了特定数字平台供应商的信息披露义务,并将平台使用的排序、分类方法作为监管重点,尽可能减少算法歧视;不过,该法也容许商家为避免商业秘密被侵害而不披露排序的具体算法。2020年韩国颁布了《在线平台公平交易法》,要求通过透明公开的合同条款和条件来防止事前纠纷,例如平台运营商与商家的书面合同必须包括用于确定诸如商品信息的展示方式以及在线平台上展示顺序的标准,包括费用对信息呈现方法和顺序产生的影响等。

算法治理挑战的中国监管应对

第一,治理算法歧视等问题最好的办法是用技术解决技术带来的问题，尽量通过恰当的治理机制设计，来实现取长补短，而不是采取"一刀切"式监管。从国际经验来看，美国与欧盟、英国以及其他国家在算法治理方面的思路存在差异。但总体来看，发达国家在算法治理问题上的主要思路还是通过发展技术来解决新技术带来的问题，尽量通过恰当的治理机制设计实现取长补短。由于算法歧视等问题是数字经济、数字技术发展的副产品，因此在监管过程中不宜一刀切，不宜妖魔化。

第二，推动平台将针对多方的计价规则、流量分配规则等透明化。虽然算法治理存在挑战有一定合理性，但监管部门在降低信息不对称方面仍大有作为。平台型企业业务发展过程中，存在各类规则披露不充分、制定标准对利益相关方不透明等问题。例如，网约车平台往往会给出预估价，但是计价规则并非一目了然，用户需要花费很多精力从平台中寻找相关规律。又如外卖平台对不同商家的流量分配规则不清晰，引发商家对是否存在"劣币驱逐良币"问题的担忧。可以借鉴国际经验，通过推动平台更充分全面披露相关信息，帮助公众理解各类规则的合理性，从而对自己是否被"算法歧视"等有更多的监督能力。例如，可以通过要求平台事前通知、事后解释、公布排序算法规则和收费标准等提高决策的透明度，也可以通过监测结果、保障数据质量、为员工提供培训、提供人工干预等方式保证算法决策的质量等。

第三，监管部门需要对平台人为制造出不对称问题采取措施，加大对平台人为制造信息不对称的治理力度。例如，网约车平台针对同一段行程对司机、乘客采用不同计价规则的做法，构成了新的类型的差别定价。这类差别定价，在其他平台企业也可能存在，例如顾客支付外卖配送费与外卖小哥收取配送费的计算规则可能也有很大不同。监管部门可考虑要求平台对不同定价的合理性做出解释，对不合理的定价，应当坚决要求其予以整改。

第四，推动算法审计，实现长期有效监管。算法审计指收集有关算法在特定应用场景中使用时的表现数据，然后用这些数据来评估算法是否对人们的某些利益（或权利）产生了负面影响，从而评估算法本身好坏的过程。算法审计的主要目标包括对算法歧视程度的评估、对算法透明度的评估等。对不同平台型企业，审计目标的侧重点可以不同，如在审计给人评估特定分数（如信用分）的算法时，审计关注的重点是算法歧视问题；而对于个性化定制的广告和各类产品的相关算法而言，审计主要集中在算法透明度等问题上。

监管部门推动算法审计至少可以有四个方面的作用。一是评估某些算法是否合法合规，如监管部门审计银行的放贷算法，以评估其是否确实能够在不增加不良率的情况下做好风控。二是评估算法是否符合经济社会运行规律，是否能避免"劣币驱逐良币"现象。例如，让骑手送餐时间越来越短的算法是否存在危害交通安全等道德方面的设计瑕疵，让便宜但食品安全没有保障的外卖获得更多关注和购买的算法是否危害消费者的食品安全需求，就属于算法评估的内容。三是评估算法供应商和买家的风控能力，通过算法审计来评估相应企业面临的道德和声誉风险，以及在出现风险时的补救能力。四是为平台企业的利益相关方增加算法方面的信息透明度，帮助他们在投资、与平台打交道等方面做出知情选择。下面就算法审计的路径、框架和评估维度提出进一步建议。

在算法审计路径方面有两种思路，一种重视算法代码透明化，另一种重视对输入输出和结果的评估，我们更倾向于后者。在算法代码透明化的安排下，要求企业给出核心算法程序，由独立第三方企业或者公共机构直接评估算法程序是否合理。这一安排的弊端在于，可能会涉及被审计企业的核心商业机密而被拒绝，而审查机构也无从知晓平台提供的算法与实际运行的算法是否完全一致。而重视输入输出和结果的审计安排中，输入审计是指要求平台明确在提供个性化服务的时候依据的是哪些重点维度，输出审计就是指要求平台报告所依据的算法，最主要追求的目标是什么，同时要求平台报告算法的相关成效，并评估相关成效。

就算法审计的具体框架而言，可以要求平台明确对不同利益相关方报告如下几个维度的算法安排。一是预测或优化目标：阐明算法设计时如何考量利益相关方的核心利益（如滴滴的司乘双方的人身安全，外卖中消费者按时获得优质服务而商家获得应有收入），以及算法实施时预测或优化的具体指标，对实际的预测或优化指标与想要达到的预测或优化指标之间的差异进行说明。二是对算法训练和算法评估及选择中用到的数据进行说明：描述数据中各个指标的含义，阐明数据是如何收集的，排除一些数据的原因是什么（例如，数据质量），数据对整个利益相关方群体是否具有代表性，等等。三是算法使用的技术：说明哪些技术（例如，回归分析、神经网络、随机森林等）被尝试过，采纳最终算法的原因是什么。四是算法运行效果：包括预测精度、与利益相关方核心利益相关的指标的结果等等。五是有关个人信息保护和数据安全的具体安排。

就算法审计的具体评估尺度而言，可以借鉴国外一些审计框架。例如布朗等建议从歧视、有效性、透明度、直接影响、安全性这五个方面审计。其中，歧视包含社会性歧视和统计歧视程度；有效性包括准确性、稳定性、可复制性以及数据使用效率程度等；透明度包含数据架构的透明程度、可解释性、平台使用透明度、数据收集与使用透明度这四个方面；直接影响包含对误用、滥用可能性和违法可能性的评估；安全性指算法和数据在使用中的可获得性与安全性这两个维度等。[①]通过对平台企业的算法在上述五大维度及其分项按照合规程度

---

① Shea Brown, Jovana Davidovic, Ali Hasan, "The Algorithm Audit: Scoring the Algorithms that Score Us", *Big Data and Society*, 2021, 8(1), DOI: 10.1177/2053951720983865.

进行高中低等分级打分，帮助利益相关方和社会公众对平台的算法合规程度有全面的了解，使企业有更高的积极性用合规的算法来推动自身发展，推动我国数字经济的健康成长。

目前，我国的个人信息保护和数据安全监督管理工作由网信办负责统筹协调，因此算法审计的监督管理工作也可考虑在数据治理委员会的指导下，由网信办负责统筹协调。算法审计可以由独立第三方机构具体执行。建议网信部门要求平台企业定期（如年度、半年度或季度）进行算法审计，并在出现负面影响较大的经济社会事件时进行算法审计。

个人信息保护和数据安全

在大数据采集和分析全面迅猛渗透社会经济生活的同时，个人信息保护和数据安全对保障数字经济稳健发展，甚至保障整个社会和国家安全都至关重要，各国政府和人民对个人信息保护与数据安全的担忧和要求也与日俱增。我国也高度重视个人信息保护和数据安全，各类举措中最引人瞩目的是 2021 年 9 月 1 日起施行的《数据安全法》和 2021 年 11 月实施的《个人信息保护法》。本节将首先探讨个人信息保护与数据安全的重要性、相应挑战，通过对比中美欧三方在个人信息保护方面的主要差异来探讨我国的个人信息保护与数据安全策略，并在此基础上提出相关建议。

个人信息保护和数据安全的重要性

加强个人信息保护和数据安全监管的重要性至少有以下四方面。一是加强个人信息保护有助于在数字时代保障个人安全与建立信任。由于数据可用于确定个人行踪、行为习惯、兴趣爱好、经济、健康、信用等状况，确保这些信息被恰当使用并不被过度采集，才能让个人免于受到因为数据被使用而带来的伤害，或者失去对他人和社会的信任。

二是由于近年来数据安全事故呈现频率高、多元化、规模化的特点，数据安全问题已威胁到个人、组织乃至整个社会和国家。近年来，数据泄露事件层出不穷，利用勒索病毒敲诈用户的事件也屡有发生。网络安全行业门户 FreeBuf 发布的《2020 年勒索病毒年度报告》指出，勒索病毒攻击已经从个人行为演变至高度专业化的团队产业，攻击目标从个人用户转向了企业用户、政府单位、医疗行业以及公共机构等。另外，对数据的非法收集、窃取、贩卖和利用行为已催生了庞大的数据交易地下产业链。数据一旦遭到泄露、篡改、破坏或者非法获取与利用，就可能对个人、组织的合法权益造成危害，甚至危及公共利益、国家安全。

三是个人信息保护和数据安全是解决"数据孤岛"问题的前提。作为数字经济时代的新型生产要素，数据需要开放共享、互联互通才能更好地发挥其价值，但由于数据具有易复制性、非竞争性，一旦泄露会有很大的负面影响，数字平台和数据驱动的企业对共享数据顾虑重重。只有保障共享过程中的个人信息保护和数据安全，才有可能整合多维数据，发挥大数据的真正威力。

四是个人信息保护和数据安全是我国参与国际合作与竞争的要件。当前世界各国数字经济持续高速增长，未来数字经济是全球经济增长的新引擎，大规模的数据跨境流动势在必行，提供个人信息保护和数据安全的体系和能力成为国际合作与竞争的重要组成部分。全世界已经有 128 个国家制定了保护数据和隐私的立法。例如，欧盟的《通用数据保护条例》大幅提高了获取和处理欧盟数据的合规门槛。各国之间还通过签署国际协定的方式确立数据跨境流动的规则。个人信息保护和数据安全的合规是与数据处理相关的数字经济企业"走出去"和"引进来"的前提。

个人信息保护和数据安全的难点

一是法律法规难以穷尽个人信息保护和数据安全的所有场景。《个人信息保护法》定义个人信息为"以电子或者其他方式记录的与已识别或者可识别的自然人有关的各种信息……个人信息的处理包括个人信息的收集、存储、使用、加工、传输、提供、公开、删除等",《数据安全法》中提及的数据安全是指"通过采取必要措施,确保数据处于有效保护和合法利用的状态,以及具备保障持续安全状态的能力"。上述法规旨在保护个人、组织乃至整个社会和国家在各种数据处理场景中的信息权益与合理利用,但法律法规难以穷尽达成这一目标的所有场景。

二是缺少清晰的行业标准、成熟的监管框架和流程,执法困难。《个人信息保护法》和《数据安全法》给出了个人信息保护和数据安全的大框架,其中《个人信息保护法》给出了需要由国家网信部门统筹协调有关部门制定的具体规则、标准、社会化服务体系、投诉机制等,《数据安全法》明确了国家网信部门负责统筹协调网络数据安全和相关监管工作,但执法至少面临两类困难。一类困难是个人信息保护和数据安全涉及的数据处理专业性强,对执法部门的技术力量提出很高要求。例如《个人信息保护法》以情节严重程度作为区分处罚梯度的标准。又如对数据安全,国际上流行的 CIA 三角指出数据安全的必要元素,包括保密性(保护信息不被未经授权方访问,confidentiality)、完整性(保护信息不被未经授权方删除或修改,integrity)和可用性(指当授权用户需要访问时信息是可用的,availability)。但现实中,侵犯个人信息情节严重程度的边界不易界定,数据安全要件的边界也不易识别。另一类困难是数据往往具有跨行业的维度，数据处理活动往往涉及多方协同，个人信息保护和数据安全的违法行为可能涉及一个企业内部的多个部门、企业和云服务提供商，以及存在数据共享的多个企业。要保证个人信息保护和数据安全，需要多方在数据处理的各个环节进行配合，相应执法往往也需要多部门联合执法的组织和协调。因此要有效执法就需要明确和完善更多具体的标准、监管框架和流程。

三是个人信息保护和数据安全的各类技术尚不完善。个人信息保护和数据安全治理往往需要一套由加密、以数据为中心的审计和保护、数据防泄密、云访问安全代理、身份防护管理五个安全领域的工具组合而成的产品级解决方案。我国的数据安全技术工具尚不成熟，人才匮乏，技术研发刚刚起步。隐私计算、区块链等技术将在个人信息保护和数据安全中发挥重要作用，但它们在大规模应用或安全可靠性方面仍不完善，在我国的使用仍然处在起步阶段，亟待进一步的技术进步来发挥它们的作用。

通过技术保障个人信息保护和数据安全的现状

在本部分我们讨论与个人信息保护基本技术相关的去标识化与匿名化技术，以及与信息保护和数据安全均密切相关的隐私计算技术的行业现状。

《个人信息保护法》定义"去标识化，是指个人信息经过处理，使其在不借助额外信息的情况下无法识别特定自然人的过程"，"匿名化，是指个人信息经过处理无法识别特定自然人且不能复原的过程"，并规定个人信息不包括匿名化处理后的信息。常用的去标识化和匿名化技术包括统计技术、密码技术、抑制技术、假名化技术、泛化技术、随机化技术、数据合成技术。

在大量数据集可被获得的今天，实现真正的数据匿名化的难度越来越大。2006年，网飞为改善其电影推荐服务，举办Netflix Prize算法竞赛，公布了包括部分用户对电影的评分和评分日期的匿名数据库。得克萨斯大学的研究人员通过对比分析发现，匿名用户给出的收视率排名与互联网电影数据库（IMDB）上实名用户给出的排名是匹配的，说明网飞的匿名化规则无效。2017年7月，两位研究者从300万德国公民的匿名浏览历史数据集中重新识别出多位政治家，并据此得到了其医疗信息或性取向结论。

隐私计算是个人信息保护和数据安全领域的前沿技术，其主要目标是使数据"可用不可见"，实现数据价值流通。国家工业信息安全发展研究中心于2021年5月发布的《中国隐私计算产业发展报告（2020—2021）》指出："现阶段，隐私计算指带有隐私机密保护的计算系统与技术（硬件或软件解决方案），能够在不泄露原始数据前提下，对数据进行采集加工、分析处理、分析验证，包括数据的生产、存储、计算、应用等数据处理的全过程，强调能够在保证数据所有者权益、保护用户隐私和商业秘密的同时，充分挖掘发挥数据价值。"

隐私计算技术包括安全多方计算、联邦学习、可信执行环境、同态加密、零知识证明、差分隐私等。尽管尚不成熟，但隐私计算技术在金融、医疗、政府和智慧城市、电商等行业已有不少应用场景。例如，为解决小微企业贷款风控数据不足的问题，微众银行联合多家外部合作伙伴一起搭建了基于联邦学习的风控模型；翼方健数基于自身的隐私安全计算技术平台，汇聚厦门等多个城市各医疗机构的健康医疗数据，并引入第三方服务机构来处理和挖掘原始数据。另外，区块链和隐私计算的结合也是行业热点。2021年7月隐私计算联盟发布的《隐私计算与区块链技术融合研究报告（2021年）》指出，"通过将隐私计算和区块链相结合……既能在数据共享过程中有效保护个人信息，实现数据的安全流通，还能为数据的真实性、数据确权等合规问题提供可行解决方案。"

这些技术的当前版本计算效率和安全可靠性尚需进一步验证。例如安全多方计算和联邦学习受制于网络传输的带宽、通信速率和网络稳定性，根据联邦学习的中心服务器收集的信息可能反推出输入的数据信息。在大规模或实时性要求较高的场景下，往往难以在保护隐私的同时达成高效的计算性能。

随着隐私计算技术的逐步成熟，这些技术的商业化甚至平台化也将逐步被提上日程。《中国隐私计算产业发展报告（2020—2021）》指出，隐私计算产品市场规模约为 10 亿元，基于隐私计算的数据交易应用模式市场或将达到千亿级。隐私计算等技术在培育要素市场方面将发挥重要作用，因此具有广阔前景。

通过立法保障个人信息保护和数据安全现状的国际比较

个人信息保护和数据安全是大国竞争的重要战场。因为个人信息保护和数据安全领域的技术尚不完善，各国都更多地依赖相关法规和监管框架。总体来看，欧盟和中国在个人信息保护方面的法令较美国更为严格。

就法令的制定看，针对数据保护的综合立法主要有欧盟的《通用数据保护条例》和我国的《个人信息保护法》。美国没有联邦层面的数据隐私法，加利福尼亚州、纽约州等州各自制定了隐私法。例如，《加州消费者隐私法》是消费者保护领域的个人信息保护专门法。

就立法的目标来看，欧盟和中国的立法目标将个人权益当作核心，美国各州则更关注平衡消费者保护和企业发展。总体来看，欧盟和中国对企业获取信息的要求更为严格。例如，欧盟和中国立法要求个人对数据处理中的同意必须是明确的、在充分知情的情况下做出的。《个人信息保护法》中对平台和企业如何处理个人信息有如下规定：应当限于实现处理目的的最小范围，不得过度收集；应该保证个人信息的质量，避免因个人信息不准确、不完整对个人权益造成不利影响；应当遵循公开、透明原则，公开个人信息处理规则，明示处理的目的、方式和范围；利用个人信息进行的自动化决策应保证决策透明和结果公平公正，不得对个人在交易价格等交易条件上实行不合理的差别待遇；相关信息推送和商业营销应向个人提供便捷的拒绝方式；等等。另外，对敏感个人信息处理要求单独同意，要求在数据处理活动之前披露数据处理者的具体名称或姓名和联系方式，这属于"择入式同意"。

美国联邦贸易委员会在2012年发布的《在快速变革的时代保护消费者隐私权的报告》中列举了"择入式同意"、"择出式同意"以及"无须同意"三种授权模式，三者严格程度递减。总体上美国更多采用"择出式同意"和"无须同意"，如《加州消费者隐私法》则使用选择退出模式，除非用户拒绝或退出，否则企业可以继续处理用户的个人信息。

就法令的执行看，欧盟和我国立法规定企业设立个人信息保护负责人、个人信息保护影响评估制度等行为规范，而《加州消费者隐私法》中没有类似规范。

就数据主权看，美国的《澄清境外数据的合法使用法案》使用长臂管辖方式，让美国执法机构有权获取主要云提供商存储的数据，即使数据不在美国境内。这与欧盟和中国关于跨境提供个人信息的立法是冲突的。欧盟的《通用数据保护条例》从保障个人基本权利的角度出发，我国的《个人信息保护法》主要从网络安全和数据主权出发，规定了允许个人数据跨境提供的特定场景。《个人信息保护法》还要求在特定情况下实行数据本地化。

总体来看，美国在全球数字技术相关产品的开发和应用方面处于前沿，对数字经济发展的要素——数据的采集，总体采取更为宽松的态度；欧盟由于自身数字技术和相关产业发展不在世界前列，则更关注本地区信息保护和数据安全,让本地区更大可能从数据相关产业的发展中获益而不是受损。我国《个人信息保护法》的严格程度和欧盟的《通用数据保护条例》相当,在实际执行中还需要平衡企业发展与消费者个人信息保护。

个人信息保护和数据安全相关建议

首先,在处理个人信息保护和数据安全相关问题时,监管部门仍然要关注恰当执行相关法令后的正面效果,不能因噎废食。《个人信息保护法》和《数据安全法》的恰当实施,会对现有产业带来深刻变革,对数字平台和企业提出了更高的数据分析和处理要求,会为我国数字经济的发展带来更大发展空间。

第一,在数据收集方面,这将引导数字平台和企业从"广撒网"的野蛮生长模式向提高数据质量,避免"垃圾进、垃圾出"的方向转变。第二,要求数字平台和企业对业务问题有更深入的理解,只有这样才能说清楚收集哪类个人信息对开展实际业务是必要的。第三,这将引导数字企业和平台苦练服务客户的"内功",以真实创新的技术能力征服市场。例如,需更充分考虑个性化需求并为个人是否接受个性化服务提供选择权;又如,采用模型提供个性化服务时不仅需要评估模型预测的准确度,还需评估模型结果在各种应用场景中对不同个人的公平公正性。第四,这将推动数字平台和企业提升内外数据治理能力,在内部健全个人信息保护和数据安全的各种管理制度以及追溯机制,在外部联合共同处理个人信息的其他方协商如何保证个人信息保护和数据安全。第五,为中国数字平台和企业"走出去"做准备,使之能够在保证个人信息保护和数据安全的前提下提供更好的服务,企业将更具有国际竞争力。

其次,在法令执行过程中要防止运动式监管。例如,《个人信息保护法》对个人信息保护提出了全面严格的要求，需要给平台企业和其他个人信息处理者一些时间进行调整。在执法或监管过程中，注重提升执法或监管部门的技术水平，多采用独立技术专家评估和约谈等柔性方式，尽量避免损害平台企业的发展能力，维护这些企业所连接的众多消费者、从事相关服务工作的灵活就业者（如外卖、网约车司机）、商家等的利益，提升我国数字经济产业在国际上的竞争力。

最后，监管过程中需要平衡个人信息保护和数据安全保障与相关行业及企业发展的需要，侧重以技术发展而不是以行政手段来解决问题。现有个人信息保护和数据安全中的不少问题，往往凸显了相关产业发展过程中的瓶颈问题，因而提供了企业发展的契机。例如，需推动数据安全、隐私计算等行业的发展。又如，可考虑让走在业务前沿的平台企业在完善行业标准、监管框架和流程等方面发挥更大的作用。再如，通过减税降费等政策，扶持对个人信息保护进行合规审计、对个人信息保护影响进行评估、对数据安全进行检测评估或认证等的第三方专业机构的成长和发展。还可以鼓励通过产学研结合、教育培训、经验交流、项目示范等方式，提高行业整体水平。

数据治理的综合政策建议

鉴于数据治理对我国数字经济发展的重要性，建议成立可以协调各部门工作的数据治理委员会，主要从事数据牌照、算法审计和个人信息保护与数据安全等方面的工作。工作内容包括：制定数据牌照、算法审计和个人信息保护与数据安全等方面的指南；执行数据牌照的申请、审核、发放、限制使用和吊销；推动算法审计；协调个人信息保护和数据安全方面的工作；设定争端解决与协调机制；等等。

数据治理方面，我们的建议主要有三点：一是对明确数据权属采取审慎态度；二是对数据进行分级管理，推动公共数据开放共享，对涉及国家安全的机密数据进行严格管理，限制未成年人数据等敏感数据的使用，同时结合数据信托与公共机构管理，通过发放分级牌照（或者数据许可证）的方式来规范数据共享与使用；三是将数据交易的重心放在培育数据产品相关服务的交易市场上。

在平台算法治理方面，我们的建议有如下四点：一是治理算法歧视等重在通过发展技术来解决新技术带来的问题，尽量通过恰当的治理机制设计来取长补短，而不是采取"一刀切"式监管；二是推动平台将针对多方的计价规则、流量分配规则等透明化；三是加大对平台人为制造信息不对称的治理力度；四是推动算法审计，实现长期有效监管。

在数据保护和隐私安全相关的治理政策方面，我们的建议主要也是三点：一是在处理个人信息保护和数据安全相关问题时，监管部门仍然需要关注恰当执行相关法令后的正面效果，不能因噎废食；二是在法令执行过程中要防止运动式监管，防止"一刀切"的监管限制了数字企业的发展空间，减少了创新的动力，要实现以监管促发展；三是监管过程中需要平衡个人信息保护和保障数据安全与相关行业及企业发展的需要，侧重以技术发展而不是以行政手段来解决问题。

另外，一方面要强调平台企业的社会责任，另一方面也要在监管过程中调动平台企业的积极性。平台企业在创新的最前沿，要解决监管落后于创新的问题，可以借鉴数字金融领域监管沙盒的经验（我国成为金融科技监管试点），让平台企业参与到规则制定和执行中，实现动态监管。在充分鼓励平台企业积极行动的基础上，也充分发挥行业协会的作用，帮助协调和处理数据使用中的争端。最后还可以通过鼓励教育培训、经验交流、项目示范、公众宣传等方式，增强个人信息处理活动从业者在个人信息保护和数据安全方面的意识和能力，增强公众在个人信息保护和数据安全方面的意识和水平。

综合来看，由于我国处于数字经济发展的关键时期，面对发展过程中产生的问题,如果没有恰当监管,则容易出现"劣币驱逐良币"的现象,导致优质数字平台企业没有发展空间;但如果采取"一刀切"等运动式监管手段,会极大增加企业未来发展的不确定性,企业创新的积极性也会受到损伤。因此,需要强调科技监管、技术监管,努力提升监管部门的监管水平,解决监管落后于创新的问题,为未来的创新提供监管空间。

从国际视角看,我国数字平台相关的监管,需要在保护消费者和其他数据主体权益的基础上促进创新并保持国际竞争力。无论是数据生产要素治理、算法治理还是隐私和数据安全保护等问题,监管部门都可以考虑以加强平台两端信息透明化、减少信息不对称为主要监管原则,防止平台企业人为制造新的信息不对称,推动企业在增加双边乃至多边信息透明化方面下功夫。

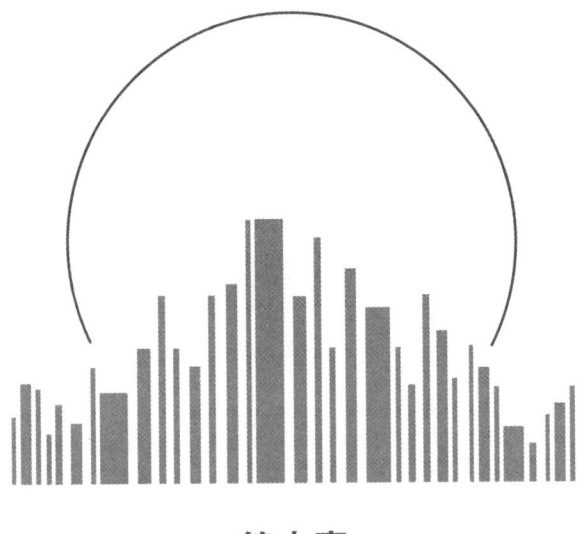

第十章

平台创新治理的数据与算法维度[1]

---

[1] 本章作者为杨明。

数字时代平台经济的创新发展与法律挑战

平台经济是数字时代技术发展的产物，其诞生相较于原有商业模式形态本就意味着创新。同时，平台经济作为企业在数字时代商业模式的新发展，也承担着"生命孵化器"的功能，在新技术环境下孕育和鼓励促进其他创新活动，因此平台兼具自身创新和孕育创新的双重属性。

伴随着技术发展的更新换代，平台经济的商业形态也在逐步发展，平台经济在创新迭代过程中，离不开对数据的海量需求和通过算法实现数据汇聚的结果产出，但数据利用需求的膨胀及其相应的财产分配利益也已不再是数字时代之前的经济模式能够涵摄的量级。同时，作为一种新兴的商业模式，平台利用算法实现了在用户和其他平台企业间的行为选择自由，极大地满足了信息获取需求。但也应当注意到，通过数据实现的竞争优势，以及通过算法实施的竞争行为并非都能被法律评价为正当，是数字时代的平台经济在创新发展过程中最大的桎梏。特别是近年来人工智能的发展实现了人机交互的新局面，平台经济在利用新技术红利时，对利用数据和算法实施市场行为进行法律正当性判断，面临着技术和经验上的更大挑战性。

此外，平台经济在创新发展的浪潮中，通过数据利用和算法加持带来市场活跃和创新迭代的同时，还引发了其他诸如垄断、侵权、不正当竞争、税收分配、劳动者歧视等问题。对这些问题的法学分析有利于厘清诸多在平台经济创新背景下市场主体行为选择与市场公平竞争中的法律关系判断难题，以此更好地促进平台经济实现健康有序发展。

本节主要对平台经济创新与治理问题进行宏观概述，提出平台经济的本质、本议题的研究背景和国家方针政策以及研究的主要问题，分析平台经济在创新与治理过程中遇到的法律挑战，主要包括在创新发展、数据治理、算法治理中的法律问题，并在后文中针对性地提出相关应对策略。

平台经济的创新发展

新时代信息技术的迅猛发展带动数字经济产业的繁荣，数字经济正在深刻改变着人们的生产和生活方式。作为市场经济的新兴产物，平台经济依托大数据、人工智能等信息技术，通过平台间的资源配置，重新对各行各业运行的生态体系予以调整，形成交叉网络效应，加快实现生产流通和消费的上下游对接，促进社会化生产及社会生产力的发展。[①]国家统计局数据显示，2020年全国网上零售额达到11.76万亿元，同比增长10.9%，实物商品网上零售额更是达9.76万亿元，同比增长14.8%，占社会消费品零售总额的比重约为25%。可见，平台经济的迅猛发展使得各领域各行业迎来了发展的春天，各种类型的平台层出不穷，平台之间相互促进、相互竞争，成为数字时代经济发展的关键驱动点，平台经济逐步成为新经济创新发展的重要动力源。

与此同时，"创新驱动"也逐渐成为助推平台经济向前发展的关键。从互联网技术代际创新发展对平台经济发展的促进历程可见，技术的创新迭代对商业模式创新发展具有显著作用。中国信息通信研究院的《互联网平台治理研究报告（2019年）》显示，从第一代的PC（个人计算机）端操作系统类平台到第二代的移动端操作系统，乃至

---

① 周文，韩文龙.平台经济发展再审视：垄断与数字税新挑战.中国社会科学，2021（3）：103-118，206.

第三代的互联网应用类平台，均依托技术的进步实现了商业模式的跨跃式发展。新技术的应用使得平台的底层技术架构运行越发便捷、平台整体经营规模越发庞大，诸如阿里巴巴和腾讯这类应用型大平台的快速崛起，便是平台经济创新发展的最佳体现。

"十四五"规划纲要明确将促进共享经济、平台经济健康发展作为培育战略性新兴产业的重要内容。2020年12月召开的中央经济工作会议再次强调"国家支持平台企业创新发展、增强国际竞争力"。同时，也强调"要完善平台企业垄断认定、数据收集使用管理、消费者权益保护等方面的法律规范"。可见，平台经济创新作为国家经济发展的大方向、大趋势，成为数字时代国家经济迅猛发展的重要着力点。加强平台经济治理、促进平台经济健康创新发展未来也将成为治理的重点方面。通过激励平台创新，加强新经济业态发展，有利于激发市场活力，加快市场更新换代步伐，提高国家经济综合实力和国际影响力。

创新是产业发展的自然属性，产业发展亦会逐步改变并影响创新的方式。人类社会在没有法律制度予以激励的年代，推动生产力变革时也会存在创新，在数字经济时代则更需要新一轮的创新来推动技术与经济的划时代变革。创新与竞争之间相互影响、相互作用，在数字经济时代，市场主体通过创新获取竞争优势，而创新也需要更大额资本予以支撑。市场主体通过大量资本投入以尝试获取垄断利润，这本身并无过错，但市场主体通过滥用市场支配地位遏制创新，造成市场混乱或限制有效竞争的结果，便需要予以反垄断监管以维护市场公平竞争秩序，为创新提供更好的市场环境。

平台反垄断监管日趋活跃

伴随着新一轮科技创新和产业革命，平台经济以一种更加具有生命力、更加强劲拓展的模式在全球范围内迅速发展铺开。平台经济作为创新的产物，在推动市场经济发展的同时，也给传统法律中的竞争监管体制带来冲击，同时因其具有的双边或多边网络效应、数据驱动、跨界传导等特性容易催生出行业集中度极高的平台，对市场竞争极易带来垄断风险问题。面对平台经济所带来的垄断难题，各国政府纷纷展开行动，针对数字市场的反垄断监管进行探索，已逐步积累了一定的理论和实践经验。自 2020 年开始，全球范围内的平台经济相关政策和实务风向出现了巨大变化，监管者的重心开始倾向对以平台经济为代表的数字市场进行严格治理，在监管态度和监管实践上呈现了更多积极的作为。其中以欧盟提出《数字服务法》和《数字市场法》草案，美国众议院司法委员会发布《数字市场竞争调查报告》，以及我国国务院反垄断委员会发布《国务院反垄断委员会关于平台经济领域的反垄断指南》最为典型。

欧盟在平台经济的垄断规制上采取严格的态度。在立法层面，欧盟于 2020 年 12 月 15 日发布的《数字服务法》与《数字市场法》草案对加强平台经济治理具有重要的意义。通过颁布这两部法案，欧盟完善了用户基本权利的保障体系，为数字空间的建设提供更加安全的环境，实现了基于人权保护的平台经济严格监管。在反垄断执法实践层面，欧盟越发重视互联网平台的垄断情况，积极对互联网平台公司开展反垄断调查，加强反垄断执法力度。典型如欧盟针对脸书滥用市场支配地位行为的反垄断调查，采取较为严厉的监管态度，相关处罚事件更是频频发生。近年来，欧盟针对大型平台市场竞争的监管愈加严格，是在当前经济发展转型过程中做出的一种尝试和调整。伴随世界经济一体化趋势的加深，市场的严监管政策所带来的影响也正在波及世界各国。

不同于欧盟，美国对于平台企业的反垄断监管态度较为谨慎。在反垄断监管上，美国近年来对平台企业的监管态度经历了从保守到严格的转变。在《数字市场竞争调查报告》发布之前，美国对互联网平台企业的垄断行为持保守态度，典型案例为1998年对微软提起的反垄断诉讼以及2011年和2013对谷歌展开的反垄断调查，美国联邦政府最终都"不了了之"，相关案件调查都以和解收尾。但自众议院司法委员会发布《数字市场竞争调查报告》后，美国开始加大对平台经济反垄断执法的力度，全面加强对平台巨头的反竞争行为的监管，采取了更加严格的监管态度和监管措施，开展一系列针对平台巨头的执法监管措施。

目前，随着技术的发展，国内的平台经济同样出现了竞争失序的现象，我国近来正逐步加强对竞争中垄断的监管措施。在行政执法层面，国务院反垄断委员于2021年2月7日发布了《国务院反垄断委员会关于平台经济领域的反垄断指南》，明确了其价值目标为"预防和制止平台经济领域垄断行为，保护市场公平竞争，促进平台经济规范有序创新健康发展，维护消费者利益和社会公共利益"，开始逐渐加强反垄断执法的力度。2021年2月8日，市场监督管理总局为维护市场秩序，依法对唯品会（中国）有限公司的不当竞争行为予以处理，并实施相应的行政处罚；同年4月，市场监督管理总局为保障市场的良好秩序和运行环境，对阿里巴巴集团进行行政处罚，开出了高达182.28亿元的罚单。

从近年来各国平台反垄断监管的动态可看出，反垄断政策的活跃往往与行业集中度提高、收入分配恶化及经济增速放缓同步。美国在大萧条前形成反托拉斯政策，以及中美最近同时高调反垄断，背后都可以观察到这些因素。美国的企业利润占GDP之比从1985年的7.5%上升到2016年的11%，说明企业的市场力量持续增强。[1] 近年来，

---

[1] Carl Shapiro, "Antitrust in a Time of Populism", *International Journal of Industrial Organization*, 2018, 61(c): 714–748.

虽然中国的收入分配没有显著恶化，但基尼系数（0.47）处于全球高位，经济增速的不断下降也使收入不平等的矛盾变得更为突出。行业资源因市场的调节，集中度不断提高，资源的分配不均容易造成收入分配的不平衡，政府通过"有形之手"对市场进行干预，亦是对目前的经济现状予以回应。

法律规制面临的新挑战

平台经济不断创新发展的同时，也给法律监管带来了新的挑战。市场的良好运行一方面要求平台经济迅速更新迭代以适应不断增长的市场需求，国家也需要通过平台经济的发展带动整体经济的高质量提升；另一方面又需要法律监管尽快适应市场发展的节奏，对平台创新过程中出现的新挑战进行及时回应。但法律监管的步伐往往很难跟上平台经济创新高速发展的节奏，容易出现新挑战、新问题。因此，平台产业结构调整需要采取强力有效的监管措施，以防止监管漏洞的出现。

平台经济创新速度与立法滞后的矛盾

平台经济的创新呈现出变化快、层次多、内容新的特点，由于立法本身的滞后性，平台经济的高速创新发展无疑会给法律制度带来诸多挑战。同时，立法者由于时代局限很难准确地把握平台经济的发展方向和脉动，容易出现错失立法时机、立法框架模糊和立法策略失误等问题。另外，立法的严谨性和审慎性决定了立法无法对社会实践的变动予以迅速回应。[①] 近年来，该现象日益明显，相较于平台经济发

---

① 张欣.数字经济时代公共话语格局变迁的新图景——平台驱动型参与的兴起、特征与机制.中国法律评论，2018（2）：119-132.

展日渐增快的速度，立法的步伐呈现出缓慢、迟滞的特点①，被学者评价为"步伐困境"。②典型如优步平台与伦敦立法者和监管者之间的冲突，当伦敦方面决定拒绝向优步平台颁布私人雇佣经营者许可证时，便有学者指出"优步平台仅在伦敦便雇用了 40 000 名司机，伦敦这一决定无疑是关闭了一座城镇"。③立法的滞后性与平台经济的创新高速发展间的矛盾成了平台治理不得不面对的新挑战，在冲击传统立法模式的同时，也促使立法者及时采取更加有效的措施对相关问题予以回应。

平台经济创新出现新兴治理难题

平台经济依托互联网等信息手段实现更新换代，借助数据、算法等新因素实现创新发展，也由此出现了一系列治理新难题，主要聚焦在数据和算法的利用上。

平台数据治理难题　平台经济作为依托数字技术的经济形态，极大地提高了信息传送与匹配的效率，从而促使双边市场的特性得到充分发挥。作为海量数据的聚集体，平台通过数据的流通利用获取数据的价值。"数据驱动竞争"非常贴切地揭示了当下及未来市场竞争的决策特质。④基于数据驱动的本质，平台通过数据获取价值的

---

① Rita McGrath,"The Pace of Technology Adoption is Speeding Up", *Harvard Business Review*, 2019, https://hbr.org/2013/11/the-pace-of-technology-adoption-is-speeding-up.

② Braden Allenby,"Governance and Technology Systems: The Challenge of Emerging Technologies", in Gary Marchant et al. eds., *The Growing Gap Between Emerging Technologies and Legal-Ethical Oversight: The Pacing Problem*, Springer, 2011: 3–18.

③ Amie Tsang, Michael Merced, "Morning Agenda: London to Ban Uber", *The New York Times*, September 22, 2017, https://www.nytimes.com/2017/09/22/business/dealbook/london-uber-ban.html.

④ 杨明. 数据驱动竞争规制的基本认知与方法论. 上海交通大学学报（哲学社会科学版），2021（3）：10–18.

同时，也面临法律相关风险。一方面，个人数据泄露问题不容小觑。数据泄露水平指数数据库（Breach Level Index）所披露的数据显示，仅2017年上半年，每天就有超过1 000万条记录被泄露或曝光，全球数据泄露的案例更是不胜枚举。相关生物识别数据如涉及用户医疗健康、生物特征的数据等被泄露后，势必会极大损害数据主体的合法权益，不利于营造数据经济发展的良好安全环境。[①] 另一方面，平台通过海量的数据处理和对消费者需求的精准分析，容易出现价格歧视以及信息茧房等现象。"大数据杀熟"就作为价格歧视的典型现象近来被社会广泛关注，已购买会员的消费者所花费的费用比普通用户的花费更高，这类"杀熟"行为实际上在损害消费者的合法权益。如何破解通过数据利用实现竞争优势与因此造成的侵权损害之间的平衡难题，成为目前平台数据治理中的重中之重。

平台算法治理难题　目前，算法因其技术特点使互联网平台的运行愈加便利、快捷，平台经济依托算法技术的发展实现创新飞跃。算法作为人工智能时代的钥匙，连接着现实空间和网络虚拟空间，正在持续地加强网络与现实之间的融合。平台经济的创新发展离不开算法技术，算法在影响并逐步改造着平台经济的生态环境，成为实现平台资源配置的主要手段。在人工智能时代，海量数据涌现，平台可以通过算法实现更加精细化的定价和推荐，但当算法的使用成为普遍现象时，平台自身效应最大化则会产生一系列问题，如算法歧视、算法不透明等，给平台算法运用带来了一定的阻碍。算法问责的不清晰、算法运行规则的不透明等治理困境的出现，也意味着算法治理难题成了目前平台治理的主要问题。以《电子商务法》为例，该法通过设置相关的平台算法问责条款规制平台企业的算法

---

① 戚聿东，刘欢欢.数字平台的数据风险及其规制.东北财经大学学报，2021（6）：76-87.

运行问题，保护消费者的合法权益，但在当下算法驱动数据利用的环境中如何判断侵权责任仍需进一步细化。同样，针对个性化推荐的问题，《电子商务法》要求平台必须尊重和平等保护消费者合法权益。如果违反相关规定，消费者需承担举证责任，由于消费者与平台之间地位和资源的不对称，举证与取证容易成为个性化推荐算法问题的难点[①]，《个人信息保护法》明确对自动化决策算法方式进行全面规制，平台通过自动化决策进行的商业推广交易模式将被颠覆，以算法为中心的商业模式将去往何方，成为未来司法实务中技术与规制博弈的焦点。

总而言之，平台算法治理的内在逻辑在于，平台借助算法实现了快速发展，但也阻碍了创新的步伐。技术发展到一个阶段会带来部分市场行为与商业模式算法上的创新，但技术提升并不容易，商家投入越多，成本越大，其技术进步和先进性意义上的创新也越来越难，平台创新的步伐是否会因为规制的趋严而放缓，成为目前借助算法实现创新发展的一大问题。

平台经济中数据的法律治理

整体法律观察

经济发展的生命力在于创新，数据成为新型生产要素，可以与土地、劳动、资本和技术一起加入社会整体生产函数。生产要素的增加使得经济创新发展的燃料增加，在增加创新概率的基础上，还有可能改变边际回报与规模效应，对国家经济实力的提升有着关键

---

① 张凌寒.《电子商务法》中的算法责任及其完善.北京航空航天大学学报（社会科学版），2018（6）：16-21.

的作用。

本节总体介绍平台经济时代平台利用数据进行市场交易的现状，并认为目前在平台经济之下数据利用成为必然趋势，但数据主体、控制者、处理者的权利（益）如何分配与保护等问题亟待解决。同时，针对数据活动全生命周期（收集、使用处理、竞争、转让、共享等）的各环节规制都是平台经济时代平台企业难以规避的难题。

数字平台的数据驱动

目前平台经济作为生产力发展的重要组织形态，赋予了经济发展新动能。数据作为数字平台构建中不可或缺的一部分，对我国经济发展乃至全球范围内的经济提升都有着至关重要的影响。

根据中国信通院发布的《平台经济与竞争政策观察（2020年）》，截至2019年底，全球市场价值[①]超100亿美元的数字平台[②]企业达74家，价值总额达8.98万亿美元，同比增长41.8%，大型数字平台的数量和规模将会进一步上升。与此同时，大量的数据运用带动了我国数字平台产业的崛起，在经济规模以及平台数量上都有着明显的发展。截至2019年底，我国价值超10亿美元的数字平台企业达193家，比2015年新增了126家。可以看出，平台依托数据驱动实现了商业模式和经营规模的跨越式转变和发展，全球范围内数据驱动的态势越发明显。

另外，从行业的发展看，各行各业纷纷加强对创新平台的建设，在数字化技术的帮助下，加快了数据的流通利用，实现商业模式的转变，促进经济快速发展。《平台经济与竞争政策观察（2020年）》显示，总体上，各行各业数字平台数量呈上升趋势，通过构建数字平台

---

① 该报告中的市场价值为上市企业市值或非上市企业估值。
② 该报告中的数字平台是指基于数字技术，具有双/多边市场特点的平台。

实现经济发展的步伐加快。各行业数据驱动的态势明显,纷纷通过数据驱动实现商业模式的快速转变,其中电子商务、金融科技以及数据传媒领域发展较为活跃。数据驱动作为新技术环境下数字平台经济增长的着力点,促进了平台经营方式的创新转变,通过实现数据的流通利用,极大推动了平台的业务创收,逐渐成为平台经济发展的新兴力量。

平台数据治理是平衡多元博弈的现实选择

平台经济依托数字技术将实物商品数据化,并利用数据的流转创造价值,但市场的逐利性决定了平台经济存在着各方主体之间的博弈。对于国家机关与平台企业来说,国家层面从促进经济发展的角度赋予了平台企业一定的自治权,充分尊重市场发展规律。同时,国家机关也加强对市场的监管力度,保障消费者的合法利益,但是国家机关的监管很容易被平台企业通过技术措施予以"选择性执行或规避"[1],但监管过严又不利于平台利用数据进行商业行为或商业模式创新,二者之间出现了悖论博弈。另外,对于平台企业和消费者来说,平台企业自身所具有的逐利性促使其不断蚕食消费者利益,平台企业通过数据技术,使得消费者处于信息不对称的境地,逐渐侵吞消费者的合法权益。因此,面对如此复杂的多元博弈格局,需要在创新与安全、共享与效率之间思考数据治理的路径。

总而言之,平台利用数据实现经济增值已成为必然趋势,数据在平台价值创造方面展示了极强的竞争力。但我们也必须意识到数据在给平台经济创造价值的同时,也面临风险。数据必须在流通中实现价值的创造与转换,市场的逐利性意味着数据处理者将加大数据流通

---

[1] 陈荣昌.网络平台数据治理的正当性、困境及路径.宁夏社会科学,2021(1):72-80.

力度以获得市场价值，数据主体的合法权益容易因不当的数据利用而遭受损害；同时，数据共享和数据专享的矛盾会在市场环境中不断激化①，对大量集中数据的需求会产生较大的数据价值分化，剩余的单一、零散的数据将无法实现为经济赋能的有效目标。

数据利用行为全周期的治理挑战

伴随着平台海量数据的汇集以及网络效应的作用，各类数据问题频发，需要我们采取相应措施予以规制。但平台数据法律治理面向数据活动生命周期的全过程，数据的确权、获取、利用等各方面的难点较多，平台数据法律治理模式面临挑战。

数据权属争议

伴随频繁数据流动对市场交易稳定和国家安全问题产生的冲击，以及大数据应用所产生的经济价值的日趋凸显，数据权属成了不可回避的研究议题。平台企业依托信息技术实现了对海量用户个人数据的收集、存储，通过不断挖掘数据价值，推动平台经济高速发展。市场的趋利性使得平台企业越发重视数据的权属问题，纷纷主张对所收集、存储的数据具有所有权。典型如新浪微博与今日头条之间的数据抓取纠纷，新浪微博在用户极力反对的情况下仍变相承认对数据的所有权，强调未经新浪微博同意，用户不能自行授权第三方获取微博上的个人数据。②此种观点实际上承认了平台用户数据权属为实行存储行为的主体享有，完全忽视了个人信息主体的数据合法权属。③数据

---

① 咸奉东，刘欢欢.数字平台的数据风险及其规制.东北财经大学学报，2021（6）：76-87.

② 黄锫.大数据时代个人数据权属的配置规则.法学杂志，2021（1）：99-110.

③ 丁晓东.数据到底属于谁？——从网络爬虫看平台数据权属与数据保护.华东政法大学学报，2019（5）：69-83.

权属争议问题目前仍为学界争议焦点，如何具体确定其保护路径对推动数据流通利用、挖掘数据价值具有十分重要的意义。

我国现有研究对数据权属给出的方案包括知识产权保护路径、反不正当竞争法保护路径以及采取独立类型的信息财产权保护路径等。

关于知识产权保护路径，持赞成态度的观点认为，因为"衍生数据"的本质和所具备的无形、可复制等物理特点，其被认为是与知识产权客体相同的智慧产物，可被视为"知识产品"。在相关规定出台前，人们普遍认为经过数据产业者脱敏、分析处理的数据具有创造性，数据产业者享有对其数据处理技术和处理结果的知识产权。[1] 有学者鉴于目前对知识产权说的质疑，提出针对数据构建新型知识产权的主张，认为"衍生数据"在物理特征层面与知识产权客体的特征相吻合，但不属于知识产权客体范围，因此提出通过法制化方式构建包含标记权、存储权、使用权等具体权利的新型知识产权。[2] 这被认为是对传统知识产权范围的拓展更新。[3] 此种观点更多是从数据相关的客体特征入手，探索构建新型知识产权的可能性，并通过知识产权的保护路径对新型数据专有权予以规制。然而，对知识产权路径持质疑态度的观点认为将数据信息列为知识产权客体并对其采取知识产权保护路径的做法不妥，这样做容易导致数据在立法定位上的冲突。[4]

关于反不正当竞争法的保护路径，其中反不正当竞争法中的"一般条款"作为原则性规定，更多需要法官根据案件具体情况予以适

---

[1] 汤琪. 大数据交易中的产权问题研究. 图书与情报，2016（4）：38-45.
[2] 陈俊华. 大数据时代数据开放共享中的数据权利化问题研究. 图书与情报，2018（4）：25-34.
[3] 杨立新，陈小江. 衍生数据是数据专有权的客体. 中国社会科学报，2016-07-13（005）.
[4] 许可. 数据保护的三重进路——评新浪微博诉脉脉不正当竞争案. 上海大学学报（社会科学版），2017（6）：15-27.

用：一方面，规定的原则性使得法官需要耗费大量的司法资源对案情予以适用；另一方面，抽象的规定需要更多地依赖法官的内心自我确信，适用存在较强的主观性。与"一般条款"不同的是，商业秘密保护规定较为明确、具体，能很好地对实务起到指引作用，加强对权利人的保护。① 但持反对意见的观点认为，商业秘密保护所要求的秘密性与实现数据价值的流通性存在本质上的冲突，采取商业秘密保护难以适应大数据自由流动的需求，甚至会阻碍数据的流通利用；另外，采取商业秘密保护的方式也与实际不符，针对海量的数据采取保护措施，无疑会对平台企业的技术适用以及经营成本提出挑战。②

此外，有学者也否认了知识产权保护路径的可行性，提出了构建"企业新型数据财产权"的做法，认为应通过法律规定赋予企业对数据产品的相关权利，以此对企业数据予以充分保护。③ 亦有学者提出"新型数据财产权"的主张，认为数据经济的双向结构和动态发展性，使得各种权利在不同主体之间行使处于一种相互配合、相互限制的动态体系关系之中，数据经营权、数据资产权应以个人信息权为基础和前提。④

在平台数据的法律治理中，数据权属的不清晰容易导致权利主体和责任主体的模糊，无法确认相关主体则难以有效实现对数据权益的保护。对于平台来说，明晰数据权属，有利于实现数据资源利益的有效分配，加快数据生产要素流转。

---

① 杨雄文，黄苑辉. 论大数据的商业秘密保护——以新浪微博诉脉脉不正当竞争案为视角. 重庆工商大学学报（社会科学版），2019（4）：137-144.
② 曹建峰. 民法总则数据保护路径——概括式保护及与知识产权协调. 大数据，2017（1）：90-96.
③ 徐实. 企业数据保护的知识产权路径及其突破. 东方法学，2018（5）：55-62.
④ 龙卫球. 数据新型财产权构建及其体系研究. 政法论坛，2017（4）：63-77.

数据竞争与反垄断规制

数据作为新的生产要素，其经济价值不容小觑。在人工智能时代背景下各类信息技术飞快发展，数据的价值将会被进一步挖掘，被计算能力充分释放。然而，随着数据经济价值的显现，市场主体逐渐意识到数据所能带来的经济效益，由此加快了对数据"量的收集、质的挖取"，市场主体之间的行为也逐渐触碰法律红线，以不正当竞争为代表的各类违法行为不断涌现。[①] 随着数据驱动竞争在社会经济生活中所占据的比重越来越高，整个市场竞争结构发生了显著变化：一方面，具有数据优势的经营者有能力"赢者通吃"，并长期维持竞争优势；另一方面，在高投入的数据挖掘成本的逆向激励下，一些经营者更愿意"搭便车"。[②] 这两方面的市场竞争样态都引发了人们的担忧。

平台企业之间在数据要素市场上竞争的目的是获取数据优势。经营者为了获得市场竞争上的优势，会采用各种手段获取更多数据或阻止竞争对手获取数据。典型如在没有获得对手授权或是没有任何法律依据的情况下非法获取对手的数据，通过设立准入壁垒、交易障碍等形式来阻止对手正当获取用户数据。由于数据的流动性、可复制性强等特征，在没有具体应用场景的前提下，国家机关很难认定平台构成垄断行为。因此，如何通过反垄断监管手段实现数据的有序竞争，促进平台经济规范发展，成为目前实务中的重点问题。

数据共享、转让与跨境风险

目前各平台应用的主要是"特有"数据，而非严格意义上的大数据，形成大数据的关键是打破孤岛、实现共享。而数据共享也正成为影响经济社会运行的新因素，在数据共享环节，保护个人信息等人格

---

① 李安.人工智能时代数据竞争行为的法律边界.科技与法律，2019（1）：61-70.
② 杨明.数据驱动竞争规制的基本认知与方法论.上海交通大学学报（哲学社会科学版），2021（3）：10-18.

权的工作也刻不容缓,甚至直接影响到数据产业能否健康发展。[1]数据因流转产生价值,数据的共享、转让和跨境本质上是数据流动的具体体现,在促进数据流通利用的同时也应关注其中可能存在的风险和挑战。

另外,数据通过流通利用产生价值,全球化环境下数据的跨境流动成为必然趋势,数字经济的快速增长离不开数据的快速流通。然而由于网络虚拟空间自身的不稳定性以及各国之间不同的数据合规要求,如果缺乏行之有效的数据跨境流动合规机制,数据的跨境流动容易给个人、社会以及国家利益带来损害。因此,加强数据跨境流动的法律保障,落实数据跨境流转的风险评估以及其他安全保障措施,对于维护国家数据安全、保障数据主体合法权益具有极为重要的意义[2],有利于平台企业在数据全球化的进程中保证企业经营安全,避免因重要数据泄露而利益受损。

数据交易与治理

数据作为生产要素必然要进行交易与配置。与传统要素相比,数据要素在配置中的优点是可以重复使用,缺点也是可以重复使用。同一套数据谁都可以使用,给交易和定价造成困难,反过来会影响数据的收集与分析。交易安全是确保市场活动顺利进行的重要因素,同时也是法律追求的终极价值目标。[3]交易安全同样贯穿数据交易活动的全过程,对促进数据市场交易、保证数据主体合法权益有着重要意义。因此,需制定交易安全的相关规则,落实具体制度规定,以保障

---

[1] 王利明.数据共享与个人信息保护.现代法学,2019(1):45-57.
[2] 许多奇.论跨境数据流动规制企业双向合规的法治保障.东方法学,2020(2):185-197.
[3] 张敏.交易安全视域下我国大数据交易的法律监管.情报杂志,2017(2):127-133.

数据交易活动顺利进行，为数据交易提供良好的市场环境。

对于平台数据交易的法律监管而言，目前除数据权属问题，还存在数据处理标准不明确、交易主体的范围和资质不明确、交易平台资质不明确等问题，容易产生交易风险而导致财产损失。首先，数据处理标准不明确。根据《数据安全法》，国家应培育数据交易市场，数据可作为商品进行交换，但何种数据才能达到交易的标准却未曾明确，未能建立统一的数据脱敏标准。其次，数据交易主体的范围和资质不明确。交易主体的确定是促进数据交易顺利进行的前提，目前对数据交易活动主体的范围和资质并未明确规定，对数据交易主体的限制也暂未有统一要求。① 最后，数据交易平台资质不明确。《数据安全法》第三十三条仅对从事数据交易服务的中介机构提出了审查交易双方身份的要求，但对交易平台的身份资质审查仍需统一明确。因此，对于数据交易过程中所面临的诸多问题，应在数据治理中予以进一步明确，对出现的问题给予有效回应。

数据安全与隐私保护

数据安全与隐私保护同样是平台数据法律治理最为关键的维度。如何在保证数据安全和用户隐私的前提下实现数据流通价值最大化，成为当前平台面临的最棘手的难题。作为数据领域目前最受关注的两大交叉板块，数据安全与隐私保护共同构成数据保护和个人信息保护的两大核心。数据安全公法属性较强，以控制数据处理活动的风险为核心，其着眼点是保证数据处理活动不因数据泄露等原因对大量个体的人身和财产安全造成影响，亦包含规避由数据引起的社会安全和国家安全问题；而隐私保护则显示出较强私法属性，其是以个人对其个人信息或数据的控制能力为核心，着眼点在于数据主体在多大程度上

---

① 肖建华，柴芳墨.论数据权利与交易规制.中国高校社会科学，2019（1）：83-93.

对数据处理活动享有控制能力。二者属于平台数据法律治理过程中需要高度关注的领域，如何在保证数据安全和隐私保护的前提下进行有关的数据活动成为平台治理的一大挑战。

此外，平台数据法律治理过程中还需面对其他问题，需重视平台治理过程中出现的数据使用与处理技术边界问题，尽快明确数据跨境相关安全评估标准与办法，探索促进数据流通利用和保障数据安全、数据主体合法权益的平衡之道。

平台经济中算法的法律治理

整体法律观察

平台经济创新发展过程中，数据作为重要客体的价值已不言而喻，就驱动数据使其发挥经济价值的行为选择而言，算法当仁不让地被各大平台作为首选。

本节概述在平台经济时代算法利用的基本情况和类型化场景，同时提出规制算法路径存在的问题，尤其是在人工智能作为平台企业竞相追逐的投资对象的背景下。人工智能时代，在网络传媒、电子商务、搜索引擎、人际社交、公共交通（公交车、无人机、自动驾驶）等领域，算法已经开始逐渐渗入人类决策，产生"计算主义"[①]的新思潮，典型如互联网平台通过算法实现海量数据的流通互动，利用算法分析用户模型，精准投放需求广告；自动驾驶汽车也通过算法融合传感器数据，计算并检测驾驶过程中遇到的行人以及障碍物、确定方位。因此，算法逐渐深入日常生活的方方面面，我们在享受算法带来

---

① 刘晓力.当代哲学如何面对认知科学的意识难题.中国社会科学，2014（6）：48-68.

的便利的同时也需警惕算法可能带来的风险。

算法在平台的广泛应用

平台作为智能系统,依托算法规则便能实现数据的分析利用,给予用户个性化推送、搜索便利等体验。当前算法的主要应用场景集中在商业领域,主要有平台的精准推送、搜索排序以及算法定价问题等。

精准推送 这是指平台通过对用户的行为习惯、浏览记录等数据进行分析,准确推送符合用户喜好的产品或服务,典型如新闻媒体平台的个性化内容推荐。[1]中国互联网络信息中心发布的数据显示,在网络新闻领域,算法分发的优势明显,逐渐取代编辑分发的地位,如今日头条利用算法为用户提供个性化新闻推荐形成的差异化竞争优势。网络新闻通过算法技术分析用户习惯,实现新闻的精准推送,此种行为虽然在一定程度上满足了消费者的需求,但如果不加以规制甚至为了营利目的无序向用户推送同质内容,则容易导致形成"信息茧房",严重侵犯消费者的选择自主权。

搜索排序 计算机通过对网页信息的抓取和整理实现了对较大容量信息规模的整合,并通过算法对信息进行分析处理,最终以一定形式展现出来,超越了传统通过人工对网页信息的筛选进行排序的方式。[2]搜索引擎通过算法规则参与,将用户所需的检索内容按相关度进行排序,由此节省用户的检索时间,扩大其文献资源的检索量。但由于资本的逐利性,搜索引擎平台出现了"竞价排序"的现象,虽然搜索引擎的算法设计符合其商业利益的追求,但却容易影响检索内容

---

[1] 卜宇.融合传播:复杂博弈及未来趋势.人民论坛·学术前沿,2020(19):78-87;张帜.智媒时代对新闻生产中算法新闻伦理的思考.海南大学学报(人文社会科学版),2019(2):70-78.

[2] 罗教讲,刘存地.算法定义的新型信息空间——基于网络搜索引擎特性的综合治理研究.学术论坛,2019(3):1-13.

的公正性和客观性。

搜索排序与精准推送原理一致,要推动这一商业模式的运行,平台需通过对用户数据进行分析,进而建构用户个性化需求模型,掌握用户的行为习惯、浏览记录、选择偏好等信息,从而有的放矢地向用户推送符合其偏好的产品或服务。新闻报道、文学作品,抑或有关日常消费品甚至奢侈品的广告皆是如此。

算法定价 通过算法实现对商品的定价是电子商务平台的常规操作。电子商务平台依托算法规则,通过消费者购买数据、浏览记录等内容进行用户画像,在可控的范围内对商品制定价格。但这种通过算法确定价格的行为容易因算法自身的驱动性形成差异化定价,从而导致"大数据杀熟"行为的出现。在自由竞争市场环境下,合理的差别定价可以合理配置市场资源,促进市场实现良好竞争,为企业的经营发展和消费者同时带来福利,形成双赢局面。但算法导致的不合理差异化定价却极可能导致一级价格歧视,由此导致企业以利润的方式获得市场价格下的消费者剩余并引发次生效应。[①] 此举极大损害消费者的合法利益,不利于营造良好的市场环境,因此,通过算法实现的定价应该走向何方,是目前在算法治理领域的难点。

回到市场中差异化定价的效果来看,一定程度的差异化定价并无不妥,但大数据算法使得差异定价更为精准,再加上市场主体不当地追逐利益,差异化定价进而演变为歧视性定价问题。近几年来,"大数据杀熟"现象频频发生,此种现象便是利用算法进行歧视性定价的典型案例。对于相同的商品,老客户所应支付的价格远远大于新客户,这样的"大数据杀熟"在损害消费者合法权益的同时,也破坏了市场竞争秩序。虽然目前国家层面已经出台了相关政策对此乱象予以规制,但由于算法技术本身所具有的隐蔽性以及难以识别性,实践中

---

① 姜野. 算法的法律规制研究. 长春:吉林大学,2020.

"大数据杀熟"行为难以取证;另外,由于平台企业与消费者存在信息失衡,消费者很难就歧视性定价及时采取措施以维护自己的合法权益。因此,对于算法定价这一信息技术发展的产物,我们在享受其带来便利的同时,也应注意其中蕴含的风险,应当辩证地看待算法这类新生事物的发展。

传统规制方法面临适用困境

针对算法风险的传统规制路径主要包括平台经营者的自我治理、市场调节和法律规制等方面,但由于算法能为经营者带来巨大收益,市场的逐利性使得这些传统规制路径未能有效发挥作用。特别是在判断方法上,原有"相关市场界定—市场势力判定—行为竞争效应"分析方法在现有算法环境中面临诸多困难,如相关市场界定困难,市场势力难以恒定,竞争效应中是否存在反竞争难以判定,效果上是否存在排除或限制竞争难以衡量,由算法带来的行为是否可以在某种程度上实现消费者福利的增加难以计算,等等。

事实上,从曾经的"3Q大战"起就存在这个问题,腾讯与奇虎360以其强大的市场占有率不断扩张到市场的各个领域,在相关业务上出现交叉与重叠。奇虎360诉腾讯滥用市场支配地位一案中,法院最终认定腾讯QQ在即时通信领域不具备市场支配地位。从该案可看出,算法的介入实际上极大地扩张了企业的业务领域,同时这种扩张是隐蔽且难以识别的,难以通过传统规制方法来认定市场支配地位。

行为规制视角下的算法治理挑战

平台算法面临的法律挑战主要包括算法技术滥用所引发的算法风险,如算法歧视、算法合谋、算法公正缺失,以及由于算法技术的隐藏性和专业性所造成的监管困难，等等，这些都成了平台治理所必须面对和解决的问题。

算法歧视

算法因其技术的复杂性或可能存在的突发性错误，可能在运行过程中产生偏差，进而产生不合理不公平的结果。① 以信用贷款为例，如果通过算法规则运算所得出的结果能符合一个人的实际财务情况，真实客观反映一个人的财务能力，那么此时的算法便是公平的，反之则有可能构成算法歧视。算法决策的类型化思维形成的聚类和分类模式是一种有利于偏见生成的模型，而算法运行的准自主化趋势又进一步将偏见内化为算法的随机表达，这也便逐渐产生并加剧了歧视。② 随着大数据技术和人工智能的发展，算法歧视也在某种程度上实现了"进化"，算法歧视是算法权力扩张的副产品，有必要对此现象予以法律规制，防止因技术的迅猛发展而使之造成更大的损害。

但对平台算法歧视进行法律规制仍存在很大的困难。第一，算法决策的边界难以界定。算法歧视是算法决策的结果体现，对平台算法进行法律治理时难以准确划定算法决策的边界。如今算法深入社会生活的方方面面，不同行业的算法各有差异，通过法律治理划清算法决策的边界势必是极其复杂的问题。第二，即使决策的边界能被清楚划分，所衍生出来的边界监管问题也十分棘手，难以解决技术上的问题并确保监管效果的实现。

算法合谋带来的垄断风险

算法合谋与反垄断紧密相关，目前已经成为反垄断学界热议的话

---

① 刘友华. 算法偏见及其规制路径研究. 法学杂志，2019（6）：55-66.
② 曹博. 算法歧视的类型界分与规制范式重构. 现代法学，2021（4）：115-126.

题。算法不当使用会产生反竞争效果，算法技术的复杂性使得经营者的合谋行为也更加隐蔽。算法合谋与传统市场中的合谋没有本质的差别，只是披上了科学的外衣。算法终究是可以人为设计的，经营者间的合谋行为经过算法变成了一个规则，甚至成为一种商业习惯，但算法合谋所具有的稳定性强、透明性低等特点使之不易被人察觉，在认定和分析上存在困难。

首先，依托大数据时代信息技术的便捷，企业可以基于算法隐蔽性更强、科学性更强的基本特征利用其达成合谋，形成对各方均有益的协议。尽管这样的行为貌似具有商业正常性，但实际上是通过算法来逃避规制。其次，互联网的广泛应用使得获取行为越发便捷，市场中的各类关键信息如交易价格、交易量等以数据的形式呈现，市场交易越发透明。市场主体可以通过透明化的信息迅速做出判断，与潜在的合谋者达成合谋协议，制定最有利于合谋者的条款，尽可能消除经营活动的不确定性，因此合谋成为当下平台迅速掠夺市场资源的最快捷的手段，已经由个案发展成为平台的一般性操作行为。最后，与传统合谋形式不同，算法的存在为市场主体利用大数据突破合谋行为提供了途径。市场主体依托算法技术收集并分析海量数据，预测并及时调整策略，对市场行为及时做出回应。通过这种方式，市场主体之间在某种程度上达成合谋，运用合法的商业目的掩盖非法的反竞争行为，通过算法技术实施的隐蔽性攫取市场利益，导致反垄断法规制失灵[①]，现有反垄断法在"相关市场界定—市场势力判定—行为竞争效应"框架下无法得出合理结论。

算法的不透明易导致审查困难

算法的透明性对构建算法问责机制具有十分重要的意义。落实算

---

① 李丹. 算法共谋：边界的确定及其反垄断法规制. 广东财经大学学报，2020（2）：103-112.

法责任的前提是对相关算法逻辑及流程予以明确。因此，对平台算法进行有效治理要求算法程序公开透明，算法处理数据的所有规则易于获取和理解，并以清晰简洁的语言保存，为算法审查与治理提供规制基础。但有关学者却否认了算法透明性原则作为监管机制的主张，提出要求算法保持透明性与保守商业秘密产生冲突①，算法作为平台企业运行的关键，关系着企业的核心利益，企业往往将其作为商业秘密而采取保护措施。公开算法无疑与企业的利益相冲突，企业缺乏公开算法的动机，商业秘密的保密性也为算法的不透明提供支持。

算法的不透明性与不可解释性紧密结合，正如英国《卫报》专栏作家本·戈德阿克（Ben Goldacre）所描述的，算法是不透明的"黑箱子"，人们依旧将自己的财富、隐私等重要物品塞入其中。算法的不可解释性很大程度上导致了不透明性。不可解释性并非设计者主观上不愿意解释算法内容，其主要原因更多在于算法技术的复杂性客观上造成了算法的难以解释；同时，人工智能时代算法通过海量数据的汇集分析形成自身的算法运行规律和运行逻辑，其运行语言具备复杂性和不可解释性。算法本身并非完美的存在，再精密的设置也终究脱离不了其机械性的本质，无法对问题予以及时灵活的变通调整。也正因为如此，算法的不可解释造成的不透明导致了运用现有行政审查规则无法审查和用前述反垄断判断方法无法判断的尴尬境地。一方面，对于算法审查的内容范围不清晰。算法审查的内容范围应包括哪些？仅审查算法的编码抑或包括算法的目的与功能等因素是否可以有效解决算法合谋问题？另一方面，审查算法的标准不明确。何种算法才能被认定符合法律规定的要求？算法被审查时的合规标准是否因行业而异？此外，如要使算法保持公开透明，势必花费一定的代价。从成本与效

---

① Anupam Chander, "The Racist Algorithm?", *Michigan Law Review*, 2017, 115(6): 1023-1045.

益的角度分析，解密算法所花费的代价巨大，因解密算法所产生的收益未必能完全补偿损失的成本，而且如果算法透明度过高，其商业秘密价值也将丧失保护意义，最终可能导致更不公平的结果。

规制思维及主体的局限性

目前对平台算法的治理更多是基于传统的手段，如明确算法开发者的责任、运营算法的平台责任、对算法予以监管等。对算法的规制依然基于传统规制互联网活动的思维，本质上是以《民法典》为代表的互联网法律治理体系下的治理范式，并未脱离传统的规制思维。一方面，算法的运行借助人工智能技术的发展实现了更深层次的进化，并不一定需要依赖网络便可实现算法的运转，算法应用的领域越发广泛。[①]另一方面，算法风险发生的形式更加灵活。算法歧视、算法合谋等均是目前已知的算法风险，依托算法技术的隐蔽性和复杂性，不同算法风险的发生形式可能多变。算法带来的风险呈现出高度分散、灵活多变的特征，需要我们拥有一种更加具有针对性和适应性的治理思维，为算法治理提供更多有效的规制手段。

另外，正如前文所提及的，针对平台算法的法律治理包括平台自我规制、市场自我调节以及伦理规制等做法，但对平台算法治理最有效的方式仍是法律规制，通过法律强有力的措施对平台算法运行的不当行为予以调整。人工智能时代的算法发展越发迅猛，技术的飞快发展对算法治理提出挑战。算法规制主体的局限，在可能导致监管脱力的同时，也难以有效地治理算法风险，甚至存在因行政机关过度依赖算法而导致监管失灵的可能性。因此，平台算法的法律治理需寻求社会合力，推动企业、社会组织和社会公众形成有层次的治理体系，构建有效的算法治理争端解决机制和完备的社会多元共治体系。

---

① 苏宇. 算法规制的谱系. 中国法学，2020（3）：165-184.

方案与对策

平台经济需要创新发展，找寻具备竞争优势的发展路径，势必需要对平台治理中的数据、算法以及反垄断等问题做出回应。近段时间以来，中央层面重视平台经济治理与发展，提出强化反垄断和防止资本无序扩张，实现平台有序发展成为平台经济创新和平台经济治理的关键要点。

平台经济在有序发展与审慎监管中实现创新与发展并举

平台经济规范的目标应该是实现有序发展

与美国相比，我国平台企业占据全球的市场份额相对较小且技术并不领先，美国头部平台数量更多，动态竞争也更加活跃。但针对我国经济发展实际，我国对平台经济的监管与规范，既不能照抄欧美的做法，也不宜沿用传统产业的政策。我国对平台经济的规范与发展应立足本国国情，尊重互联网技术发展的规律，坚持实现有序发展的目标。

一方面，继续坚持兼容并包、审慎监管的治理理念。推动经济高质量发展是我国目前经济发展的重点，平台经济作为其中重要的经济发力点，需持续推动其向前发展。目前数据显示，我国互联网平台企业在新增数量以及增长速率上位于全球前列，但从平台经济总体的价值规模上看，我国平台企业与全球领先的平台企业仍存在一定差距，因此，仍需坚持兼容并包的治理理念，鼓励平台企业持续创新发展。另外，由于信息技术的飞快发展以及市场主体自身的逐利性，平台企业在实现经济发展的同时也出现了许多新业态新领域的问题，需要坚持审慎监管的态度，正确使用《反垄断法》和《反不正当竞争法》，确保资本良好有序发展。

另一方面，推动构建平台生态系统，促进发展共赢。人工智能时代，平台经济作为新技术环境中的新兴市场业态，具备强大的发展潜力和市场竞争力。网络技术的发展极大改变了人们的行为方式，对人们日常生活产生深远的影响，同时也影响了市场的商业模式，平台企业的竞争也越发激烈动荡。平台已不仅是互联网技术的集合体，在市场规律的影响下，已经成了企业商业竞争的主要组织形式和发展模式。① 作为连接供应商与用户的关键一环，平台对市场上下游资源的互联互通起到了桥梁作用，规范平台经济最终并非仅为了规范企业的市场行为，更为了推动企业合作共赢。

平台经济的参与者共享创新的红利

平台经济创新是一个创造性破坏的过程。一方面，部分旧的线下经济活动减少甚至消失了；另一方面，许多新的线上供应商和劳动者也有不少抱怨，比如受算法驱动，许多外卖员、骑手的工作强度越来越大，同时因为与平台没有稳定的劳动雇佣关系，无法享受合理的社会保障。政策既要促进向平台经济的平稳过渡，也要保障所有平台参与者的合法权益。

平台经济创新并非口号式宣言，而需要付诸行动、落在实际，让平台经济的参与者共享创新的红利，推动平台经济链上的每一方创造更高的价值。

多元价值取向的有效权衡

大数据分析可以帮助平台降低信息不对称性，但也增大了其他平

---

① 李鹏，胡汉辉. 企业到平台生态系统的跃迁：机理与路径. 科技进步与对策，2016（10）：1-5.

台竞争者的信息不对称性。大数据分析的最大悖论就在于，一方面，它可以帮助平台企业大幅度降低信息不对称的程度，另一方面，对于平台活动的其他参与方来说，信息不对称的程度有可能会加剧。数据要成为生产要素，需要解决确权、交易和共享等问题，但解决这些问题并不容易。因此，解决问题的关键在于在创新与安全之间、共享与效率之间做好权衡。

构建统一的数据确权框架和风险防控体系

根据《数据安全法》第二十一条的规定，相关主体应及时梳理业务活动过程中所涉及的不同类型的数据，根据数据的重要性程度对数据予以分类分级管理，明确不同数据的具体保护模式；同时针对不同类型的数据明晰权属和权利范围，以实现建立统一数据资源确权登记框架。

同时，根据《数据安全法》第十九条的要求，建立统一的数据交易市场风险防控机制。首先，国家层面应尽快建立健全数据交易监管制度，保障数据交易安全，构建统一规范的数据市场交易体系，明确市场交易主体及相关资质要求，同时建立统一的数据资源确权框架，为数据市场交易顺利进行提供便利；平台企业层面要建立数据安全预警体系，就各类数据可能引发的问题加强风险防范。其次，企业内部要建立数据安全备案机制，对于重大的数据处理活动提前安排风险评估，同时构建重大数据处理活动负责人机制，将数据安全具体落实到个人。[1] 最后，在数据交易整体风险的规范上，应构建统一的数据交易市场风险防控体系，在坚持促进数据流通运转的同时，及时预防可能存在的交易风险，针对已经出现的数据交易风险，针对性地采取措施予以规制，保障市场有序运转。

---

[1] 张丽霞.我国数据要素市场竞争治理的困境及完善路径.西南金融，2021（8）：62-73.

明确数据交易相关问题，优化数据交易流程

数据交易除了存在数据确权的问题外，还存在数据处理标准不明确、交易主体的范围和资质不明确、交易平台资质不明确等问题。在数据交易治理的过程中，不仅需要对已有的问题进行回应，还需在创新与安全、共享与效率之间寻求平衡。一方面，尽快从法律层面确定交易主体的资质要求，确认数据交易的安全范围，将相关的准入交易规则与监管规范等体系落到实处；另一方面，在保障数据交易安全的情况下，简化数据交易流程，提升数据流转利用的效率，防止因流程复杂而出现交易困境，保障市场交易顺利进行。

积极推动数据技术产业赋能

数字技术应用于用户行为选择、平台生态环境建立以及政府部门监管，提升三方主体服务的感知程度。平台经济依托数据驱动实现创新发展，通过算法、自动化决策等技术转变其商业经营模式，并以资源合理优化与劳动力价值化为基础[1]，推动平台经济创新发展。通过开展数字技术赋能，加速产业链上下游资源的协同与共享，加快资源的转化效率，实现管理与活力激发。[2] 对于政府而言，应积极推动数据技术产业赋能，引导数据技术的更新迭代，加快市场资源的进一步挖掘。对于平台企业而言，应积极实现数据技术的研发更新，掌握数据核心技术，同时加强技术与自身业务、市场需求的融合力度，加快技术发展与业务扩张的步伐；另外，应重视企业创新人才培养，引入高质量创新人才队伍，加强人才的管理与培养体系建设，积极推动技术的研发。

---

[1] 蒋国银.平台经济数字治理：框架、要素与路径.人民论坛·学术前沿,2021(17)：32-39.

[2] 高素英，张烨，金相杉.技术赋能视角下企业服务生态系统动态演化机理研究.科学学与科学技术管理,2021（4）：104-126.

算法审计与争议解决

平台兼具企业运营、市场交易和实施调控的功能，应主动承担责任。它们既可能形成一定的社会影响，也容易导致"运动员兼裁判员"的问题。解决这些问题的关键是平台的调控规则要明确、公平、透明，建立有效的争端解决机制与问责机制。平台除了追求企业的经营目标，也应该主动承担责任，与监管部门形成良性的互动关系。

建立有效的算法审计机制，实行有限度的算法公开

算法作为经营者的商业秘密，面向社会公开会加剧市场透明度以及经营者使用相似算法实现合谋的风险，因此算法只能有限度地向监管机关公开。[1]一方面，建立适当的算法事前审查机制。以往对于算法的审查多为事后审查的模式，在风险发生后才采取相应的救济措施，这种做法难以对自主类算法共谋形成有效规制，在事前对算法予以审查有助于避免算法运算潜在风险的发生。同时从成本效益的角度考虑，对所有算法实现事前审查并不可行，事前审查的对象应着重关注涉及重大公共利益的算法。另一方面，监管部门可以建立算法审计渠道，对算法进行审查备案。[2]通过审查算法风险与市场利益之间的互动关系，从不同角度审查算法是否存在违法的风险。

建立合法的算法问责机制，适度规制算法规则

解决因算法技术引起的社会治理问题，应明确执法机构在治理中

---

[1] 黄周奕.平台经济时代算法共谋的反垄断规制路径.中国价格监管与反垄断，2021（7）：34-39；施春风.定价算法在网络交易中的反垄断法律规制.河北法学，2018（11）：111-119.

[2] 张凌寒.权力之治：人工智能时代的算法规制.上海：上海人民出版社，2021：218-220.

的主导地位，通过发挥执法机构的主导作用来带动社会合力，共同营造良好的算法运行环境和秩序。通过建立合法的算法问责机制，建立明确的责任制度，明晰平台经营者、参与者等的法律主体身份以及相关权利义务范围等，确保合法权益。

算法问责机制的建立不仅需要设置完善的追责体系、救济途径，还需保障相关规定具备可行性，构建完备的社会多元共治体系。一方面，构建执法机构主导、行业辅助的算法问责制度。算法是市场主体经营发展的工具，在市场逐利性的引导下容易导致算法的运行掺入主观的恶性，造成人为的算法风险。因此，需要政府牵头主导建立相应的问责机制，构建统一的监管体系。另一方面，考虑到市场发展的需要，算法问责机制的建立也需要行业中各企业的合力，通过制定良好的行业准则，规范市场有序发展，推动企业、社会组织和社会公众形成有层次的治理体系，形成社会多元共治的格局。

对于算法规则的规制，应当秉持主客观相一致的问责原则[1]，在充分尊重算法底层技术架构的基础上，对利用算法实施的行为进行监控。算法规则的具体外化表现为平台设计、部署与实际应用算法的过程，这些规则最终都将成为某一种或多种商业行为，甚至最后发展为某种商业模式。对商业模式的监管应当采用适度规制的思路，具体到算法规则，应当清晰梳理平台是否进行算法事前审计或备案和事后的算法解释，在此基础上判断主观是否存在故意或过失，同时辅以利用算法规则造成的客观损害结果进行综合判断，这样才能较为完善地分析利用算法规则造成损害的全过程之法律性质。

---

[1] 张凌寒.权力之治：人工智能时代的算法规制.上海：上海人民出版社，2021：199.

适时调整监管政策

平台经济作为新型经济模式，有别于传统经济形态，其发展有着自身的特殊性。平台经济发展的新业态和新模式要求采取适应性强、匹配度高的反垄断政策，避免"赢者通吃""弱者越弱"等现象的出现。因此，在平台经济反垄断监管政策的制定上，应尊重平台经济的发展规律，在总结过往监管经验的基础上，抓准平台经济创新发展的脉搏，促进平台经济有序发展，实现政府与市场的良性互动。

平台经济反垄断监管需尊重平台经济的"可竞争性"

平台经济的规模经济与范围经济特点，并不必然与充分竞争不匹配。判定平台经济领域是否存在垄断，不能简单地看市场份额或者消费者价格，而应该看"可竞争性"。每一位企业家都有追求垄断地位的冲动，关键要看他是通过创新还是通过掠夺。维持平台经济"可竞争性"的最佳策略可能也不是过去常用的分拆或罚款，而是降低新的竞争者进入的门槛，比如鼓励开放系统、共享数据。如果反垄断的主要目的是规范平台行为，那么应该更多地突出事前监管，而不是事后处罚。

将促进创新作为制定反垄断监管政策的导向

政府反对平台企业垄断并非因为其规模大、占有市场份额高，而是平台企业垄断容易造成创新乏力，遏制企业更新换代。目前我国平台经济与美国相比，在经济规模和价值创造上仍有较大差距。基于此，我国需继续推动创新发展，加强平台经济的对外竞争力。在构建反垄断监管政策时，将促进创新作为政策制定的导向，使平台企业能以一种有序、创新、活跃的姿态实现经济的发展。

谨慎借鉴国外经验以构建符合国情的反垄断监管政策体系

中国不宜照搬照抄欧美的反垄断政策，也不应简单地沿用对传统产业的政策实践。第一，中国的平台经济虽然已经形成了一定的规模，但没有明显的技术优势。第二，中国的平台经济"可竞争性"还比较强，跨行业竞争尤其常见。第三，传统产业中常用的一些判断垄断的标准如市场份额和价格水平等，以及一些政策手段如分拆和罚款，不一定适用于平台经济领域。第四，中国的体制性特点可能有利于从整体与长远利益出发制定政策，避免民粹主义情绪的过度干扰。总而言之，我国应在尊重平台经济发展的基本国情基础上，谨慎借鉴国外经验，平衡经济发展与维护国家安全之间的关系，综合考虑国家发展和市场演变等多种因素，构建符合国情的反垄断监管政策体系。

第十一章

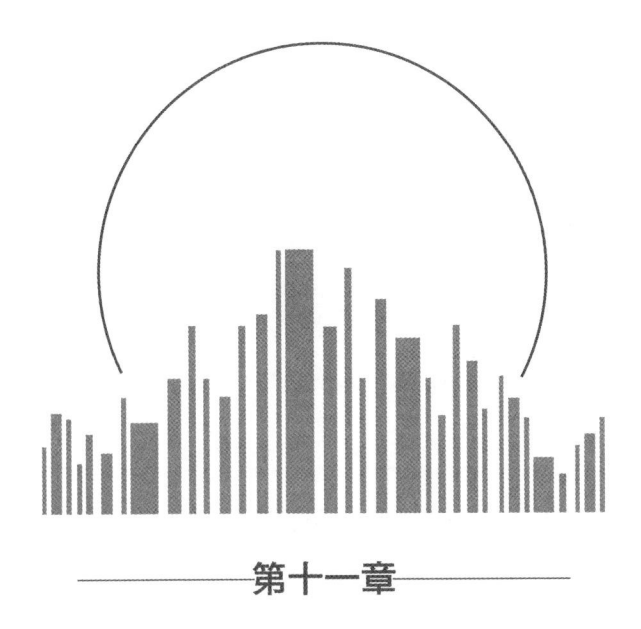

平台的挑战与失焦的监管[①]

---

① 本章作者为邓峰课题小组,参与人员有邓峰、张巍、王慧群。

平台现行的多维度、多部门监管现状

监管权限的划分

我国对互联网平台的监管是传统模式的延伸，具有三个特点。首先，这种监管模式在底层知识上来自19世纪美国建立的监管模式，其理论基础是基于公共部门和私人部门的划分，分别确立不同的监管、反垄断模式，并且依据产业链条的不同进行监管权限的划分。这主要体现在监管理论上，且在《价格法》《行政许可法》之中作为默认框架存在着。其次，我国现行的监管模式也受到了从计划经济体制向社会主义市场经济体制转轨的影响，在基于产业划分的监管之上，还存在着一般性的社会经济秩序的监管（国家市场监督管理总局）、重大产业政策的监管（发改委）以及国有资产的特定监管部门（国资委）。再次，经济监管受到了大陆法系的行政法框架的制约，尤其是21世纪以来我国加入世界贸易组织之后，更多采用了"放管服""改善营商环境"的放松监管的政策导向。在"新经济"、"共享经济"、"工业4.0"、"互联网+"以及"平台经济"等政策术语下，平台经济得到了诸多政策性改进的监管放松，但是监管的权限划分框架和理论依据并没有改变。

现行针对平台经济的监管，更多是传统模式的延续和扩张，略有损益，具有多线条、多产业监管的特征。在监管措施上，笼统地说，表现为针对市场准入、市场行为、市场退出等方式的监管。在部门监管权的划分方面，当前平台监管多采用以行业为基础的行业监管和跨部门联合监管两种模式。

监管部门内部的权限划分

目前，我国对平台的监管在很大程度上仍然延续了产业监管的框架，即基于平台从事经营活动所涉足的产业来进行监管权限的划分。例如，网约车平台的产业监管部门为交通运输部，支付平台的主要监管部门为中国人民银行、银保监会、证监会、外汇局等金融监管部门，旅行平台的主要监管部门为文化和旅游部，等等。这些产业在受到产业监管部门监管的同时，也受到统一的市场监督管理部门即目前的市场监督管理总局的监管，还受到重大公共投资项目监管部门即发改委的监管。

对于平台不断扩展的新产业，一些可能难以划分到传统的产业部门，例如，电商平台、社交平台、视频聚合平台等，并无对应的产业部门，市场行为由市场监督管理部门进行监管。

与此同时，由于数字平台与信息技术和经济发展密不可分，浏览器、App 等数字平台同时受到工信部的监管。此外，在数字平台的内容监管层面，网信办、中宣部等党群机构也参与到浏览器、App 等平台的监管。就此而言，同一平台往往同时受到多个监管部门的监管。表 11-1 整理了各监管机构对各类平台的管辖权限，以及针对高科技平台企业出台的相关文件的汇总。

表 11-1　各监管机构的管辖权限

监管部门	监管的平台	出台监管文件例示
国务院	各类平台	《国务院办公厅关于促进平台经济规范健康发展的指导意见》
交通运输部	网约车平台（如滴滴出行）	《网络预约出租汽车监管信息交互平台运行管理办法》《网络预约出租汽车经营服务管理暂行办法》《交通运输部关于加强和规范事中事后监管的指导意见》《交通运输部办公厅关于维护公平竞争市场秩序加快推进网约车合规化的通知》

（续表）

监管部门	监管的平台	出台监管文件例示
文化和旅游部	旅行平台（如携程、去哪儿）	《在线旅游经营服务管理暂行规定》
中国人民银行	支付平台（如支付宝、财付通），P2P平台（如拍拍贷）	《非金融机构支付服务管理办法》《非银行支付机构条例（征求意见稿）》
证监会	各类平台的上市审批	
银保监会	支付平台、P2P平台等互金平台	《关于加强互联网平台保证保险业务管理的通知》《网络借贷信息中介机构业务活动管理暂行办法》《网络借贷信息中介机构备案登记管理指引》《网络借贷资金存管业务指引》《网络借贷信息中介机构业务活动信息披露指引》
国家药品监督管理局	网络购药平台（如药房网）	《互联网药品信息服务管理办法》（2017年修正）
工信部	各类平台	《网络借贷信息中介机构业务活动管理暂行办法》，中国银行业监督管理委员会（已撤销）、工业和信息化部、公安部、国家互联网信息办公室发布；《网络借贷信息中介机构备案登记管理指引》，中国银行业监督管理委员会（已撤销）、工业和信息化部、国家工商行政管理总局（已撤销）发布
商务部	各类平台	《网络零售第三方平台交易规则制定程序规定（试行）》《商务部等12部门关于推进商品交易市场发展平台经济的指导意见》
市场监督管理总局	各类平台	《关于平台经济领域的反垄断指南（征求意见稿）》《互联网平台落实主体责任指南（征求意见稿）》《互联网平台分类分级指南（征求意见稿）》
国务院反垄断委员会	各类平台	《国务院反垄断委员会关于平台经济领域的反垄断指南》

(续表)

监管部门	监管的平台	出台监管文件例示
市场监督管理总局等七部门	网络餐饮平台	《关于落实网络餐饮平台责任切实维护外卖送餐员权益的指导意见》
国家互联网信息办公室	各类平台	《关于进一步压实网站平台信息内容管理主体责任的意见》
中宣部国家新闻出版署	游戏平台、社交平台、视频聚合平台、资讯阅读平台（如今日头条）等	《关于进一步严格管理切实防止未成年人沉迷网络游戏的通知》

平台的跨产业特性

由于平台跨越了不同产业，不同平台涉足不同的产业，因而难以基于某一产业的特性而对所有平台实行统一监管。具体而言，在功能层面，平台可以被划分为交易促成型平台与内容传输型平台。交易促成型平台旨在传递交易信息，促成交易达成，又可细分为电商平台、支付平台等各种类型；内容传输型平台传输新闻、动态、观点与思想等内容信息，促进内容分享，如社交平台、短视频平台等。平台的这些功能难以划分到同一产业，由一个产业监管部门对所有平台实行统一监管。

在单一功能平台的基础上，又衍生出集多种功能于一体的综合性平台，例如：支付宝既是支付平台，也提供购买基金等理财产品、点外卖、买机票、订酒店等的入口；抖音、火山等既是短视频平台，同时也提供了网络购物的入口。这些平台本身就兼具不同的功能，并跨越了不同的产业，在现行的监管框架下难以由某一特定的监管部门进行监管。

多个监管部门基于不同的管辖权，存在着分工，也存在着合作关系。一方面，各监管部门之间常常通过联合执法的方式对平台予以监管,例如监管部门对数字平台的联合约谈与整治。另一方面,部际联席会议的创设为各监管部门提供了制度化的合作机制。例如,2017年11月13日,国务院办公厅发布《国务院办公厅关于同意建立市场监管部际联席会议制度的函》,建立市场监管部际联席会议制度,以加强监管部门间的统筹协调和相互配合,形成部门协同、上下联动、有机衔接的工作机制,协调解决市场监管工作中跨部门、跨地区的重大问题。再如,由于网约车、顺风车相关的恶性案件引发大众对网约车安全的担忧,在交通运输部的请示下,国务院办公厅于2018年8月1日发布《国务院办公厅关于同意建立交通运输新业态协同监管部际联席会议制度的函》,同意建立由交通运输部牵头的交通运输新业态协同监管部际联席会议制度,部际联席会议的主要职能是"完善涉及交通运输领域新业态的法律法规体系,建立健全多部门协同监管机制,加强舆论引导和形势研判,提高行业治理和应急处置能力,促进行业持续稳定健康发展"。

产业监管与反垄断的权限划分

不仅同一平台可能受到多个监管部门的管辖,在产业监管部门与反垄断部门之间也缺乏明确的界限,即同一个平台可能同时受到产业监管部门与反垄断部门的管辖。数字平台中产业监管与反垄断的这种交织关系主要体现在三个方面。

第一,同一平台既可能受制于产业监管部门日常的行为监管,也同时受到反垄断执法机关的反垄断审查。以支付平台为例,支付平台的市场准入受到严格的限制,平台沉淀资金等都受到严格的监管,而这种监管并不能使支付平台得到反垄断豁免,当支付平台的行为涉嫌垄断时,仍然受到反垄断执法机关的审查。

第二,由于反垄断机关的设置,即被纳入了监管一般市场秩序的市场监管总局,因此,市场监管总局在反垄断审查之外,也介入数字平台日常的行为监管。2018年，三家反垄断执法机构合并后，反垄断执法统一由市场监管总局负责。市场监管总局在负责平台反垄断执法的同时，也承担着对数字平台进行监管的职责。因此，在一个执法机关内部，同时会基于消费者权益、产品质量、知识产权、公平竞争等多方面的考量因素去执行监管职责。例如，国家市场监管总局在日常行为监管中对各类平台进行约谈与整治工作，此外，也依据《价格法》等监管法规对数字平台进行查处，等等。

第三，特定的产业监管机构也参与到数字平台的反垄断中。例如，2021年1月中国人民银行出台《非银行支付机构条例（征求意见稿）》，其中第五十四至五十七条分别规定了公平竞争要求、市场支配地位预警措施、市场支配地位情形认定、市场支配地位监管措施等内容，将反垄断纳入支付行业监管的考量范围。再如，2021年9月1日，交通运输部会同中央网信办、工信部、公安部、国家市场监管总局等交通运输新业态协同监管部际联席会议成员单位，对T3出行、美团出行、曹操出行、高德、滴滴出行、首汽约车、嘀嗒出行、享道出行、如祺出行、阳光出行、万顺叫车等11家网约车平台公司进行联合约谈。约谈指出，部分平台公司通过多种营销手段，恶性竞争，并招募或诱导未取得许可的驾驶员和车辆"带车加盟"，开展非法营运，扰乱公平竞争市场秩序，要求各平台公司共同维护公平竞争的市场秩序，并制订相应的整改方案。

现有的监管措施

市场准入监管

不同类型的数字平台，其市场准入由不同的监管部门负责，并受到不同程度的限制。表11-2列举了各类平台市场准入的监管部门、市场准入条件等信息。

第十一章　平台的挑战与失焦的监管

表 11-2　各平台的市场准入监管

平台类型	审批部门	准入条件	备注
网约车平台	企业注册地出租汽车行政主管部门	《网络预约出租汽车经营服务管理暂行办法》第六条　申请从事网约车经营的，应当根据经营区域向相应的出租汽车行政主管部门提出申请，并提交以下材料： （一）网络预约出租汽车经营申请表（见附件）； （二）投资人、负责人身份、资信证明及其复印件，经办人的身份证明及其复印件和委托书； （三）企业法人营业执照，属于分支机构的还应当提交营业执照，外商投资企业还应当提供外商投资企业批准证书； （四）服务所在地办公场所、负责人员和管理人员等信息； （五）具备互联网平台和信息数据交互及处理能力的证明材料，具备供交通、公安、税务、网信等相关监管部门依法调查询相关网络数据接入情况条件的证明材料，数据库接入情况说明，网络安全等级保护定级备案证明，服务器设置在中国内地的情况说明，依法建立并落实网络安全管理制度和安全保护技术措施的证明材料； （六）使用电子支付的，应当提供与银行、非银行支付机构签订的支付结算服务协议，安全生产管理制度、服务质量保障制度文本； （七）经营管理制度、安全生产管理制度和服务质量保障制度文本； （八）法律法规要求提供的其他材料。 首次从事网约车经营的，应当向企业能力服务上所在地相应的出租汽车行政主管部门提出申请，前款第（五）、第（六）项公安、税务、网信、人民银行等部门审核认定，并提供相应认定结果，认定结果第（五）、第（六）项有效。网约车平台公司在注册地以外申请从事网约车经营的，应当提交前款第（五）、第（六）项省级线上服务能力认定结果，由受理申请的出租汽车行政主管部门进行审核。 其他关乎线下服务能力认定的，由受理申请的出租汽车行政主管部门进行审核。	据交通运输部下属全国网约车监管信息交互平台统计，截至 2021 年 6 月 30 日，全国共有 236 家网约车公司取得网约车平台经营许可。

（续表）

平台类型	审批部门	准入条件	备注
网络购物平台	各地市场监督管理局+登记注册，电信主管部门+业务审批	《第三方电子商务交易平台服务规范》 5.1 设立条件 第三方电子商务交易平台的设立应当符合下列条件： （1）有与从事的业务规模相适应的硬件设施； （2）有保障交易正常运营的计算机信息系统和安全环境，技术人员和客户服务人员； （3）有与交易平台经营规模相适应的管理人员、技术人员和客户服务人员； （4）符合《中华人民共和国电信条例》《互联网信息服务管理办法》《网络商品交易及有关服务行为管理暂行办法》《电子认证服务管理办法》等法律、法规和规章规定的其他条件。 5.2 市场准入和行政许可 平台经营者应当依法办理工商登记注册；涉及行政许可的，应当取得主管部门的行政许可。 《互联网信息服务管理办法》（2011年修订） 第七条 从事经营性互联网信息服务，应向省、自治区、直辖市电信管理机构或者国务院信息产业主管部门申请办理互联网信息服务增值电信业务经营许可证（以下简称经营许可证）。省、自治区、直辖市电信管理机构或者国务院信息产业主管部门应当自收到申请之日起60日内审查完毕，作出批准或者不予批准的决定。予以批准的，颁发经营许可证；不予批准的，应当书面通知申请人并说明理由。 申请人取得经营许可证后，应当持经营许可证向企业登记机关办理登记手续。	据前瞻产业研究院整理，截至2019年，我国电商平台数量为4 112家。

(续表)

平台类型	审批部门	准入条件	备注
外卖平台	各地市场监督管理局+登记注册；电信主管部门+业务审批	《互联网信息服务管理办法》(2011年修订) 第七条 从事经营性互联网信息服务，应当向省、自治区、直辖市电信管理机构或者国务院信息产业主管部门申请办理互联网信息服务增值电信业务经营许可证（以下简称经营许可证）。省、自治区、直辖市电信管理机构或者国务院信息产业主管部门应当自收到申请之日起60日内审查完毕，作出批准或者不予批准的决定。予以批准的，颁发经营许可证；不予批准的，应当书面通知申请人并说明理由。申请人取得经营许可证后，应当持经营许可证向企业登记机关办理登记手续。	
短租平台	同上	同上	
房屋信息服务平台	同上	同上	
旅行平台	同上	同上	

（续表）

平台类型	审批部门	准入条件	备注
支付平台	中国人民银行	《非金融机构支付服务管理办法》 第三条 非金融机构提供支付服务，应当依据本办法规定取得《支付业务许可证》，成为支付机构。支付机构依法接受中国人民银行的监督管理。未经中国人民银行批准，任何非金融机构和个人不得从事支付业务或变相从事支付业务。 第八条 《支付业务许可证》的申请人应当具备下列条件： （一）在中华人民共和国境内依法设立的有限责任公司或股份有限公司，且为非金融机构法人； （二）有符合本办法规定的出资人； （三）有符合本办法规定的注册资本最低限额； （四）有5名以上熟悉支付业务的高级管理人员； （五）有符合要求的反洗钱措施； （六）有符合要求的组织机构、内部控制制度和风险管理措施； （七）有健全的支付业务设施； （八）有符合要求的营业场所和安全保障措施； （九）申请人及其高级管理人员最近3年内未因利用支付业务实施违法犯罪活动或成为违法犯罪活动办理支付业务等受过处罚。 第九条 申请人拟在全国范围内从事支付业务的，其注册资本最低限额为1亿元人民币；拟在省（自治区、直辖市）范围内从事支付业务的，其注册资本最低限额为3千万元人民币。注册资本最低限额为实缴货币资本。 本办法所称在全国范围内从事支付业务，包括申请人跨省（自治区、直辖市）办理支付业务的情形。 中国人民银行根据国家有关法律法规和政策规定，调整申请人的资格条件和出资比例等，外商投资支付机构的业务范围、境外出资人的资格条件和出资比例等，由中国人民银行另行规定，报国务院批准。	截至2020年10月31日，中国共发行421张支付牌照。其中预付卡受理6张，预付卡发行与受理173张，互联网支付112张，银行卡收单66张，移动电话支付50张，固定电话支付9张，数字电视支付5张。

(续表)

平台类型	审批部门	准入条件	备注
P2P平台	工商登记注册地地方金融监管部门、电信主管部门	《网络借贷信息中介机构业务活动管理暂行办法》 第五条 拟开展网络借贷信息中介服务的网络借贷信息中介机构及其分支机构，应当在领取营业执照后，于10个工作日以内携带有关材料向工商登记注册地地方金融监管部门备案登记。地方金融监管部门负责为网络借贷信息中介机构办理备案登记。地方金融监管部门应在网络借贷信息中介机构提交的备案登记材料齐备时予以受理，并在各省（区、市）规定的时限内完成备案登记手续。备案登记不构成对网络借贷信息中介机构经营能力、合规程度、资信状况的认可和评价。 地方金融监管部门有权根据本办法和相关监管规则对备案登记后的网络借贷信息中介机构进行评估分类，并及时将备案登记信息及分类结果在官方网站上公示。 网络借贷信息中介机构备案登记完成地方金融监管部门备案登记后，应当按照通信主管部门的相关规定申请相应的电信业务经营许可；未按规定申请电信业务经营许可的，不得开展网络借贷信息中介业务。 网络借贷信息中介机构备案登记、评估分类等具体细则另行制定。	
网络购药平台	所在地省、自治区、直辖市食品药品监督管理部门、电信主管部门	《互联网药品信息服务管理办法》（2017年修正） 第五条 拟提供互联网药品信息服务的网站，应当在向国务院信息产业主管部门或者省级电信管理机构申请办理经营许可证或者办理备案手续之前，按照属地监督管理的原则，向该网站主办单位所在地省、自治区、直辖市食品药品监督管理部门提出申请，经审核同意后取得互联网药品信息服务资格。 第六条 各省、自治区、直辖市食品药品监督管理部门对本辖区内申请提供互联网药品信息服务的互联网站进行审核，符合条件的核发《互联网药品信息服务资格证书》。	

(续表)

平台类型	审批部门	准入条件	备注
社交平台	各地市场监督管理局+登记注册，电信通信主管部门+业务审批	《中华人民共和国电信条例》（2016年修订） 第九条 经营基础电信业务，须经国务院信息产业主管部门审查批准，取得《基础电信业务经营许可证》。 经营增值电信业务，业务覆盖范围在两个以上省、自治区、直辖市的，须经国务院信息产业主管部门审查批准，取得《跨地区增值电信业务经营许可证》；业务覆盖范围在一个省、自治区、直辖市行政区域内的，须经省、自治区、直辖市电信管理机构审查批准，取得《增值电信业务经营许可证》。 运用新技术新业务分类目录》《电信业务分类目录》未列出的新型电信业务的，应当向省、自治区、直辖市电信管理机构备案。 第十三条 经营增值电信业务，应当具备下列条件： （一）经营者为依法设立的公司； （二）有与开展经营活动相适应的资金和专业人员； （三）有为用户提供长期服务的信誉或者能力； （四）国家规定的其他条件。	
游戏平台	省新闻出版局	游戏产品在正式上线运营以及收费之前都需要先进行审批才可以上线运营，游戏行业由中共中央宣传部出版局进行前置审批。	
教育平台	各省、市、区教育行政管理部门	据中共中央办公厅、国务院办公厅印发《关于进一步减轻义务教育阶段学生作业负担和校外培训负担的意见》，凡营业内容涉及校外培训（包含线上培训、线下培训，远程培训及其他培训形式）类的企业在办理互联网信息服务业务经营许可证（ICP）备案前均需提供备案所在地省、市、区教育部门提供的前置审批文件。	

数字平台的准入监管主要采取"行业主管机构设前置条件＋工商注册登记"的模式，行业监管机构设置的准入门槛主要是前置审批、最低注册资本和对申请注册的平台企业内部治理的要求，准入门槛的高低与行业监管强度有较大关系。例如中国人民银行对支付平台有最低注册资本、反洗钱措施和支付业务设施等要求。而从事电信增值业务的平台仅需要信息产业主管部门审查批准，并无对公司内部治理的要求。

市场行为监管

部门联合约谈并提出整改要求、行政指导会、专项整治运动成为目前对平台行为进行监管的主要方式。表11-3整理了强化平台监管背景下各部委的平台监管措施。

当下对数字平台的行为监管方式、手段有多种形式，核心模式来源于行政干预而非经济监管。从监管方式来说，主要采取行政性的联合约谈和要求整改、行政指导会等方式；从监管手段来说，监管不仅局限于传统主流的价格监管（例如要求企业确定合理的抽成比例和信息服务费水平），还对企业的反不正当竞争、反垄断行为和公司治理提出具体要求，使作为事后惩罚手段的《反不正当竞争法》和《反垄断法》被纳入事前合规监管体系中。

但主动的行政监管可能存在替代反不正当竞争、反垄断执法的问题，事前监管与事后执法的界限需要进一步厘定。例如对于屏蔽外链的问题，《反垄断法》与《反不正当竞争法》的争议较大，在屏蔽外链的性质、具体滥用市场支配地位的行为归属、竞争损害的后果、反垄断的救济措施上均没有达成共识，在此情况下，贸然采用禁止屏蔽外链的事前规制可能导致"超级平台"的产生。

表 11-3 各部门的平台监管措施

监管方式	监管部门	监管对象	监管内容	监管时间
联合约谈+要求整改	交通运输部、中央网信办、国家发展改革委、工业和信息化部、公安部、人力资源和社会保障部、国家市场监管总局、国家信访局等交通运输新业态协同监管部际联席会议8家成员单位	滴滴出行、首汽约车、曹操出行、美团出行、T3出行、高德出行、满帮、货拉拉、快狗打车等10家网约车平台	约谈提出多条整改要求，包括合理确定抽成比例和信息服务费水平，整改侵害从业人员权益的经营行为，改善司机经营环境，坚守安全稳定底线，发挥党建引领作用等。	2021年5月14日
联合约谈+要求整改	交通运输部会同中央网信办、工业和信息化部、公安部、国家市场监管总局交通运输新业态协同监管部际联席会议成员单位	T3出行、美团出行、滴滴出行、曹操出行、高德出行、首汽约车、嘀嗒出行、享道出行、如祺出行、阳光出行、万顺叫车等11家网约车平台公司	约谈指出，部分平台公司通过多种错销手段恶性竞争，并招募或诱导未取得许可的驾驶员和车辆"带车加盟"，开展非法营运，扰乱公平竞争市场秩序，影响行业安全稳定，损害司乘人员合法权益。约谈要求，各平台公司要检视自身存在的问题，立即整改不合规行为，共同维护公平竞争的市场秩序。一是共同营造网约车行业规范健康发展的良好环境。二是坚守依法合规经营底线，维护公平竞争市场秩序。三是保障司乘人员合法权益。四是落实安全稳定主体责任。五是保障用户信息和数据安全。	2021年9月1日

（续表）

监管方式	监管部门	监管对象	监管内容	监管时间
联合约谈+要求整改	人民银行、银保监会、证监会、外汇局	腾讯、度小满金融、京东金融、字节跳动、美团金融、滴滴金融、陆金所、天星数科、360数科、新浪金融、苏宁金融、国美金融、携程金融等13家网络平台企业	金融管理部门针对当前网络平台企业从事金融业务中普遍存在的突出问题提出了整改要求。一是坚持金融活动全部纳入金融监管，金融业务必须持牌经营。二是支付回归本源，断开支付工具和其他金融产品的不当连接，严控非银行支付账户向对公领域扩张，提高交易透明度，纠正不当竞争行为。三是打破信息垄断，严格通过持牌征信机构依法合规开展个人征信业务。四是加强对股东资质、股权结构、资本、风险隔离、关联交易等关键环节的规范管理，符合条件的企业要依法申请设立金融控股公司。五是严格落实审慎监管要求，完善公司治理，落实投资入股银行保险机构"两参一控"要求，合规审慎开展互联网存贷款和互联网保险业务，防控网络互助业务风险。六是规范企业发行交易资产证券化产品以及走境外上市行为，禁止证券基金机构高管和从业人员交叉任职，保障金融消费者保护机制，规范个人信息采集使用，营销宣传行为和格式合同，加强监督并规范与第三方机构的金融业务合作等。	2021年4月29日
联合约谈+要求整改	中央宣传部、国家新闻出版署有关负责人会同中央网信办、文化和旅游部等部门	腾讯、网易等重点网络游戏企业和游戏平台、游戏直播平台	约谈强调，各网络游戏企业和平台要严格落实防沉迷各项要求，严格执行向未成年人提供网络游戏的时段时长限制，不得以任何形式租售账号向未成年人提供游戏交易服务。	2021年9月8日

（续表）

监管方式	监管部门	监管对象	监管内容	监管时间
行政指导会	市场监管总局、中央网信办、税务总局	京东、美团、58同城、百度、奇虎360、搜狗、字节跳动、快手、滴滴、微店、新浪微博、多点、国美在线、饿了么、小红书、携程、阿里巴巴、贝贝网、云集网、蘑菇街、兴盛优选、唯品会、腾讯等27家互联网平台企业	要求指出：不得实施滥用市场支配地位、垄断协议和违法进行经营者集中等行为；不得滥用优势地位强迫商家站队"二选一"，对平台内经营者的选择平台行为实施不合理限制或附加不合理条件；不得利用技术手段实施妨碍、破坏其他经营者合法提供的网络产品或服务正常运行的行为。	2020年11月6日
行政指导会	市场监管总局联合商务部	社区团购企业	指出社区团购存在的低价倾销、价格欺诈等突出问题。强调互联网平台企业要严格规范社区团购经营行为，严格遵守不得低价倾销、价格欺诈、不得实施商业混淆、虚假宣传、商业诋毁优势、"杀熟"，损害消费者的合法权益，不得利用数据优势、"杀熟"，损害消费者的合法权益，不得利用技术手段损害竞争妨碍其他市场主体正常经营等"九个不得"。	2020年12月22日

（续表）

监管方式	监管部门	监管对象	监管内容	监管时间
专项整治	国家网信办	UC、QQ、华为、360、搜狗、小米、vivo、OPPO等8款浏览器	此次集中整治和专项督导对手机浏览器提出了明确整改要求和具体标准，其中包括不得发布"自媒体"违规采编的互联网新闻信息，不得使用耸人听闻式标题炒作"自媒体"发布的各类信息，不得发布断章取义、虚假夸大、攻击侮辱、耸人听闻等无中生有、旧闻翻炒、拼热点敏感话题，不得发布不实信息，不得发布低俗、血腥等风捉影、捕风捉影等不良信息，等等。	2020年10月26日
专项整治	工信部	互联网行业	工信部启动了为期半年的互联网行业专项整治行动，聚焦扰乱市场秩序、侵害用户权益、威胁数据安全、违反资源和资质管理规定等四个方面，八类问题进行集中整治。屏蔽网址链接，是本次专项行动重点整治问题之一。	2021年7月
专项整治	工信部组织各省通信管理局	手机App	此次整治重点对假日出行、民生服务类App进行检测，对未按要求完成整改的App进行了公开通报，并依据《网络安全法》等法律要求，对未完成整改要求的96款App进行下架。	2021年10月

（续表）

监管方式	监管部门	监管对象	监管内容	监管时间
行政指导会	市场监管总局会同中央网信办、税务总局	34家互联网平台企业	会议要求平台企业做到"五个严防"和"五个确保"：严防资本无序扩张，确保经济社会安全；严防垄断失序，确保市场公平竞争；严防技术扼杀，确保行业创新发展；严防规则算法滥用，确保各方合法权益；严防系统封闭，确保生态开放共享。各平台企业要对照税收法律法规、政策制度，全面排查涉税问题，主动开展自查自纠。	2021年4月13日
行政指导会	工信部	阿里巴巴、腾讯、字节跳动、百度、华为、小米、陌陌、360、网易等平台企业	会议提出有关即时通信软件的合规标准，要求9月17日前各平台按标准解除屏蔽。对于用户分享的同种类型产品或服务的网址问题，展示和访问形式应保持一致；用户在即时通信中发送和接收合法网址链接，点击链接后，在应用内以页面的形式直接打开；不能对特定的产品或服务网址链接附加额外的操作步骤，不能要求用户主动复制链接后转至系统浏览器打开。	2021年9月9日

市场退出监管

目前针对数字平台的市场退出，尚未建立制度化的退出机制，而主要以政策为导向。例如，针对经历了野蛮生长与整顿浪潮的 P2P 网贷平台，2021 年 4 月 15 日，央行在微信公众号上发表《打好防范化解重大金融风险攻坚战 切实维护金融安全》一文，宣布所有在营的 P2P 网贷机构将全部停业，P2P 网贷平台从此退出市场。再如，2021 年 7 月 9 日，国家互联网信息办公室发布公告，根据举报，经检测核实，"滴滴企业版"等 25 款 App 存在严重违法违规收集使用个人信息问题。国家互联网信息办公室依据《中华人民共和国网络安全法》相关规定，通知应用商店下架上述 25 款 App，要求相关运营者严格按照法律要求，参照国家有关标准，认真整改存在的问题，切实保障广大用户的个人信息安全。各网站、平台不得为滴滴出行和滴滴企业版等上述 25 款已在应用商店下架的 App 提供访问和下载服务，也就是说在下架期间，滴滴出行相关平台无法再在国内拓展新的市场。

平台反垄断的执法现状和焦点

"二选一"问题

行为解构与分析框架

从最广泛的意义上讲，"平台"是两个或两个以上不同类型的用户（例如买方和卖方）交换商品、服务、信息等的市场。这一市场既可以是线上数字平台，也可以是线下实体市场。随着互联网技术、软件技术、信息技术的发展，平台超越了物理场所的限制，更多以线上数字平台的形式存在，平台本身发展成一种商业模式，在社会生活中发挥日益重要的作用。在平台发展的背景下，"二选一"也重新走入了人们的视野。"二选一"是一种通俗的说法，是指平台要求交易对象或者消费者必须使用本平台，而不得使用与其相竞争的其他平台，"二选一"有时也是"多选一"。虽然"二选一"本身并不是新现象，但随着平台经济的发展，尤其是2010年奇虎诉腾讯以来，"二选一"现象不仅为法学界所热议，在整个社会也引起了人们的广泛关注。

"二选一"的实施方式多种多样，其含义也在不断变化。从实施"二选一"的平台类型看，既有网络购物平台，也有外卖平台，既有视频聚合平台，也有应用软件平台；从平台"二选一"的实施对象看，既有针对终端消费者的，也有针对接入平台商户的；从平台"二选一"的实施内容看，既有针对网络服务的，也有针对软件产品或内容产品的；从"二选一"的限制程度看，各平台"二选一"也存在不同，如电商平台针对入驻商家关于技术服务的"二选一"存在不同的限制程度，有要求特定商家只能接入其平台而不得接入其他平台，也有允许特定商家接入其他平台但要求其营销活动必须在本平台，还有允许特定商家接入其他平台且允许商家在其他平台做营销活动，但要求特定活动日的营销活动限定于本平台。

回归到我国《反垄断法》的框架，"二选一"大多数发生在纵向关系上，根据平台是否存在市场支配地位，如果是则归入市场支配地位的滥用，如果不是则可能构成纵向非价格垄断协议。在滥用市场支配地位的路径下，《反垄断法》第十七条禁止具有市场支配地位的经营者没有正当理由而限定交易相对人只能与其进行交易。根据第十七条规定，限定交易的反垄断分析需要遵循如下步骤：第一，判断经营者是否具有市场支配地位；第二，如果经营者具有市场支配地位，则进一步判断经营者是否实施了限定交易的行为；第三，对行为的竞争损害进行分析；第四，判断行为是否具有"正当理由"。如果经营者具有市场支配地位，实施了限定交易的行为，该行为造成竞争损害且不具有正当理由，则构成市场支配地位的滥用。

当平台"二选一"以协议方式实施时，也可能构成纵向非价格垄断协议。《反垄断法》第十四条规定了对纵向垄断协议的禁止。《反垄断法》未明确列举纵向非价格垄断协议，需要通过对兜底条款的解释将其涵纳。此外，《禁止垄断协议暂行规定》第十三条或许可以为纵向非价格垄断协议的认定提供更直接的依据。该条虽然也没有明文规定"纵向非价格垄断协议"这一具体类型，但是规定，"不属于本规定第七条至第十二条所列情形的其他协议、决定或者协同行为，有证据证明排除、限制竞争的，应当认定为垄断协议并予以禁止"。一般而言，纵向垄断协议的违法性认定也需要遵循如下的分析步骤：第一，判断是否存在纵向协议；第二，对行为的竞争损害进行分析；第三，判断是否存在豁免条件。如果经营者之间存在纵向协议，该协议造成了竞争损害，且不满足豁免条件，则构成《反垄断法》所禁止的纵向垄断协议。

平台"二选一"的反垄断现状

2021年2月7日，《国务院反垄断委员会关于平台经济领域的反垄断指南》发布，其中第十五条专门针对"二选一"进行了规定："分析是否构成限定交易行为，可以考虑以下因素：（一）要求平台内经营者在竞争性平台间进行'二选一'，或者限定交易相对人与其进行独家交易的其他行为；……"平台"二选一"构成平台拒绝交易的行为。

"二选一"在反垄断执法上的争论可以追溯到奇虎360诉腾讯垄断案。2010年11月3日，腾讯公司和腾讯计算机公司发布《致广大QQ用户的一封信》，明示禁止其用户使用奇虎公司的360软件，否则停止QQ软件服务；拒绝向安装有360软件的用户提供相关的软件服务，强制用户删除360软件；采取技术手段，阻止安装了360浏览器的用户访问QQ空间。在此期间，大量用户删除了奇虎公司相关软件。对于腾讯的"产品不兼容"（二选一）行为是否构成滥用市场支配地位中的限定交易行为,最高法院持否定观点,其论点主要有三个。第一,由于消费者在即时通信市场和安全软件市场有充分的替代选择,"产品不兼容"对消费者利益无重大影响;第二,没有充分证据证明"产品不兼容"行为是为了排除潜在竞争对手进入即时通信服务市场;第三,"产品不兼容"行为仅持续1天,即时通信市场竞争更活跃,即其他竞争对手市场份额增加,上诉人在安全软件市场中的份额下降3.3%,影响较为微弱。因此,在该案中,最高法院维护了平台企业对其产品组成的决定权力,也维护了平台企业的产品完整性。

除此之外,平台"二选一"也引发了其他平台企业间的诉讼。根据法院公布的裁判文书,"二选一"的反垄断裁决主要有京东诉天猫案、格兰仕诉天猫案等。关于京东诉天猫、格兰仕诉天猫两起案件,法院已就管辖权异议问题做出驳回裁定,目前尚未得出实质审理结果。

在反垄断的公共执行中,市场监管总局分别于2021年4月10日、2021年10月8日对阿里巴巴、美团的"二选一"行为做出行政处罚,要求停止实施"二选一"行为,并对阿里巴巴、美团分别处以182.28亿元、34.42亿元的罚款。

在对阿里巴巴处罚决定书的分析中,市场监管总局指出,阿里巴巴集团在中国境内网络零售平台服务市场具有支配地位。自2015年以来,阿里巴巴集团滥用该市场支配地位,对平台内商家提出"二选一"要求,禁止平台内商家在其他竞争性平台开店或参加促销活动,并借助市场力量、平台规则和数据、算法等技术手段,采取多种奖惩措施保障"二选一"要求执行,维持、增强自身市场力量,获取不正当竞争优势。市场监管总局从以下四个方面认为阿里巴巴集团实施"二选一"排除、限制了市场竞争:首先,"二选一"行为排除、限制了市场竞争者之间的公平性竞争,并且提高了市场进入壁垒,排除、限制了潜在竞争;其次,损害平台内经营者的利益,削弱了品牌内竞争的程度;再次,通过限制要素自由流动、限制平台经营者多样化差异化创新经营进而阻碍资源优化配置，限制平台经济创新发展；最后，损害消费者的自由选择权、公平交易权，长远看给社会总体福利水平带来损害。这样构成《反垄断法》第十七条第一款第（四）项禁止的"没有正当理由，限定交易相对人只能与其进行交易"的滥用市场支配地位行为。

在对美团的分析中，市场监管总局指出，2018年以来，美团滥用在中国境内网络餐饮外卖平台服务市场的支配地位，以实施差别费率、拖延商家上线等方式，促使平台内商家与其签订独家合作协议，并通过收取独家合作保证金和数据、算法等技术手段，采取多种惩罚性措施，保障"二选一"行为实施，排除、限制了相关市场竞争，妨碍了市场资源要素自由流动，削弱平台创新动力和发展活力，损害平台内商家和消费者的合法权益，构成《反垄断法》第十七条第一款第（四）项禁止的"没有正当理由，限定交易相对人只能与其进行交易"的滥用市场支配地位行为。

通过上述梳理可以发现，法院与市场监督管理总局对限定交易的分析思路不同。法院在奇虎诉腾讯案中的分析着重于排除、限制竞争行为的效果，消费者福利受损程度，以及"二选一"的动机；而市场监督管理总局在消费者福利和竞争分析之外，还关注了对经营者利益、资源配置和经济创新的影响。这种差异背后是两个机构对反垄断目标理解的不同，反垄断在保护消费者福利、维护竞争秩序和市场效率之外，是否还应该承担保护创新、维护小企业的职能，是我国《反垄断法》需要进一步明晰的要点。值得注意的是，2021年10月23日发布的《反垄断法（修正草案）》第一条关于反垄断法的目标，新增了"鼓励创新"。

对现状的评析

首先，"二选一"一词本身是不准确的，它的含义模糊不清。诸如限定交易、拒绝交易等，这些行为都有具体的含义，"二选一"并非一个清晰的法律概念，且在具体的法律分析中，需要进一步被拆解为其他的法律概念。

其次，在适用范围上，"二选一"并不是平台所特有的现象，在以往的产业中也存在此类行为。例如，独家采购协议与独家供应协议等排他协议都要求交易相对人只能与其进行交易，而不得与其竞争对手进行交易。由此而言，"二选一"与平台没有必然联系，无须针对这一行为单独创设这一词汇。

再次，针对平台"二选一"的行为，不宜采用单一思维理解这种商业活动的理性，切勿一刀切。如前所述，"二选一"根据实施方式的不同，可以划分为滥用市场支配地位下的限定交易和纵向垄断协议下的非价格垄断协议两种，按照现行的反垄断实践，限定交易和非价格垄断协议均需要判断行为的反竞争后果。执法机构在对"二选一"行为的反竞争效果进行评估时，需要考虑到相关市场的界定难度、平台的动态竞争、通过补贴方式进行"二选一"所带来的消费者福利增加等问题，不能因为平台有"二选一"的行为就认定其违反《反垄断法》。

"大数据杀熟"

事实描述与法律定性

同平台"二选一"一样，"大数据杀熟"并非一个法律概念，而是起源于媒体的曝光与批判，进而形成的一个约定俗成的日常用语。所谓"大数据杀熟"，是指经营者以数据为基础、借助算法技术实施的对具有购买经历的消费者（熟客）采取的个性化定价策略。其具体行为表现为：第一，收集分析消费者个人属性数据与消费行为数据，识别消费者的支付愿意；第二，运用算法进行个性化商品推荐或推送；第三，对不同的消费者进行差别化定价。①

但"大数据杀熟"是否真实存在尚未经过充分论证。2019年7月27日，北京市消协发布"大数据杀熟"问题调查结果，调查采用问卷调查、舆情采集、体验调查三种方式，结论显示六成多被调查者认为"大数据杀熟"现象很普遍，舆情采集信息显示，有关"大数据杀熟"的形式非常多样。但值得关注的是体验调查的结果，即新老用户所付价格不同的原因是新用户拥有优惠券，老用户自动开启会员资格或推送的商品配置与服务内容存在差异，只有少数个别行为涉嫌存在"大数据杀熟"。除此之外，"大数据杀熟"散见于各类平台的新闻报道，例如同样的订单配送费不减反增的问题、不同账号在旅游平台显示房间预订价格差异的问题。在法律上，"大数据杀熟"主要是价格歧视问题。在三种不同的价格歧视中，一级价格歧视被称为完全的价格歧视，它指的是对每一个消费者都收取不同的价格。二级价格歧视指的是为消费者提供不同数量、质量和价位的组合，然后让消费者自行选择最为偏好的那种组合。在这个过程中，商品的价格是随着购买量的变化而变化的。三级价格歧视是对不同市场或不同消费者群体收取不同的价格。"大数据杀熟"属于一级价格歧视，它以购买能力、消费偏好等多项参数的加权考量，对单个消费者保留价格进行最大化获取。②

"大数据杀熟"的监管和反垄断现状

《消费者权益保护法》《个人信息保护法》《电子商务法》和《价格违法行为行政处罚规定（修订征求意见稿）》都明令禁止价格歧视。在此之外，《反垄断法》也对价格歧视做了专门规定。价格歧视可能

---

① 喻玲.算法消费者价格歧视反垄断法属性的误读及辨明.法学，2020（9）：83-99.
② 贺斯迈，侯利阳."大数据杀熟"的科技面向与制度因应.检察风云，2021（2）：15-17.

损害消费者的知情权、选择权和公平交易，但《消费者权益保护法》并没有规定此类术语，因此适用有限。

《个人信息保护法》区分了经营者利用个人信息进行的正当自动化决策和个性化营销，并对不正当的差别待遇行为做了限制。根据《个人信息保护法》，个人信息处理者可以利用个人信息进行自动化决策，开展个性化营销，但以保证决策过程公开透明，决策结果公平、公正为前提。对应地，《个人信息保护法》禁止个人信息处理者在交易条件（包括交易价格）上对个人实行不合理的差别待遇。同时应该强调的是，《个人信息保护法》并非绝对禁止企业利用用户画像进行差异化定价（例如对一些新客、不活跃客户提供更便宜价格或优惠补贴），而是强调该技术的应用不应导致不公平的结果。但作为正常商业行为的价格歧视和侵害消费者选择权、知情权的行为边界还较为模糊，尚待澄清。

《价格法》和《价格违法行为行政处罚规定（修订征求意见稿）》均对价格歧视有所规定。但当前《价格法》与《反垄断法》的关系尚未厘清，通常认为《反垄断法》与《价格法》在自由竞争的市场中存在法律竞合，但《反垄断法》是不是优先于《价格法》的特殊法，尚存在争议。①

《反垄断法》对价格歧视的规定在第十七条第一款第（六）项，即禁止具有市场支配地位的经营者无正当理由对条件相同的交易相对人在交易价格等交易条件上实行差别待遇。

在此基础之上，2021年2月7日发布的《国务院反垄断委员会关于平台经济领域的反垄断指南》第十七条明确规定了平台经营者实施"差别待遇"的具体表现为：具有市场支配地位的平台经营者，基

---

① 黄勇，刘燕南.《价格法》与《反垄断法》关系的再认识以及执法协调.价格理论与实践，2013（4）：19-22；李常青，万江.《价格法》与《反垄断法》的竞合与选择适用问题研究.中国价格监督检查，2012（12）：23-25.

于大数据和算法，根据交易相对人的支付能力、消费偏好、使用习惯等实施差异性交易价格或其他交易条件，实行差异性标准、规则和算法，实行差异性付款条件和交易方式，且无正当理由的，可能构成滥用市场支配地位，对交易条件相同的交易相对人实施差别待遇。

对现状的评析

第一，"大数据杀熟"的事实判断与举证问题。对于"大数据杀熟"，由于该词语本身属于贬义词，并且违反了相同产品相同定价的价格原则，实际上也和企业基于代理控权而需要统一"定价政策"的商业原理相左，因此，并没有任何一个企业和理论反对这一行为的不正当性质。该问题更多是一个事实问题，即是否存在此种行为。

由于商家利用价格歧视的场景多样，如何区分合理的价格歧视与侵犯消费者权益甚至违反《反垄断法》的价格歧视行为是关键。而且在商家与消费者天然存在信息不对称的情况下，无论是私人诉讼还是反垄断诉讼或执法都存在举证困难的问题。如何通过举证规则的设计更好地发现事实，是价格歧视规制的要点。

第二，在其他法律规范也对价格歧视进行规定的情况下，《反垄断法》如何与之协调。就目前而言，《反垄断法》对"大数据杀熟"的审查在一定程度上弥补了其他法律部门的缺陷。《消费者权益保护法》本身的强制力有限，并且该法所引起的消费者权益之争往往围绕着合同关系进行举证，数字型交易模式下地位的悬殊会进一步放大消费者的弱势，这使"杀熟"行为在《消费者权益保护法》的框架下很难得到有效监管。而《个人信息保护法》首先侧重于保护消费者隐私，对基于所获信息施加不公平交易条件的行为，在打击方向和力度上存在先天缺陷。另外，根据《个人信息保护法》禁止对个人信息差别化利用的规定，相对人需要完成举证义务难度很大，事实上架空了适用的可行性。《电子商务法》从立意来看，是最接近规范平台型交易行为的法律规范，但《电子商务法》却集前二者之弱，既未弥合因为数据交易形式拉大的不对称差距，也没有降低诉求方应履行的基本举证标准。综上，虽然针对"大数据杀熟"的规定不少，但都难以产生社会实效。《反垄断法》在滥用市场支配地位的框架下介入"大数据杀熟"，平衡了平台与交易方极不平等的地位，给予消费者最大限度的保护。

第三，反垄断公共执行与私人执行的协调问题。在反垄断私人诉讼中，"大数据杀熟"主要面向消费者，而消费者几乎无法完成由算法实施的差别规则举证。因此，除了可能导致滥诉，还存在难以胜诉的问题，二者如果同时发生，将是对司法资源的极大浪费。①

平台对监管与反垄断二分的挑战

监管与反垄断二分

现有的监管和反垄断的区分是美国 19 世纪 60 年代以来划定的，联邦层面分别以 1887 年的《州际商务法》和 1890 年的《谢尔曼法》为代表。今天的"管制之国"（regulatory state）下，管制措施主要是基于产业划分确立的，并且不断蔓延到经济因素之外其他受社会关注的价值，例如美国职业安全卫生管理局对雇佣关系中种族歧视的管制。

非经济管制与反垄断没有明显冲突，一般只有在对价格进行控制、限制市场准入、要求从事或允许从事某些反垄断法上通常禁止的行为时，监管和反垄断的关系才成为问题。②一般来说，经济管制的

---

① 贺斯迈，侯利阳. "大数据杀熟"的科技面向与制度因应，检察风云，2021（2）：15-17.

② [美]赫伯特·霍温坎普. 联邦反托拉斯政策：竞争法律及其实践. 许光耀，江山，王晨，译. 北京：法律出版社，2009.

基础是公共领域、公共产品，因此经济监管设立以后，反垄断法要进行一定程度的豁免，造成在实践中反垄断与监管的二分。

与监管和反垄断二分相对应的，是传统观点对经济管制的看法。管制被认为是一个封闭的盒子，某个市场要么在该盒子内，要么在盒子外。如果是"受管制的"产业，反垄断执法会受到严重限制。在该范式下，反垄断法院通常要确定该产业管制是不是"普遍的"，如果是普遍的，则该体制内的所有活动都被推定为豁免于反垄断审查。

产业管制的正当性存在一个历史发展的过程，但在法律制度中固定为公共产品、垄断、历史传统和涉及公共利益四个理由，之后经过主流经济学的解释，其正当性主要集中于自然垄断或具有外部性的行业。第一，自然垄断是指在由一家企业生产时，行业的成本最小，社会产量最优。自然垄断是规模经济的一种极端情况。自然垄断多产生于高固定成本的行业，例如某一地区的电厂和本地电话公司，在这些领域，固定成本（特别是将电网或电话用户连接起来的网络成本）远高于边际成本。但在自然垄断领域，生产效率和分配效率存在根本性的冲突，即生产效率最佳时，市场由一个企业垄断，垄断企业倾向于收取高于成本的定价以攫取垄断利润，从而损害分配效率，因此需要用管制来解决此类冲突。第二，外部性指 A 在影响 B 的效用或生产函数的情况下，并不关心其对 B 福利的影响。外部性分为正外部性和负外部性，典型的负外部性有噪声和水污染。在此种情况下，完美的竞争市场由于外部性的存在也无法达到最佳配置效率，因此需要监管的介入。政府可以通过对具有负（正）外部性的企业增加税收（给予补贴），实现社会配置效率。值得注意的是，经济学理论在 20 世纪 80 年代以来不断地将自然垄断的特性大部分纳入了网络外部性的讨论，有的观点认为网络外部性完全可以替换自然垄断，有的观点认为其强度不同：网络外部性是参与用户越多，网络本身的价值越大；而自然垄断是在一定规模效应下的成本弱增性。

20 世纪 80 年代以来，监管体系因受到私人利益或公共选择理论冲击，其运行成本昂贵，且大多数管制体系并不能使被管制市场上的行为接近竞争性行为而饱受批判。这种批评产生的一种副产品是，对价格管制的市场，反垄断法的范围应进行大量的重新解释。这造成了反垄断法的扩张，主要体现在两个方面：第一，管制虽然具有普遍性，但这种普遍性并不重要；第二，对于企业的行为，我们一般并不将其划分为"受管制的"和"不受管制的"两类，而是要考虑该行为是由产业监管机关管制还是由反垄断执法机关管制。

反垄断和产业管制作为两种可以互相替代的监管手段，其适用性考察的范围从市场、行业的中观范畴转向了企业行为的微观范畴。某一行业或市场并不因为管制的存在而当然享受反垄断法的豁免，对于豁免的实质问题的判断需要遵循以下步骤：（1）受指控的行为是否在管制机构管辖权的范围内；（2）该行为是否已实际提交给监管机构进行审查；（3）管制机构是否对可能产生的反竞争效果进行适当的审查；（4）这种情况下，适用反垄断法是否会导致命令相互冲突，或者会阻碍管制程序的运行；（5）在某个具体请求的评价中，管制机构是否拥有反垄断法院通常不具备的专业知识。[1] 例如在戈登诉纽约证券交易所案中，被指控的行为是固定经纪活动的佣金，最高法院认为，如果对这一行为进行反垄断审查，可能会与纽约证券交易所的权力相冲突，因为后者有权就如何确定经济活动中的费率制定规则。在 Sound 公司诉美国电话电报公司案中，被告涉嫌针对那些希望与其电话线路互联互通的企业实施排挤性行为，法院认定这种排挤性行为适用于反垄断法，且与管制并不矛盾。

---

[1] ［美］赫伯特·霍温坎普.联邦反托拉斯政策：竞争法律及其实践.许光耀，江山，王晨，译.北京：法律出版社，2009.

平台对监管与反垄断的挑战

传统认为，管制用于自然垄断等具有公共性的行业，例如水力、电力、石油、通信等，这些行业基础设施一次性投入成本高，边际成本较小，行业的服务对象是社会公众，具有公共性，而反垄断用于具有私人属性的竞争市场，公私之间有较为明显的界分。平台的出现挑战了这种区分，因为其网络外部性特征，导致其经济学特性上产生了和自然垄断类似的属性，从而超越了现有的理论划分。除了经济学上的双边、多边市场以及网络外部性等特征，平台的商业服务和产品提供特点主要是在横向、纵向产业链条上的混同，这和平台目前提供的产品和服务或者说盈利模式是相关的。

从大型科技平台的业务特性来看，其主要聚焦于提供信息服务、广告服务和撮合交易的服务，信息服务具有较强的公共用品属性，但广告和撮合交易服务属于传统的私人领域。信息服务是通过互联网基础设施、协议和操作系统的软件，包括域名、网址等，向用户提供信息服务。例如百度、谷歌等公司向消费者提供搜索服务。此类信息服务的基础是平台的基础设施，包括技术性规范和交易规范。因为平台的信息提供要依赖于特定的互联网协议、特定的操作系统，在互联网的适用和软件开发过程中，需要遵守基本的规则就是技术性规范。同时，平台在赢利活动中发展出一套交易性规范，例如淘宝的交易规则、进货规则、退货规则、投诉规则和标准合同等，这类规则的可移植性、可复制性、可迁移性比较强，在不同的产业链条、产品提供之中非常容易横向扩张或者跨领域。

因此，平台不仅在单一市场中具有网络外部性的特点，还由于其服务的特性，跨产业、跨行业的能力也高。对广告业的经济分析、法律监管，触及了我国监管体系的弱点。就在线广告服务和撮合交易服务而言，平台目前的盈利模式和这种服务是相关的。在线广告是一种营销和广告形式，它使用互联网向消费者传递促销信息。在线广告包括电子邮件营销、搜索引擎营销、社交媒体营销、多种类型的展示广告（包括网页横幅广告）和移动广告。与其他广告媒体一样，在线广告有发布者和广告商，发布者将广告集成到其在线内容中，广告商提供广告内容。其他潜在参与者包括帮助生成和放置广告文案的广告代理商、以技术方式提供广告和跟踪统计数据的广告服务器，以及为广告商进行独立促销工作的广告附属公司。中国的广告商，从构成来看，电商广告预算比例稳定在约 1/3 的水平；社交广告占比稳中有升；短视频广告预算比例明显提升，从搜索广告和门户广告中持续获取份额。阿里巴巴、今日头条、腾讯占据我国在线广告的较大份额。

同时，平台提供的服务中常见的还有撮合交易，这种服务类似于市场组织者、交易促成者的功能，从而使得平台在这种服务上扮演了与交易所类似的组织功能。一些经济学理论也将平台刻画成双边市场，甚至市场的组织者，如果该市场之前并不存在，则平台可能是市场的创造者。这实际上是平台作为中介为交易双方提供信息、交易程式和规则，并在交易成功后收取一定比例佣金的服务。淘宝、天猫、美团、京东、携程、去哪儿、贝壳等互联网平台企业均在从事撮合交易的服务。例如美团作为平台连接了外卖的商家和消费者，消费者在美团 App 或者网站下单购买外卖，美团将消费者支付的外卖费用扣除一定的技术服务费（也就是佣金）后返还给商家。

应当注意的是，平台的信息服务虽然具有摆脱具体产品、产业链条制约的特征，但平台与传统的作为公共用品的基础设施有所差异。第一，经济学和传统监管理论下的公共产品还是局限于有体物而言的，例如有线电视，需要保证面向所有消费者提供，但平台企业不负有此类义务；第二，平台企业通常具有更强的动态定价能力，并且在中国的企业模式和公司治理之下，采用企业集团的方式存在，本身也属于双边市场，因此有能力通过交叉补贴实现所在多个服务市场之间的快速、定向化扩张，例如平台的广告服务以信息服务中收取的用户数据作为基础，平台撮合交易的效率和佣金水平也和数据、算法的质量有关。

平台因其多重属性，以及其所提供的产品和服务特性，加上中国式的公司治理和企业形式，即通过交叉补贴实现的各产业之间的深度融合，模糊了产业的界限，对监管和反垄断提出严峻挑战。

结论与建议

我国的监管体系来源于计划经济体制向社会主义市场经济体制转轨的实践，借鉴于美国以经济分析为基础的经济监管经验，却受制于大陆法系的行政法框架，现有的平台监管呈现出割裂性、行政性和运动性。

互联网平台的跨行业性和交叉网络外部性使得以市场准入为主要手段的行政监管模式面临巨大的挑战。为不断完善市场化、法治化、国际化的营商环境，强化反垄断和防止资本无序扩张，在制度层面细致梳理潜在冲突法律之间的关系、厘清行政监管的权限和范畴，在实践层面推进公平竞争审查制度，是建立高效、健全的平台监管体系的应有之义。

第一，应当将反垄断视角的"监管"都归属于反垄断部门，监管部门不应当介入反垄断目标的考量和政策实施。

关于大型科技平台的强监管政策，中央政策最为核心的表述是"加强反垄断监管，防止资本无序扩张"。首先可以明确的是，加强反垄断监管是一个独立的要求，而事实上也的确存在着加强反垄断监管以保护市场机制、保护消费者福利的需要。反垄断是宏观导向、结果导向的，基于市场状况进行经济分析和评估，进而通过法律调整市场结构和市场竞争行为产生激励。而防止资本无序扩张，应当是防止资本出现在不应当出现的领域，以及采用不正当的方式扩张。与无序扩张相对的，应当是合法有序发展，这就意味着经济监管的职责应当侧重于反对无序扩张。同样，反垄断法的三个核心制度之一——合并控制（经营者集中）的确可以直接限制资本扩张带来的市场损害，而这种扩张的方式可以通过垄断协议来实现，还可能采用破坏竞争、滥用市场支配地位的方式来实现。因此从这个角度而言，防止资本无序扩张，的确是反垄断法的主要职责。但是，平台也是公司、企业组织，其扩张也可以通过其他方式来完成，这就要求经济监管关注"无序扩张"。"无序扩张"并不是反垄断法能单独完成的任务，这也是2021年的中央经济工作会议提出"红绿灯"的更具体表述的原因。

反垄断和经济监管都具有多重目标，在立法中的表述都是以消费者权利作为判断标准，但事实上反垄断维护的是以市场竞争为标准的消费者利益，实际的判断标准是消费者福利。这是由反垄断的后果或者效果导向、以保护市场机制为首要目标、采用的方法更倾向于与经济学理论结合等特性决定的。反垄断执法中作为判断标准的消费者利益，是一个包括长期、短期、市场、合规、数量和质量等多种考量因素在内的概念，因此"消费者利益"实际上是一个一揽子目标，具有综合性。

经济监管的目标也具有多重性，但是在2004年施行《行政许可法》界定监管模式之后，中国的经济监管，尤其是监管规则，一方面在程序、形式、处罚等方面更多采用限权的方式，采取行政监管的模式，特别表现为近十年来不断推动的"放管服"；另一方面，监管规则在实体规则、裁判者的判断上，并没有得到真正的约束。这种情况下，监管者倾向于依据法律上的明确表达去执行较为单一的目标。在本次强监管出现之前，连反垄断执法也需要遵守包括行政程序、执法等方面的约束。比如，在中国的监管体系中，是否允许两个企业合并和是否颁发驾驶执照，居然采用相同的程序规则，实际行政执法的特点就可想而知了。

这样，当强监管来临的时候，监管就非常容易借助原本比较模糊的法律表述，越过复杂的多目标考虑，采用简单的单目标模式，比如以消费者权利代替消费者利益甚至福利，直接要求原本宽松监管下的大型科技平台进行相应的整改。更有甚者，以"消费者权利""公平竞争"这样的表述替换反垄断法上的判断，而以"垄断""防止资本无序扩张"的名义去实施监管。

的确，消费者权利也有相应的法律制度。事实上，我国比较依赖消费者权利模式的监管，其直接作用于生产—运输—销售中的最后一个环节，而忽略了对前两个环节的法律调整。这方面的法律制度有很多，荦荦大者包括《消费者权益保护法》《电子商务法》《反不正当竞争法》等，都属于这一种类型。但这种法律调整，目标单一、手段局限，行政干预性很强。

在 2021 年这一强监管年中，许多部门会借助消费者权利的主张或者视角，以"反垄断"或者"公平竞争"的名义，采用实际上与反垄断分析框架下的执法判断相左的做法，以"反垄断"的名义实施行政监管。这方面的例子，比较典型的有两个。一个是 2021 年 9 月 1 日上午，交通运输部会同中央网信办、工信部、公安部、国家市场监管总局等交通运输新业态协同监管部际联席会议成员单位，对 11 家网约车平台公司进行联合约谈，要求 11 家网络平台企业停止恶性竞争。该访谈的背景是滴滴因为在美国上市而违反国家信息安全相关规定被要求整顿期间，其他企业采用了相应的竞争策略去扩张市场，但是这种联合约谈的行为显然实际上产生了保护既有市场领先者的市场份额的作用。因此，这种所谓的"公平竞争"实际上是和反垄断所追求的市场竞争过程相反的。

另外一个典型的例子是 2021 年 9 月 9 日，工信部有关业务部门召开"屏蔽网址链接问题行政指导会"，并提出有关即时通信软件的合规标准，要求 9 月 17 日前各平台按标准解除屏蔽。参会企业包括阿里巴巴、腾讯、字节跳动、百度、华为、小米、陌陌、360、网易等，会议精神主要涉及三个方面：一是对于用户分享的同种类型产品或服务的网址链接，展示和访问形式应保持一致；二是用户在即时通信软件中发送和接收合法网址链接，点击链接后，在应用内以页面的形式直接打开；三是不能对特定的产品或服务网址链接附加额外的操作步骤，不能要求用户手动复制链接后转至系统浏览器打开。这是典型的基于消费者利益，但实际上缺乏界定的规定，因为这并不是消费者权利的内涵。使用这样的"消费者权利"就会产生"对称性问题"，难道一个消费者可以在中国移动的营业厅办理中国联通的业务吗？同时，对具有网络外部性的平台，强制要求互联互通的主张，非常容易产生加剧领先者市场优势地位的后果。

因此，在下一步的监管之中，应当区分经济监管和反垄断两种不同性质的市场调整方式，两者的目标、手段存在着根本性的差异，就目前中国的经济监管而言，实质上更多依赖于行政模式，主要是通过调控市场准入门槛来实现，尤其是自2004年《行政许可法》施行以来不断升级的"放管服"。

不仅如此，当下以放松市场准入为主要目标的监管，也会造成实际上的监管手段并不关心市场竞争状态的现象。而同时，在加强监管的时候，一旦市场出现了问题，则采用结果导向的强监管模式，这就体现为对实质上的市场准入门槛的明显提高，导致在产业监管的同时，造成市场竞争状态的恶化。究其原因，产业监管并没有将市场竞争状态纳入考量目标，从而容易造成"一放就乱，一统就死"的循环。

审慎合法适用行政指导，警惕用行政监管替代平台反垄断或市场竞争手段，是制度层面完善平台监管的重要内容。行政指导作为监管创新和软法之治的表现形式之一，对推进法律实施有一定的价值，但不当行政指导也危害巨大，应审慎谦抑适用，侧重发挥行政指导的精准性、柔韧性和服务性，降低监管部门的行政成本。对于竞争格局可能产生重大影响的问题，例如互联网平台互联互通等，行政监管部门应当在认真调查研究之后，审慎实施。

第二，改变垄断应当依赖于经济法中的反垄断法和公共商事制度，不应当依赖于行政监管。

正如从前文列出的2021年以来采用的种种"强监管"手段可以看出，当下我国的经济监管仍然采取的是以市场准入（行政许可）为主要手段的行政监管方法，因此实际上采用的是以调整市场准入门槛的高低为中心的手段。但是调整市场准入门槛，并不能解决市场结构问题，因此实际上采用的监管政策、规则、制度方法都是行政法性质的。从对市场准入、行为和退出的行政监管角度也能够看出，我国的行政监管仅仅着力于市场准入，而在强监管年增加了诸多行为监管，从而在某种程度上对企业、平台构成了"猝不及防"的运动式监管，而同时，对于退出则缺乏相应的规则和制度。因此，即便是行政监管，也是非常不完善的，更不用说经济监管了。

一些经济学理论认为，简单地提高或者降低市场准入或退出门槛，虽然会对垄断的形成产生一定影响，但这种影响尚待研究，并且属于长期效应。一般提高或者降低门槛并不能有效解决市场结构问题，因此，解决垄断问题并不能直接依赖于目前以行政监管为主的手段。在2021年针对大型金融科技平台的监管中，比如第三方支付领域，事实上原来的监管部门中国人民银行已经在这个领域颁发了300多个牌照，为了市场竞争的目标也已经采用了非常低的门槛，但是由于大型科技企业平台网络外部性的存在，实际上并没有形成数百家企业相互竞争的局面。这种情况凸显了通过行政监管调整市场结构的局限性。

因此，在现有的监管框架下，行政监管应当侧重于对公司行为、企业行为的关注，引导和设定"红绿灯"，在日常监管之中通过公司合规等方式引导企业行为，着力于防止资本无序扩张，而不是反垄断。

实际上，要真正改变市场结构，应当着力于破除长期存在的中小企业成长难、融资难问题，帮助科技创新和独角兽企业的成长。要做到这一点，实际上应当更多地借助于政府扶持、补贴、PPP 项目、种子基金等公共商事活动的推进。

第三，应当在更高的制度层面解决反垄断和经济监管的关系问题。大型科技平台一方面作为一种经营主体，一方面作为一种新的市场出现，还突破了原有的以产业链划分的监管体系，甚至随着企业集团的中国特色的凸显，形成了集金融、证券、保险、产业等为一体的组织。如何突破从 19 世纪 60 年代开始确立的反垄断和监管模式的分工，成为一个各国均需要面对的问题。这一问题是世界性的，也仍然在不断地演化。对于我国而言，应当深入研究和思考这一命题。

第四，在现有制度框架下防止大型科技平台企业对传统市场竞争的影响，以及在当下各地各部门出现"监管竞争"、相互比拼加码监管的背景下，应强化竞争政策的基础地位，落实公平竞争审查制度。未来还可以进一步将营商环境评估纳入整体的反垄断框架，以形成对不计效果的不当行政监管的制约。

公平竞争审查是指政策制定机关在制定市场准入、产业发展、招商引资、政府采购等涉及市场主体经济活动的政策措施时，评估该政策措施对市场竞争的影响，防止排除、限制市场竞争。现在正修订的《反垄断法》，将公平竞争审查纳入其中。这就意味着，虽然我国在理论上并未解决反垄断和经济监管的管辖权问题，在制度层面也没有与之相配套，反垄断局仍然停留在较低的行政序列之上，但是在法律规则的赋权上已经明确了相应的制度。由此，中国的《反垄断法》在反垄断法框架下，包含了针对行政机关的行政垄断行为以及一般性法律审查的公平竞争审查，已经是全世界范围内最完整的反垄断法律制度。随着《优化营商环境条例》的深入实施，将其与《反垄断法》整合，定会进一步完善保护市场机制的综合分析框架，更加有效地改进经济监管。

第十二章

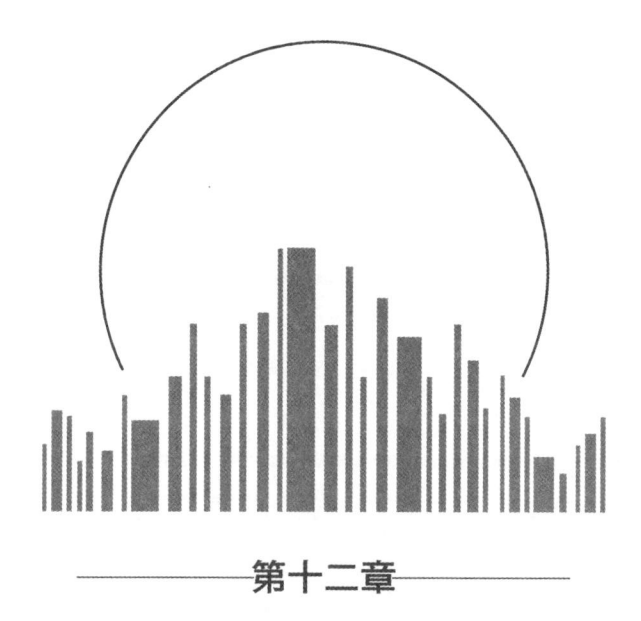

平台的反垄断挑战[①]

---

① 本章作者为邓峰课题小组,参与人员有郭小莉、王慧群、李舒豪、王丰泉。

平台的竞争特点

网络效应

网络外部性引导平台企业为市场而竞争，在其他条件相同时，基于网络外部性的时间因素，即用户习惯，先进入者会更有优势。在双边市场中，一边的用户群人数更多将直接对另一边的用户群产生吸引力，这种正反馈效应使得双边用户都更多的平台企业对两类用户都更有价值。从竞争政策的角度看，在线平台最突出的特点就是形成了头部效应，即我们通常所说的"赢家通吃"，这很大程度上是由于网络效应和对数据的控制。这两点都意味着先行者优势会自我强化，一种最大的可能就是科技平台市场为少数企业所主导。参与在线平台市场竞争的企业通过网络外部性和控制数据能够最有效地强化其市场支配地位。对于平台企业而言，最有效的方法就是追逐市场份额、驱逐竞争对手，即使这样做会牺牲短期利润。

特别值得指出的是，对数据的控制是一种难以逾越的进入壁垒。获取消费者数据使平台能够更好地定制服务和衡量需求；跨市场的经营可以使平台利用从一个市场收集到的数据，使另一条业务线受益，而对数据的控制也可能使占主导地位的平台更容易进入新市场。例如，亚马逊利用市场数据来提高其零售额，并可能借助多年来经营大规模电子商务所获得的丰富购物数据大幅扩大其广告业务。因此，在市场的形成阶段，先进入市场的平台企业往往在用户数据上具有天然的优势。网络外部性加剧了平台用户群之间的相互吸引力，使平台企业能够通过各种手段抬高进入壁垒，不断扩大市场份额。例如，移动即时通信、社交网站、视频分享市场由于具有网络外部性，行业中的大型平台公司，如微信、微博、哔哩哔哩等，非常明显地体现出头部企业的优势地位。

头部效应

寡头市场是指只有少数几个提供相似或相同产品的卖者的市场结构。以经济自由主义思想为基础的芝加哥学派经济学家认为，行业中的在位企业因规模经济、资本需求和产品差异化享有的优势并不构成进入壁垒。与之相反，以经济学家乔·贝恩为代表的结构主义学派（也称哈佛学派）以"结构-行为-绩效"（SCP）为基本分析范式，他们认为，在位厂商的绝对成本优势、产品差异和规模经济等构成进入壁垒，而在高集中度和高市场壁垒的市场，在位企业很可能实施寡头垄断，从而导致绩效低下（产出减少）。这意味着在寡头垄断的市场中，X效率的存在将导致生产成本增加，使得帕累托效应无法实现。

平台企业的头部效应加剧其所在行业的寡头化。互联网企业可能具有的网络外部性包括：（1）传统网络外部性，如社交网络；（2）有关数据规模的网络外部性；（3）有关数据范围的网络外部性；（4）一边子市场的数据规模和范围能够影响另一边子市场的规模外部性，如广告。这些网络外部性都使得有关行业中头部效应较为明显，平台企业在其中更易推动寡头市场的形成。首先，如果行业中各类企业所提供的产品和服务不兼容，转换成本和网络外部性会把用户与生产商捆绑在一起，将用户甚至市场锁定在早期的选择中，这阻碍了用户在（可预测或不可预测的）效率变化时更换生产商，并让生产商拥有更大的市场权力。同时，在网络外部性的影响下，当买方和互补品生产者的选择期望取决于一些非效率因素（特别是历史因素，如过去的市场份额）时，在位企业几乎没有动力提供更好的商品或服务。平台企业所具有的头部效应能使其维持对新进入者或初创企业的竞争优势。

当初创企业所提供的技术或服务难以为消费者带来超过转换成本的价值时，平台企业将取得天然的竞争优势，初创企业很容易因为用户数不足而难以继续进行技术开发。行业不仅将维持寡头化，而且缺乏技术改善的动力。其次，在网络外部性较为显著的行业中，单一企业在市场上具有优势地位并维持地位的可能性更高。市场中的用户更倾向于使用与最大多数用户相兼容的产品。所以，如果一家企业拥有更大数量的用户群，而其产品与市场中其他企业的产品不兼容，这家企业就更有可能取得支配地位，也更有动力阻止其他企业设计兼容产品。对用户而言，如果需要花费很高的成本来实现兼容，即便其他企业的产品纯粹从技术角度而言品质更佳，这些产品的吸引力也会降低。在这些行业中，平台企业一旦取得优势地位，就具有维持其市场份额的竞争能力，且可以通过并购、掠夺性定价等多种手段压缩其他企业的市场份额。头部效应要求新技术研发企业至少能够吸引到越过"临界规模"的用户数量，否则在竞争中取得优势的技术将不可逆转地排他支配着市场，形成锁定效应。最后，对于大数据产业而言，较低的进入门槛也可能被网络效应拉高。OECD认为，大数据经济"天然倾向于市场集中和支配地位"，风投公司几乎不会赞助寡头市场的创业公司，如搜索引擎市场。

  我国数字经济发展迅猛，平台企业崛起的同时也带来寡头化倾向的危险。从数字经济规模来看，我国已成为仅次于美国的全球第二大数字经济体。中国信通院2021年发布的《中国数字经济发展白皮书》统计显示，2020年，47个国家数字经济增加值规模达到32.6万亿美元，同比名义增长3.0%，占GDP比重为43.7%，产业数字化仍然是数字经济发展的主引擎，占数字经济比重为84.4%。我国数字经济规模达到39.2万亿元，占GDP比重为38.6%，同比名义增长9.7%。与此同时，数字经济领域的多个行业市场集中度逐渐增高：在2020年，中国零售电商业务营收前三的上市公司市场份额合计83.67%，营收前五的份额合计为 92.51%;[①] 第三方支付市场已形成支付宝、财付通（含微信支付）两大巨头垄断的市场格局，两者的份额共计为 93.8%;[②] 在即时通信领域，截至 2020 年三季度末，微信月活用户达 12.13 亿，QQ 智能终端月活用户为 6.17 亿。[③] 在这些领域，平台企业借助既有的多边用户数量，不断吸引新用户，已经形成难以被挑战的寡头垄断地位，新进入者难以通过技术改进吸引到能够形成有效竞争能力的用户数量，数字经济领域中的寡头化趋势较为明显。

市场支配力

市场支配力是指企业能够通过减少产出，将其产品价格提高到竞争水平以上，从而增加利润的能力。我国《反垄断法》第十七条规定：市场支配地位是指经营者在相关市场内具有能够控制商品价格、数量或者其他交易条件，或者能够阻碍、影响其他经营者进入相关市场能力的市场地位。美国法律并未对市场支配力有明确定义，对其认定主要来源于判例法，且要构成《谢尔曼法》第 2 条的非法垄断化行为，被告必须有高度的市场支配力量，但如果是企图垄断，虽然也需要有市场支配力量，但要件更模糊。《欧盟运行条约》第 102 条规定了滥用市场支配地位的行为，但"支配地位"与"滥用"比较难界定，欧盟主要通过案例在具体案件中进行界定。法院认为，支配地位指的是经营者的独立性以及排除有效竞争的能力，通常被等同于庞大的市场支配力，即在相当长的时间里将价格提高到竞争水平以上并从中获利的能力。

由于平台的交叉网络效应，平台所处的行业经常呈现出寡头化的

[①] 前瞻产业研究院. 2020 年中国电子商务行业市场前瞻与投资战略规划分析报告, 2021.
[②] 艾瑞咨询. 2020 年中国第三方支付行业研究报告, 2020.
[③] 腾讯 2020 年第三季度财报。

特征。执法机构在衡量平台企业的市场支配力时，需要综合考量市场份额、市场进入壁垒等因素。首先，平台的市场支配力来源多样，莉娜·可汗认为分为三类。第一类是守门人权力，此种权力来源于平台为数据市场提供有效的基础设施，它们作为分配渠道，是商业的主干道。具有市场支配力的平台对市场的控制力来源于网络效应和数据获取的自我强化优势，这种优势可以有效转化为市场进入壁垒。第二类权力来源于杠杆效应，这是因为平台不仅掌握着关键基础设施，还在多个市场进行整合，这使得平台可以将其在主营市场的支配力传递到其他市场。第三类权力是信息利用，这种权力的来源是平台收集的关于消费者和商家的数据的不同表现形式。①

作为传统的市场衡量方法，市场份额的实质是一种市场结构因素，是市场结构在判定市场绩效中影响的体现。我国《反垄断法》第十九条规定的推定标准借鉴了国际反垄断立法实践经验，但由于双边市场和网络外部性决定的头部效应特点，平台企业必须突破某个临界规模才能开始平稳地运行双边市场模式，在达到临界规模后，双边用户规模仍然受到交叉网络效应的影响，市场份额的变动幅度要比传统单边市场大。因此，在衡量平台市场份额时，需要重点关注时间和计算标准。第一，时间长度。由于平台企业的交叉外部性效应，平台企业往往在较短时间内成为行业寡头，但面临激烈的竞争，平台企业是否可以将较高的市场份额转化为真正的支配能力，时间就成为关键的判断要素。一方面，必须留出足够的时间来观察平台企业的市场份额转化效果；另一方面，时间太长可能会出现平台企业的支配力量得而复失的情况。第二，计算标准。传统的计算标准为销售额，但由于平台企业双边市场的复杂性，需要结合其他因素来看待，例如用户数

---

① Lina M. Khan, "Sources of Tech Platform Power", *Georgetown Law Technology Review*, 2018, 2(2): 325-334.

量、有效使用时间、点击量等。①

市场进入壁垒是衡量平台市场支配力的因素。平台企业的市场进入壁垒主要是产品差异化、基础设施建设和技术标准产生的壁垒。产品差异化越强，对用户的吸引越强，用户的单归属性越强。② 在基础设施建设方面，传统的有中国银联所拥有的支付系统，中国电信所拥有的基础通信网络等，而互联网平台企业的基础设施主要体现在数据、算法构建出的对数据的分析系统，数据的所有权、开放问题等是平台问题讨论的重点。在技术标准方面，在某一市场技术能够支配市场的情况下，新的技术只有与现有的技术标准兼容才能被消费者接受。在分析平台企业的市场支配力时，需要考虑技术标准所带来的锁定效应。

反垄断法下的平台竞争

平台垄断行为及相关案件

平台滥用市场支配地位与具体垄断行为的界定是目前各法域重点关注的问题，与国内频发的互联网平台诉讼和行政处罚相似，欧盟、美国、意大利、英国、韩国、法国等各法域的反垄断机构对以谷歌、亚马逊、脸书、苹果为代表的平台企业的垄断行为进行调查或处罚，美国司法部、联邦贸易委员会和各州也发起了对互联网巨头的反垄断诉讼。近5年欧盟和美国针对互联网平台的反垄断案件梳理如表12-1。

---

① 王少南. 双边市场与反垄断——平台优势滥用及其规制研究. 武汉：武汉大学出版社, 2020.

② 同上。

表 12-1　2016 年以来欧盟、美国针对互联网平台的反垄断案件

时间	法域	性质	被处罚/起诉对象	案件内容
2016 年 7 月	欧盟	调查	谷歌	欧盟委员会针对谷歌在在线购物和在线广告领域涉嫌垄断的行为展开进一步深入调查，目前尚未发布最后结果
2017 年 5 月	欧盟	调查（经营者承诺后终止）	亚马逊	欧盟委员会对亚马逊电子书的最惠国条款和相关内容展开调查，认为其电子书经销协议中部分条款涉嫌违反反垄断法，作为回应，亚马逊于 2017 年做出承诺，放弃对这类条款的适用
2017 年 6 月	欧盟	处罚	谷歌	欧盟委员会宣布对谷歌处以 24.2 亿欧元的罚金，理由是谷歌滥用其在搜索引擎市场的优势地位，恶意操纵用户的搜索结果，在显示搜索结果时，将自己公司旗下服务 Google Shopping 置于优先于竞争对手服务的位置，以此来打压竞争对手
	欧盟	诉讼	欧盟委员会	针对上述处罚，谷歌上诉到总部位于卢森堡的欧盟普通法院，2021 年 11 月，法院判决表示，谷歌的做法背离了公平竞争的原则，驳回谷歌的上诉
2018 年 7 月	欧盟	处罚	谷歌	欧盟竞争委员会宣布，谷歌利用其安卓系统的普及率扭曲竞争环境、伤害消费者利益，因此对谷歌处以 43 亿欧元的罚款
2019 年 7 月	欧盟	调查	亚马逊	欧盟委员会对亚马逊利用其市场上的第三方卖家数据来开发自己的商品或者服务并与之竞争的做法提出了异议，目前调查正在进行中
2020 年 6 月	欧盟	调查	苹果	欧盟对苹果 Apple Store 规则、电子书、移动支付、有声书等领域展开一系列调查，目前调查正在进行中
2020 年 8 月	美国	诉讼	苹果	苹果 Apple Store 将美国游戏公司 Epic Games 开发的游戏《堡垒之夜》下架，理由是其绕开 Apple Store 使用外部支付，Epic 遂起诉苹果涉嫌垄断。法院判决苹果不得阻止第三方支付
2020 年 10 月	美国	诉讼	谷歌	美国司法部联合 11 个州起诉谷歌在在线搜索、在线广告领域不合法地维持垄断地位，目前案件正在审理中

（续表）

时间	法域	性质	被处罚/起诉对象	案件内容
2020年11月	欧盟	调查	亚马逊	欧盟委员会针对亚马逊的以下商业行为展开调查：可能人为地偏袒自己的零售商家以及使用亚马逊物流和配送服务的市场卖家（即所谓的"亚马逊或FBA卖家履约"）。目前调查正在进行中
2020年12月	美国	诉讼	谷歌	美国得克萨斯州牵头多个州对谷歌提起诉讼，指责谷歌对广告商使用垄断和胁迫手段，努力在网络广告领域占据主导地位并超越竞争，目前案件正在审理中
2020年12月	美国	诉讼	脸书	2020年联邦贸易委员会发起对脸书的反垄断诉讼，但由于未能证明脸书垄断的是一个合理市场，并且脸书市场份额过低，法院不予支持。联邦贸易委员会于2021年8月重新提交诉状，并建议强制拆分Instagram或WhatsApp，目前案件正在审理中
2021年1月	美国	诉讼	脸书和谷歌	美国西弗吉尼亚州的媒体公司HD Media提起诉讼，指控科技巨头谷歌和脸书涉嫌反竞争的商业行为正威胁着全国各地方报纸的生存
2021年5月	美国	诉讼	亚马逊	哥伦比亚特区起诉亚马逊，指控其垄断市场、抬高价格，目前案件正在审理中
2021年6月	欧盟	调查	谷歌	欧盟委员会对谷歌在在线广告领域可能存在的垄断行为展开调查，目前案件正在调查中

目前各法域对平台反垄断的判断均采取"相关市场界定—判断支配地位—分析垄断行为—竞争效果分析"的步骤，即反垄断法上成熟而稳定的"结构—行为—绩效"标准，我国也采用这种模式。2021年发布的《国务院反垄断委员会关于平台经济领域的反垄断指南》第三章"滥用市场支配地位"规定："认定平台经济领域的滥用市场支配地位行为，适用《反垄断法》第三章和《禁止滥用市场支配地位行为暂行规定》。通常情况下，首先界定相关市场，分析经营者在相关市场是否具有支配地位，再根据个案情况具体分析是否构成滥用市场

支配地位行为。"

值得关注的是,美国更倾向于采用诉讼的方式,而欧盟和中国更倾向于采用行政处罚的方式,欧盟的互联网平台相关诉讼主要是被处罚对象不服从欧盟委员会的处罚而上诉到欧盟法院,中国的反垄断诉讼主要是互联网平台之间的诉讼,不涉及执法机关。

与此同时,平台的交叉网络外部性、双边市场、头部效应、动态竞争和非中性定价等特征,使得平台的垄断行为相比传统产业而言更加复杂,主要表现为以下几点:

第一,关于平台具有争议性的竞争行为,目前的反垄断法框架所不能涵盖的主要是自我优待问题。目前各国的法律都没有明确对自我优待问题定性,也没有将其视为一种滥用市场支配地位的行为。[①]自我优待是指平台对自己经营的产品进行优待的行为,具体包括对竞争产品进行算法惩罚、用对手数据辅助自身决策等。美国众议院《数字市场竞争报告》认为四大科技巨头(脸书、谷歌、亚马逊、苹果)都存在着自我优待问题,但各自表现不同。

学界对自我优待是否属于滥用市场支配地位行为有不同的观点。丹麦的伯·维斯塔多夫法官认为,自我优待行为只是在利用自己的竞争优势,而不是对自身支配地位的滥用,这种行为就应该被视为是合法的,除非竞争主体所掌握的优势构成了所谓的"必需设施"。尼古拉斯·佩蒂特则认为很多自我优待行为事实上已经违反了《欧盟运行条约》第 102 条中的(c)款,即对公平交易条件的要求。

第二,平台内部隐蔽复杂的补贴规则可能会涉及多种垄断行为,但在事实确定和行为水平的测量上存在发现和界定困难。例如互联网平台的价格歧视种类繁多,比较普遍的是出于快速扩张市场的需要,对新老用户进行歧视定价策略,以及相应采用的大规模折扣销售政

---

① 陈永伟.自我优待:怎么看和怎么办.经济观察报,2020-12-21.

策。由于交叉网络外部性的存在，新顾客能增强网络外部性且几乎不增加边际成本，因此互联网平台对于新老用户的价格歧视往往是对新用户有优惠，这与传统商业中对老用户优惠的方式相反，但此种价格歧视与正常商业行为的界限难以确定，且折扣政策与掠夺性定价、价格歧视、忠诚返利等多个垄断行为存在竞合，具体归入何种垄断行为进行调整存在争议。但这种问题并不构成对反垄断法理论和规则的挑战，主要是对执法能力要求较高和发现成本较为高昂。

第三，针对平台垄断行为的排除、限制竞争效果的分析存在困难。传统滥用市场支配地位的竞争分析依赖于相关市场的界定，由于平台具有双边市场、跨领域经营、动态竞争等特点，相关市场的界定存在困难；除此之外，网络效应、价格的非中性特征也使平台单一垄断行为的竞争损害分析存在难度。

价格歧视及其适用于平台的争议

传统认为，价格歧视指的是商家就同一种商品对不同的消费者收取不同的费用，但这种定义忽视了两个重要的方面：第一，对不同消费者收取不同的费用有可能是因为交易成本不同；第二，即使对所有消费者收取相同价格，价格歧视也可能会出现。斯蒂格勒等人指出，价格歧视发生在商家卖出两种或更多相似商品时，此时其价格与边际成本的比率是不同的。例如，书商将精装书卖到 15 美元一本，而平装书只有 5 美元一本，此时精装书和平装书内容一样，装订成本的差别并不能有效解释价格差异，因此认为存在价格歧视。[①] 通常认为，对两个不同买方销售相同产品时，价格不同是因为存在差异化定价而

[①] T. F. Bresnahan, P. C. Reiss, R. Willig, G. J. Stigler, "Do Entry Conditions Vary across Markets?", *Brookings Papers on Economic Activity*, 1987(3): 833−881.

非歧视性定价。

价格歧视有三个要件：第一，企业必须存在一定的市场支配力，价格歧视多发生在垄断或者寡头市场，因为此时企业可以将商品定在边际成本之上，因此更有动力实施价格歧视；第二，企业必须有能力对消费者进行区分，为了能够对消费者实施不同的价格，企业必须能够区分不同消费者；第三，企业可以防止转卖，即企业必须防止顾客以低折扣的价格购买商品，然后转卖给其他顾客。[①]

美国《罗宾逊-帕特曼法》、《欧盟运行条约》第102条、我国《反垄断法》第十七条，均直接或间接规定了价格歧视行为。1936年的《罗宾逊-帕特曼法》对《克莱顿法》第2条做出了修改，后者规定："任何人……如果针对相同等级和质量的产品，对不同的购买人采用不同的价格……而且效果可能会大大减弱竞争或倾向于产生垄断，则是非法的。"《罗宾逊-帕特曼法》对价格歧视做了明确的禁止性规定，但它出台的背景是国会对小企业（特别是小零售商）的保护，因为大型连锁商店的崛起，小零售商受到广泛冲击。这一法律后期饱受芝加哥学派的批判，美国司法部和联邦贸易委员会也采取谨慎的态度，在将近40年的时间里没有依据《罗宾逊-帕特曼法》进行处罚。

与美国对价格歧视的直接规定不同，欧盟和我国并未直接对价格歧视做出规定。《欧盟运行条约》102条（c）禁止"对与其他贸易方的同等交易采用不同的条件，从而使其处于竞争劣势"，但在条文中并没有出现"价格歧视"或者相似的词。我国《反垄断法》第十七条规定："禁止具有市场支配地位的经营者从事下列滥用市场支配地位的行为：……（六）没有正当理由，对条件相同的交易相对人在交易

[①] H. R. Varian, "Price Discrimination", in Richard Schmalensee, Robert Willing, *Handbook of Industrial Organization,* Volume 1, North Hollard, 1989: 597-654.

价格等交易条件上实行差别待遇。"《禁止滥用市场支配地位行为暂行规定》第十九条规定："禁止具有市场支配地位的经营者没有正当理由，对条件相同的交易相对人在交易条件上实行下列差别待遇：（一）实行不同的交易价格、数量、品种、品质等级；……"值得注意的是，2021年11月18日发布的《国务院反垄断委员会关于原料药领域的反垄断指南》（下称《指南》）直接使用"价格歧视"一词。第七条"纵向垄断协议"规定："地域限制和客户限制可能导致市场分割、价格歧视，削弱原料药市场竞争，也可能导致其他原料药经销企业或者药品生产企业难以获得相关产品供应，使原料药和药品价格维持在高位。"但《指南》并没有明确价格歧视的要件和判断规则。与《反垄断法》的模糊相反，我国的《价格法》和2010年修订的《价格违法行为行政处罚规定》均对"价格歧视"做出明确规定。①

由此可见，价格歧视在我国传统属于《价格法》管制的范畴，目前的多数价格歧视案件也多是根据《价格法》和《价格违法行为行政处罚规定》做出行政处罚。在反垄断法中，价格歧视的定义、构成要件尚不清晰，适用案件较少，且国外反垄断法中的价格歧视规制已经在事实上衰落，是否有必要通过反垄断对平台的价格歧视行为进行规制，有待进一步探讨。在反垄断法上规制互联网平台的价格歧视行为，面临以下难点。

第一，反垄断法对价格歧视进行规制的目的仍然存在较大争议。反垄断法尚无法有效回应价格歧视规制的负面效果，即在寡头垄断

---

① 《价格法》第十四条规定："经营者不得有下列不正当价格行为：……（五）提供相同商品或者服务，对具有同等交易条件的其他经营者实行价格歧视；……"《价格违法行为行政处罚规定》（2010年修订）第四条规定："经营者违反价格法第十四条的规定，有下列行为之一的，责令改正，没收违法所得，并处违法所得5倍以下的罚款；……（二）提供相同商品或者服务，对具有同等交易条件的其他经营者实行价格歧视的。"

市场上，任何禁止价格歧视的一般政策都是对社会有害的。实际上，《罗宾逊-帕特曼法》有两个最有害的后果：由于它禁止进行个别降价，因而使得"卡特尔欺骗行为"更难；以及更普遍的是，它使得寡头们没有动力去为了争夺边际的交易机会而进行更积极的竞争。①

第二，互联网平台的价格歧视种类繁多，如何区分"歧视性定价"与"差异定价"是实践中的难点。平台普遍采用对新老用户进行区分定价的策略，例如饿了么和美团对新用户注册实行返减活动。根据《天猫2016年度各类目技术服务费年费一览表》，技术服务费年费根据不同的产品类别而有不同，并且根据对应年销售额还有50%、100%的额度返还。若按照价格歧视的严格定义，只有价格与边际成本的比率不同才存在价格歧视，而平台企业由于具有较强的网络外部性，新用户的边际成本较低，那么对于新客户的价格优惠是否有经济学的合理解释，仍然需要论证。此外，由于平台企业能通过用户注册信息、浏览记录、消费数据对用户进行划分和定位，进而针对性地推出个性化定价的特定产品，即使平台存在价格歧视也具有隐蔽性，在法律上论证这一事实仍是难题。

第三，平台歧视性定价行为的竞争效果难以确定。首先是交叉网络效应的影响不确定。在双边市场中，交叉网络效应在一定程度上可以对平台企业的市场地位构成限制，同时也可以对其市场地位进行加强，具体取决于平台企业的竞争策略是否成功以及双边市场运行的实际趋势。其次是市场效率的变化不确定。平台企业实施价格歧视的行为会给双边市场的不同主体带来不同的影响，综合起来就会导致判断总体市场效率是提升还是降低的难度较大。

---

① [美]赫伯特·霍温坎普.联邦反托拉斯政策：竞争法律及其实践.许光耀，江山，王晨，译.北京：法律出版社，2009：630.

掠夺性定价和试图获得垄断地位

掠夺性定价行为具有相当的复杂性，也是反垄断法调整的难点。中外学界对掠夺性定价的定义各不相同，但是均包括以下几个因素：一是价格低于成本；二是经营者具有垄断该市场的目的；三是将竞争对手排挤出市场，阻止新的经营者进入的可能性；四是抬高价格以获取垄断利润的可能性。

我国法律中用"不公平的低价"对掠夺性定价做了规定，《反垄断法》第十七条规定："禁止具有市场支配地位的经营者从事下列滥用市场支配地位的行为：（一）以不公平的高价销售商品或者以不公平的低价购买商品；……"《禁止滥用市场支配地位行为暂行规定》第十四条规定了认定"不公平的低价"时考虑的因素：销售或购买价格是否明显低于相似经营者在相似市场下的销售或购买价格；同一经营者在其他相同或相似市场条件下的价格；降价是否超过正常幅度；降价是否低于成本；其他因素。

掠夺性定价往往经历两个阶段：第一个阶段是低于成本定价直到将竞争对手排挤出相关市场阶段，即掠夺阶段；第二个阶段是补偿阶段，即企业提高价格至原来（实施掠夺性定价之前）水平甚至超高水平，借此获取垄断利润以弥补此前低于成本价销售所造成的亏损。因此，在判断掠夺性定价的时候，还需要考虑成功的可能性，即采取第二个阶段策略是否可以成功补偿。

我国的掠夺性定价是规定在滥用市场支配地位之中，即针对具有市场支配力的垄断企业而言的。对于不具有市场支配力，但是通过大规模低价以取得垄断地位的情形，《反垄断法》中并没有规定，但是在《价格法》[①]中有规定。因此在反垄断机关调整职权之后，反垄断

---

① 《价格法》第十四条规定："经营者不得有下列不正当价格行为：……（六）采取抬高等级或者压低等级等手段收购、销售商品或者提供服务，变相提高或者压低价格；……"

局通过部门规章将这种情况进行了明确,但立法效力层级比较低,也没有相应的执法案例。

掠夺性定价的反垄断模型主要包括阿瑞达-特纳平均变动成本模型、威廉姆森产量模型、鲍莫尔-伯尔顿平均增加成本模型、乔斯科-克莱沃里克两阶段检验模型,其中阿瑞达-特纳平均变动成本模型影响最为深远。

具体到平台企业而言,适用掠夺性定价的困难主要是双边市场以及交叉补贴带来的。即平台出于竞争策略的考虑,会在一个单边市场采用高价,而在需要征服的特定单边市场采用低价,上述模型难以适用,也难以发现和测量。如果要求平台公司设定的价格低于平均可变成本,就是要求平台公司收取的价格为零或负数。但实际上,平台公司同时对双边用户定价,一个是免费的或者低的,另一个是高的。以价格的哪一边作为衡量标准?平台的价格策略,包括收费结构也会影响到这一问题,除了对双边用户采取不同的价格策略外,还可以制定不同的收费项目。例如,可以仅收取注册费,或仅收取使用费,或既收取注册费又收取使用费。其中,注册费按会员收费,相对固定;而使用费是根据交易次数和交易金额收取的,是可变的。如何衡量这个收费与成本的关系?故此,存在着许多新的理论,仍在探索之中。

另外,平台企业的产品多为信息和服务,由于信息产品与传统产业中的实体产品不同,其前期的固定成本通常很高,包括产品研发成本、人力成本、知识产权许可费等。这些成本难以在短期内变动,需要依靠长期的生产逐渐收回。与此相反,信息产品投入生产之后,其产生的复制成本非常低廉,边际成本或者说可变成本几乎为零。平台企业需要投入大量成本来维持以平台为中心的双边市场的运行。这些成本应该归类为固定成本还是可变成本?这些问题都需要在理论和实践中进一步探索和研究。

限定交易与平台"二选一"

我国《反垄断法》第十七条规定:"禁止具有市场支配地位的经营者从事下列滥用市场支配地位的行为:……(四)没有正当理由,限定交易相对人只能与其进行交易或者只能与其指定的经营者进行交易;……"《禁止滥用市场支配地位行为暂行规定》第十七条对限定交易的具体行为做出规定:限定交易相对人只能与其进行交易;限定交易相对人只能与其指定的经营者进行交易;限定交易相对人不得与特定经营者进行交易。并且规定限定交易可以是直接或者间接设定,但有正当理由①的除外。

平台"二选一"的法律焦点是平台的行为是否属于限定交易,即平台方是否要求交易对方只能与平台或平台方指定的第三方进行交易,且此种限制行为具有阻碍或者限制竞争的效果。相比于传统经营者通过协议、市场支配地位对交易进行限定,平台又衍生出诸如利用技术、平台规则等新的手法限定交易。平台常用的限定交易手段有两种。第一,平台通过搜索降权、流量惩罚、技术障碍、扣取保证金等惩罚措施实施的限制,因对市场竞争和消费者利益产生直接损害,因此这种行为和自我优待也有一定的联系;第二,平台通过补贴、折扣、优惠、流量资源支持等激励性措施实施的限制。这两种情况是《国务院反垄断委员会关于平台经济领域的反垄断指南》规定的判断平台是否构成限定交易应当重点讨论的问题。

但"二选一"是一种通俗但不准确的表述,互联网平台的"二选一"实践较为丰富。2010年,当当网向合作的出版社发函,要求出版社在当当与京东之间"二选一",阻碍京东商城进入网络图书销

---

① 《禁止滥用市场支配地位行为暂行规定》规定的"正当理由"包括:为满足产品安全要求所必须;为保护知识产权所必须;为保护针对交易进行的特定投资所必须;能够证明行为具有正当性的其他理由。

售行业。2011年，腾讯强迫用户在QQ和奇虎360之间做出选择，迫使6 000万用户卸载了奇虎360。2015年前后，在"双十一""双十二"等重大促销活动期间，天猫商城利用其在第三方交易平台服务市场中的优势地位，强制要求参加本平台促销活动的经营者（供应商）不得参加其他平台的促销活动。2016年下半年，美团以"合作承诺书"的方式，要求入网经营者签订协议，约定入网商户只在美团独家经营。为推广线上业务，在知道其签约商户同时与饿了么、百度外卖等同类在线外卖平台合作后，美团强制关停商户在美团外卖上的网店，停止美团外卖商家客户端账户使用，商户只有在关闭其他外卖平台上的网店后才被允许重新登入美团外卖平台。2018年4月，滴滴在无锡市场上线外卖，遭到美团与饿了么"二选一"，如果商家上线滴滴，就会被迫从美团或饿了么下线。2017年，京东在北京市高级人民法院起诉阿里巴巴，认为阿里巴巴的"二选一"行为属于滥用市场支配地位，并索赔10亿元。格兰仕在2019年10月28日向广州知识产权法院以天猫涉嫌滥用市场支配地位提出诉讼，拼多多、唯品会之后加入诉讼。格兰仕诉称，格兰仕与拼多多达成长期全面战略合作关系后，天猫要求格兰仕"二选一"，格兰仕未予同意。而后，格兰仕天猫旗舰店出现跳转链接异常，页面无法正常显示长达半个多月，造成其在天猫平台的20万台备货形成积压。2020年6月，格兰仕向广州知识产权法院申请撤诉并得到批准。

2011年奇虎与腾讯的反垄断案，针对腾讯所实施的"产品不兼容"行为（用户"二选一"）是否构成《反垄断法》禁止的限定交易行为，法院最终认为，虽然腾讯实施的"产品不兼容"行为对用户造成了不便，但是并未导致排除或者限制竞争的明显效果，即腾讯实施的"产品不兼容"行为不构成《反垄断法》所禁止的滥用市场支配地位行为。该案在业界引发"互联网领域不存在垄断"的误读，在很大程度上助长了互联网领域滥用市场支配地位的行为。此后互联网平台广泛使用限定交易的方式，排除、限制竞争。2017年6月12日，浙江省金华市市场监管局对美团网利用自身优势，阻碍、胁迫他人与竞争对手发生正常交易的行为处罚52.6万元，但此次交易处罚是以不正当竞争为由，未在反垄断限定交易的框架下处理。2021年2月7日《国务院反垄断委员会关于平台经济领域的反垄断指南》出台，其中第十五条专门针对"二选一"进行了规定。随后，市场监管总局分别于2021年4月10日、2021年10月8日，对阿里巴巴、美团的"二选一"行为做出行政处罚，要求停止实施"二选一"行为，并对阿里巴巴、美团分别处以182.28亿元、34.42亿元的罚款。

梳理我国互联网平台限定交易的商业实践、司法案例和行政处罚可以发现，对于平台限定交易的行为规制依据主要集中在《反垄断法》和《反不正当竞争法》，但两部法律对此问题尚未厘清，在实践中较为混乱。

除此之外，在反垄断法框架下分析互联网平台限定交易的行为时，需要分析行为是否产生限制或排除竞争的效果，此时需要综合考虑对竞争对手的影响、对消费者福利和竞争的损害。[①] 首先，对现有竞争对手的排斥，平台企业通过独家交易限制经营者用户成为其他平台的用户，使自己的平台形成了相对封闭的销售网络和用户群，促进了平台用户单归属倾向的形成。基于平台产品的锁定效应，用户要选择其他平台产品就需要付出较高的转换成本，这会降低用户多归属的动机，从而形成较高的市场进入壁垒。其次，限定交易导致经营者用

---

① J. M. Jacobson, "Exclusive Dealing, Foreclosure, and Consumer Harm", *Antitrust Law Journal*, 2002, 70(2): 311-369; H. Hovenkamp, "Antitrust and Platform Monopoly", *The Yale Law Journal*, 2020, 130(8): 1952-2273; T. Doganoglu, J. Wright, "Exclusive Dealing with Network Effects", *International Journal of Industrial Organization*, 2010, 28(2): 145-154.

户被限制而减少消费者的选择自由，降低消费者福利；同时，限定交易进一步强化了平台的市场支配地位，消费者可能支付更高的价格。最后，限定交易行为通常与其他滥用市场支配地位行为紧密相连，例如转售价格维持、价格歧视、搭售、拒绝交易等，这些手段均具有排除和限制竞争的效果。

但是，判断限定交易是否成立，除了认定平台在相关市场具有垄断地位，还应当考虑合理的商业抗辩理由，比如是否构成用"权力"限制交易，违约金是否超出一定的额度，是否属于对平台组织成本的补偿，甚至需要审查平台作为市场规则制定者所制定规则的合理性。

拒绝交易及其适用于平台的争议

《反垄断法》第十七条规定："禁止具有市场支配地位的经营者从事下列滥用市场支配地位的行为：……（三）没有正当理由，拒绝与交易相对人进行交易；……"2021年10月19日，《反垄断法（修正草案）》提请十三届全国人大常委会第三十一次会议初次审议。草案第二十二条规定了滥用市场支配地位的行为，第二款增加"具有市场支配地位的经营者利用数据和算法、技术以及平台规则等设置障碍，对其他经营者进行不合理限制的，属于前款规定的滥用市场支配地位的行为"。但草案并没有明确不合理的限制行为应当归属于滥用市场支配地位的哪个类别。2019年9月起施行的《禁止滥用市场支配地位行为暂行规定》罗列了拒绝交易的表现：（1）削减交易数量；（2）拖延、中断现有交易；（3）拒绝新交易；（4）设定限制条件；（5）拒绝交易相对人使用必需设施。两相结合，设置限制条件应当被纳入拒绝交易的框架。

如果市场被理解为属于私有领域，则经营者拥有选择交易相对人和决定交易内容的权利，享有交易的拒绝权。提供公共产品的公共营运商不具有该项权利，这是由公共产品的特性造成的。对于具有市场支配地位的经营者来说，在一定条件下实施拒绝交易行为可能会对市场竞争和消费者福利产生影响。不过，按照各国的商业实践，对于市场经营者而言，很少会使用这种拒绝交易的行为，如果出现也比较容易解决。拒绝交易大多数情况下发生在上下游厂商之间，有时会和"封锁"发生重叠。

在国外，微软公司 2011 年曾针对谷歌公司提起过反垄断诉讼，诉由是谷歌旗下的视频网站 YouTube 拒绝微软公司开发的手机收集必要信息来开发应用软件。另外，欧盟针对微软公司的操作系统限制其他软件开发商开发兼容软件的问题进行过反垄断调查。在我国，互联网领域的"平台封禁"行为①也存在着争议，并且升级为关于互联互通、必需设施的争论。所针对的行为是平台通过技术手段屏蔽其他平台内容的链接，或阻止用户向其他平台的链接进行跳转，例如头条系的产品链接无法在微信打开，腾讯及其投资的电商平台无法用支付宝支付、淘宝、天猫等阿里巴巴旗下电商也无法用微信支付。

拒绝交易行为有多个层面的争议。第一个争议是必需设施理论。判断的核心是控制了具有市场地位的经营者是否控制某种市场竞争所必需的、同时竞争者无法有效获取的资源，经营者不开放这种资源会严重损害竞争。该原则最早始于美国最高法院 1912 年关于铁路终端一案的判决。根据该条款，如果上游市场中的一个主导企业控制了下

---

① 有研究认为，"平台封禁"行为在广义上包括平台经营者强迫用户在不同平台之间进行"二选一"、平台对其他平台的产品内容不予直链、平台对本平台的产品和内容进行自我优化、一方平台通过封闭 API（应用程序编程接口）政策拒绝与其他平台互联互通四类。（张江莉，张镭. 互联网"平台封禁"的反垄断法规制. 竞争政策研究，2020（5）：21-32.）但前述分类框架显然比本书所讨论的"平台封禁"更加宽泛，例如其包含了"二选一"等针对用户开展的行为；且其前述研究单独成类的封闭 API 政策，在本书的语境下，仅仅是平台用于封禁其他平台的一种技术手段，并不单独成为一类。

游生产不可缺少且不可复制的必需设施（包括基础设施、技术和自然条件等），则其有义务让下游厂商以适当的商业条款使用该设施，以避免反竞争的后果。欧盟在 20 世纪 70 年代开始提出必需设施原则，并在一些案例中使用该原则。1989 年，著名反垄断专家阿瑞达在论文中提出了适用必需设施原则的六个准则。第一，并不存在分享设施的一般责任，强制开放应该作为例外来加以使用。第二，一种设施仅当它对原告的竞争能力是关键的，并且原告本身对于市场竞争而言是必需的时，才能被视为必需设施。"对原告的竞争能力是关键的"指的是原告缺乏该设施无法进行有效的竞争，并且复制该设施或者找到替代品并不可行。第三，除非强制开放设施可以带来降低价格、增加产出或者促进创新等效应，否则设施的拥有者不应该被要求强制开放设施。在如下几种情况下，以上改进是不太可能发生的：(1) 当开放设施可能会减少有价值的行动；(2) 原告并不是一个实际的或潜在的竞争者；(3) 原告仅仅是垄断者的替补或者垄断的分享者；(4) 垄断者已经对其资源以索取垄断价格为代价允许使用。第四，即使以上所有条件都被满足，被告拒绝开放设施也不应该被认为是违法的，他们可以以合理的商业目的为理由作为抗辩。被告需要以合理的理由来证明自己的行为是合理的，而原告则有责任证明这些理由并不足够。第五，被告的意图很少具有启发意义，因为任何拒绝向对手开放设施的意图都是为了限制自己面临的竞争、增加自己的利润，只有那些不适当的排除竞争意图才需要面临法律上的限制。第六，如果法院无法给出很好的解释，或者无法进行合理的监督，则不应该强制要求设施开放。如果强制开放需要法院承担监管机构的日常监管任务，这一问题就不应该从反垄断角度进行法律救济。[①]

[①] Phillip Areeda, "Essential Facilities: An Epithet in Need of Limiting Principles", *Antitrust Law Journal*, 1989, 58(3): 841-853.

以上理论反对者的理由主要有：第一，该原则有悖于私有财产和合同自由的理念，而这两点是一个自由市场运转的不可缺少的元素；第二，必需设施原则的过度使用必定伤害企业对必需设施投资和竞争的愿望；第三，必需设施原则的实施使得多个竞争者使用同一设施，这实际上会有利于保持垄断地位，而不是消除它；第四，知识产权体系本身已经照顾到垄断利益和促进竞争间的平衡。①

第二个争议是中国《反垄断法》中的条文表述，即"没有正当理由，拒绝与交易相对人进行交易"。对拒绝交易的反面是不是互联互通，存在着不同层面的理解。

第三个争议是：如果采用必需基础设施，显然平台企业不能被简单、直接地归入公共产品提供者之列，并且如果归入公共产品提供者之列，那么就应当得到相应的反垄断法豁免；而基于知识产权发展的必需基础设施，则应当从技术上加以认定，比如互联网 TCP/IP 协议，目前对平台企业的指控超出了这个层面，从而容易形成法律制度上的不对等。因此，对互联互通的过度解释和强化执行实际上也会替换反垄断法的执法。

实践中，互联网企业拒绝交易的案件数量少、原告胜诉率低。在中国裁判文书网上以民事案由下的第五级子案由"拒绝交易纠纷"作为关键词搜索得一、二审判决书共 19 份，将其中涉及互联网领域的相同案件进行归类分析可得目前有关互联网的拒绝交易案件呈以下特点：一是数量少，二是原告胜诉率低。在查询到的判决书当中，一、二审法院均认为，原告未能提供证据对相关市场进行正确的界定，也未能提供证据证明中国互联网中心的市场支配地位或者存在滥用市场

---

① Robert O'Donoghue, Jorge Padilla, *The Law and Economics of Article 102 TFEU*, Hart Publishing, 2006.

支配地位的行为。①

由于必需设施理论的争议较大、传统规制的公共承运人理论同样可以实现平台的互联互通问题、竞争效果分析的不确定性，通过拒绝交易对互联网平台企业进行规制，在理论和法律制度上存在诸多冲突和障碍。

平台领域的合并控制

合并控制

合并控制是反垄断法中的重要制度。"当一个企业获另一个企业全部或显著重要比例的生产能力时，并购就发生了"，这是反垄断学界泰斗霍温坎普对并购的定义。他将并购进一步分为三种类型：横向并购、纵向并购、相邻市场并购。② 我国在实践中的常用说法是"公司收购"或"并购"，在《反垄断法》中则使用"经营者集中"的概念。公司并购已经成为与公司财务、公司治理并重的公司法三大领域之一，是最复杂的商业交易之一。

现行的反垄断制度通过"合并控制"或"申报"制度做出回应。例如，我国《反垄断法》第二十条至第三十一条规定了经营者集中的申报与审查制度，并通过《国务院关于经营者集中申报标准的规定》《经营者集中审查暂行规定》加以细化。美国国会通过的《克莱顿法》第7条中规定了并购的一般原则，即如果一项并购可能实质性地减少竞争或者可能产生垄断的话，并购方不得直接或间接地获得被

---

① 程旭鹏.互联网平台拒绝交易行为的竞争分析.微信公众号"互联网法治研究"，2020-05-06.
② 霍温坎普对并购的定义是非常巧妙的，通过"生产能力"的描述，实际上绕开了较为困难的"控制力"的界定。

并购方的股份或其他形式的股本；还规定了相应的初步禁令程序和民事惩罚、合规程序，同时通过联邦贸易委员会出台的《委员会资产剥离过程研究》(1999)、《关于合并救济谈判的陈述》(2003)、司法部《关于合并补救的政策指南》(2004)将整体的并购控制制度加以完善。欧盟也以《欧盟运行条约》为并购申报的基本原则，以《关于控制企业集中的(EC)第139/2004号理事会条例》(2004)、《关于执行〈关于控制企业集中的(EC)第139/2004号理事会条例〉第802/2004号委员会条例》(2004)为具体框架规则。此外，全球100多个法域在反垄断立法中也都设置了并购控制或经营者集中申报的具体规则，大多列明了参与集中经营者交易前的强制申报义务、相应的审查时间、申报门槛。各法域的反垄断执法部门也对并购控制政策较为重视，英国、美国、加拿大等都出台了并购控制救济措施的评估研究报告。

霍温坎普认为，在互联网企业、平台企业兴起引发全球反垄断浪潮之前，对三类并购类型的态度分别是：第一，对同一相关市场内横向并购的态度较为严厉，若一桩横向并购可能使得并购后的企业单边涨价或与市场内其他企业实施显性或隐性合谋，则认为其违法；第二，对纵向并购的态度已经放松，虽然历史上的许多桩纵向并购也遭到法律的"谴责"；第三，相邻市场并购则存在一些过时失效的规则，但实施几乎没有。总体而言，反垄断法倾向于允许并购案发生，因为并购让企业减少成本，从而更有效地展开竞争，甚至增加规模经济。

平台并购活跃

平台并购潮事实上从21世纪初期就浮现了，只是最近几年由于社会环境、经济形势、政策导向的转变，逐渐引起反垄断立法部门与执法部门的重视，也得到了人们的关注。麻省理工学院的杰弗里·帕克教授团队的研究统计显示，谷歌、亚马逊、脸书、苹果、微软从

1988年至2020年总共完成了855桩并购案，其中苹果的并购案数量为128桩，微软的并购案数量为269桩，亚马逊的并购案数量为107桩，谷歌的并购案数量为249桩，脸书的并购案数量为102桩。由于前述五个平台企业开始经营的年份并不相同，故从并购频率来看，谷歌最多，为13.1次/年，其次是微软的9.0次/年，再次是脸书的6.8次/年，然后是亚马逊的4.9次/年，最后是苹果的4.0次/年。具体而言，谷歌最昂贵的并购案是2011年花费125亿美元对摩托罗拉的收购；亚马逊的重要并购案包括2009年对Zappos的收购、2012年对Kiva Systems的收购、2017年对全食超市的收购以及2020年对Zoox的收购；脸书的重要并购案包括2012年对Instagram的收购、2014年对WhatsApp的收购；苹果的大型并购案是1997年对Power Computing Corporation的收购，以及2010年后对Siri及相关人工智能公司的大量收购；微软的重要并购案则是2013年对诺基亚的收购。①

21世纪以来，中国平台企业的并购案数量也日趋增多，仅腾讯与阿里巴巴两家公司的投资并购规模就已经达到了5 000亿~6 000亿元。以阿里巴巴的重要并购案为例，它于2013年5月、2014年7月分两次对高德地图进行收购并完成私有化，于2016年4月完成对优酷土豆的私有化，于2017年5月取得对银泰百货的控股地位，于2018年5月取得对饿了么的控股地位，于2019年9月取得对网易考拉海购的控股地位。

平台并购的反垄断挑战

相较于传统的公司并购问题，汹涌的平台并购浪潮在事实层面呈

---

① Geoffrey Parker, Georgios Petropoulos, Marshall Van Alstyne, "Platform Mergers and Antitrust", *Industrial and Corporate Change*, 2021, 30(5): 1307-1336.

现出数量较多、金额较小、频率较高、并购动机复杂等多重特点，也因此给反垄断法造成了理论层面和制度层面的困扰。而对于平台企业并购潮带来的种种"迷雾"，反垄断法学界也相应地提出了不同的解决方案。

首先，平台企业并购案的数量较多、金额较小。一方面，从20世纪末期开始兴起的平台企业，其崛起路上伴随着大量并购案的发生；由于平台企业的跨地域性、影响广泛性，满足审查门槛的平台企业并购案将给各法域反垄断执法部门带来大量的人力、物力消耗。另一方面，部分平台企业并购案中的被并购方标的较小，并不满足欧盟和中国反垄断法中以"营业额"和"交易金额"为主的并购控制申报门槛，而造成部分可能对平台企业相关市场的竞争产生负面效应的并购案侥幸过关。学界对此的回应包括对申报门槛的调整、对反垄断执法部门人力资源的倾斜，以及将部分案件中的证明责任倒置。

其次，平台企业的并购动机复杂。根据杰弗里·帕克等人的分类，平台企业的并购动机可以划分为四种：第一，为平台企业本身的核心业务提供额外互补功能的并购，能够帮助平台企业提升效率，如亚马逊并购Accept.com，苹果并购Snappy Labs；第二，对纵向产业链上一种全新的功能、产品、服务展开的并购，能够使平台企业更具吸引力，如亚马逊并购IMDb，微软并购Hotmail；第三，对平台企业核心的中介市场或纵向市场中可替代的竞争性服务展开的并购，能够减少平台企业面临的竞争，如脸书并购WhatsApp和Instagram；第四，基于对目标公司中人力资本和"天才"的渴求而展开的并购。在反垄断执法部门对平台的并购进行审查时，识别平台的并购动机有助于对并购造成的竞争效应进行分析。

再次，平台企业相关市场界定的问题。在现行的反垄断法框架下，相关市场仍是并购控制中分析竞争效应的基础，而平台企业自身区别于传统的厂商型企业，应当用"双边市场"的框架对其进行分析。在"双边市场"理论的指引下,有两个方面的变革。第一,技术上的变革。传统相关市场界定中的定性方法与定量方法等都要求进行相应的更新,这也给各法域的执法部门带来了较大的困扰,例如,传统相关市场界定中运用的替代性分析方法、SSNIP(假定垄断者测试)和CLA(临界损失分析)都过于倚重价格数据或其他传统变量,在适用于平台相关市场时都存在着失灵的风险;需要根据双边甚至多变市场中价格的联动关系,调整原有的公式,设计新的计算价格、利润或临界损失。① 故在此领域中,已经有比较专业的针对相关市场界定中多边市场效应的分析。第二,观念上的变革。有学者提出应将双边市场视为同一市场对待,也有学者提出平台并没有进入或者拓宽市场,而是取代了市场。

再有,平台企业的市场支配力评估问题。传统的市场支配力评估框架中,美国以市场份额、市场结构、进入门槛等作为间接证据,以限制产出、超出垄断价格定价作为直接证据进行评估;中国则以《反垄断法》第十八条所规定的五点因素为主,以其他兜底因素为辅。然而,平台企业位于双边市场,具有网络效应,并伴随着互联网时代以"流量""数据"为核心展开竞争的特性,因此应当有新的分析框架。例如,有美国学者在其分析中提出了8个评估平台企业市场力量的因素,包括创新、监管套利、进入门槛、交叉补贴后的定价、数字定价和自动程序定价的利用、数据收集带来的市场力量、数据带来的开发其他市场的能力、市场力量带来的对消费者隐私保护的威胁。②

最后,平台企业并购案的竞争效应分析是一个较难处理的问题。"并购控制面临的基础挑战是,这是一个预测性的实践,如果执法部

---

① 张晨颖.平台相关市场界定方法再造.首都师范大学学报(社会科学版),2017(2):41-51.

② Kenneth A. Bamberger, Orly Lobel, "Platform Market Power", *Berkeley Technology Law Journal*, 2017, 32(3): 1051-1092.

门正在寻求拟进行的、可能实际减少竞争的并购,那么执法部门必须在这个交易完成前评估其潜在的竞争效应"①,且这个问题在竞争动态化的平台企业时代被放大得淋漓尽致。在平台企业并购问题刚刚兴起的21世纪头十年,学者们普遍对其持较为开放的态度,如戴维·埃文斯教授认为,对平台的掠夺性定价要按照合理原则进行判断,因为掠夺性定价可能正是平台企业真正有效率的定价,而非一种获取垄断地位的策略。②但最近几年,学界对平台企业并购的态度更加严格:反垄断是否需要考虑平台企业横跨不同行业带来的合力,而非局限在单一市场界定上?基于市场份额的监管是否滞后?基于行为的监管是否更为重要?杰弗里·帕克等人将平台并购可能的竞争损害分为三类。一是动态竞争中的竞争损害,包括:扼杀性并购③,即平台企业仅为遏制创新的目的收购小企业;寒蝉效应,平台企业的不断收购会使得小企业们的运营目的由"独立发展并获得成功"变为"被大企业收购",对其他初创企业造成影响;平台打包理论,即平台企业通过收购平台能够一并收购相关的用户、市场份额和市场支配力量。二是横向并购和相邻市场并购中的竞争损害:平台企业可能通过横向并购获取更多用户,获取更多的剩余利润;相邻市场并购可能会使"一站式购物"的平台企业获取更多利润。三是纵向并购中的竞争损害,是平台企业可能通过自我裁判、自我选择限制消费者的选择,同时存在搭售、捆绑定价等其他问题。对平台企业并购的竞争效应分析,当前的并购执法工具并不适合这一新变化,急需新的方法。例如,霍温坎普教授给

---

① Carl Shapiro, "Protecting Competition in the American Economy: Merger Control, Tech Titans, Labor Markets", *Journal of Economic Perspectives*, 2019, 33(3): 69–93.

② David S. Evans, "The Antitrust Economics of Multi-Sided Platform Markets", *Yale Journal on Regulation*, 2003, 20(2): 325–381.

③ 对于平台公司并购特征的描述,市场监督管理总局发布的《中国反垄断法执法年度报告(2020)》用的是"掐尖式并购"。

出了判断扼杀性并购的两种标准，第一是并购后关闭标的企业的时间，第二是被并购企业被部分关停的可能性——平台企业进行并购，可能就是为了关停标的企业的某个部分；同时，他建议将其视为一种卡特尔垄断，要求进行更严格的反垄断审查。

各国的政策应对

在事实和理论层面的双重冲击下，全球各法域尝试通过立法和执法回应平台企业的并购浪潮。就欧盟而言，一方面，在执法层面，2021年8月，欧盟对脸书收购美国客户服务软件平台Kustomer进行反垄断调查，认为这桩收购案可能对Kustomer所处的软件行业造成竞争损害；尤其值得注意的是，尽管该交易没有达到欧盟通常的审查收入限制，但欧盟的监管机构使用了一种新的程序来审查它。欧盟反垄断专员玛格丽特·韦斯塔格在声明中表示："要严格审查那些已经在某些市场占据主导地位的公司的收购。"另一方面，在立法层面，欧盟的《数字市场法》草案第12条对在数字领域充当"守门人"的平台企业施加了有关"扼杀式并购"的限制，要求满足"守门人"要求的平台企业如果并购另一核心平台的服务提供者或数字领域任何其他服务提供者，则应强制性地向欧盟进行申报，未按照第12条进行申报的"守门人"将被处以最高占上一财政年度总营业额1%的罚款。

美国对平台企业并购浪潮的主要执法应对是：第一，2020年12月，美国联邦贸易委员会和46个州、哥伦比亚特区、关岛地区总检察长分别对脸书提起了反垄断诉讼，指称之一即是脸书通过2012年和2014年分别收购其认为有能力削弱其垄断地位的公司（Instagram和WhatsApp）而消除直接竞争威胁；第二，2021年9月15日，美国联邦贸易委员会决定撤回其与美国司法部联合发布的《纵向合并指南》，以避免平台企业的交易规模太小、无须向反垄断机构报告的情形。此外，在立法层面，美国国会众议院于 2021 年 6 月 23 日表决通过了《终结平台垄断法案》《美国选择与创新在线法案》《平台竞争与机会法案》《收购兼并申请费现代化法案》《通过启用服务交换增强兼容性和竞争性法案》《州反垄断执法场所法案》六项反垄断法案。其中，《平台竞争与机会法案》规定，被联邦贸易委员会或司法部认定为大型在线平台的企业收购竞争对手或潜在对手是非法的，除非其能够证明该项收购并不涉及任何反竞争效应，也不会有利于维持其市场支配地位；换言之，举证责任将被转移至占主导地位的市场平台一方，即平台需要证明其收购合法，而不再由政府证明这种收购会遏制竞争。

就我国对平台企业并购浪潮的政策应对而言，《反垄断法》《国务院反垄断委员会关于平台经济领域的反垄断指南》并未对平台企业的并购行为设定单独的门槛、申报程序或者举证责任。但国家市场监督管理总局的执法已经体现出对平台企业并购审查的严格趋势，例如：2021 年 7 月 10 日，虎牙斗鱼的合并案被国家市场监督管理总局禁止；从 2021 年 4 月至 2021 年 7 月，国家市场监督管理总局也对阿里系、腾讯系平台企业未依法申报的经营者集中案件进行行政处罚。

结论与建议

2021 年 10 月，《反垄断法（修正草案）》提请第十三届全国人大常委会第三十一次会议进行初次审议。鼓励创新被纳入《反垄断法》的立法宗旨，竞争性基础地位以及公平竞争审查制度以制定法形式得以明确，完善了涉及三大垄断行为的实体性制度安排，规定了竞争者不得用数据、算法、技术以及平台规则等因素排除、限制竞争。

《反垄断法》《国务院反垄断委员会关于平台经济领域的反垄断指南》等法律法规的出台，使我国针对平台反垄断问题形成一整套较为健全的法律体系，当前热议的平台"二选一""大数据杀熟"等问题，皆可从反垄断法框架下得到解决。但仍有以下问题值得考虑。

　　首先，《价格法》与《反垄断法》的关系需要进一步梳理。《价格法》对我国市场主体的价格行为做了全面规定，为稳定市场价格总体水平、发挥价格配置资源的作用起到积极效果。但《价格法》中不公平高价、价格歧视、掠夺性定价等价格行为的关键条款与《反垄断法》中规制的相关价格行为存在冲突，法律的冲突加大了行政执法成本，实际拓宽了经营者可能违法的范畴。①

　　其次，"二选一"和"大数据杀熟"等行为的规制，不宜适用"本身违法"原则。"二选一"根据实施方式的不同，可以划分为滥用市场支配地位下的限定交易和纵向垄断协议下的非价格垄断协议两种，"大数据杀熟"根据补贴体系和对象的不同涉及掠夺性定价、价格歧视、忠诚折扣等问题，在对具体行为进行考察时，需要对限制竞争的效果审慎评估，切勿一刀切。

　　再次，尽管本章分析了一些大型科技平台对反垄断法的挑战，但反垄断法学界的主流看法是，如理查德·波斯纳法官早就指出的，新经济并不构成对反垄断法框架的挑战。平台带来的挑战更多是经济测量、成本收益分析、市场界定方面的，这些本来就是反垄断法持续面对的问题，并不会因为平台的出现而发生根本性动摇。度量问题实际

---

① 《反垄断法》对价格行为的规制是在垄断协议或滥用市场支配地位的前提之下，同时对不到一定经济规模、对竞争不产生损害的企业实施豁免，但《价格法》第十四条的对象是所有从事生产、经营商品或提供有偿服务的法人、其他组织和个人。《价格法》对价格的调节和限制范畴明显大于《反垄断法》，是否有必要对所有经营者施加如此强的价格义务尚须进一步探讨，《价格法》及出台法律的全国人大常委会对此并未给出论证。

上是一个信息和情报收集问题，而非理论问题。

最后，互联网平台发展迅速，对于平台市场势力的判断方法、多边市场下的相关市场界定、垄断行为的归类、掐尖式并购的手段等问题，需要保持开放的态度，加强国际交流。平台反垄断问题是世界性命题，欧盟、美国、德国、法国、加拿大、英国等区域和国家都对互联网平台问题密切关注。我国反垄断执法机构一方面应充分利用现有的合作平台，积极参加联合国、OECD、ICN（国际竞争网络）等国际组织和美国、德国、新加坡等举办的多双边反垄断重大国际会议，深入宣传机构改革成效，充分展示科学化专业化反垄断执法形象，发出中国声音，贡献中国智慧；另一方面，要积极探索新的对话机制，在充分利用我国对外开放的战略契机的同时，也在执法机构合作层面做出努力。

第十三章

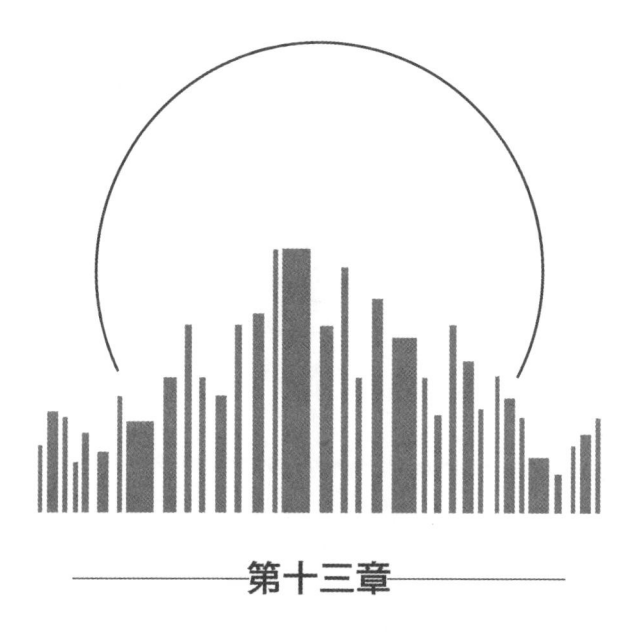

回应型监管和未来数字经济法的框架[①]

---

① 本章作者为邓峰课题小组,参与人员有邓峰、郭小莉、王慧群、刘昱池。

域外平台监管模式汇总

传统平台责任体系

美国平台法律责任

民事责任方面，一般情况下，平台基于《通信规范法》而受到一定程度的责任豁免和保护。在美国法中，平台责任最初被提出，可追溯到 1991 年的 Cubby 公司诉 CompuServe 平台一案。CompuServe 是一个提供社交服务的平台，因为 CompuServe 的用户在该平台上发布了针对 Cubby 公司的诽谤言论，而被 Cubby 诉至纽约南区法院。法院认为，因为 CompuServe 没有对用户言论的审查义务，而可以以"不知情"和"缺乏实际控制"为理由免责。而在 1995 年的 Stratton Oakmont 公司诉 Prodigy Services 公司案中，法院却做出了相反判决，认为：经营电子公告板的企业性质类似于出版者，因为对公告板上的内容有编辑控制权，故应当承担侵权责任。

由以上两例可见，美国法中平台对一般民事责任的承担，面临"言论自由"和"权利保护"两种价值的矛盾与平衡。为回应该种争议，1996 年立法者颁行《通信规范法》，分为 230（c）（1）和 230（c）（2）两条。其中，230（c）（1）条为网络平台的广泛免责条款："任何交互式计算机服务的提供者或用户，不应被视为由其他信息内容提供者提供的任何信息的发布者或出版者。"而 230（c）（2）条则豁免了平台因为善意、主动地采取技术限制不良信息发布导致的限制言论自由的责任。即 230（c）（1）条规定，只要满足特定条件，就可被排除出出版者/发布者的认定范围；而 230（c）（2）条则反映了立法者对平台审核用户发布信息的鼓励态度。这两条实际是以自由市场和弱监管的态度，鼓励互联网平台审查用户内容，但为了减轻平台负担，促进互联网新兴业态发展，免除了平台因无力处理大量用户内容导致的责任，也在一定程度上加入了平衡"言论自由价值"的考量。

此后，《通信规范法》在不同场景的应用中表现出对上述规则的不断细化，在适用范围上，除刑法、知识产权法及电子通信隐私法外，几无所限制。在齐伦（Zeran）诉美国在线案中，法院认为，散布者与出版者同为《通信规范法》第230条规制的对象，美国在线可以因此获得充足的免责保护。在格塔丘（Getachew）诉谷歌案中，法院认为，搜索引擎中出现被侵权人的负面信息时，搜索引擎属于《通信规范法》第230条规定的免责范围。在多伊（Doe）诉聚友网案中，法院认为社交平台未严格审核用户提交的个人信息，并不能被认为是信息内容的提供者。在埃文斯（Evans）诉Hewlett-Packanl公司案中，法院认为收取佣金的行为不能被视为利润分享而排除《通信规范法》第230条的适用。

但同时，由于免责条款的存在，平台往往缺乏足够的动力去控制不良信息发布和传播。在近年的案件中，法院对《通信规范法》第230条也趋向保守，并发展出"实质性促进"原则。[1] 在公平租房委员会诉Roommates网站案中，法院认为，因为用户提交到平台的信息是基于网站要求必须提供的（即做出发布决定），并因此对信息传播起到了"实质性促进"的作用，那么该平台不得受到《通信规范法》第230条的保护。

---

[1] 根据实证研究，2001—2002年间的10案中，美国法院支持了其中8案的责任豁免，剩余2案以知识产权为理由驳回。而在2015—2016年间的27案中，仅有14案获得完全豁免，主要驳回理由是实质性促进。（Jeff Kosseff, "Twenty Years of Intermediary Immunity: The US Experience", *Social Science Electronic Publishing*, 2017, 14(1): 5-36.）

其次，平台责任在知识产权保护领域也有特别规则。由于知识产权与普通内容发布的差异性，平台对知识产权保护的责任被排除出《通信规范法》第230条的豁免范围，因此需要特别讨论。

美国的网络著作权保护制度建立在"避风港"原则之上。1998年，《数字千年版权法》由克林顿总统签署并正式生效，其中第512条规定，在满足特定条件的情况下，网络服务提供商可以进入"避风港"，从而免除对著作权人的侵权责任。简而言之，"避风港"原则提供一种著作权人和平台之间的侵权合作机制，在"通知—必要措施—反通知—恢复/诉讼"的流程中，需要由著作权人发现侵权事实并通知平台，再由平台而非著作权人直接、及时采取必要措施。①

就责任类型来说，《数字千年版权法》规定平台主要需承担协助侵权和替代侵权两种责任，后又在米高梅公司诉格罗斯特（Grokster）案中发展出引诱侵权责任。其中，判断协助侵权有知道和实际促进两个要件，而关于如何判断知道要件，又发展出"红旗标准"。替代侵权责任则进一步严格化，指当平台有权利或有能力对直接侵权人进行监督且从中获得直接经济利益时，即使其不知道或者没有直接参与侵权行为，也应为此承担责任。在米高梅公司诉格罗斯特一案中，法院更明确指出，如果可以证明，平台提供产品、服务的意图是促进侵犯著作权的发生，即认为平台有"引诱"的意图和行为，则平台也应对侵权行为承担责任。②在规则适用初期，法院倾向于严格认定运营者责任。如在花花公子公司诉弗勒纳（Frena）案中，即使运营者并不知道用户的侵权行为，仍需就其上传下载的行为承担侵权责任。但由

---

① 朱开鑫. 从"通知移除规则"到"通知屏蔽规则"——《数字千年版权法》"避风港制度"现代化路径分析. 电子知识产权，2020（5）：42-52.
② 徐实. 美国网络平台承担知识产权间接侵权责任的经验与启示. 北方法学，2018，12（5）：71-79.

于网络平台经营的特性，在大量数据汇集的情况下，严格责任认定会导向经营者承担过重责任，司法适用也在根据实际情况不断调整。

商标权和专利权的保护，就基本原理而言，和著作权有相通之处；但在判例和具体构成要件上，也有细化的特殊制度。商标权保护主要涉及协助侵权责任和替代侵权责任。协助侵权需由知道要件与控制和监督要件构成，而知道要件又可分为故意和放任两种行为。在替代侵权责任的判断上，法院采取"代理原则"认定：若被告和侵权人对侵权产品有共有权或行使管理行为，同样也足够使被告承担替代侵权责任。但由于实践中判决较少，规则具体认定标准仍有待进一步细化。专利权保护中，网络平台可能会因为其服务承担协助侵权责任和引诱侵权责任。根据《美国专利法》第271（c）条，专利协助侵权有四要件，但根据华莱士（Wallace）诉霍姆斯（Holmes）案，一般仅需考虑紧密联系要件和通知-知道要件。专利权协助侵权责任的认定主要考虑两个要件：被诉侵权产品与专利产品之间具有紧密联系；网络平台实际知道具体侵权行为，一般需原告提供全面具体的侵权通知。专利权引诱侵权责任的认定亦需考虑两个要件：明知并故意；积极实施。

在行政责任方面，对网络平台的监管主要由联邦贸易委员会和州政府进行，如加利福尼亚州制定了《加州消费者隐私法》和《加州网络隐私保护法》，用于保护网络隐私。但总体而言，联邦贸易委员会仍是平台监管之关键。

根据《联邦贸易委员会法》的授权，联邦贸易委员会享有对不公平或欺骗行为的执法权。因为"欺骗"的判断标准以平台经营者明确表达其隐私保护政策为前提，而隐私保护政策修改权归于平台经营者，会对举证带来较大困难，所以其执法重心更偏于"不公平"。"不公平"的标准主要见于《联邦贸易委员会法》第45（n）条，被限定为"有可能给消费者带来严重的损害，且消费者自身无法合理地避免此种损害，并且不存在其他更重要的有利于消费者或竞争的益处"的行为或经营方式。需要注意的是，虽然以联邦贸易委员会为核心的监督可以有效抑制垄断、鼓励竞争、促进创新，但行政执法规范个案性较强，不易形成统一的、权威性的制度规则。例如，1998 年通过的《儿童网上隐私保护法》对儿童隐私提供了专门保护。同时，根据 1994 年的《通信协助执法法》，平台也有协助执法的义务。

此外，因联邦宪法第一修正案的限制，行政部门对用户发布信息内容的管制采取较为谨慎的态度，该领域立法也存在较大宪法争议。主要立法有：《通信正派法案》第 223（a）（1）（B）条（因违宪而删除"不雅"字样），《儿童上网保护法》（因违宪未实施），《通信正派法案》第 230 条，《儿童网上隐私保护法》。

在刑事责任方面，美国目前尚无对网络平台刑事责任的直接规定，平台经营者承担刑事责任的情况较为罕见。从学理上讲，平台经营者可能涉及的罪名有：侵犯知识产权罪，身份证件、鉴真标识或信息诈骗罪，计算机诈骗罪，监听和泄露电信、电子或口头通信罪，非法获取通信记录罪，泄露通信记录罪等。此外，网络平台配合执法（如监控、披露、备份等）也通常构成平台免责的事由。

英国平台法律责任

网络平台在名誉侵权中需承担民事责任。英国涉及名誉权的成文法主要包括《1952 年诽谤法》、《1996 年诽谤法》、《2013 年诽谤法》和《2002 年电子商务条例》。需注意的是，虽然《2013 年诽谤法》是在《1952 年诽谤法》和《1996 年诽谤法》两部法律基础上修订而成，但并未因新法颁布导致旧法失效，而是三者互为补充、共同规范，以求在言论自由保护和公民名誉权保护间达成某种平衡。在普通法中，名誉权被分为书面诽谤和口头诽谤两种，其中原告若想证明构成一般的口头诽谤，必须证明自己遭受了实际损害。

具体到平台责任的情境中，平台地位的认定也随成文法的修改和判例的做出，而有扩大平台责任豁免范围的趋势。

英国在名誉权保护上，同样遵循"通知—删除"模式，该模式和平台作为出版者"参与发表"的责任在戈弗雷（Godfrey）诉Demon互联网公司案中可见一二。本案中，在Demon公司开设的聊天室中，有不明身份者盗用戈弗雷在聊天网站中发布的信息。戈弗雷要求网站删除，但并未收到网站的回应。法院依据《1996年诽谤法》中的出版者责任，认为Demon对网络聊天室的诽谤言论进行存档，而其他阅览者进入聊天室时，即构成了向注册用户提供诽谤出版物。所以，如若被告知道侵权事实，但并未删除相关内容，则需要承担出版者责任。

《2002年电子商务条例》中，平台更多被认为需承担"帮助发表"的责任，并且从反面规定了网络平台的免责条件。《2002年电子商务条例》第17条"纯粹传输条款"、第18条"高速缓存条款"和第19条"宿主服务条款"中，将不参与加工信息的中间机构划分为"帮助发表者"而非直接出版者。如在邦特（Bunt）诉蒂利（Tilley）案中，法院采取了和戈弗雷案相反的态度，认为被告是"被动媒体"从而得到责任豁免，应当受到《2002年电子商务条例》的保护。而在谢菲尔德星期三足球俱乐部诉哈格雷夫斯（Hargraves）案中，法院认为，平台的谨慎义务同时涉及实体和程序两部分。又如Metropolitan International Schools公司诉Designtechnica公司案中，原告同时起诉了谷歌，法院认为，谷歌公司因为对引擎爬取和现实的内容没有控制权，所以无法承担直接责任，同时，该种责任也不会因为默示同意而产生。

《2013年诽谤法》《2013年网络服务提供者诽谤条例》及其附件的重心放在细化网络平台在处理网络名誉权纠纷事件中的义务。虽在戈弗雷案等典型案例中，普通法已基本固定了"通知—删除"原则，但该原则具体可操作的成文法依据则是在《2013年诽谤法》第5条中才具体提出，12项条文分别对应12个抗辩内容。在实践中，《2013年诽谤法》几乎豁免了互联网平台的责任，将平台对"非法性"的知道排除出了法律处理的框架，而这一态度和欧盟所采取的严格责任立场存在一定程度的背离。

此外，网络平台还需在知识产权侵权中承担民事责任。在著作权侵权领域，英国最主要的成文法是《1988年版权、设计和专利法》和《2010年数字经济法》。其中，《2010年数字经济法》规定了逐步升级回应的解决方案：著作权人发现侵权后，应当先通知平台；如果在固定时间内收到第二次通知，平台应向用户发出"中间通知"；如果在固定时间内收到第三次通知，平台应当限制该侵权人访问。

在商标侵权领域，英国的成文法依据主要是《商标法》，主要场景是购物网站存在假冒商标的商品流通。如在欧莱雅诉易贝案中，法院认为，虽然技术上易贝可以采取更多预防措施，但技术上可行不等于其有法律义务去如此做，从而认为被告无须承担此等责任。在卡地亚公司等诉英国广播公司等案中，法官指出，网站在发布针对网络中介机构的禁令时要满足以下条件才需要承担责任：(1)主体为中介机构；(2)网站上存在商标侵权行为；(3)网站技术为侵权者提供帮助；(4)网站事实上知道商标侵权的事实。除此之外，适用禁令还需满足必要性原则、有效性原则、劝诫原则等基本原则，以防止禁令的滥用。

行政责任方面，英国电信监管的主要部门为英国通信办公室（Ofcom），通信办公室依据《2010年数字经济法》的授权，制定了应对网络著作权侵权的"初始义务行为准则"。但具体到网络平台监管的内容，则主要是通过行业自律监管，如互联网守望基金会（Internet Watch Foundation，IWF）。该基金会建立举报热线和黑名单制度，采取主动和被动的屏蔽措施；同时与网络服务提供商合作，分级标注特定内容，将浏览选择权交给用户。

个人数据保护方面，信息专员办公室（ICO）发挥着主要作用。此外，英国政府还对色情和淫秽内容、仇恨言论、恐怖主义、信息过滤机制等有专门规制措施。

刑事责任方面，在平台经济领域，平台经营者可能所涉罪名有侮辱诽谤罪、侵犯个人隐私罪、制作传播淫秽制品罪、发布仇恨言论罪、恐怖主义犯罪等，相关规定散见于《刑事司法和法院法》《严重犯罪法》《公共秩序法》等的条文中。

其他法域平台法律责任

在德国法律中，平台监管领域最初的立法为《德国电信服务法》，其后发展成以《欧盟电子商务指令》和《德国电信媒体法》为核心的体系，二者内容高度相关。其中，《欧盟电子商务指令》为电子商务乃至所有信息服务领域的根本法，《德国电信媒体法》是深受其影响的国内一般法。但由于该问题的复杂性，具体适用中，其要件往往见于判例等一般法律中。2017 年，《网络执行法》的颁布再一次强化和系统化了平台义务，但其合理性也受到颇多质疑。

在民事责任上，德国和欧洲对平台民事责任的规制也是基于"避风港"原则。即在信息发布后，需要满足平台提升了侵权风险、在平台上侵权和存在权利人对平台的通知三个条件，平台才承担责任。又因为平台处于内容提供者和技术提供者两类主体之间，所以用"妨害人责任"将其具体化。由于根植于原有的侵权法体系，所以从网络拍卖案起，"妨害人责任"的判定也被要求具有故意要件。[1]在人格权法、知识产权法和反不正当竞争法中，平台多依据此种逻辑承担直接或间

---

[1] 查云飞.德国对网络平台的行政法规制——迈向合规审查之路径.德国研究，2018（3）：77-87.

接责任，但具体要件和情况各有不同。

而基于合宪性和基本权利的保护，德国更为重视自我规制的正当性，而相应地更为严格地审视政府规制的正当性。在行政法的具体判断中，平台责任认定更多依托于秩序行政法。由于德国的秩序行政法以"预防危险"为核心目的，所以国内外平台均可以作为"状态妨害人"而受到追责。[①] 对于国内平台，虽然平台无法直接引发危险，但是由于平台构建了一般网络空间，所以可以构成"状态妨害人"；对于国外平台，因为跨境执法困难及法律冲突，德国行政机关多转而要求国内中间人屏蔽违法网站，而非直接介入外国网站治理。

虽然平台可能涉及刑事责任的情况较少，但自 2017 年以来，德国明显加强了对网络仇恨犯罪的打击力度。

从事后责任到事前监管的守门人责任

为了应对平台造成的社会风险，责任和监管代表了两种截然不同的路径。责任的性质是私人的，不是通过社会命令而是通过损害赔偿的威慑力间接地发挥作用。相比之下，标准、禁令和其他形式的安全监管则具有公共性质，并在实际发生危害之前改变人们的行为，从而直接减少风险。[②] 平台企业由于具有网络外部、跨行业等特征，传统民事、刑事和行政责任的事后追责体系不能对平台的自我优待、不正当接入等行为做出积极回应，因此越来越多的国家和地区转向以守门人责任为主的事前监管。

[①] 陈鹏. 公法上警察概念的变迁. 法学研究，2017，39（2）：24-40.

[②] Steven Shavell, "Liability for Harm versus Regulation of Safety", *The Journal of Legal Studies*, 1984, 13(2): 357-374.

守门人责任

守门人责任提出的背景 守门人具有网络外部性、中介地位（联通商家与消费者），并且拥有巨量的数据，这些优势让在线守门人有了支配地位和市场力量[1]，因此产生了对公平竞争的危害。2021年11月23日，欧洲议会内部市场和消费者保护委员会（IMCO）以42票赞成、2票反对和1票弃权通过了《数字市场法》草案，该草案对具有"守门人"地位的互联网公司的范围和具体行为做出规制。目前，美国以及德、法等欧盟成员国都采纳了"数字守门人责任"的思想，开始以此为依据开展相关的立法。不过，在具体操作上，各个国家和地区还远没有形成足够的共识。[2]

在有关平台监管的文献中，奥拉·林斯基（Orla Lynskey）最早建议用"守门人"代替"平台力量"作为监管的主要对象。林斯基认为现有的法律机制没有充分反映数字守门人在信息流动和个人行为方面施加的影响，且数字守门人对个人的权利影响并没有被纳入目前竞争法和经济监管的处理范畴。同时，数字守门人的技术特性及其复杂性使得个人用户无法有效对其进行监督和审查。[3]因此法律需要对平台设置守门人义务，以更好地应对此种挑战。

守门人概念的界定 目前并没有一个很清晰的、公认的守门人概念界定，通行的观点是这个术语指的是提供在线服务（如电商平台）或者控制、影响着获取在线服务的门路（如操作系统、应用软件商

---

[1] 欧盟对市场支配地位的定义（采用的是经济学定义）：一个公司独立于其竞争对手、客户、供应商及最终消费者的能力。拥有市场支配力量的企业有能力将价格定在竞争水平之上，销售质量低劣的产品，或者将其创新速度降到低于竞争市场的水平。

[2] 陈永伟. 数字守门人：从概念到实践. 经济观察网，2021-07-12，http://www.eeo.com.cn/2021/0712/494523.shtml.

[3] Orla Lynskey, "Regulating 'Platform Power'", LSE Law, Society and Economy Working Papers, No. 1/2017, 2017.

店、语音助手），并且因此能够对整个系统施加影响，对整个数字领域的竞争与创新有显著影响的平台。欧盟的《数字市场法》草案第 2 条和第 3 条规定了守门人的范围，即关键平台服务的提供者且满足下列条件之一：（1）对欧盟内部市场具有显著影响；（2）运营一项核心平台服务，是商业用户接触终端用户的重要门户；（3）在运营中具有稳固和持久的地位，或者在可预见的将来能够拥有该等地位。

守门人义务的范畴　由于各国国情不同，因此在进行相关立法时，要求数字守门人承担的义务也不相同。例如，欧盟的《数字市场法》草案就对数字守门人提出了 7 项主要义务[1]，以及十几项其他义务；而《美国选择与创新在线法案》则规定了十几类违法行为，对"主导平台"的相关行为予以禁止。总体来说，守门人需要积极实施特定行为，避免从事不公平的行为，以确保企业和个人用户受到公平对待，进而确保互联网环境的开放和创新。

---

[1]《数字市场法》草案第 5 条规定了守门人的责任：a）不得将从核心平台服务中获取的个人数据同守门人提供的其他服务或从第三方服务获得的个人数据相结合，停止以合个人数据为目的迫使终端用户登入守门人提供的其他服务，除非终端用户被告知具体的选择且欧盟第 2016/679 号法令同意；b）允许商业用户通过第三方在线中介服务以不同于守门人在线中介服务的价格或条件向终端用户提供同样的产品或服务；c）允许商业用户向通过核心平台服务所获得的终端用户推广要约，以及同该等终端用户签订合同，不论商业用户或终端用户是否以此为目的使用守门人的核心平台服务，且允许终端用户通过守门人核心平台服务获取和使用其他商业用户应用软件的内容、订阅、功能或其他项，即便该等项可由终端用户从相关商业用户处取得而不需使用守门人的核心平台服务；d）不阻止或限制商业用户向任何公共主管机关提出任何有关守门人实践的问题；e）在商业用户使用守门人核心平台提供服务时，不得要求商业用户使用、提供守门人的身份认证服务或与之互通；f）不得要求商业用户或者终端用户订阅或注册根据第 3 条认定的其他核心平台服务或达到第 3（2）条标准的核心平台服务，并将其作为一项接入、注册或登记此等条款所认定的任何一项核心平台服务的条件；g）应广告商或出版商要求，向其提供发布一个给定广告和守门人提供的每一项广告相关服务的价格信息，以及向出版商支付的金额和报酬的信息。

个人信息保护

网络平台之营运根基，在于大量用户的使用，而其中难免会涉及个人数据的收集。因为个人数据泄露涉及广大用户群体，平台是后台数据控制者且数据权益界限不明，集团诉讼中实际损害难以得到有效论证。个人信息保护长期以来成为各国网络平台责任界定的重要命题。

美国的《加州消费者隐私法》为世界上该领域最有影响力的法案之一。英国的《1998年数据保护法》第13条第1款即对平台的个人数据保护义务做出了规制，并在判例中加以应用。此外，欧洲法院的《通用数据保护条例》和英国普通法均有对"被遗忘权"的承认，并要求平台承担采取删除、屏蔽等技术措施的义务。

2021年4月，欧盟数据保护委员会（EDPB）通过了《关于针对社交媒体用户的指南》，明确对社交媒体平台进行个人用户数据保护的相关要求。2021年8月，美国统一法律委员会（ULC）也投票通过了《统一个人数据保护法》（UPDPA），用于规定数据的控制者和记录者对其持有的个人数据的保护责任。为了强化大型平台在个人信息保护中的责任，我国的《个人信息保护法》第五十八条也规定了平台在提供信息服务时的责任。

平台监管权力的横向和纵向配置

平台监管的混乱现状及重点

如前文所述，我国对互联网平台的监管具有多线条和多产业监管的特征。但上述监管模式无法有效应对平台的跨产业特性等问题。

第一，现行监管仍然延续了之前产业监管的思路，没有把握平台的跨产业特性，致使有些平台无法嵌进之前产业监管的框架中。事前监管的缺失，导致平台一旦出问题，各监管部门均参与到对平台的约谈与整治中，分工不明确，极容易形成过度惩罚的情形，多管齐下的监管也难以形成对监管效果的评估与问责机制。

第二，在传统的产业监管思路下，何种产业需要监管，需要何种程度的监管，是由该产业的特性决定的。而对于平台而言，不同的平台涉足不同的产业，难以依据特定产业的特性建立起对所有平台的监管。在目前的平台监管体制下，平台的类型分区尚不够明晰，难以根据不同类型平台的特点确立起相应的监管框架。

第三，平台市场准入审批与行为监管在监管权限上存在错配。目前，平台市场准入审批部门往往是相对单一的部门主导，但是对平台进行行为监管的部门往往与审批部门不尽一致，并且可能出现多家主体。例如在网约车平台领域，市场准入审批部门为企业注册地出租汽车行政主管部门，而进行行为监管的部门则为多个主体，例如2021年5月14日对10家网约车平台的约谈行动中，交通运输部、中央网信办、国家发展改革委、工业和信息化部、公安部、人力资源和社会保障部、国家市场监管总局、国家信访局等8个监管部门都参与了监管。

对平台进行高效的监管需要满足三个条件：第一，在对平台属性深入研究的基础上明晰平台的定位；第二，独立监管权以及不同机关监管权要进行清晰划分，特别是要明晰行业监管权与反垄断监管权的界限；第三，建立对监管效果的有效评估体系。

监管权力统一的必要性分析

标准的公共利益理论认为监管解决了市场失灵和外部性问题。[①]

---

① J. E. Stiglitz, "Markets, Market Failures, and Development", *American Economic Review*, 1989, 79(2): 197-203.

格莱泽与施莱弗在《监管型政府的崛起》中讨论了监管有效的三个原因：第一，监管者有强烈的动机去进行高代价的调查以便证实出现了违法现象，这种动机可能源于对职业生涯的考虑或源于受到更加专业的训练；第二，监管者能够代表受害者的共同利益；第三，监管不同于传统法律的事后追责机制，事前预防能以低成本鉴别违法行为并且更为确定。① 桑斯坦为政府规制进行辩护，并提出法院和行政机构改善规制方案的理论。②

政府清晰的监管权划分是监管实施的前提，考察美国、英国等监管机构的职权，均是由法律所确立③，而且政策部门与监管机构之间的权力配置在政企分开的基础上，保证监管机构的独立性，避免政策部门对监管权进行干预。关于政策部门与监管机构之间的权力配置，有平行关系和包容关系两种。平行关系是指监管机构独立于政策部门之外，二者分别履行政策职能与监管职能；包容关系是指监管机构作为独立机构设立于政策部门之内。此外，两者之间的权力配置主要涉及规则制定权与行政裁决权。前者主要是制定一般性的规范性文件，而后者是适用法律规定的具体行政行为。④

在我国，争议比较大的是监管机构是否有独立规则制定权。目前

---

① [美]爱德华·L.格莱泽，安德烈·施莱弗.监管型政府的崛起//比较.吴敬琏，主编.北京：中信出版社，2002：59.

② C. R. Sunstein, *After the Rights Revolution: Reconceiving the Regulatory State*. Harvard University Press, 1993.

③ 美国从1887年开始，相继出台《州际商务法》《联邦贸易委员会法》等法律，相继建立州际商务委员会、联邦贸易委员会、食品与药品监督管理局、联邦储备系统、联邦电力委员会等。

④ 周汉华.基础设施产业政府监管权的配置.国家行政学院学报，2002（2）：52-56；周汉华.行业监管机构的行政程序研究：以电力行业为例.经济社会体制比较，2004（2）：39-47.（周汉华是国内最早从法学角度对行政监管权力配置和监管机构行政程序问题进行研究的学者。）

各部门对平台的监管多采取部门规章、政策性文件等方式，比较有争议的是司、局红头文件的合法性问题，即在包容关系下，部门内设监管机构是否有规则制定权（需要着重指出的是，并非所有的司、局都在部门内设监管机构，绝大部分司、局均属于纯粹的内部办事机构，不得对外行使任何职权），是否仅仅因为监管机构隶属于政策部门就丧失了制定规则的合法性？该问题的解决可以通过对相关司局进行立法授权的方式，或者改革现有的行政框架、设立独立的监管机构并赋予制定权的方式来解决。

还有政策部门与监管部门在行政决策权方面的权力配置问题。行政裁决权是行政机关对具体行为进行处理的权力，包括发放与吊销许可证、行政检查、行政处罚、裁决争议以及其他各种适用法律规范的活动。从监管权的统一来看，政策部门应该专司宏观政策职能，不行使监管权或者行政裁决权，而应由监管机构专司裁决职能。

产业监管与反垄断执法的划分

尽管我们对于监管存在着诸多的不同理解，监管也涉及不同的法律部门，但是可以大致将其划分为行政监管、经济监管和社会监管三类。在这些监管之中，最早的是价格监管，之后有了产业监管，进而被逐步泛化使用，延伸到经济、社会和行政等领域。当一个概念的外延扩大的时候，其内涵必然减少，当代对"监管"一词的使用尽管不断扩展，但对市场调控而言，核心的概念仍然是价格监管和产业监管。

产业监管的重点是公共领域，由于基础设施产业仍然需要强有力的监管机构，竞争机构的介入在某些情况下必然会引起两者之间的管辖权冲突，有时甚至会出现两个机构有不同结论的情况，使经营者的决策面临诸多不确定性。同时，两者在目标、手段上也存在明显的差异。为此,需要从制度安排上避免出现管辖权冲突,在监管机构与竞争机构之间合理配置权力,降低经营风险和社会成本。

监管权力与反垄断权力的冲突在我国广泛存在,在制度规则中,主要体现在法律对监管与反垄断的权力划分尚不清晰,以及实践中行业与反垄断双重监管广泛存在。

首先,监管与反垄断权力划分不明晰。《反垄断法》第五十五条和第五十六条规定了知识产权行为、农业生产者及农村经济组织在农产品生产、加工、销售、运输、储存等经营活动中实施的联合或者协同行为不适用本法的情形,《反垄断法》第七条关注的是"国有经济占控制地位的关系国民经济命脉和国家安全的行业以及依法实行专营专卖的行业"。但反垄断机关的地位和产业监管部门的级别不同,在权限划分上存在诸多不明之处,法律中也没有明确区分管制行业,对管制的界定也存在着抽象、笼统地使用"行政许可"等同一概念而不实质区分不同情形的情况。

其次,对于反垄断法是否当然适用于管制行业、反垄断法在管制行业实施时如何协调反垄断规制与产业管制的关系等问题,尚无定论。曾引起广泛讨论的管制行业尤其是专营专卖行业是否需要适用反垄断法的关键在于:是否有法律明确排除反垄断法在某管制行业的适用或者排除某管制行业某些行为的适用。① 有学者认为,由于我国的《反垄断法》没有明确对受管制行业进行豁免,因此在管制行业也适用。在这一领域中,典型的例子是欧盟试图采用反垄断法对银行业的经营进行调整,但银行业是传统产业监管部门中的重点领域,从主体资格到具体行为都有非常全面的规则和相对独立的权限,欧盟的尝试也停留在征求意见的阶段,仅仅处在探索之中。

再次,实践中的产业监管和反垄断之间的关系也是各有不同的。

---

① 孟雁北.论我国反垄断法在管制行业实施的特征.天津法学,2019(3):44-49.

反垄断执法之中已经开始出现管制行业反垄断的情形。在中国，水、电、煤、气、军工、航空、机场、金融等行业存在大量价格管制和准入管制，反垄断法在这些行业仍有适用的空间。2021年11月20日，国家市场监管总局通报，因为新设百信银行未申报经营者集中的行为，对百信银行的两个股东——中信银行和百度各罚款50万元。在反垄断机关"三合一"之前，也曾经存在对银行收费、公路收费的各种反垄断处罚。

当下我国的《反不正当竞争法》有专门对公共事业单位不公平竞争行为的明确界定，《反垄断法》中也明确界定了行政垄断以及公平竞争审查，从而导致产业管制与反垄断的划分问题较为突出，与《价格法》中的基本框架存在着分歧，并不存在统一清晰的理论和界定。

从细分产业到综合性产业的监管权配置

平台企业广泛进入与核心业务相关的相邻市场和与核心业务不存在关联或关联较弱的领域。监管机构面临的是线上线下一体化和互联网与传统行业界限模糊的现状。线上线下一体化，互联网企业与传统汽车、零售、房地产、服装等行业结合得越来越紧密，行业边界模糊，传统的以行业为基础划分的监管框架受到冲击。

值得注意的是，2021年10月29日发布的《互联网平台分类分级指南（征求意见稿）》（以下简称《指南》）是监管机构对平台所处行业较为系统的梳理，它根据平台的连接属性和主要功能把平台分为网络销售类、生活服务类、社交娱乐类、信息资讯类、金融服务类和计算机应用类六大类，具体见表13-1。

表 13-1　互联网平台分类分级

大类	平台细分	涵盖领域
网络销售类平台	综合商品交易类	衣帽鞋靴、箱包饰品、数码电器
	垂直商品交易类	专门从事、某一类型、精准定位、独特附加值
	商超团购类	蔬菜水果、肉蛋水产、粮油调味、酒水饮料、日用百货
生活服务类平台	出行服务类	共享单车、打车软件、公交地铁
	旅游服务类	旅游定制、门票购买、酒店预订
	配送服务类	外卖送餐、同城配送、快递配送
	家政服务类	保姆保洁、家庭管理
	房屋经纪类	房屋买卖、房屋租赁
社交娱乐类平台	即时通信类	文字、语音、视频交流
	游戏休闲类	网页游戏、PC端游戏、手机游戏
	视听服务类	歌曲、电影
	直播视频类	直播
	短视频类	短视频
	文学类	网络文学、数字出版物
信息资讯类平台	新闻门户类	新闻信息、娱乐资讯
	搜索引擎类	检索服务
	用户内容生成（UGC）类	原创内容上传或分享
	视听资讯类	广播电台、音频分享
	新闻机构类	新闻采集、制作、发布、经营
金融服务类平台	综合金融服务	小微企业、个人消费者、普惠金融
	支付结算类	互联网支付、电话支付
	消费金融类	消费贷款
	金融资讯类	行情报价、财经信息、金融数据
	证券投资类	为金融机构提供IT解决方案、为个人投资者提供财富管理工具

（续表）

大类	平台细分	涵盖领域
计算机应用类平台	智能终端类	数据通信设备、信息系统、智能系统、无线数据的开发、生产、销售
	操作系统类	移动操作系统、分布式操作系统的研发、生成、销售
	App应用商店类	分析、设计、编码、生成App软件
	信息管理类	ERP管理软件、财务系统、IT资讯
	云计算类	云计算
	网络服务类	域名服务、动态主机配置协议、文件传输协议、远程终端协议
	工业互联网类	平台设计、智能制造、网络协同、个性定制、数字管理

《指南》在行业界定的基础上，依据用户规模（平台在中国年活跃用户数）、业务种类（平台分类涉及的平台业务）和限制能力（平台具有的限制或阻碍商户接触消费者的能力），将平台分为超级平台、大型平台和中小型平台。其中超级平台是指在中国上年度活跃用户不低于5亿、核心业务至少涉及两类平台、上年底市值（估值）不低于人民币1万亿元和具有超强的限制商户接触消费者（用户）能力的平台。

上述分类的目标似乎是试图区分不同的法律关系，即对平台是否涉及产品质量、消费者权益保护、知识产权保护以及竞争关系等方面的初步探索。但上述划分尽管具有一定的理论价值，其制度价值却值得商榷，对于平台的细分无法从根本上解决平台监管的问题。

第一，平台具有双边市场、跨行业竞争和动态竞争的特点，以腾讯的微信产品为例，微信的主营业务是即时通信服务，但在微信平台上衍生出的微信小程序、公众号、朋友圈广告、微商、微信支付等都属于单独的行业和领域，因此，就微信及其衍生的产品和服务，需要网信办、工信部、工商局、中国人民银行等多个部门监管，监管服务复杂，涉及部门繁多，若多个部门之间无法有效沟通，就无法形成有效监管。且根据目前的监管状况，监管部门容易产生运动性治理，在出现热点社会事件时显著加大监管力度。

第二，平台多个市场之间的紧密联系需要综合性监管机构。如前所述，平台的权力来自基础设施、权力的跨界传递以及信息的利用，这三个方面内部存在紧密联系，分割式的监管容易使监管机构无法有效掌握充分信息，从而做出有效的监管决策。

成本收益审查与公平竞争审查

2010年国务院发布的《国务院关于加强法治政府建设的意见》相关条文规定："积极探索开展政府立法成本效益分析、社会风险评估、实施情况后评估工作。"

成本收益分析是美国经济监管领域的有效分析工具。有效运用成本收益分析，不仅可以起到提高资源配置效率、优化行政规制的作用，而且还能提升现代行政的合法性。美国司法审查对成本收益分析的态度是一个从否定到肯定的渐进过程，经历了从"如果国会法律没有明确规定，行政机关就不能使用"到"如果国会法律没有明确规定，行政机关可以不使用"，再到"如果国会法律没有明确禁止，行政机关就能使用"的变化过程。[①]由于美国的行政机构承担着行政和监管的职能，因此监管机构适用成本收益分析的方法也经历了上述过程。

对于成本收益分析的内涵，不同学者有不同看法。凯斯·R.桑斯坦认为成本收益分析是一项原则，其内容包括：（1）允许可忽略的规制需求；（2）授权行政机关准许"可接受"风险，远离"绝对"安全

---

① 刘权.作为规制工具的成本收益分析——以美国的理论与实践为例.行政法学研究，2015（1）：135-144.

需求；(3) 允许行政机关同时考虑成本与可行性；(4) 允许行政机关权衡成本与收益。马修·D.阿德勒和埃里克·A.波斯纳认为，成本收益分析只是一个福利主义决定程序：(1) 如果没有道义上的决定性，政府工程的总体福利效果只是一个参考性因素；(2) 在行政机关的多种选择情形下，成本收益分析是正当化总体福利的最佳决定程序。事实上，成本收益分析有多重属性，这种方法既是一种科学的规划影响分析工具，也是一项决策性程序，还是一种实体性标准。①

美国通过纺织制造业协会诉多诺万、惠特曼诉美国卡车运输协会、安特吉公司诉河流看护者等案例确立了成本收益规则在实际中的应用规则。

成本收益分析方法的有效运用不仅提高了资源配置效率，阻止了大量不正当的规制，激励了许多被长期忽视的规制，而且也大大提升了现代行政和监管的合法性。

长期以来，我国对于产业监管没有建立起一套科学的评估机制，无论是立法前评估还是立法后评估，均比较缺乏。这是行政监管替代了经济监管、社会监管的一种表现形式，也体现为监管仅仅关注市场准入，是事前控制导向的，而忽略了对市场结构、竞争状况以及监管效果的判断。这样也就造成监管目的单一，手段简单，仅仅起到了压制型法的作用。

随着反垄断法的实施，反垄断部门基于该法的特性和规定，具体执法时，在个案、整体制度上陆续采用了经济分析、成本收益评估等方法，在重大案件、重要市场中通过成本收益评估等进行了有益的探索。随着公平竞争制度、营商环境评估等制度的确立，可以扩展上述方法，延伸到具体的竞争领域，探索例如公平竞争审查制度的切实可

---

① 刘权.作为规制工具的成本收益分析——以美国的理论与实践为例.行政法学研究，2015 (1)：135-144.

行的评估制度。

公平竞争审查是实施竞争政策的重要工具，也是有效贯彻公平竞争理念、倡导竞争文化的重要手段。公平竞争审查制度是指政策制定部门或者竞争执法机构通过分析、评价拟订中的或现行的公共政策可能或已经产生的竞争影响，提出不妨碍政策目标实现而对市场竞争损害最小的替代方案的制度。①

在制度建立方面，2017年10月，国家发改委、财政部、商务部、工商总局、国务院法制办联合印发了《公平竞争审查制度实施细则（暂行）》。2017年12月，国家发改委等部委发布《2017—2018年清理现行排除限制竞争政策措施的工作方案》，明确清理现行排除限制竞争的政策措施是2018年反垄断相关的重要工作之一。2018年11月，新成立的市场监管总局发布了《市场监管总局办公厅关于请提供清理现行排除限制竞争政策措施和执行公平竞争审查制度情况的函》，要求各省、自治区、直辖市及各部门对本地区、本部门2018年执行公平竞争审查制度的情况展开自查，并将相关情况向社会公示，接受公众监督。

在制度执行方面，公平竞争审查制度出台以来，相关部门采取集中授课、业务指导等方式，累计培训各级、各部门政府官员4 000余人次，通过培训、督查、调研、召开新闻发布会、刊发系列文章等方式，提高各级政府部门对公平竞争审查制度的理解和认识，提升审查能力和水平，推动制度有效地落地实施。

目前，公平竞争审查已成为出台涉及市场主体经济活动的政策措施的必经程序，在有效防止出台排除、限制竞争政策措施的同时，不断增强各级政府部门的公平竞争意识，推动政府职能加快转变。

---

① 孟雁北.论我国反垄断法在管制行业实施的特征.天津法学，2019（3）：44-49.

回应型监管、反垄断和数字经济法

回应型监管研究概述

回应型监管是回应型法的具体化，回应型法是由塞尔兹尼克和诺内特两位学者最早提出的[1]，之后美国和澳大利亚的两位学者伊恩·艾尔斯和约翰·布雷斯维特于1992年出版的《回应型监管：超越放松监管的争论》[2]一书中提出了在监管上的延伸。该理论的提出是由于占主流的管制经济学、传统的政治与行政学无法有效解决社会性监管问题，而且研究视角局限于"政府管制"，把监管看作"政府"或公共机构通过制定法律或颁布行政命令来调整可能造成负面影响的社会行为。这些理论把公私机构明显区分开来，认为公共机构就是监管者，而私营部门就是被监管者，而对非政府机构（比如行业协会、专业机构、公益机构，甚至被监管的企业本身）如何发挥监管作用没有给予足够重视。

面对加强政府监管和放松监管的争论，艾尔斯和布雷斯维特提出了介于两者之间的第三条道路，即发展政府监管和非政府干预手段的混合模式。他们分别从经济学博弈论和社会学的角度得出了相同的结论，就是单纯使用政府监管或市场调节都不会取得最佳效果，最佳效果必须通过混合使用政府和非政府监管手段才能获得。[3] 理论上，回应型监管理论受到博弈论、社会学、犯罪学和美国学者塞尔兹尼克

---

[1] Philippe Nonet, Philip Selznick, *Law & Society in Transition: Toward Responsive Law*, Routledge, 1978.

[2] I. Ayres, J. Braithwaite, *Responsive Regulation: Transcending the Deregulation Debate*, Oxford University Press, USA, 1992.

[3] 杨炳霖.监管治理体系建设理论范式与实施路径研究——回应性监管理论的启示.中国行政管理，2014（6）：47-54.

"回应型法"理念的影响。实践上,回应型监管融入了对药品、煤矿安全、消费者保护等领域的监管实践的切身观察。

《回应型监管》一书提出在综合运用政府与非政府监管手段时应遵循以下规范性原则:(1)针锋相对法;(2)首先考虑运用说服教育或自我监管等"软"措施;(3)把最有力的强制手段作为最后选择;(4)逐步提高监管强度。这一套思路被形象地描述为"金字塔"理论,包括"强制手段金字塔"和"监管策略金字塔"。前者主要针对政府监管者面对被监管个体时采用什么样的强制手段,后者是针对整个行业监管政策的设计,也就是决定在多大程度上把政府监管权下放给非政府部门来行使。如图13-1所示,多数政府措施应该是位于金字塔底端的教育和说服,当其无效时,政府开始逐步提高强制措施的等级,从警告到民事处罚,再到刑事处罚,直到最严厉的吊销营业执照。同理,"监管策略金字塔"是说政府应首先鼓励自我监管,如果不能达到目的,可以采用强化型自我监管,就是让政府对自我监管进行监督,如果还不奏效,就采用更为严厉的命令控制型监管。

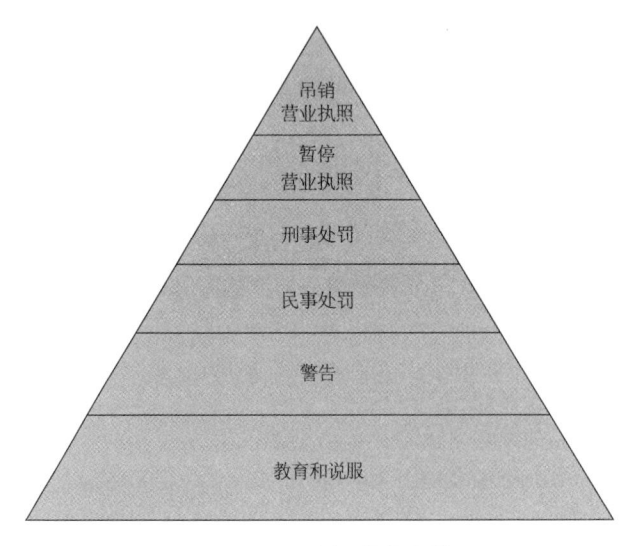

图 13-1 强制手段金字塔

第十三章　回应型监管和未来数字经济法的框架

监管权在政府和其他非政府机构之间分配有三种方案。第一种叫作"三方主义",就是把部分监管权让渡给第三方公益团体,让其对政府和被监管的企业进行监督。第二种是强化型自我监管,就是把部分监管权(规则制定或者监督处罚)让渡给企业,首先让企业根据自己的情况来制定规则、自我监督,然后政府再对其规则和自我监督行为进行监督。第三种是不对称监管,就是只对行业中的主导企业进行监管,然后鼓励其他竞争企业的发展。这是一种把部分监管权让渡给竞争企业的方法。

上述是监管手段的扩展,但是回应型监管的核心观念应当在回应型法的框架下理解。回应型监管的核心是对压制型监管、自治型监管两种模式的升级,包括以下几个核心思想、原则或者视角。第一,监管应当突破现有手段的切割、分裂,以目标管理为模式,注重结果导向。第二,监管应当是整体监管和系统监管,而不是要件监管,即监管部门仅仅关注行为符合法定要件,而不是关注后果的整体、系统判断。换言之,"回应"的意思是看到了企业、组织、机构作为一个整体系统运作的特点,而借助于公司合规、内部治理的权力配置调整、自我规制、自律规制,对被监管者的结构、行为、绩效进行评估。比较容易理解的例子是现有法律制度、理论和规则对于富士康的"14连跳"束手无策,而其他国家则会采用职业心理健康评估的方式对公司的整体运作进行评估。在苏州苹果代工厂的劳动健康案件发生后,美国也采用整体评估的方式对苹果的生产过程进行评估,以评价其是否违反了劳工保护的原则。美国的经济监管、公司犯罪,以及反垄断法之中也越来越多地采用公司合规评估、监督的方式去执行监管或者法律制裁。这是回应型监管的一个重要原则。[①] 第三,鼓励市场机制下的创新和监管政策的明确性之间的政企互动。市场创新机制和企业

---

① 邓峰.公司合规的源流及中国的制度局限.比较法研究,2020(1):34-45.

家精神密不可分，因此，在鼓励企业家在现有政策空间和基于后果不断增加的监管调整的矛盾之中，采用一些新的监管措施。比如"无异议函"，当公司不明白某种市场行为是否合法的时候，监管部门应明确给出答案，如果没有现有的监管依据或者法律规则，应出具"无异议函"，表明公司可以实施该行为，如果基于市场效果、社会后果有了法律变化，那么公司在两年内免责。第四，更多地鼓励行业自律，设定标准，采用自组织的方式设定行业标准，并接受法律和监管部门的审查。第五，监管规则的出台和执行应当接受公众问责，有解释、说明、及时改进、承担责任的义务。

这些都对监管目标、行为、方式、工作流程、问责体系等提出了更高的要求。平台经济是新生事物，其监管也应当提高相应的能力和水平，应增强对市场竞争状态等信息的获取能力。防止资本的无序扩张，也体现了这一结果导向的监管要求，与"无序"相对应的"合规"，也需要更具备知识和能力的全过程监管。这些都对监管作为现代国家治理能力提出了更高的要求。

强监管不是单纯的"从重从快"，而是对目标、过程和结果导向的更高要求。竞争政策的实施者，要明确分工职责，也要彼此认同和协调支持，乃至于改变监管目标，加入竞争考量；要将行政监管升级为经济监管，将经济法中的"责权利效相统一"作为超越仅仅强调程序公平的行政监管的更高准则；在市场相关的领域，用更好地回应平等和效率诉求的"回应型监管"，替换仅仅强调市场准入的行政监管。实现促进市场统一和扩大、主体多元、竞争充分的结果导向的高标准监管，需要更新观念，增强学习，改进治理。立意高就需要更深入的制度和规则改进，仅仅简单地加强旧手段，只会让立意低的以监管错误和成本为导向的监管大行其道。

监管和反垄断的权力配置

中央颁布的《关于强化反垄断深入推进公平竞争政策实施的意见》是一份完整的政策表述，清晰明白地围绕着平等和效率两个目标展开，其中的关键是强化反垄断监管，防止资本无序扩张。强化反垄断监管是监管的具体行为要求，市场结构和竞争状况的现实需要反垄断的加强，通过反垄断改变市场结构，增加中小企业进入市场竞争的机会和降低事实上被抬高的市场壁垒，促进更有活力的竞争。比如市场监管总局要求腾讯解除独家音乐版权协议，恢复市场竞争状态，就是体现这种政策目标最为典型的手段。防止资本的无序扩张，要求采用制度化的规则改进去预防，这并不意味着一味打击、限制甚至剥夺资本，防止无序扩张所针对的是"野蛮生长"，最终"推动形成大中小企业良性互动、协同发展的良好格局"。

强化反垄断执法首先是反垄断部门应当充分发挥职责，地位和能力需要得到强化，但监管部门也应当提高国家治理能力，将竞争政策纳入监管目标。高标准的市场要求高标准的监管，竞争政策和过去依赖的行政监管不同，是基于结果导向的，目标是维护一个市场的竞争状态，而传统的行政监管更多是针对市场准入的，对入口进行控制。竞争政策是用来整体评估市场的，是"宏观政策执法"，而行政监管更多是一事一议的，是基于行为的。竞争政策需要以更多经济和行业分析为基础，而不能仅仅以行政监管的程序为导向。比如央行《非银行支付机构条例（征求意见稿）》中规定一个企业的市场份额达到三分之一则向其发出市场支配地位预警，此处将《反垄断法》规定的二分之一份额改为三分之一，就是体现这种政策导向的一个例子。

现在所实施的基于"加强反垄断执法，防止资本无序扩张"的强监管，出现了三种情况：第一种是联合执法行为，诸如七部委联合进驻滴滴公司对其是否存在违法违规行为进行调查，是一种近期出现的对持续已久的执法实践的政策式加强。这种执法模式当然是基于现有的监管权力配置不足的状况，在面对平台经济跨市场、跨行业、跨领域经营模式时的必然反应。但是这种联合执法也有可能产生重复或者过度处罚问题。第二种是运动式执法，导致监管执法时轻时重，相应的公司、企业或组织缺乏稳定的经营预期。第三种是监管上的竞争，各个部门在2021年增加了诸多的监管制度、政策和规则，竞相强化监管和反垄断，表现出一种比较、追赶的局面，事实上造成了目标重叠或者冲突。

就目前的监管政策而言，应当围绕着"加强反垄断执法，防止资本无序扩张"展开，但对市场竞争状态的维护，一些监管部门出台的政策之中，通过对反垄断目标的解释，诸如以提升消费者体验等为理由，采取了过度监管的措施。比如工信部提出的"互联互通"要求手机用户可以直接在一个App中打开另外一个App的链接，就是基于反垄断理由的监管，但实际上非常可能造成市场竞争状态的恶化，导致头部企业更加努力地维持或者巩固其领先地位，与反垄断法的调整目标背道而驰。而中国人民银行正在征求意见的反垄断预警制度，则尝试针对过去被忽略的竞争目标在管制产业之中可能引发的风险，进行反垄断介入和审查。尽管三分之一的市场份额在法律依据和理论理由上还需要进一步论证，反垄断机关如何介入还有待于细化和研究，但不同的监管部门明显表现出对反垄断法的理解差异。同样，在市场监督管理总局内，执行反垄断的反垄断部门和执行消费者权益保护的公平竞争部门的思路也不一致，比如正在征求意见的平台分类标准，将不同的平台按照不同的规模、经营活动设定不同的义务，切割了平台的类型，造成了权利义务的分级，和反垄断内在要求的平等竞争形成了紧张关系。

在这种情况下，应当坚持将反垄断和维护市场竞争的权力归于反垄断部门。一方面，反垄断执法属于"宏观调控"执法，更注重市场结构、发展和竞争状态，更依赖于成本收益分析等专业的经济分析方法，并且对企业竞争和公司组织的商业活动有更多更深入的理解。另一方面，我国的《反垄断法》已经完整地确立了其在规则和制度上约束行政行为的地位和角色，包括行政垄断，已经被明确规定在了《反垄断法》之中，以及《反垄断法（修正草案）》的公平竞争审查制度之中；已经颁布的《优化营商环境条例》未能明确相应的实施、监督和执法机关，但也可以有序、有机地结合《反垄断法》运用。因此，在这种情况下，其他执法或者监管机关要么将反垄断目标从其职权中剥离，要么协调与反垄断执法机关之间的界限、分工和合作。

就产业监管和反垄断的关系而言，在权力配置上，各国基于不同的法律模式以及历史背景，存在着不同的模式。按照学者周汉华的总结，可简化为三种模式。第一种，监管机构作为主要的反垄断执法机构，此种模式可以有效避免产业监管机构与反垄断机构意见不一致的情况，避免部门之间的重复执法。例如根据美国《克莱顿法》第7条，某些受到监管机构规制的交易可以免受反垄断机构的审查（例如美国证券交易委员会批准的交易）。最为典型的是联邦通信委员会（FCC）的模式，即FCC对各地方市场的监管采用监管和反垄断两种模式。一个地方市场自行决定是采用价格和产业监管还是反垄断，当然，这也由该地的市场状况决定。FCC确立了基本框架规则，以保证该规则的实施。类似的还有美联储作为央行系统而进行的监管模式。这对监管者的市场竞争状态目标考量及监管能力提出了较高的要求，其中一个必要条件是监管部门不能仅仅使用行政许可或者市场准入的方法去调整市场竞争，而是应当对行为、产品质量、生产过程等进行全面的法律调整。第二种是随着新公共管理而出现的探索，提出废除产业监管机构，由反垄断机构行使监管。例如新西兰废除了产业监管机构，反垄断机构集反垄断权与监管权于一身。当然，这符合回应型法的情形，但是其效果还有待进一步观察，毕竟这样的实践比较少。第三种是大多数国家采用的方式，但存在着两种机构能力和权限的不同组合。反垄断机构与监管机构分权型的合作机制是指反垄断机构与监管机构各自行使自己的职权，反垄断机构执行反垄断法律，监管机构执行监管。在基础设施产业，这种模式应该是最基本的。经营者既要受到反垄断法的规范，同时也要受到监管机构的监管，经营者不能因为受到监管机构的监管就享受反垄断豁免。但是这种模式的问题在于可能会造成重叠执法，区分两者又会造成目标冲突，还会造成理论上的重大争议。

我国的情况非常特殊，一方面，传统经济体制转轨而来的产业政策占据了经济政策的主导地位，产业监管部门在其中扮演的角色非常复杂，不仅是市场的监管者，更多时候是市场的培育者和发展者，比如交通运输部长期以来属于产品的规划者。另一方面，从法律规则来看，《反垄断法》被赋予了最大权限，法律条文并没有对实施领域有实际限制，还配置了反行政垄断和公平竞争审查的权力，但是现实中的机构配置和权限及其在政府机关中的序列和地位与这种名义上的权力并不对等。

随着平台经济的发展，大型科技平台开始淡化行业、产业链条之间的关系，挑战传统的产业监管部门之间的界限，更挑战产业监管和反垄断之间的关系。对此我们认为：第一，应当制定数字经济法，确立一个统一的监管和反垄断融合的新模式；第二，将反垄断作为最后的调整模式，即确立反垄断执法更高的、更统一的定位；第三，在特定的金融、文化领域，可以探索培养更有能力实施包括市场竞争目标在内的回应型监管。

多目标监管与自律监管

多目标监管

多目标监管源于金融业，是指对被监管方的多重监管，例如我国对保险行业的监管属于证券监管和金融监管的叠加，是最严格的监管模式。我国目前逐渐在事实上形成了规制与反垄断的叠加监管，重点表现为从事公共事业的企业、国有企业被纳入反垄断的监管范畴。

传统认为规制多适用于公共事业领域，这些领域享有反垄断的豁免，由专门的监管机构监管。我国对国有企业实行多头监管，国有企业的监管主体除了国资委，还包括财政部门等经本级人民政府授权的其他代表本级人民政府对国有企业履行出资人职责的部门、机构，国有企业的监管格局是由两条脉络交叉构成的。纵向上，国有企业分为中央国有企业和地方国有企业，分别由中央和地方国有资产监管部门监管。横向上，国有企业又可分为一般国有企业和特殊国有企业（如金融类国有企业、文化类国有企业），分别由相应的国有资产监管部门监管。

国有企业是否适用于反垄断，目前还存在激烈争论。我国《反垄断法》实施前期，国有企业被认为享有事实上的反垄断豁免权。《反垄断法》制定时，关于国有企业是否应当获得特殊待遇的问题引起了激烈的争论，最终立法机关不得不采取模糊化的手段暂时平息争论，这种模糊化处理的结果反映为《反垄断法》第七条的模糊用词。在《反垄断法》实施的现实语境下，有观点认为国有企业享有事实上的反垄断豁免，具体表现为2011年中国移动和中国联通被国家发改委调查最终却无下文，这被国内外的反垄断观察者批评为反垄断主管机关对国有企业给予了特殊待遇，"以约谈教育代替处罚"的背后体现了国有企业在《反垄断法》上的超然地位。[①]

然后，2018年以来，国有企业、公共事业的反垄断审查日趋严格，事实上反垄断豁免逐渐消失。2018年12月，在新组建的国家市

---

① 李国海.反垄断法适用于国有企业的基本理据与立法模式选择.中南大学学报（社会科学版），2017（4）：37-43.

场监管总局召开的首次全国市场监管工作会议上，国家市场监管总局局长、党组书记张茅表示"反垄断不要老讲国企民企，要一视同仁"。2020年，多地经营者反垄断合规指引均提出，供水、供电、供热、供气、邮政、电信、交通运输等公共事业经营者，在相关市场易被推定具有市场支配地位，应特别注意不得滥用市场支配地位。

国有企业和公共事业企业被纳入反垄断审查还体现为国有资产的进场交易不能豁免反垄断的申报。根据《企业国有资产交易监督管理办法》，为防止国有资产流失，国有资产交易应当遵循一定的交易程序，例如，国企产权转让、增资和资产转让原则上应当在产权交易场所公开交易，即"进场交易"。对于应履行"进场交易"程序的股权并购、资产收购等交易，仍应该评估交易方是否属于《反垄断法》规制下的经营者集中，并判断是否达到反垄断申报的营业额标准。符合申报标准的，应当向反垄断执法机构提交反垄断申报。

自律监管

自律监管虽然在一定的领域内（比如金融业）因为其实践结果产生了争议，但在多数领域内仍然是非常重要并且有效的。行业协会是一种典型的自律监管。鉴于行业协会具有的中介性、自律性和社会性特征，它在市场、政府和社会组织三元主体构成的现代市场经济框架中的功能越来越受到重视。[①]

实践中，行业协会的反竞争行为频发，行业协会所涉横向垄断协议大致可分为四个类别：价格卡特尔（固定、限制价格协议）、数量卡特尔（限制商品的生产数量或者销售数量）、地域卡特尔（分割销售市场或者原材料采购市场）和联合抵制交易。此外，行业协会还会涉及维持转售价格等纵向垄断协议。

---

① 徐士英.行业协会限制竞争行为的法律调整——解读《反垄断法》对行业协会的规制.法学，2007（12）：28-36.

由于行业协会的成员大多是某一行业的经营者,相互之间往往具有竞争关系。行业协会又是行业的自律与自治机构,承载着管理、监督、协调各成员企业的职能。当具有竞争关系的经营者汇聚于行业协会这个平台,就极有可能借助行业自治规范有意或无意达成限制市场竞争的垄断协议。因此,行业协议针对垄断协议的行为进行自查与促进行业内成员企业的合规显得尤为重要。2021年1月26日,中国水泥协会发布《关于进一步学习贯彻〈反垄断法〉切实维护水泥市场公平竞争的通知》,要求规范水泥市场价格,抵制不正当竞争行为,严格执行反垄断和反不正当竞争相关法律法规。

2021年7月,中国互联网大会"创新和知识产权发展论坛"在北京举行,阿里巴巴、腾讯、字节跳动、华为、百度、京东、科大讯飞等33家互联网企业在会上签订《互联网平台经营者反垄断自律公约》(以下简称《公约》)。《公约》分为总则、基本原则、自律内容、公约执行、附则等五个章节共十四个条款,主要涵盖垄断协议、滥用市场支配地位、经营者集中等内容。垄断协议方面,《公约》规定具有竞争关系的互联网平台经营者不得利用技术手段、平台规则等形式达成固定价格、分割市场、联合抵制交易等横向垄断协议。另外,互联网平台经营者不得利用技术手段、平台规则、数据、算法等形式,与交易相对人达成固定转售价格、限定最低转售价格等纵向垄断协议等。

行业协会应当成为真正的会员制自律组织,由此提高行业协会的管理水平和自律能力,这是我国实行自我监管的必由之路。

公司合规和社会执行

国务院反垄断委员会于2020年9月出台了《经营者反垄断合规指南》,此后浙江、天津、上海、四川、贵州、河北、河南、湖北、湖南、山东等地相继推出地方经营者反垄断合规指引。目前企业的反垄断合规主要聚焦于完善合规组织架构、重点领域风险识别、平台企业高风险敏感行为、建立健全风险处置机制四个方面。

第一，完善合规组织架构，企业可根据业务状况、规模大小、行业特性等，建立反垄断合规管理制度，或将其嵌入现有合规管理制度框架。多地合规指引也鼓励企业对职员进行持续且定期的相关培训，确保其知悉不可为的事项以及正确的应对处置方式。其中，上海市、浙江省的指引特别提出，应对负责销售、采购、销售网络管理、联络行业协会及参加行业活动、价格及商务政策制定等高风险岗位的职员，进行更为细致而深入的专门培训。

第二，对公共事业、工程建设上游企业和药品行业重点关注。上海市、湖北省等多地的指引均提出，供水、供电、供热、供气、邮政、电信、交通运输等公共事业经营者在相关市场易被推定具有市场支配地位，应特别注意不得滥用市场支配地位。生产水泥、砂石、混凝土等的企业，由于商品自身特点，无法运送到较远地方销售，本地化销售特征明显，各相关市场经营主体应当根据市场情况，独立行使定价、销售决策，严禁达成垄断协议。原料药产业由于对生产药品具有特殊作用，特别是短缺药、小品种药的原料药生产和销售，有经营者数量少、市场集中度高的特点，具有较高的反垄断合规风险，因此也被多地的指引提及。需要指出的是，各地针对公共事业的指引，未梳理清楚监管部门与反垄断部门的管辖权限，在未经充分论证的情况下将公共事业纳入了反垄断的管辖范围。

第三，高风险敏感行为。各地的合规指引针对平台经营者重点指出，平台应避免限定交易、价格歧视、强制收集用户信息等行为。例如，《浙江省平台企业竞争合规指引》第十一条列举了具有鲜明平台企业特性的竞争违法行为。但值得注意的是，各地合规指引仍在沿用"大数据杀熟""二选一"等不规范的术语，不利于反垄断合规的规范性审查。

第四,《经营者反垄断合规指南》和地方指引都鼓励企业建立健全风险处置机制,可以分为以下几个步骤:立即停止违法行为并主动向反垄断执法机构报告;积极配合反垄断执法机构的调查;采取有益措施积极应对,争取减轻甚至免除处罚。

公司合规最早就是产生在反垄断法的实施之中,之后逐步扩张到了不同的领域,甚至最后用于解决公司犯罪。中国也在经历这一过程。无论是哪一种监管和反垄断执法,公司合规都属于对加害人的行为的制约,不存在赔偿悖论问题,也和大多数的法律责任不存在冲突。

现在的公司合规来源过于单一,主要是产生于政府监管部门或者反垄断机关,从而导致其规则含糊不清,不够明确,且更多是结果导向,等于将监管责任施加给了被监管者,而非通过明确的行为约束,通过不断调整监管规则和治理体系,由监管者对结果负责。当然,监管者在现有的不够清晰的规则下,更多是禁止、说"不",而非允许、赞成,从而形成事实上的监管扩张,进而形成不良的激励。

同时,公司合规应当最终走向社会执行,即由非政府组织、专业中介机构形成规范,进行专业评估,尤其是对单个公司进行某个方面的系统评估,作为监管和反垄断的依据和基础。这就要求公司治理的改进、透明化和更大程度的信息公开,也同样对法院的裁判质量和公开程度提出了更高的要求。

数字经济法及其展望

随着第四次工业革命的兴起,经济发展与信息技术之间的关系越发密切,也因此形成了许多新的经济模式。近年来"数字经济"一词尤为夺目,不仅成为大众传媒的常用语,也逐渐出现在各国的政策、法律文件之中。美国自20世纪90年代就开始布局数字经济,陆续发布《浮现中的数字经济》《新兴的数字经济 1999》《数字经济 2000》《数字经济 2002》《数字经济 2003》等报告。英国 2009 年发布"数字英国"计划，随后又发布《英国数字经济战略 2015—2018》等。俄罗斯于 2017 年将数字经济列入《俄罗斯联邦 2018—2025 年主要战略发展方向目录》，并出台《俄罗斯联邦数字经济规划》。

在我国，发展数字经济的政策已被写入顶层设计。2016 年，中共中央政治局进行第 36 次集体学习时，习近平总书记提出要"加快数字经济对经济发展的推动""做大做强数字经济"。① 2017 年，"数字经济"一词首次出现在政府工作报告中，报告将"促进数字经济加快成长"写入 2017 年重点工作任务。2018 年 3 月，全国人大决议提出，要"制定出台数字经济发展纲要"，"组织实施数字经济试点重大工程"。2018 年 9 月，发改委、教育部、科技部等多部门联合发布《关于发展数字经济稳定并扩大就业的指导意见》，指出要"大力发展数字经济稳定并扩大就业，促进经济转型升级和就业提质扩面互促共进"。截至 2021 年 3 月，明确提出"数字经济"的国家层面上的政策文件已有百余篇。各地方也不断出台文件促进"数字经济"发展，迄今已有 2 390 篇地方性政策法规提及"数字经济"，仅标题中含有"数字经济"的就有 123 篇。②

---

① 习近平.加快推进网络信息技术自主创新 朝着建设网络强国目标不懈努力.人民日报, 2016-10-10（01）.

② 截至 2021 年 3 月 1 日，在北大法宝数据库上以"数字经济"为全文关键词进行搜索，共检索到 151 篇中央政策法规，其中法律（主要是全国人大工作文件）共 11 篇，行政法规共 21 篇，司法解释共 7 篇，部门规章共 86 篇，党内法规共 12 篇，团体规定共 8 篇，行业规定共 6 篇。共搜索到 2 390 篇地方政策法规。从时间上看，绝大多数系 2017 年以后发布，2017 年发布 139 篇，2018 年发布 534 篇，2019 年发布 764 篇，2020 年发布 843 篇，2021 年发布 59 篇。从地域上看，以下省份发文较多，均超过 100 篇：浙江省 384 篇，福建省 179 篇，广东省 167 篇，贵州省 153 篇，山东省 120 篇，广西壮族自治区 114 篇，四川省 114 篇，云南省 113 篇。

但数字经济的内涵式定义尚不明确，其外延也处于不断扩充变化的过程之中。数字经济作为新兴事物，对现行立法提出了诸多挑战，仍然有着急迫的立法需求。当"数字经济"概念的模糊性与法律规则的精确性相冲突时，我们应当采取一种较为务实的态度，根据法律的目标来界定不同法律中的"数字经济"概念。①

结论与建议

根据上文对目前平台监管现状的描述，基于行业的监管和联合监管容易造成运动式执法，从而演变成各部门权力扩张而无法形成对平台统一高效的监管，因此，短期来看，对平台的监管需要更具有规划性。

但有规划的平台监管仍无法解决监管权不独立、行业监管与反垄断监管权限界定不清的问题，因此，监管权独立，较为清晰的行业监管和反垄断监管权划分是高效监管的必经之路。在此基础之上，基于平台的跨行业特性，打破传统行业监管模式，成立基于平台产业的综合性、专门性监管机构是长期来看较为可行的模式。

平台经济方兴未艾，理论分析和制度探索也刚刚起步，但其对整体国家治理能力的挑战已经摆在案头。数字经济法的制定、争论和探讨未必能够解决问题，但公开规则和制度的演进需要一个契机和动力。因此，启动这一立法进程，进行集中争论和理论研究，是我们的另一个建议。

---

① 王旭. 数字经济立法的概念选择. 广西政法管理干部学院学报，2021（5）：5-13.

北京大学平台经济创新与治理课题组成员

（按本书章节先后排序）

黄益平　北京大学国家发展研究院金光金融学与经济学讲席教授、副院长，北京大学数字金融研究中心主任

邓　峰　北京大学法学院教授、博士生导师，北京大学法律经济学研究中心主任

沈　艳　北京大学国家发展研究院教授，北京大学数字金融研究中心副主任

汪　浩　北京大学国家发展研究院教授

伍晓鹰　北京大学国家发展研究院经济学研究教授

余昌华　北京大学国家发展研究院长聘副教授、博士生导师、金光学者

胡佳胤　北京大学国家发展研究院助理教授，北京大学数字金融研究中心研究员，北京大学中国经济研究中心研究员

李力行　北京大学国家发展研究院教授，《经济学》（季刊）国际版 China Economic Quarterly International 执行主编

周广肃　中国人民大学劳动人事学院副教授，中国人民大学共同富裕研究院研究员

席天扬　北京大学国家发展研究院长聘副教授

黄　卓　北京大学国家发展研究院长聘副教授，北京大学数字金融研究中心副主任

朱　丽　北京大学国家发展研究院助理研究员，北京大学未来教育管理研究中心助理研究员

查道炯　北京大学国际关系学院、南南合作与发展学院双聘教授

巫和懋　中欧国际工商学院经济学教授，北京大学国家发展研究院经济学退休教授

刘　航　中央财经大学中国互联网经济研究院研究员

张俊妮　北京大学国家发展研究院长聘副教授，美国哈佛大学统计学博士

杨　明　北京大学法学院教授，北京大学国际知识产权研究中心副主任